현대 일본 정치의 이해

-결정 중추의 변화를 중심으로-

現代日本政治の解明
「決定中枢」の変容を中心として

Yasu Seishu
安 世舟 著

홍 성 창 옮김

일러두기

옮긴이가 2018년 성균관대학교에 Visiting Scholar로 왔을 때의 일이다. 30년 가까운 일본 생활로 인하여 일본에서 쓰이는 고유명사에 대한 한국식 표현이 이해되지 않아 당황했을 때가 많았다. 본서 번역에 있어서 다음과 같은 기준으로 옮기기로 했다.

1. 이 책은 다음 저서의 한국어 번역본이다.
   安 世丹 著『現代日本政治の解明 ―「決定中枢」の変容を中心として― 』(株)WORLD DOOR, 2021年.
   이 책은 일본에서 대학교재로 사용되고 있다.

2. 이미 굳어진 왜래어는 관용을 존중하되 그 범위와 용례는 따로 정한다. 고유명사는 국립국어원 외래어 표기법을 기본으로 하였으나 관행적으로 사용되는 표기는 그대로 사용하였으며, 일본어 발음에 가깝게 표기했고 한자도 함께 적었다. 또한, 일본에서의 알파벳 표기를 기준으로 하며, KO는 코, GO는 고, 한국어의 발음을 최대한 활용하여 가능한 한 현지 일본어에 가깝게 표기했다.
   예: 지리쯔 쇼보우而立書房 (じりつしょぼう) 오오타케 히데오大嶽秀夫(おおたけ ひでお), 나가타쬬 永田町 (ながたちょう), 코이즈미 쥰이치로우小泉純一郎 (こいずみ じゅんいちろう), 성省은 한국의 부部, 상相과大臣은 한국의 장관을 말함.

3. 서적 제목은 (『 』): 겹낫표로 표시하였으며, 그 외 논문, 인용, 강조, 등에는 (「 」):홑낫표를 사용하였다.
   예:『現代日本政治の解明―「決定中枢」の変容を中心として―』,「決定中枢」

4. 저자의 의향에 따라 한국에서 통용하고 있는 것도 고유명사는 다음과 같이 직역하였다.
   예: 자민당⇒지민自民(じみん)당(자유민주당), 지유우自由(じゆう)당, 일왕⇒천황(天皇)

글을 시작하며

세기의 전환기에 일본에서는 냉전 붕괴 후의 새로운 국제 정치 전개와 자본주의의 세계화라는 대외적 환경의 격변에 대응할 수 있는 정치 제도 개혁이 시도되었고, 「웨스트민스터형」이라 불리는 영국의 정치 제도를 모델로 한 정치 개혁이 시행되었다. 개혁의 핵심은 선거제도 개혁 및 이와 동시에 이루어진 정책 결정 시스템의 개혁이었다. 하지만 그 수행 과정에서 일진일퇴의 시행착오도 있었고, 일본 정치는 한때 표류할 뻔했던 시기도 있었다. 그러나 총리대신이 주도하는 정치에서 핵심인 내각인사국이 설치가 지연됐으나, 2012년 말에 탄생한 제2차 아베 정권에 의해 2014년 5월에 그 설치에 착수하여 정치 개혁은 겨우 일단락되었다.

이 정치 개혁의 완성에 따라 총리의 정치지도에 따라 일본 정치의 방향을 바꿀 수 있는 제도가 실현된 것이다. 5년 3개월 만에 다시 총리직에 복귀한 아베 총리의 관저 주도 정치체제가 가동되면서 기존의 「내정우위內政優位」 정치에서 「외정우위外政優位」 정치로의 전환 시도가 이루어졌고, 일본도 평화 국가에서 한없이 「보통 국가」에 가까운 국가로의 전환이 진행됐다.

본서는 제2차 아베 정권 종식까지의 현대 일본 정치의 동향에 대해서 정치 지도 체제의 변화를 가져온 정치 개혁의 과정의 고찰을 중심으로 두면서, 주로 정치적 의사 결정의 중추 제도의 변화에 초점을 맞추어 「현대 일본 정치」의 동태動態를 해명解明하고자 시도한 것이다.

본서는 2부로 구성되어 있다. 우선 제1부 제1장에서는 자민당 일당 우위 체제의 역사적 원류인 전전(戰前) 일본 제국의 정치체제가 후발 근대

국가인 독일 제국을 모델로 하여 형성되어 그 영향을 강하게 받고 있다는 점을 양국 정치체제의 공통점과 차이점으로 나누어 고찰하는 가운데 밝혔다. 다음으로 제2차 세계대전 후 확립된 일본 정치를 특징짓는 자민당 일당 지배 체제의 형성을 둘러싼 정치 과정을 같은 패전국이었던 서독의 전후 정치 과정과 비교하여 전후 일본 정치의 현저한 특징을 밝혔다.

이어 55년 체제하의 정치적 리더십 결여가 무엇 때문에 생겼는지 그 원인을 정치적 의사 결정의 중추에 초점을 맞춰 규명했다. 그리고 제2부에서는 소련의 붕괴와 함께 국제 정세의 격변이 일어나고, 그에 따라 미국의 일극 지배 체제의 확립, 다음으로 「경제와 정보의 국제화」에 따른 하나의 세계 경제 시스템의 「글로벌 자본주의」의 성립에 대응하기 위해 세기의 전환기부터 오늘에 이르기까지 일본은 정치 제도의 개혁을 시도하고 있지만, 그 정치 과정을 「결정 중추」제도의 변모에 대응하도록 하고 있다.

또한 제1부와 제2부는 그 서술 형식이 다르다는 점을 미리 알려두고 싶다. 제1부는 「55년 체제」하의 정치적 리더십 결여의 원인을 찾기 위해 메이지 유신 후의 일본 근대국가 건설의 모델로 여겨진 독일 정치 구조와의 비교를 한다. 이 과정을 통해 전전 및 전후 일본의 정치체제 구조 해명 속에서 찾고 있으므로 그 서술 형식은 그로 인하여 구조 분석에 중점을 두게 되었다. 반면 제2부는 고이즈미 정권이나 그 이후 역대 정권의 정치 개혁을 둘러싼 정치 과정을 정점定点 관찰을 겸하는 형태로 추적하게 되어 서술 형식도 구조 분석이 아니라 주로 정치 개혁을 둘러싼 권력 투쟁의 정치 과정을 추적하는 정치사政治史적 접근법이 사용되고 있다. 또 기술의 흐름 속에서 인명에 대한 경칭을 생략한 곳도 있다. 이 점에 대해서도 동시에 양해를 구하고 싶다.

 본서의 집필에 이른 것은 몇 가지의 이유가 있다. 첫째, 패전 이후 오늘날까지 일본 정치의 큰 흐름에 대한 간결한 개설서가 별로 눈에 띄지 않는 것 같았기 때문이다. 말할 필요도 없이, 전후 일본 정치의 특정 시기에 관한 연구 또는 논평한 저작은 많다. 집필자의 문제의식의 차이에 따라 그 내용도 다양하다. 하지만 기본적으로 두 장르로 분류할 수 있다. 하나는 정치학자의 저작이다. 또 다른 하나는 저널리스트의 것이다.

 전후 일본의 정치학자 가운데 일본의 현대 정치를 분석 대상으로 다루어 그 정치 역학을 정치학적으로 해명한 학자는 1980년대에 이르기까지 별로 볼 수 없다. 무엇보다, 전후 얼마 되지 않은 시기에서 1960년대 초까지는 사회과학자들 사이에서는 마르크스주의의 영향이 강했다. 따라서 마르크스주의만이 유일한 올바른 「사회과학」이라고는 의견도 있고 이를 신봉하는 정치학자에 의한, 계급투쟁 관점에서 일본 정치를 바라본 저작은 비교적 존재한다.

 1960년대 말부터 자민당 일당 지배 체제가 확립되고 그것이 안정되면서 학계에서도 마르크스주의의 영향을 받은 정치학자들의 고령화에 따라 그 영향력도 퇴조하는 방향으로 향했다. 이를 반영하듯 일본 정치학계에는 미국 현대 정치학, 특히 「행태 주의 정치학(behavioral approach)」이 지배적으로 되었고, 마르크스주의적 입장에서 쓰인 현대 일본의 정치에 대한 분석은 점차 희미해졌다.

 한편 정치학계에서는 미국 현대 정치학 이론을 사용한 일본 정치의 실증적인 분석을 시도하기보다 오히려 미국 현대 정치학의 여러 접근법의 수용과 비판이 연구 동향을 지배했던 시기도 있었다. 1980년대 이후에는

「행태 주의 정치학」의 한계도 드러났지만 동시에 미국 현대 정치학의 여러 접근 가운데 일본의 현실 정치 분석에 유효하다고 생각되는 접근법도 있음이 확인되었다. 이를 통해 일본의 정당 연구, 압력단체연구, 관료제연구 등의 개별연구가 발전하게 되었다.

그 중에서 오오타케 히데오大嶽秀夫 교수는 전후의 일본 정치를 정치 경제체제론의 관점에서 연구 대상으로 채택하고 실증적인 분석을 하여, 전체적인 현대 일본 정치의 동향과 그 정치 역학力学을 해명하였다. 그리고 그 후 정력적으로 시기를 한정한 일본의 현대 정치를 정치학적으로 해명하는 작업을 계속하여 많은 저작을 남기고 있다. 본서의 주에는 오오타케 교수를 시작으로 정치학자들의 일본 정치 연구에 대한 저작을 내용에 따라 각각 소개하고 있으므로, 개별의 연구에 대해서는 거기서 참조해 주기로 하고 여기에서는 그 소개를 생략한다.

또 하나의 장르인 전후 일본 정치론은 정치 활동을 직업으로 영위하고 있는 사람들의 「업계業界」의 일인 「정치」를 국회의원이 주로 활동하는 국회 주변의 지명地名을 따 「나가타쬬永田町 정치」라고 불리고 있지만, 그러한 「정치」에 대해서는 수상이나 자민당 간부급 정치가의 일상생활이나 정치적 사고형식으로 파벌 항쟁이나 「정국政局」을 둘러싼 이면사 등 흥미로운 사실을 취재한 것을 담은 「이야기」풍의 것이 대부분이다.

이러한 두 종류의 현대 일본 정치론은 그 대부분은 저자가 다룬 특정 시기의 일본 정치 연구 또는 일본 정치론이지, 패전 후부터 오늘에 이르기까지의 현대 일본 정치의 흐름을 일관된 시각에서 파악한 것이 아니다. 따라서 이러한 공극空隙을 채울 필요가 있는 것이 아닐까 생각하여 책을 집필하기에 이르렀다. 또한, 대학에서의 교육 경험으로부터 그 필요성을 통감한 것도 크게 관련되고 있다.

　나카소네 中曾根康弘내각은 유학생 10만 명을 받아들이는 것을 정책과제로 채택했다. 이후 후쿠다 福田康夫 내각도 유학생 30만 명을 받아들이는 것을 정책과제로 내세웠다. 그러한 정책으로 인해 많은 아시아 유학생이 대학의 문을 두드리게 되었다. 15년 전까지 필자는 전임학교의 학부와 대학원에서 많은 유학생을 지도했다. 한국이나 중국의 유학생으로부터 현대 일본의 정치를 주제로 공부하고 싶으므로 간결한 개설적槪說的인 입문서를 소개해 달라는 제의를 받은 적이 자주 있었다. 그래서 그들의 희망에 맞는 것을 찾아보았으나 그들에게 소개할 만한 것은 별로 눈에 띄지 않는 것을 깨달았다. 게다가 한국과 중국 유학생들의 현대 일본 정치에 대한 지식과 이미지는 한결같이 제국주의 시대 일본에 대한 각 나라의 역사관을 반영한 것으로 전후 일본 정치의 실제와는 크게 동떨어진 인식이 두드러진다는 것을 깨달았다.

　또한 「복고적」내셔널리즘을 신조로 하는 일본의 보수적 정치인의 일부가 때때로 태평양전쟁은 구미 열강으로부터 식민지화된 아시아 여러 민족의 해방을 위해 싸운 것이지 침략이 아니었다거나 식민지였던 조선에서는 사회 인프라 정비 등 근대화와 문명화를 위해 진력해 조선을 위한 것이 되었다고 말하고 있다. 피해자의 입장을 일절 고려하지 않을 뿐만 아니라 과거 역사의 객관적인 연구와 반성의 발언이 아니라 미국에 오랫동안 억눌려온 「본심」을 발언하는 것이 때때로 벌어지고 있었다. 그러한 발언이 유학생의 모국에서 배운 전후의 일본 정치에 관한 지식이나 이미지를 증폭시키고 있는 것이 아닌가 하는 생각을 하게 되었다.

　서독에서는 이런 일이 일어나지 않았다. 그럼 왜, 일본에서는 일어나는 것일까? 독일에서는 나치 체제는 패전 후 점령군에 의해 완전하게 청산되었다. 서독은 완전히 새롭게 출발했고 전쟁 전과의 이어지는 면은 점령군에 의해, 그리고 동시에 서독 자신에 의해서도 부정되었다. 그런데 일본은 반은 패하고, 반은 전전 일본 체제가 살아남고 있다. 이를 유학생들에게 알리는 한편, 그런데도 일본은 민주적인 평화 국가로 걷고 있는 것에 대해, 올바른 인식을 하게 하려고 「현대 일본 정치」에 대해 그 개요를 알리는 계몽적인 입문서가 필요하지 않을까 생각하게 되었다.

또 다른 집필 이유는 일본 대학생들 가운데 전후 일본 정치의 흐름을 모르는 학생들이 증가하고 있다는 사실이다. 고등학교 수험 전쟁에서 이겨 내기 위해 일본사를 선택한 학생이라도 메이지 이후의 일본사를 공부한 사람은 적고 하물며 일본사를 선택하지 않은 학생은 논외라고 말할 수 있을 것이다. 그것은 대학의 1, 2학년 학부생을 접하면서 경험적으로 알게 된 점이다. 오늘날 일본 정치의 단편에 대해 TV 뉴스나 와이드 쇼 등에서 다루지만 이들로부터 자극받거나 계발되었거나 여하튼 일본 정치에 대한 조금이라도 관심을 두게 된 대학생에게 현대 일본 정치의 전체적인 흐름을 알기 쉽게 이해할 수 있는 간략하게 정리된 계몽적인 입문서를 제공하는 것도 유익하지 않을까 생각하게 되었다.

원래, 필자는 일본 정치의 전문가는 아니다. 필자는 후발 근대국가로서의 독일 본연의 모습에 영향을 준 정치사상이나 정치 이론, 그리고 법사상에 관한 연구를 약 반세기 동안 계속해 왔다. 그와 동시에 후발국의 독일의 국민적 자유주의 계통의 학자들 -그 전형은 막스 베버이지만-은 그 모델로서 영국을 기준으로 자국의 정치 개혁을 주장한 적도 있어 영국 정치의 연구도 해왔다.

돌이켜 본다면, 메이지 6년 (1873년)의 (영·불·독英仏獨중 어느 나라를 일본이 채용해야 할 근대국가 모델인가를 둘러싼)정변 이후 일본은 독일을 근대국가 확립에서의 모델로 정하고 독일의 국제國制와 그 운용에 관련된 학문인 국가학, 행정법, 민법의 수용뿐 아니라 군사 제도, 의학을 포함하여 사회, 경제, 문화 전반에 걸쳐 그 장점을 수용하기 위해 노력하였다. 그 결과 근대 일본은 독일 제국의 아시아판 형태를 취하게 되었다고 해도 과언이 아니다. 따라서 근대국가 성립 이후의 일본 정치는 독일 정치라는 거울에 비추어 볼 때, 그 특징이 뚜렷이 부각 될 수 있을 것이다. 이러한 면도 있어 필자는 독일 정치를 연구하면서 영국 정치를 기준으로 하여 독일 정치와 일본 정치를 비교 연구하는 것을 게을리 하지 않았다. 그러한 점에서는 일본 정치에 대해서는 전혀 아마추어는 아니다. 따라서 본서의 특징은 전후 일본 정치를 독일이라는 거울에 비추어 보는 것과 동시에 나아가 영국 정치와도 비교하여 파악하고 있다는 점이다. 특히 전후 일본 정치의 특징을 「결정 중추」에 초점을 맞춰 분명히 한 점이 그 두 번째 특징이다.

일본은 권력 투쟁이 상태가 된 국제사회 속에서 서구열강의 식민지가 될 위기를 주체적으로 극복하는 데 성공한 후, 서구열강과 어깨를 나란히 하고 그 생존을 도모하기 위해 국가의 명운을 좌우하는 여러 차례의 중대한 결단을 내려왔다. 이러한 정치적 의사 결정은 위대한 한 사람의 「대정치가大政治家」가 행했는지, 혹은 「권력 집단 간의 합의」에 의해 이루어졌는지 혹은 주위의 「상황에 강요당한」결과로서 그렇게 되었는지에 등에 대해 초점을 맞춘 연구는 별로 없다. 예를 들면 이웃 나라 중국의 최고 정치 지도자 덩샤오핑鄧小平은 1978년 「개혁·개방改革·開放」 정책을 내걸어 사회주의적 시장 경제 노선을 취하는 결단을 주체적으로 행하고 그것을 국내외에 선언했다.

  이 예는 한 위대한 정치가가 국가의 명운을 결정하는 중대한 정치적 의사 결정을 하는 모습을 국내외에 강한 인상을 주며 국가를 거함巨艦에 비유한다면 함장이 주체적으로 배의 방향을 바꾸고 있는 상황을 방불케 하는 것이다. 그러나 전후 일본에서는 21세기 초까지는 어느 한 위대한 정치가가 정치적 의사 결정을 했다는 이미지는 전해지지 않는다. 이러한 「결정 중추」의 본연의 모습에 관심을 가져 그것을 실마리로 전후 일본 정치의 특징을 간결하게 정리한 것이 본서이다.

2021년 2월

목차

글을 시작하며 1

제1부
「55년 체제」하의 일본정치
– 「결정 중추決定中枢」의 변용을 중심으로

제1장 그 역사적 전제 – 독일을 좌표축으로 ······························ 18

   1. 전전戰前 일독日独 정치체제의 공통점 ································ 18

   2. 전후 일독 정치체제의 공통점과 차이점 ·························· 29

      (a) 전후 독일의 정치체제 재편과 그 특징 ······················· 29

      (b) 전후 일본의 정치체제 재편과 독일을 좌표축으로 본 그 특징 ······ 40

제2장 「55년 체제」의 정치노선과 권력구조의 변용変容 ················ 58

   1. 「55년 체제」의 정치노선과 그 변용 ································ 58

   2. 「55년 체제」 권력구조 변용과 정치적 엘리트 충원 ············· 68

제3장 일본에서의 정치적 지도력의 결여 ·· 86

    1. 스테이츠맨 출현을 어렵게 하는 구조적 결함 ····················· 86

    2. 정권 담당 능력을 갖춘 야당의 부재 ································· 95

제4장 「55년 체제」 붕괴와 정치체제 재편의 향방 -「키잡이」 가없는 일본은 어디로 가는가? ·· 109

제2부
21세기 초두에 있어서의 전환을 모색 중의 일본정치 -「결정 중추」제도의 변용을 중심으로

제1장 수상에 의한 정치지도 강화를 목표로 하는 제도 개혁 ·········· 124

    1. 「55년 체제」하의 정책 결정 시스템 - 「관료 내각제」············124

    2. 외압과 그에 대한 일본의 대응으로서의 「55년 체제」의 부분적 수정 ··· 142

    3. 「55년 체제」의 정치적 의사 결정 시스템 변환 - 「행정개혁」···150

제2장 새로운 「결정 중추」 제도 하에서의 일본정치 동향 81

1. 고이즈미 정권 등장과 「구조개혁」 ·································· 158
   (a) 이례적인 고이즈미 총리의 등장 ······························158
   (b) 고이즈미 총리 주도에 의한 일본정치 전환 ···············170
2. 고이즈미 정권 퇴장 후 일본정치 동향 ························181
   (a) 자민당 이외의 여러 정당의 포치布置 상황 ···············181
   (b) 아베내각의 동향과 「구조개혁」 둔화 ························185
   (c) 후쿠다 내각의 동향과 「구조개혁」 좌절 ···················192
   (d) 아소우 내각의 동향과 「구조개혁」 노선에서의 일탈 ········ 208

제3장 역사적 정권 교체와 「결정 중추」 제도 재편의 모색 ············· 231

1. 하토야마 정권하 「결정 중추」 제도 재편의 시동 ··················231
2. 간 정권하의 「결정 중추」 제도 재편의 실속 ························256
3. 노다 정권하의 「결정 중추」 제도의 재편 중단 ······················286

제4장 경쟁적 정당 시스템의 기능 부전에 의한 「결정 중추」 의 전제화專 制化 경향 – 「보통 국가」 로 향하는 제2차 아베 정권의 궤적 ············ 314

1. 야당 시절에서의 자민당의 변용 ································· 314
2. 제2차 아베 정권에 의한 「결정 중추」 제도 재편의 완성 ········337

3. 「결정 중추」의 전제화에의 경향--입헌적 구조의 형해화와 「촌탁
忖度 정치」의 횡행 361
  (a) 일본정치에 내장된 권력에 대한 컨트롤의 구조 361
  (b) 권력에 대한 컨트롤 시스템의 유명무실화와 아베 총리의 「외정우위
    外政優位」 정치로의 전환 시도 368
  (c) 정권 말기까지의 「촌탁 정치」의 횡행과 「외정우위」의 정치 전개 ......
    413

글을 마치며 - 일본은 어디로 향하는가? 456
에필로그 468
추천의글 472
역자후기-일본한국관의변천 474
부록1 : 전후 일본 총리대신 495

제1부

「55년 체제」하의 일본정치
- 「결정 중추決定中枢」의 변용을 중심으로

제1장 그 역사적 전제
- 독일을 좌표축으로

1. 전전戰前 일·독 정치체제의 공통점

약 220년간에 걸쳐서 쇄국상태에 있던 일본은 19세기의 중엽에 있어 선진 근대국가의 하나인 미국의 개국 요구에 굴하여 그때까지 경험하지 못한 권력 투쟁이 상태常態가 되어 있는 국제 정치의 도가니 안에 내던져졌다. 그리고 그 후 약 반 세기간, 일본을 지배하고 있던 중앙집권적인 막번체제幕藩体制가 변화한 환경에 적응하는 능력을 나타내지 못하고, 자괴自壞의 방향으로 나아가는 것과 동시에 주변부의 서남웅번西南雄藩에 의한 새로운 정권 만들기가 시작됐다.

삿쬬薩長등의 서남웅번은 서양 열강에 의한 인도나 중국의 식민지화의 움직임에 관한 정보를 지리적으로 빨리 접할 수 있는 지역적 특성상, 다가오는 서양 열강의 진출에 대해서 중앙보다 더욱 그 위험성을 강하게 실감하고 있었기 때문에 변화하는 환경에 대응할 수 있는 국가 재편의 방향을 향하여 움직이기 시작한 것이다. 새로운 정권 만들기의 과정에서, 나라의 본연의 모습에 대한 새로운 비전을 품은 하급 무사단에 의한 새로운 권력핵權力核이 형성되어 그들에 의해서 1868년, 메이지 유신이라고 하는 혁명이 수행되었다. 말할 필요도 없이 약 300여번余藩으로 나누어져 있던 막번체제에 대신하는 근대국가 만들기의 구상으로서 존 로크, 장 자크 루소 등의 근대사회계약설 등의 정치사상은 아직 일본에는 전해지지 않았었다. 권력의 핵을 형성한 서남 세력이 있는 서남 웅번의 하급 무사들은, 서양 열강의 외압에 대해, 자국의 존속을 도모하기 위해, 전 인민의 힘을 결집할 수 있는 통일 국가 만들기의 구상을 요시다 쇼인吉田松陰이 제시한 일본의 고대에 있던 통일 국가로서의 천황제 국가의 부흥안에서 찾아 내, 그 결과 민족통일국가 확립은 「왕정 부흥王政復興」이라고 하는 형태로 실현되게 되었다. 메이지 일본의 탄생이다.

메이지 유신 이후, 일본은 즉시 근대국가 만들기에 착수했다. 그러나 통일 국가는 만들었지만, 그 안에 어떠 정치체제를 담아야 하는 문제에 대해서는 미정이었다. 정권 수뇌는 1871년 (메이지 4년), 정치체제의 연구를 위해서, 약 2년간, 구미 국가에 사절단을 파견하였다. 그 후, 채용해야 할 정치체제의 모델로서 선진국 영·불·독英米獨 중 어떤 나라를 선택해야 할 것인가를 둘러싸고 권력 투쟁이 전개되었다. 천황제를 전제로 하는 한, 미국은 고려 대상이 아니었다. 처음 군주주의 국가의 영·불 2국의 정치체제 중, 어떤 것을 선택할까로 비교 검토가 이루어졌지만, 양자 모두 천황제를 전제로 하는 한, 적절하다고는 말할 수 없었다. 1881년(메이지 14년)의 정변에서는, 마침내 후발 근대국가의 프로이센·독일이 선택되었다. 정변으로 주도권을 장악한 쬬슈長州번 출신의 이토 히로부미伊藤博文는, 다음 해, 독일로 건너가, 프로이센·독일의 정치체제를 직접 연구하였으며 또 비스마르크 총리와도 만나, 그로부터 나라 만들기에 대한 조언을 얻은 후 헌법 기초에 착수하여 1889년(메이지 22년)에, 프로이센 헌법 공포 때를 모방해 「대일본제국 헌법」을 흠정헌법欽定憲法으로서 공포했다.

이렇게 하여, 일본에서의 근대국가의 정치체제의 그 기본은 프로이센의 것을 모방하는 형태로 확립되었다. 이후 운용 또한 대체로 독일의 정치제제 운용에 관한 이론과 경험을 토대로 일본의 독자적인 정치체제를 만들어 갔다고 볼 수 있다. 따라서 1945년 패전할 때까지의 일본 정치체제의 운용에 대하여 모델인 독일의 영향을 강하게 받은 것은 말할 필요도 없다. 양국 사이에 이러한 정치체제와 그 운용에서 평행(parallel)현상이 발생했다는 것은 일본 정치 엘리트의 주체적인 모방 노력은 물론이고 양국 엘리트 사이에는 어느 정도 정치적·사회경제적으로 유사한 공통적인 특징이 있었던 것도 기인했다고 생각된다. 그 이유는 양국 모두 정치계급은 무사 계급, 즉 군사 귀족이며 그 경제적 기반은 반봉건적 半封建的 토지 소유에 있었기 때문이다. 일본의 경우 도쿠가와德川시대에서의 오랫동안의 쇄국 상태 하에서, 각 번의 지배계급의 무사는 무관 관료인 것과 동시에 실질적으로 무관인 채로 문관 관료로서 통치를 담당하고 있었고, 프로이센의 정치 계급도 같은 성격을 띤 군사 귀족이었기 때문이다.

그런데 유럽의 중앙에 위치하는 독일은 지정학地政學적으로 국경을 접하는 주변 제국의 다양한 압력을 받아 끊임없이 존속의 위기에 노출되어 있었다. 그러므로 「외정우위外政優位」의 정치체제를 만들어 유지하지 않을 수 없었다. 그 궁극의 형태가 「병영국가兵營国家」였다. 더 나아가 이러한 「병영국가」가 되지 않을 수 없었던 것은 이러한 지정학적 요인 외에도 건국 시기의 역사도 역시 강하게 작용하고 있었다. 그 이유는 게르만 민족의 일부가 생존을 위한 토지를 위해 13세기 이후 슬라브족이 사는 동방에 무력으로 식민활동植民活動을 계속하는 과정에 있어서 점유한 영토로 탄생한 것이 프로이센이었기 때문이다. 그러므로 프로이센의 사회경제 체제의 지주적支柱的인 존재는 무장한 게르만인 지주계급(융커Junker)이며, 그리고 그들의 계급적 이익을 지키기 위한 정치체제가 프로이센국가였다. 즉, 프로이센국가는 최고 사령관의 국왕 아래에 조직된 군사 국가였다. 그러므로 「외정우위」의 정치체제를 지지해 운영한 정치 계급은 융커의 자제子弟로 구성된 군 장교단과 문관 관료단 이었다. 그들은 선진 근대국가의 영국이나 프랑스의 발달한 사회나 자연에 관한 최신의 지식을 적극적으로 흡수해 그중에 프로이센 정치체제의 존속을 위해서 필요한 것만 선택하여 도입하고 정책으로서 선정해 그것을 위에서부터 실행해 갔다. 이렇게 국가와 사회, 정치와 경제의 관계로 파악한다면 프로이센에서는 「국가우위」, 「정치우위」의 시스템이 확립되어 있었다.

처음에는 영국에서 그다음에는 프랑스에서 산업 자본주의의 발달과 함께 자본가 계급이 대두하여 그들은 「시민市民」이라고 칭해 그들의 자치로 운영되는 사회를 구축해 나갔다. 그것은 통상 「시민사회」라고 칭해지는 자본주의 사회이다. 이 사회를 전체적으로 유지하는 한편 그 내부에서 해결할 수 없는 문제를 처리하는 기구로서 「시민정부」가 확립되었다. 따라서 선진 근대국가 중에서 특히 영국에서는 정치란 「시민사회」의 발전과 함께 발생한 다종다양한 문제를 시민 자신의 합의로써 해결하는 수단으로서의 의회가 정치 센터로서 발달하여 프로이센과는 달리, 「내정우위」, 즉 「사회우위」, 「경제우위」의 정치체제가 구축되고 있었다.

이와 같은 국가 들은 산업혁명으로 손에 쥐게 된 공업 생산력을 무기로 국내에 부富를 축적하는 한편 고도의 과학기술을 응용해 만든 근대적 병기를 가지고 국외로 국위 선양을 도모하며, 유럽의 동쪽으로 향해 즉 독일로 향하는 한편 서쪽으로는 바다를 건너 아프리카와 아메리카, 아시아에 진출하여 갔다. 이러한 영·불의 동진東進의 압력을 받은 프로이센의 정치 계급은 영불에 대항하여 「위로부터의 혁명」을 단행했다. 즉, 위로부터 산업 자본주의를 도입하여 그것이 단시간에 정착해 발전할 수 있는 정치체제의 재편을 시행해 이른바 「외견적 입헌주의外見的立憲主義」[1] 체제를 만들었다.

메이지 일본이 근대국가의 정치체제 만들기에 있어서 프로이센으로부터 도입한 것은 다름 아닌 이「외견적 입헌주의」였다. 정치 제도는 외견적으로는 선진 근대국가의 영·불의 그것과 같은 것을 위로부터 만들어 내었지만, 그 운용은 영·불에서는 시민이 주체가 되어 행해지고 있는데 반하여 프로이센에서는 국왕이 중심이 되어 행해지는 점에 그 특징이 있었다. 상술하면 다음과 같다. 형식적으로는 삼권 분립제가 도입되었다. 그러나 입법부의 의회는 융커와 위로부터 많은 혜택을 받으며 육성되고 있던 자본가의 양자 대표로부터 구성되지만, 거기에는 영국의 의회와 같은 총리와 내각 구성원의 임명·해임권도 더 나아가서 예산협찬권予算協贊権 이외의 정부를 제어할 수 있는 권한도 주어지지 않았었다. 의회의 또 하나의 중요한 권한인 입법권은 실질적으로 국왕의 수중에 있었고, 영국의 의회가 가지고 있는 내각 구성원의 임명·해임권도 국왕이 장악하고 있었다. 마지막으로, 사법권은 국왕이 임명한 재판관에 의해서 행사되었다. 또한 군대는 헌법 외의 존재에 자리매김하여 국왕의 사병私兵으로서 내각의 통제마저도 받아들이지 않는 특권적 지위를 가지고 있었다.

패전까지 일본에서의 지배적인 정치체제는 다름 아닌 이 프로이센적 「외견적 입헌주의」였다. 그러나, 일본은 독일과 비교하면 현저하게 중앙집권적이었다고 말할 수 있다. 그 이유는 독일 민족의 통일 국가는 1871년에 「독일제국」의 형태로 성립하지만, 그것은 프로이센이 오스트리아를 제외한 독일연방 가맹국 대다수를 정복하는 형태로 성립했지만, 그러나, 일본과 같이 폐번치현廃藩置県은 하지 않고, 가맹국 상당수를 온존시켜,

일종의 동맹 체제의 형태로 확립되었기에, 국가 구성 원리의 하나로서 연방제가 도입되었다. 독일 제국의 약3분의 2의 영토를 가진 프로이센의 국가 체제는 그대로 온존되어 더욱 더 프로이센이 실질적으로 독일 제국을 지배할 수 있는 정치체제가 만들어졌다. 즉, 제국帝國의 주권 기관은 각 방국정부邦國政府의 사절 회의의 성격을 지닌 연방 참의원(Bundesrat)이다. 그 의장을 프로이센 총리가 겸무해, 더욱더 그 의사결정 형식도 프로이센에 유리하게 제도화되어 있어, 프로이센이 실질적으로 연방 참의원을 주도할 수 있었다. 또한 제국 황제에는 프로이센 국왕이 취임했다.

한편, 독일 인민을 대표하고, 그리고 민족 통일의 실질적 표현 기관으로서의 제국 의회(Reichstag)는 25세 이상의 남자 보통선거 제도에 근거해 구성되어 있었기에 당시 세계에서 가장 「민주적」인 외관을 나타내고 있었다. 그러나 그 주된 권한은 예산 협찬권밖에 없었고, 군주주의 체제를 은폐하는 「무화과의 잎」이라고 비판을 받아왔는데 그렇게 말할 수밖에 없는 것이었다. 당시 영국에서의 선거권은 도시 노동자의 일부밖에 주어지지 않았던 점을 고려한다면, 비스마르크가 제국 의회에 보통선거 제도를 도입한 것은 상당히 대담한 혁신적 조치로 볼 수 있지만, 그러나 그 실태는, 그 당시의 민중은 「민주화의 주체」가 아니고 체제 순응적인 신민臣民인 것을 숙지한 다음에, 민중의 보수적 심정을 교묘하게 조작하여, 그것을 빨아올려 민주주의를 가장하면서 민주주의를 억압하는 보나파르티즘(Bonapartism)적 계략의 산물과 다름없었다. 후에 히틀러가 이 대중영합大衆迎合주의적 민주주의, 즉 국민 투표 적 민주주의를 많이 활용한 것은 알려진 대로이지만, 이 국민 투표 적 민주주의가 이미 독일제국 창립 시에 정치체제 안에 묻혀 있던 점은 지목할만한 것이다.[2]

1925년(大正타이쇼 14년)에 일본에도 보통선거 제도가 도입되었다. 그 때까지의 일본의 정치체제는 프로이센의 그대로였지만, 독일 제국과 다른 점은 유의해야 한다.

  메이지 일본에서는 프로이센·독일의 국가 운영형식을 모방하여 「식산흥업殖産興業」, 「부국 강병富国強兵」이라고 하는 표어로 정해, 그것을 근대국가 만들기의 목표로 정해 이 목표를 향해서 오로지 독일을 모방해 왔다. 그러나 1918년 말, 독일 제국은 제1차 대전에 패배하고, 패전에 이은 혁명으로 붕괴했다. 다음 해의 1919년 초에 혁명 상황의 궁극적인 규정자의 자리를 잡게 된 「독일 사회 민주당」(Sozialdemokratische Partei Deutschlands) (이하 SPD로 약기 함)은, 러시아와 유사한 볼셰비키 혁명을 지향하는 좌익 공산주의 세력을 군부軍部와 협력하여 억압해, 바이마르 공화국을 탄생시켰다. 이 공화국의 성격에 대해서는 「황제는 떠났지만, 장군은 남았다」, 「헌법은 바뀌었지만, 행정법은 남았다」라고 말해지듯이 그 실질은 독일 제국의 연장에 불과했다. 즉, 황제는 떠났지만, 독일 제국의 지배 집단의 융커나 그리고 국가의 극진한 비호 아래에 자본주의 경제의 본격적 전개와 함께 크게 성장하여 지배의 주도권을 융커로부터 이미 강탈한 대자본가 계급의 정치적 대변자인 군부와 관료단으로부터 구성되는 국가기구도, 그대로 온존되었기 때문이다. 공화국의 정점頂点으로는 국민투표를 통해 민주적 정당성을 획득한 「대용군주代用君主」인 민선 대통령이 앉아 민주주의를 가장한 「독일제국」이 재건되었다. 단, 그것은 SPD의 협력이 있었기에 가능했기 때문에 그 대가로 SPD의 요구는 모두 제도화되었다. 그것은 바이마르 공화국을 외견적으로 당시 세계에서 가장 진보적인 민주주의적으로 보이게 한 것이었다. 즉, 정치적 영역에서는 20세 이상의 남녀 보통선거 제도, 비례 대표제, 국정 수준에서의 (국민발안, 국민표결제, 대통령 공선제 등) 직접 민주주의로 보완된 철저한 의회제 민주주의의 도입, 사회·경제적 영역에서는 노동자의 기본권의 승인, 8시간 노동제, 노동조합의 법적 승인, 노사 간에 체결된 임금 협정의 일반적 구속성, 노사 협조에 의한 경제 운영 시스템(중앙 노동 공동체)의 구축, 경영협의회經營協議會의 도입에 의한 기업 내 민주주의의 확립, 소비자를 포함한 직능대표제의 경제 회의의 설치, 의회의 의석의 3분의 2의 헌법개정권에 근거하는 사회주의의 합법적인 실현의 헌법 규정상의 보장, 등이다.[3]

이러한 바이마르 공화국의 적극적 측면은 위기에 처해 있던 자본가 계급이 사회주의 혁명을 저지하기 위한 긴급 피난으로 노동자 계급에 크게 양보한 것이었다. 그러나 1929년 세계 대공황이 도래하면서 패전과 혁명의 충격에서 벗어난 산업계는 영·미·불 국가들과의 세계시장 점유율 쟁탈전에서 노동자 계급에 준 큰 양보라는 핸디캡을 안고 있어서는 격렬한 경쟁에 이겨나가기에는 곤란하다는 인식이 강해졌다. 그 결과 대공황에 의해 창출된 위기危機의 계층(농민이나 하층 중산층)을 인종차별적이고 배외주의적인 내셔널리즘으로 조직한 나치당이 1930년 9월 총선에서 약진함으로 인해, 지배계급은 SPD를 버리고 나치당과의 협조에 의한 권위주의 체제의 확립으로 움직여 1933년 1월 말에 히틀러 내각을 탄생시켰다. 히틀러는 강대국으로서 독일의 재건은 재군비밖에 없다고 주장하고 그것을 과감히 실행했기 때문에 정치 계급인 군부와 관료들도 히틀러를 지지했고 그 결과 바이마르 공화국의 정치체제는 SPD와 동당의 활동을 뒷받침한 자유주의 민주주의 사회민주주의를 일체 배제하는 나치 일당 독재체제로 재편됐다. 하지만 그 실태는 나치당과 군부·관료단, 산업계의 협조 체제였다. 그리고 국가의 목표는 세계 강대국으로서 독일 권력 국가의 재건이며 그 목표 달성을 위해서는 전쟁 불사 태세를 갖추기 시작했다. 이에 따라 나치 독일은「전쟁 국가」확립으로 향하게 되었다.[4]

끊임없이 독일의 뒤를 쫓는 일본도 바이마르 공화국 시대의 1920년대에 있어서는 독일의「민주주의」의 영향을 볼 수 있었다. 그동안 정부의 식산흥업 정책에 따라 위에서부터 온실적으로 육성되던 재벌기업이 힘이 생기기 시작하여 점차 정부 관료단으로부터 상대적으로 자립하게 되면서 정당을 매개로 제국의회를 통해 정책 결정 과정에 영향력을 행사하는 정당내각제 시대가 잠깐이지만 도래 했다. 이른바「대정大正데모크러시」시대이다. 그러나, 1929년(쇼와昭和4년)의 세계적 대불황을 전후로 금융공황, 경기후퇴, 실업자의 증대, 정당부패 등의 국내 모순이 일거에 표면화되면서 그것을 대외적 진출에 의해 해결하려는 방향으로 정치의 흐름이 되어갔다. 이에 따라 군부와 경제위기 극복을 위한 통제 경제체제 확립을 목표로 하는 경제 관료단의 이른바 '혁신관료革新官僚' 공조 체제에 의한 중국 대륙 침략이 본격화됐다.[5] 그때 모델이 된 것이 제1차 세계대전 중의 독일군부 독재체제와 나치 전체주의 체제였다.

1916년 루덴도르프 장군 아래에서 전시체제의 재편이 단행됐다. 이는「총력전」체제의 확립이었다. 자웅雌雄을 겨루는 세계대전에 있어서 승자로서 살아남을 수 있는 것은 국민의 총력을 결집하여 그것을 전쟁 목적으로 조직적으로 집중시키는 체제를 확립한 국가뿐이라고 생각한 것이다. 이 생각을 실행하기 위해 군부 독재를 뒷받침하던 정치 장교들은 반체제적인 노동자 계급과 그들의 요구를 완강히 거부하는 산업계와의 타협을 촉구하며 일종의 「전시경제」 체제를 만들어내고 있었다. 즉, 전쟁 목적을 수행한다고 하는 「국익」을 위해 연방국인 독일 제국에서 유일하게 전국적인 중앙 관청의 성격을 가진 군 주도하에 국방 생산력 향상을 위한 군·산·노 협조 체제를 만들어 낸 것이다.[6] 이 총력전 체제의 확립 과정에 의해 쌓아 올려 진 군부와 SPD 간부와의 상호 신뢰와 협조 관계가 있었으므로 앞서 말한 독일 혁명기에서 볼셰비키 혁명을 저지하기 위한 SPD와 군부의 협력이 가능해졌다.

나치 전체주의 체제 아래에서는 확실히 SPD는 배제되어 더 나아가 SPD계 노동조합은 그 지도부를 빼앗겼다.[7] 그러나 본체의 조합은 나치당의 노동 전선勞動戰線에 편입되어 나치당 지도하였지만 관·산·노의 협조 체제는 존속했다. 나치 국가는 앞에서 말한 대로 본질은 전쟁 국가였다. 그러나 그것은 국민 정체성의 기초를 게르만 인종으로 한정한 극단적인 인종차별적 내셔널리즘에 물들어 있었다고는 하지만, 전체적으로 「독일 인민」의 복지를 배려하는 복지국가이기도 했다. 왜냐하면 나치 1당 독재국가는 그 정당성의 근거의 하나를 극단적인 반유태주의적 내셔널리즘에 두고 있었지만, 동시에 한쪽의 근거를 독일 민족의 생존권 확립에 두고 국내에서는 어느 정도 국민의 최저한 생존을 보장하는 정책을 속행하지 않을 수 없었기 때문이다.[8]

1931년(쇼와 6년) 9월의 이른바 「만주사변」을 계기로 일본도 총력전 체제로의 정치체제의 재편이 기획되어 마침내 1940년(쇼와 15년)에 혁신 관료를 중심으로 「신체제운동新体制運動」이라고 칭하는 전시 총력전 체제가 확립되어 갔다. 그것은 루덴도르프 군사 독재와 나치 전체주의 체제로부터 배운 군·관의 통치기술 전문가집단에 의한 「전시 사회주의」체제였다. 정치의 중추를 장악한 군·관의 통치기술 전문가집단은 국민의 총력을 전쟁 목적에 집중하기 위해서 산업계와 노동 단체를 재편하여 그 통제 속에 두면서 일반 대중의 최저한 생존을 확보하기 위해 일종의 사회 복지 정책을 실시했다. 말할 것도 없이 그것은 후방을 안심하게 하여 일반 병사들이 종군할 수 있도록 하는 것이 목적이었다. 하지만 이 시기에 도입된 소작농의 농지 경작권의 보장이나 그 소득 보전, 차지借地·차가인借家人의 보호, 질병보험이나 연금 제도 등의 도입 등의 사회 복지 제도는 전후에도 그 목적의 점에서는 변화하였으나, 그 실질은 유지·확충되어 오늘에 이르고 있다. 따라서 오늘의 일본의 사회 복지 체제의 기원이 「1940년 체제」에 있으며 그 지속과 발전이라는 점은 기억하여두어야 할 것이다.[9]

마지막으로 전전戰前 일·독 정치체제의 공통점은 정책 결정 수준으로 관점을 옮겨보면 다음과 같은 특징이 드러난다. 프로이센적인 「외견적 입헌주의」 체제에서는 권력과 권위가 정점의 국왕(또는 천황)에 집중하고 있으며 국왕이 뛰어난 정치인(statesman)의 자질을 갖거나 혹은 국왕의 절대적 신임을 얻은 대리인(총리 등)이 스테이츠맨이라면 정책 결정에서의 최종 결단은 국왕 또는 그 대리인에 의해서 행해지는 체제이다. 그 예가 비스마르크, 메이지기의 일본 총리 등이다.

다음으로 정점에 스테이츠맨이 부재가 될 경우 두 개의 변종의 형태를 생각할 수 있다. 하나는 다이쇼기 이후의 일본처럼 천황이 신격화되어 신의 세계에 봉해져 버려, 비워진 공간을, 처음 유신의 원훈元勳이 앉아, 그들이 죽은 후에는 수상 경험자의 원로元老가 채우는 경우다. 이런 유형의 극단적인 변종으로 헌법외적 존재인 군의 지도자가 국왕이나 천황의 권위를 빌어 군사 독재를 자행하는 경우이다. 그 예는 루덴도르프 군사 독재나 일본의 도조東條 군사 독재이다. 또 다른 사례는 정점 내지 정치중추부는 공백인 채 국가 운영에 관여하는 권력집단들 간의 이해 대립·경합·조정의 과정에서 최종적 정책결정이 타협의 형태로 이루어지는 형태이다. 하지만, 이 경우 가장 강한 영향력을 가진 정치 집단의 주도권으로 정책 과정이 시작되어 각 집단 간의 이해 갈등 조정의 결과로서 어떤 정책 결정이 이루어진다. 그러나 어느 정치 집단이 상시 주도권을 발휘해 그것이 상태常態화되는 경우, 예를 들어 군부 독재의 경우 군부가, 관료 독재의 경우 관료가 정책 결정권을 실질적으로 행사할 수 있다. 무엇보다, 보통의 경우, 어느 정치 집단이 주도권을 취해 외견적으로는 주도권을 취한 정치 집단이 전체를 지배하고 있는 것처럼 보이지만, 그 실체는 변전變轉이 끝없는 각 정치 집단 간의 권력 투쟁의 일시적 타협의 산물이다.

2. 전후 일·독 정치체제의 공통점과 차이점

(a) 전후 독일의 정치체제 재편과 그 특징

1945년(쇼와 20년) 5월 초 독일이 연합국에 항복하고 이어 8월 15일에 일본이 항복했다. 독일은 전장戰場이 되어, 미국·영국·프랑스·소련 4개국에 의해서 분할 통치되었다. 1945년 2월의 얄타 회담의 약정에 따라 오데르·나이세(Oder-Neisse)강 동쪽의 독일 영토(프로이센 왕국 영토의 동쪽 절반이며 또한 융커가 소유하는 토지가 집중하고 있는 곳에 있다)는 폴란드에 할양割讓 되어 오데르 니이세강이 독일과 폴란드의 국경으로 되었다. 또한 독일의 엘베(Elbe)강 동쪽의 부분(프로이센 왕국의 서쪽 절반이며 융커 권력의 아성이다.)은 소련의 점령하에 들어가 1949년에 소련의 위성국인 동독의 영토가 된다.

오늘날 독일의 전신인 서독은 주로 과거 독일제국을 구성했던 프로이센의 라인란트 지방과 비스마르크에 의해 프로이센에 흡수 통합되었던, 하노버 등의 독일연방 및 북독일연방 가맹국, 뤼베크 등의 자치도시 및 바이에른 국 등으로 이루어져 있으며 영토 면적은 바이마르 공화국 시대의 약 절반이다. 본서 제1부에서는 전후 일·독 정치체제를 비교할 때 독일이란 서독이라는 점을 미리 밝혀두고자 한다. 왜냐하면 동서독의 통일은 서독이 동독을 흡수 합병하는 형태로 이뤄졌기 때문에 현재의 독일은 서독 그 자체이기 때문이다.

미국과 영국, 프랑스, 3개국 점령 하 지역의 각 주(전후, 일본에서는 방국邦国의 원어인 Land는 주州로 번역되었다. 따라서 본서에서도 전후의 경우, Land는 주로 번역한다) 즉, 2개의 자유시를 포함한 11주에서 각 주 정부가 각각의 점령군에 의해서 설치가 인정되고 각 주에 있어 바이마르 헌법을 토대로 한 자유 민주주의적 헌법이 제정되어 거기에 기초를 두는 입헌정치가 개시開始되었다. 1948년에 11개 주의 의회 대표로 구성된 헌법제정 회의가 설치되어 독일이 통일될 때까지의 잠정적 헌법으로서「기본법」이 제정되어 그것은 다음 해의 5월에 공포되었다.[10] 이에 근거하여 연방 의회(Bundestag)의 제1회 총선거가 같은 해 8월에 실시되었고 9월 13일에 아데나워를 연방 정부 총리로 선출 하였다. 즉, 미국과 영국, 프랑스, 점령지에「독일연방공화국」(이하, 서독으로 약기함)이 탄생하면서 독일 정치가 다시 시동하기 시작한 것이다.

서독은 전전 독일과 비교해 결정적으로 다른 점이 몇 가지 있다. 그중에서 가장 큰 것은 프로이센의 부정적 유산이 청산되었다는 점이다. 그 점부터 먼저 보기로 하자. 첫째, 프로이센의 반$\frac{}{}$입헌주의적 정치체제를 이루던 프로이센의 영토 자체가 그 절반이 폴란드, 그리고 나머지 절반이 동독의 지배하에 들어갔다는 점에서 군 장교단과 고위 관료들을 배출시켜 온 융커의 사회경제적 기반이 소멸되었다는 점은 주목할 만하다. 게다가 두 차례의 세계대전에서 주역을 맡았던 군대는 패전과 점령 하의 해산 조치로 인해 그 자체가 소멸하고 말았다. 그 결과 융커는 경제적으로나 정치, 군사적으로나 생존할 기회를 박탈당했다. 그와 함께 독일에 강하게 남아 있던 반$\frac{}{}$봉건적, 반동적 요소들이 일소되어 부르주아 지배가 본격적으로 꽃필 수 있는 여건을 갖추게 되었다. 그리고 융커와 함께 지배계급을 구성하고 있던 대자본가도 나치에 대한 부역 혐의로 전후 점령군에 의해서 그 간부의 일부가 추방됨과 동시에 또한 거대기업도 분할되어 자본주의 경영체가 자유로운 시장주의에 근거해 운영되는 것이 가능해졌다. 그것은 독일 자본주의 경제에 있어서 적극적 성과이지만 그러나 시민계급의 이념의 자유주의가 지배적이었던 시대는 지나갔다. 따라서 시민계급이 단독으로 지배하는 것은 불가능해졌으며, 광범위한 노동자 대중을 조직한 사회민주주의 정당과 타협하여 그 지배를 관철할 수밖에 없게 되었다. 시민계급은 자유민주당(이하 FDP로 약기함)으로 결집했지만, 소수당에 그치는 운명에 있던 것은 말할 필요도 없다.

둘째, 프로이센 국에서는 개신교 신자가 압도적으로 많았으며 가톨릭 신자는 주로 서독의 영토가 된 지역에 많이 살고 있었다. 전후 서독 지역에서는 공산주의에 대항하기 위한 가톨릭과 프로테스탄트의 기독교 신자의 화해와 통일 운동이 전개되었다. 독일 제국 창립 시에 가톨릭교회의 이익을 지키기 위해 비스마르크와 「문화 투쟁」을 벌였던 가톨릭 신자로부터 구성된 중앙당中央黨은 전후 기독교 신자의 통일 운동과 보조를 맞추어 전 기독교도를 조직한 「기독교 민주 동맹(Christlich Demokratische Union Deutschlands, 이하 CDU로 약기함)」이라고 하는 명칭을 가진 보수 정당으로 탈피했다.

또한 중앙당의 자매 정당인 「바이에른 인민당」도 명칭을 바꾸어 바이에른 지방의 전 기독교도의 정당의 「기독교 사회 동맹(이하 CDS로 약기함)」으로 탈피했지만, 원래 바이에른은 보수적 가톨릭교도가 압도적으로 많은 곳이기 때문에 명칭은 바꿔도 실질적으로 이전과 다르지 않았다. 전후에도 CDU의 바이에른의 지부 역할을 하고 있으며 CDU가 집권할 때는 언제나 동당과 연립을 하고 있다. 따라서 본서에서는 CDU라고 하는 경우 CSU도 포함해 논하고 있으므로 이 점도 미리 언급해 두고 싶다. CSU는 정치적으로는 보수우파로 CDU의 우익 부분으로 여겨지고 있다. CDU는 총선에서 일관하여 30%에서 40%대의 지지를 얻고 있지만, 그것은 그 일부가 국민의 종교적 배경에 기인하고 있다는 점에 유의할 필요가 있다. 서독의 초대 수상인 아데나워는 CDU 당수이며 동서독 통일을 이뤄냈을 때 헬무트 콜 총리도 같은 당 당수다. 그리고 현 수상인 메르켈도 동당 당수이다.[11]

이상 두 점에서 서독은 프로이센 독일과는 본질적으로 다른 국가적 성격을 가지게 되었다. 이 점은 전후 일본과의 비교할 때 첫 번째로 유의해야 할 점일 것이다.

다음에 기본법에 근거해 새롭게 탄생한 서독의 정치체제를 살펴보기로 한다. 기본법은 바이마르 공화국이 나치당에 의해서 파괴된 점을 반성해 사회·경제적 영역에서는 바이마르 헌법의 사회 복지적 규정을 계승하면서도 정치적 영역에서는 나치당의 진출을 허용한 각 규정의 약점을 극복하는 것을 목표로 했다. 첫째, 의회제 민주주의 부정을 목적으로 하는 정당에서도 만일 그것이 국민의 3분의 2 이상의 지지를 얻었을 경우 기존 정치체제의 변혁이 가능하다고 여겨지고 있던 「가치 상대주의적 민주주의」관을 버리고 「방어적 민주주의」라는 「가치 절대주의적 민주주의」관을 채택했다는 점이다.

나치당의 인권을 무시하는 포학暴虐한 전체주의적 독재의 쓰라린 경험을 반성하면서 기본법에는 첫째, 기본적 인권의 존중은 삼권을 구속하는 초 실정법적 규범, 즉 절대적인 가치로서 자리매김했다. 둘째, 국민의 기본적 인권을 보장하는 「자유롭고 민주적인 기본 질서」는 절대적인 것으로 규정되며 모든 국가기관 및 모든 정치 집단에 의해서도 범할 수 없다. 즉 국민의 3분의 2 이상이 반대하더라도 합법적으로는 파기할 수 없는 것이다. 이처럼 절대적 가치로 제고된「자유롭고 민주적인 기본 질서」를 지키기 위한 제도적 조치로서 다음의 세 가지가 도입되었다. 첫째, 바이마르 시대처럼 좌우 과격 정당이 대두해 의회제 민주주의를 부정하지 못하도록 대표 시스템을 보수적으로 개혁했다.

선거 제도는 바이마르 시대와 같이 비례 대표제를 기본적으로 채택하였으나 그 의석수는 전 의석의 절반에 그쳤고 나머지의 절반의 의석은 소선거구제로 했다. 또 5% 조항을 제정했다. 그것은 비례 대표제 선거에서 전체 유권자의 5%의 지지를 얻지 못한 정당이나 세 개의 소선거구에서 당선자를 내지 못한 정당에는 의석을 주지 않는 제도이다. 그다음에 헌법재판소를 설치해 사법권으로부터도 국가기관이나 개인, 정치 집단으로부터의 「자유롭고 민주적인 기본 질서」의 침범을 감시하고 그것을 수호하는 시스템이 구축됐다. 마지막으로 행정부에서도 「자유롭고 민주적인 기본 질서」를 위협하는 인물이나 단체를 감시하고 단속할 「연방헌법수호청」이 설치되어 삼권의 모든 분야에 있어 「자유롭고 민주적인 기본 질서」를 지킬 태세가 정비되었다. 그러나 냉전의 격화나 고도 경제성장에 따라 많은 이민의 유입이 있었으며 이러한 내외 환경의 변화 속에서 좌우 과격 세력이 간과할 수 없을 만큼 성장하기 시작한 1960년대의 후반에 「연방헌법수호청」, 「과격파 단속 조령」(Radikalenerlass) 제정하여 좌우 과격파의 억제에 착수하고, 한편, 정부도 「비상사태법」을 제정하고, 또한 그것과 연동하여 기본법 개정도 하고, 최악의 경우, 「자유롭고 민주적인 기본 질서」는 비상 대권을 발동해서라도 지키려는 체제를 갖추었다. 이 체제는 앞서 말한 대로 「투쟁하는 민주주의」라고 불리는 소이所以이다.[12]

둘째, 이러한 체제하에서도 좌우의 과격 정당이 의회에 진출하고 더 나아가 비례 대표제에 기인하는 다당화 현상이 일어나 바이마르 공화국 말기와 같이 의회가 조각 능력을 상실하는 경우를 가정하여, 현 정권에 대신할 새로운 정부를 수립하려는 야당 내지는 야당 연합은 차기 총리와 이를 뒷받침할 의회 다수파를 미리 만들어 두지 않는 한, 내각 불신임안 제출을 불가능하게 한 「건설적 불신임안」의 제도가 도입되었다.

셋째, 기본법의 기본적 원칙으로서 연방제와 「사회적 법치국가」원리가 도입되었다.[13] 나치 시대에 폐지되었던 연방제가 서독에서는 다시 부활하였다. 다음에 「사회적 법치국가」원리는 두 개로 나눌 수 있다. 첫째, 「사회적社會的」이란, 사회경제 영역에서는 바이마르 헌법에 대해 도입되고 있던, 근로대중의 직장에서의 기본적 권리를 보장한 법 제도를 계승하는 한편, 자본주의 경제가 지나친 남용을 체크하는 여러 제도를 기본법에도 도입하는 것이다. 이러한 제도 아래의 경제체제는 「사회적 시장 경제」라고 칭해지고 있다. 바이마르 공화국 시대의 적극적 성과 중 하나인 기업 내 민주주의의 실현을 위한 수단으로서의 경영 협의회 제도의 도입이다. 초기에는 석탄·철강의 거대기업에만 적용되다가 1970년대에 들어 다른 대기업에도 도입된 「공동결정법」(Mitbestimmungsgesetz)은 그 현저한 상징적 제도이다. 「공동결정법」에 의하면 종업원은 경영 협의회와 노동조합을 통해서 근무하는 기업의 경영에 참여할 수 있는 것이다. 즉, 감독위원회(Aufsichtrat) 의 반수는 종업원대표로 구성되게 되어 있다. 산업 민주주의의 구체화로서 높게 평가되고 있는 제도이다. 둘째, 「법치국가」란 말할 필요도 없이 나치 국가가 「무법 국가」였기 때문에 「법의 지배」의 철저히 하려고 했다. 특히 국가 권력의 행사에서는 기본적 인권의 존중과 보장이 더욱 확고히 지켜지도록 국가 권력의 제약 규범인 헌법의 존수尊守가 더욱 강조된 것이다. 그렇지만 국가 권력의 담당자는 인간이기에 법을 어기는 경우가 있을 수 있으므로 그것을 막기(감독) 위해 앞에서 언급한 것 같은 헌법재판소를 도입했지만, 그런데도 막을 수 없는 경우를 가정하여 국민에게는 불법적인 국가 권력 행사에 대해서는 「저항권抵抗權」을 보장하고 있다. 이 점은 특히 강조해야 할 점일 것이다.

다음에 서독의 통치 시스템은 기본적으로는 의원내각제이다. 하원의 다수를 지배하는 정당 또는 정당 연합이 총리를 선출하고, 그 총리가 정치적 지도권을 행사하는 시스템이다. 하지만 연방제 국가이기 때문에 외정外政, 국방國防, 통상通商 등을 제외한 내정內政 전반은 각 주정부의 소관 사항이며 이들 문제에 대해서는 연방 정부는 공통된 틀을 정하는 대강법大綱法을 만들어 행정의 공통성·동질성을 담보하게 되어 있다. 그러나 세계화가 진행된 오늘날에는 내정 문제는 외정 문제와 불가분의 관계에 있으므로 연방정부의 정책 결정은 예외 없이 각 주정부의 소관 영역을 간섭하므로 각 주정부와의 의견이나 이해의 조정이 필요해지는 것은 당연하다. 그러므로 독일 제국 시대와 같이 각 주정부의 대표자로부터 구성되는 연방 참의원(Bundesrat)이 설치되어 연방 정부는 정책 책정과 그 결정에 있어서 이 연방 참의원과 의견을 조정하지 않으면 안 된다. 이러한 의사결정의 복잡한 시스템은 「정치 결정의 착종성錯綜性」(Politikverflechtung)이라고 말해진다. 하지만 기본법 제21조에 의해 정당이 공법상의 존재로 승인되어, 이렇게 하여 공적 성격을 갖게 된 정당은 아래로부터의 국민의 다양한 요구를 대표하고, 그것들을 공공성의 관점에서 총괄하여 정책 결정에 연결하는 정치적 역할을 하는 기능을 실제로 수행하고 있다. 즉 아래로부터의 선거민의 압력으로 끊임없이 활성화를 거듭하며, 국민 요구의 매개 기능을 잘 수행하고 있으므로 「정당 국가」라고 칭해지고 있다.[14] 그리고 각급 레벨의 정당 정부가 관여하는 정책 결정 과정에서도 헌법상 강력한 정치적 지도권이 부여받고 있는 연방 정부 총리가 집권당의 당수의 자격에서도, 그 리더십을 발휘하고 있어 「총리 민주주의」라고도 한다.[15]

국가원수 대통령은 연방 의회의 의원과 같은 수의 각 주의회의 대표로 구성된 「연방 회의」에서 선출되어 국가를 대표하는 의례적 권위를 행사한다.

마지막으로 서독의 행정을 보면 입법권은 연방 의회에 있지만, 법률 집행을 담당하는 행정권은 기본적으로 각 주정부에 있다. 무엇보다 국방, 외교, 통상, 교통 交通, 우정 郵政 등의 연방 정부의 소관 사항은 중앙 부처가 존재하지만,[16] 내정 전반에 관한 행정은 각 주정부 관청이 담당한다. 따라서 관청 조직은 일본과 달리 각 주정부 관청이 주를 이루고 있으며, 중앙 부처는 공통 행정을 수행하기 위한 임무를 가질 뿐이며, 일본 중앙 정부 각 기관이 국정에서 갖는 비중보다 상대적으로 낮다고 말할 수 있다.

이상, 서독의 정치체제에 대해 개요를[17] 소개했는데, 위에서 서술한 것처럼 1990년 동서 독일 통일이 동독 5주가 서독의 연방 국가에 가입하는 형태를 취했기 때문에 통일 후의 신 독일에서도 서독의 정치체제는 그대로 존속하고 있다.

지금까지 서술한 것을 요약한다면, 현재의 독일의 정치체제와 전쟁 전의 그것을 비교했을 경우, 프로이센국의 탈락으로 완전히 다른 양상을 나타내는 것은 쉽게 이해할 수 있다. 게다가 점령 하에 비非나치화 정책이 수행되고 독일 제국 시대부터 일관해서 행정을 담당해 온 융커 출신이 많은 고위 관료 중에서 나치당과 관련된 사람들은 추방되고, 또한 프로이센국가의 소멸로 그 관료 조직도 해체되었다. 그 결과 독일 제국으로부터 나치 시대를 거치며 줄곧 정치의 중추에 있던 군부 고관·고위 관료층은 대부분 정치의 무대에서 퇴장했다. 그러나 냉전 발발을 계기로 서독이 건국되자 추방된 고위 관료의 60%가 공직 추방에서 해제됐고 이들 중 상당수는 복직됐다.[18]

그러나 서독 정부는 점령군의 비非나치화 정책을 계속해 계승하고 있는 점에서도 볼 수 있듯이, 정치 시스템과 정치 문화가 크게 변화한 상황에서, 국정에서의 그들의 권력은 작아지고 있다고 말할 수 있다. 바꿔 말한다면 독일 제국의 국가 목표, 즉,「식산흥업」「부국강병」이라고 하는 목표 중 전자는 1900년경에 경제 대국의 건설로 이미 달성되었기 때문에, 남겨진 목표인「부국강병」이 계속 추구되었지만, 패전과 그 후 점령군에 의해서 평화 국가 수립의 방향으로 유도되었기 때문에「강병」은 버려지고,「부국」이 전면에 세워져 그 목표 수행을 위해서 전쟁 전의 고위 관료의 전문 지식과 행정 능력이 많이 활용되지만, 일본과 달리 행정은 각 주정부의 소관 영역이며, 더 나아가「정당 국가」화에 의해서 정당이 정책 결정권을 장악하고 있으므로 일본만큼 고위 관료의 정책 결정에서의 비중은 커지지 않았던 점은 주목할 만하다.

이상 살펴본 것처럼 현재의 독일 정치 시스템은 나치 시대까지의 과거의 내정을 반성하고 후발 근대국가의 부정적 측면을 청산하여 자유 민주주의 국가로서 발전하고 있다. 그런데 과거의 반성이 비단 내정에만 국한된 것은 아니다. 전후 점령군이 비非나치화 정책을 수행했고, 그것을 서독 정부도 계승하여 법제화해 자주적으로 나치 전체주의적 요소의 청산에 전력을 다했다.[19] 그것은 나치 국가에 의해서 야기된 제2차 세계대전의 참화가 너무 심했으므로 그 피해국에 둘러싸여 있는 서독으로서는 주변국의 신뢰를 회복하고 상호 협력하여 새로운 평화 질서를 구축해 나가기 위해서도 나치 국가와의 차이를 나타낼 필요가 있었다. 즉 내정의 자유 민주주의적 발전뿐 아니라 외정적 이유로도 나치 국가의 과거 역사의 청산을 내정 면에 있어 철저히 하지 않을 수 없었다. 또한 서독 정부가 내정 면에서 비非나치화 정책을 추구한 또 하나의 이유가 있었다. 그것은 제3장 2에서 거론하지만, 일본에는 SPD에 해당하는 정당이 존재하지 않앉다는 점이다. SPD는 나치 시대에 탄압받아, 해외나 지하에서 반反나치 저항 운동을 전개한 경험이 있어, 그 운동을 서독에서도 야당 또는 여당으로 계속해서 이어갔다. 또 동당은 연방 차원에서 야당인 경우에도 각 주정부의 정권을 담당하고 있어 비非나치화 정책은 속행되게 되었다.

다음으로 외정 면에서도 1969년 SPD가 그 주도하에 FDP와의 연립 정권을 성립시켜 총리가 된 브란트 당수는 소련과 그 지배하에 있는 동유럽 국가들을 상대로 「신동방정책」을 전개해, 나치 시대에 독일이 저지른 전쟁 범죄를 사죄하고 보상하는 자세를 보인 점은 주목해야 하겠다. 그 이유는 SPD는 나치 국가에 의해서 탄압받은 정당이고, 브란트 총리 자신도 나치당 독재와 싸워 망명해야 하는 정치인이었기 때문이다. 그 개인으로서는 나치 국가가 범한 범죄에 대해서 일체 책임은 없었다. 그럼에도 불구하고 나치 국가의 계승 국가로서의 또한 서독의 총리로서 나치 국가가 범한 범죄에 대해서 사죄해 그 죄에 대해 속죄하는 모습을 보였다는 점에서 서독은 국가의 도덕적 위신을 회복하는 것이 가능해졌다. 그리고 그것이 기초가 되어, 장래의 동서 독일 통일도 가능해졌다고 해도 과언은 아니다.[20]

이렇게 하여 외정 면에서도 나치 시대의 나쁜 유산을 청산한 서독은 동서냉전의 골짜기에서 미·소 2대 초강대국에 대한 제3의 세력으로서의 유럽 연방을 획책하는 프랑스와의 화해를 실현해 1952년에 석탄·철강 공동체 설립 협정을 시작으로 지역 통합의 추진 역할을 담당해 마침내 그 연장선에 있어 오늘날의 EU 확립에 주도적 역할을 했다.[21]

독일 민족의 인종차별적이고 배외주의적인 내셔널리즘을 추구한 나치 시대까지의 후발 근대국가의 길을 서독은 단호히 버리고 「기본적 인권의 존중」을 구현하는 「자유롭고 민주적인 기본 질서」의 확립과 그 발전이라는 보편적 원리를 국가 목표로 삼고 그 목표 수행의 일환으로 공존해야 할 서구 제국과의 초국가 조직 EC 확립에 대한 리더십을 발휘해 마침내 1990년 동독을 이 EC에의 가맹하는 형식으로 염원의 민족 분열의 비극을 극복해 오늘에 이르고 있다.[22]

이상 서둘러 서독으로부터 통일 독일까지의 정치체제에 대해 살펴보았지만, 그것은 나치 시대의 독일과는 전혀 다른 「새로운 독일」임이 밝혀졌다고 말할 수 있을 것이다. 이것에 대비해 전후 일본의 변천는 어떠한지 살펴보기로 한다.

(b) 전후 일본의 정치체제 재편과 독일을 좌표축으로 본 그 특징

1945년 8월 15일 일본은 포츠담 선언을 수락하면서 제2차 대전이 종결되었다. 일본은 독일과 달리 미국의 단독 점령 하에 있었고, 고유의 영토는 북방 열도를 제외하고는 할양割讓 되지 않았다. 미국은 일본점령 통치에 임하여 기존의 정치체제를 기본적으로 온존시켜 그것을 이용해 점령 목적을 수행하는 간접 통치 형식을 취했다.[23] 다만 일본이 향후, 다시 미국에 도전하여 그 의지를 전쟁에 호소해 주장할 수 없게 기존 정치체제의 부분적인 수정을 시행했다. 이러한 미국의 의지는 일본 헌법안에 반영되었다. 무엇보다 신헌법은 일단 대일본제국 헌법의 개정 절차에 따라서 제정되었다. 그러나 서독의 기본법이 상술한 것처럼 독일인 자신이 바이마르 헌법 운용의 쓰라린 경험의 반성 위에 서서, 동 헌법의 비판적인 수정이라고 하는 형태로 자주적으로 제정되었던 것에 반해, 자민당이 신헌법은 미국에 강요된 것이라고 주장하고 있듯이 그 대강大綱은 미국의 요청에 따르는 형태로 제정되었다고 볼 수 있을 것이다.

신헌법의 3대원칙은 주지하는 바와 같이 국민 주권, 기본적 인권의 존중, 평화주의다. 그것들은 미국이 근대국가의 보편적 원리로 간주하고 있는 것이다. 그럼 이러한 3 대원칙의 채택으로 인해 기존 정치체제의 어떠한 부분이 수정되었을까? 첫째, 국민 주권 원칙의 채택으로 국가의 정당성 원리가 군주주의로부터 민주주의로 바뀌고 그것을 반영하여 주권자였던 천황은 「일본의 상징이며, 일본 국민 통합의 상징」으로 바뀌었다. 그로 인해 정책 결정 기구의 정점에 공백이 생겼다. 통치 시스템은 이를 구성하는 몇 가지의 기관의 명칭이 바뀌었지만 본질적으로 종래와 같은 상태이다. 양원제 의회가 헌법상 정치 중심에 자리매김하였다. 전전(戰前)의 귀족원만이 그 명칭을 참의원參議員으로 바꾸고 의원 선출 방법도 하원과 같이 20세 이상의 남녀 보통선거제로 바뀌었다. 그러나 하원 우월의 원칙이 채용되어 하원인 중의원衆議員이 주권 기관에 자리매김하여 그 최고 위원회의 내각이 통치 기구의 중추적인 지위를 차지하게 되었다. 그리고 내각총리대신, 즉 수상은 전쟁 전과 달리 과거 천황의 권한을 계승하고, 스테이츠맨이 총리의 자리를 차지한다면 정치 시스템으로서는 내외에 그 능력을 충분히 발휘할 수 있는 태세가 되었다고 말할 수 있다.

다음으로 천황은 종래 천황이 행해 온 국가원수로서의 의례적 행위나 국사행위国事行為를 계속해서 행하게 되었으며, 천황과 정부와의 관계는 외견적으로는 전쟁 전의 그것과 크게 다르지 않았으며, 시간이 지남에 따라 실질적으로 종래의 관행으로 돌아가고 있는 것이 실정이다. 따라서 국민 주권의 원칙이 채택되었어도 기존의 정치체제의 핵심 통치 시스템

제1부 「55년 체제」 하의 일본정치 **41**

은 기존의 것이 온존되었다고 볼 수 있다. 그러나 국민 주권 원리의 도입으로 정치 문화가 크게 바뀌면서 그 귀결帰結로서 정치체제의 목표가 크게 수정될 수밖에 없었던 점과 또 그와 관련하여 국민 주권을 정치 제도 면에서 실체화한 의회민주주의가 헌법상 정당한 통치 시스템으로서 채택되고 그것을 운용하는 정당이 천황에 대신해 최종적인 정책 결정자의 지위를 차지하게 된 점은 전쟁 전과 크게 다르다. 따라서 전후 일본은 천황제 국가로부터 서독과 같은 「정당 국가」로 변용했다고 봐도 무방할 것이다.

다음으로 국민 주권 원리의 도입에 의한 정치체제 개편의 두 번째 점은 기본적 인권의 존중이라는 원칙과도 관련되지만, 관료 기구의 중추에 있던 내무성內務省이 해체된 점은 특필해야 한다. 그것은 전쟁 전에 있어서는 국민을 천황의 신민臣民에 머물게 하여 국민이 천황제 적인 정치 문화로부터 일탈하는 일이 없도록 감시하고, 만약 조금이라도 일탈하는 징조가 보이면 그것을 탄압하는 임무에 종사하고 있었다. 내무성의 해체로 국민의 사상을 단속해, 즉 정치적 이데올로기의 전체주의적 통제를 담당하던 특고경찰特高警察은 해체되었고, 또한 경찰 그 자체도 민주화되었다. 이와 관련하여 국민을 전체주의적으로 조직하고 있던 대정익찬회大政翼贊会등도 해산되어 국민은 군국주의적으로 조직된 관제단체官製団体로부터 해방되어 자유로워졌다.

마지막으로 국민 주권 원리의 도입으로 자유롭게 된 국민은 주권자로 자리매김하여 선거를 통해서 국정 담당자를 간접적으로 선출하고 또한 선거를 통해서 그들을 통제하는 것이 가능해졌을 뿐만 아니라, 그 거주하는 지방정치에서도 직접 민주주의의 원칙이 도입되어 시민으로서의 자각에 눈을 뜬 경우, 시민자치를 할 수 있는 제도도 도입되었다. 국민 주권 원칙 도입의 귀결로서 제2의 원칙의 기본적 인권의 존중을 구체화하는 제도 개혁도 이루어졌다. 즉 봉건적유제封建的遺制나 군사 파시즘 시대의 인권 억압 체제와 그 관행이 청산되어 일본은 선진 근대국가와 마찬가지로 자유 민주주의를 발전할 수 있는 제도적 조건이 정비되었다.

마지막으로 미국의 점령 목적의 실현과 관련하여 가장 중요한 것은 일본 헌법의 제3 원칙 평화주의의 도입이다. 그것은 헌법 서문과 국제연맹 가맹국에 의해서 1928년에 조인된 「켈로그-브리앙 조약(Kellogg-Briand Pact)」의 본질을 도입한 헌법 제9조에 표현되고 있다. 헌법 서문에서 일본은 향후 「평화 국가」로 거듭나는 것을 국가 목표로 삼고 싶다고 선언했으며, 그 방법으로 헌법 제9조는 「국권 발동인 전쟁」과 「무력에 의한 위협 또는 무력 행사를 영구히 포기한다.」라고 기술하고 있으며, 동조는 국책 수행의 수단으로서의 전쟁과 이를 실행하는 수단으로서의 군대를 금지한 규정이다. 이에 따라 태평양전쟁 중 미국을 4년간 괴롭혀 온 대일본제국 육·해군은 전면 해체되었다. 그것으로 통치 기구 중의 관계 관청(육군성陸軍省, 해군성海軍省)도 해체되었다. 그리고 전쟁 이전의 일본은 프로이센 및 독일과 마찬가지로 군국주의 문화가 우세했지만, 그마저도 부정되고 이어서 군대와 깊이 관련된 군수산업도 해체되어 전후의 일본은 「평화 국가」로 거듭나게 되었다.

미국 점령군은 일본 정부에 신헌법을 제정하고 그 기본 원칙을 구체화하도록 요구해 일본 정치의 민주화가 시작되었다. 또한 미국은 전전의 군국주의 체제를 뒷받침한 사회경제 시스템에도 메스를 가했다. 첫째, 「농지 개혁農地改革」에 의해 과거 천황제 국가를 지탱하던 계급 기반의 대두지 소유 제도를 폐지하여 인구의 약 60%를 차지하는 소작인은 그 경작지가 국가에 의해 그 소유권을 인정받아 독립 자영 농민으로 바뀌었다. 다음으로 재벌이 해체되고 「1940년 체제」에 의해 시작된 기업의 「소유와 경영의 분리」의 성향이 한층 강화돼 사회경제 영역에서 민주화가 추진되었다.[24] 마지막으로 미국은 서독에서와 마찬가지로 천황을 제외한 태평양전쟁의 획책과 그 지도에 관여한 지도자를 전범으로 투옥하고 도조 히데키東條英機 전 총리 등의 7명을 처형했다. 그리고 그 많은 사람을 공직에서 추방했다. 이렇게 패전 후, 2, 3년간 미국의 점령군에 의한 개혁으로 일본은 「민주적」인 평화 국가로 변화하였다. 그러나 그 변용은 곧 냉전 발발로 복고적 방향으로 궤도를 수정하게 된다. 그러나 1947년 소련 점령 하의 동유럽 각국에서 공산당 정권의 수립이나 중국에서 공산당의 전국 제패의 전망이 드러나자, 이러한 현상을 소련의 세계 공산화 정책의 현상이라고 해석한 미국의 트루먼 정권은 소련의 팽창을 저지하기로 결정하였고 냉전이 시작되었다. 그것과 함께 다시는 미국에 도전할 수 없도록 일본을 개조하려고 한 점령 정책은 버려져, 이번에는 일본을 아시아에서의 반공反共의 보루堡壘로 바꾸는 방향으로 대일 정책의 전환이 시도되었다. 그리하여 미국은 일본을 미국 주도의 동맹 체제의 주요 구성국으로 만드는 정책을 실행하게 되었다.

  이를 바탕으로 일본은 1951년(쇼와 26년) 미국과 단독 강화조약을 체결하는 동시에 소련을 가상 적국으로 하는 군사 동맹인 「일·미 안전 보장 조약」(1952년 체결된 「한미상호방위조약」과 마찬가지로 「일·미 안전 보장 조약」이 체결됨으로써 미국은 한국과 일본에 대한 방위의무를 부담하게 되었다.-역자 추가) 을 체결했다. 이러한 미국의 대일 정책의 전환과 함께 미국 점령의 멍에에서 벗어나 주권을 회복한 일본 정부는 미국의 「민주화」를 요구하는 압력으로부터도 해방되어 미국이 인정하는 테두리 안에서나마 상대적으로 더 자유롭게 전후 일본의 정치체제 재편에 나설 수 있게 되었다.[25]

그 과정을 다음에서 살펴보자. 우선 공직에서 추방되었던 고위 관료나 정치가는 추방이 해제되었다. 그것과 바뀌는 형태로 적색분자 추방 (red purge)이 실시되었고, 공산당과 관계있는 공무원이나 그 외의 공직 종사자의 공직 추방이 시행되었다. 다음으로 추방 해제된 전쟁 중의 군수성 軍需省(전후 얼마 되지 않아 원래의 상공성商工省으로 개칭되어 신헌법에 근거하는 부처 재편으로 통산성通産省으로 됨)의 고위 관료는 통산성이나 재벌 해체로 새롭게 태어난 주요 산업의 톱으로 복귀하거나 구 내무성 관료와 함께 보수 정당의 간부로 복귀해 집권 여당의 중추에 앉아 미국과 협력하여 일본을 소련에 대항하는 동맹국에 어울리는 국가로 바꾸기 위한 지도력을 발휘한다.[26]

이러한 움직임에 대해 전쟁 중 군국주의적 억압에 시달린 사람들은 반발했다. 일본은 독일과 같이 오키나와를 제외 하고는 직접 전장이 되지 않았지만, 주요 도시는 미국의 공중폭격을 받아 폐허가 된 경험을 가졌으며 또 패전 직전의 히로시마, 나가사키의 원폭 투하와 같이 말할 수 없는 피해를 보았기에 그 무서움을 안 일반 국민은 진심으로 평화를 갈망하여 신헌법의 3대원칙 특히 평화주의를 지지했다. 그리고 이 평화주의에 대해서 그 원칙의 옹호를 주요한 목표로 내건 일본 사회당이 일·미 안보 조약 체결에 강력히 반대했음은 물론이다. 그리고 본래 사회민주주의 정당이이야 할 사회당은 다른 요인도 있지만, 국민 일반이 이러한 평화를 요구하는 소리를 대변해 그 실현에 전념하는 과정에서 어느새인가 당의 주요한 목표인 사회민주주의의 실현을 잊고 평화 옹호 전념 정당으로 변해버린 점은 일본식 특징이라고 말할 수 있다.

전후 일본 재건의 지도력을 취한 것은 보수 정당의 하나인 지유우당自由党이었다. 지유우당은 해방된 농민이나 중소 상공인을 선거 기반으로 하고, 그 지도층은 일·미 협조를 지향하는 전쟁 전의 외무성의 고위 관료나 자유주의적 정치가들이었다. 그 지도자가 전쟁 전의 영·미 협조 외교를 주창한 외상으로 전후 초대의 총리로 취임한 시데하라 기주로우幣原喜重郎의 후계자로 외교관 출신의 요시다 시게루吉田茂였다. 요시다는 그 재임 중(1946년 5월~1947년 5월, 1948년 10월~1953년 5월) 냉전 개시와 함께 시작된 미국의 재군비 요구에 대해서는 헌법 제9조와 이를 지지하는 국민의 여론, 그리고 이를 지지한 사회당의 반대를 구실로, 당장은 그 기대에는 부응할 수 없다고 하여 그들을 피하면서 우선 1950년 8월 한국 전쟁 발발 후 곧바로 경찰 예비대警察予備隊를 창설하고 2년 후에 그것을 보안대保安隊로 바꾸었다. 무엇보다 그것을 지에이타이自衛隊 (じえいたい) 로 발전시키는 개혁은 1954년(쇼와 29년) 하토야마 이치로 내각 시대에 완성된다. 어쨌든 실질적으로 미국의 요구를 실행하여 군대의 재건을 도모했다. 단, 그때 가상 적국의 핵 공격에 대해서는 일·미 안보 조약에 근거해 미국의 핵우산에 의지하고 동시에 미국의 군사 활동의 후방 지원을 실시하면서 자위대의 임무는 「전수방위専守防衛」로 한정하는 방침을 확정했다.

이렇게 하여 「경무장軽武装」, 「경제입국経済立国」을 새로운 국가 목표로 정하고 전후 정치체제의 재건이 추진되었다.[27] 따라서 일본은 국방과 그것과 관련되는 외교에 관해서는 실질적으로 미국의 지도에 따르지 않을 수 없는 상황에 놓이게 되었다고 말할 수 있다. 이러한 일·미 안전 보장 체제에 연계된 형태로의 군대의 재건은 헌법 제9조에 위반된다는 비판을 얻으면서, 결과적으로 국방에 관해서는 이중구조가 만들어지게 되었다. 즉 넓은 의미의 국방과 외교에 대해 본다면 정부의 활동은 일·미 안전 보장 체제하에서 미국과의 군사 동맹 의무의 수행을 위한 것이지만 그것은 위헌적 행위에 해당한다. 그러나 정부는 국내에서는 끊임없이 평화주의를 지키겠다고 칭하는 한편, 해석개헌解釈改憲으로 기정사실을 쌓아 올려 실질적으로 세계 제3위의 군사력을 구축해 가고 있다. 더구나 이 사실은 법적으로 존재하지 않는 것처럼 포장하려고 노력하고 있다. 이러한 이중구조를 가진 형태의 재군비 진행형식은 서독의 선택과는 달리 양국의 현저한 차이점의 형태를 만들고 있다.

이상, 전후의 일본 정치체제의 재편에 대해서 그 개요를 보고 왔으므로 다음에 일·독 양국의 재편된 정치체제의 차이점과 그 운용에서의 다른 방향으로 나아가는 것에 대해서 살펴보고자 한다.

냉전 발발과 함께 서유럽 반공 전선의 방벽防壁 국가로서 미국의 지도 아래에서 만들어진 서독은 서구방위동맹西欧防衛同盟, 나아가 미국 주도의 북대서양조약기구NATO(North Atlantic Treaty Organization)에 가입하고 그 구성국의 의무의 일환으로서 재군비의 방향을 선택했다. 이를 위해 서독은 1954년부터 1956년에 걸쳐 기본법 제87조를 개정하여 국방군을 창설 및 기본법 제12조를 개정하여 징병제를 도입, 공격〔침략〕 전쟁을 금지하고 있는 기본법 제25조의 원칙을 지키면서 미국 주도의 군사 동맹 체제의 한 국가로서 재군비 방책을 적극적으로 내세워 이를 실행해 갔다.[28] 그것은 소련과의 관계에서 본다면 동독과의 통일의 길을 막는 선택이며 독일 내셔널리즘의 부정으로 이어질 수 있는 선택이었다.

이에 비동맹·중립국의 통일 독일 창출의 형태로 통일을 지향하는 야당의 SPD가 반대했지만, 여당의 CDU의 아데나워 총리는 동서 독일의 통일이라고 하는 내셔널리즘을 외면하고 장차 서방 연합의 한 국가로서 독일 재생의 길을 선택한 뒤 그 귀결로서의 재군비를 단행했다. 제3장 2에 자세하게 언급하겠지만 1959년에 SPD는「고데스베르크 강령 (Godesberg) 綱領」의 채택으로 마르크스주의적 계급 정당에서 국민 정당으로 전환함과 동시에 대외 정책·국방 정책에 대해서도 종래의 비동맹·중립 정책을 포기하면서 여야 간에 기본적 대립은 소멸되어 오늘에 이르고 있다. 2001년의 시점에서 독일군은 NATO의 주력군일 뿐만 아니라 EU의 긴급 대응군의 주력군으로 성장함으로써 독일은 유럽에서의 국제 문제에 대하여 그 발언권이 커지고 있다.

국방과 이에 관련되는 외교 분야에서 서독의 이런 주체적 선택과 그 활동으로 정치적 지도자가 돼야 할 총리에게는 스테이츠맨의 자질이 요구되어 그에 걸맞은 스테이츠맨이 배출되고 있다. 거기에 반하여 제3장 1에서 언급하지만, 전후 일본에서는 국방과 그에 관련된 외교 분야를 미국에 맡기면서 헌법과의 관련해서 오는 국내 압력 때문에, 국방 등에 대해서는 항상 수동적 대응을 할 수밖에 없는 상황에 있으므로 스테이츠맨이 자라기 어려운 구조적 결함이 정치체제 중에 묻혀 있는 점은 서독과 크게 다른 특징의 하나일 것이다.

이처럼 재군비와 반공 체제 확립의 방향에의 국가 진로의 전환에 있어서 일본은 서독과 다른 국내 정치의 전개를 나타내게 되었다. 즉 첫째, 서독에서는 여야가 국방·외교 정책에 대해 협력하는 체제가 생기고, 그 결과 1966년에 성립된 「거국일치擧國一致」의 CDU와 SPD의 대연합 정권은 1968년에 재군비에 따른 전시체제의 입법 조치로서 제1장 2(a)로 지적한 바와 같이 「비상사태법非常事態法」을 성립시켜 이와 관련하는 기본법 개정을 단행했다. 한편, 일본에서는 비상사태법에 대해서는 그 시안이 여러 차례 부상했던 적이 있었지만, 사회당과 여론의 압력으로 수면 아래로 밀려났다.

무엇보다 한국 전쟁 발발 후의 1950년 8월에 경찰 예비대 창설과 함께 1952년에 소련 등 공산주의 국가의 간접 침략에 대처하기 위해 「파괴활동방지법破壞活動防止法」이 제정되었으나 그 후, 21세기 초에 이르기까지 비상사태법(일본에서는 「유사법제有事法制」라고 한다.)의 제정까지는 도달하지 못했다〔2004년 6월, 국민 보호 법제를 포함해 「유사법제」가 고이즈미 내각에 의해서 실현되었다〕. 또한 일본의 「파괴 활동 방지법」은 좌익 과격주의 세력의 억제를 목적으로 하고 있고, 그에 의해 일본국 헌법에 정초定礎된 자유 민주주의적인 정치체제에 대한 극좌 세력에 의한 파괴 활동은 국가 권력에 의해서 억제되는 것이 가능해졌다. 일본의 「파괴 활동 방지법」에 상당하는 서독의 법제는 상기한 「과격파 단속 조령」이지만, 그것은 일본보다 늦은 약 20년 후의 1972년에 SPD 정권에 의해서 제정되었다. 그것은 1968년의 「학생 반란」에 상징되는 「의회 외 운동」에 대처하는 것이었다. 서독에서 이 조례는 이후 「자유롭고 민주적인 기본 질서」를 좌우의 과격 세력으로부터 지키는 「방어적 민주주의」의 수단으로써 사용되었다. 즉 재군비하더라도 또 비상사태법을 제정하더라도, 과격파 단속 조례가 발포되어도 그로 인해 정치체제가 우경화될 염려는 없는 것이다.

 일본에서는 오자와 이치로小沢一郎가 주장하는 「보통국가」에의 전환, 즉, 서독과 마찬가지로 헌법을 개정하여 자위대를 「전수방위」의 원칙을 견지하면서 법적으로도 군대로 바꾸어 유엔의 집단 자위권의 행사에 참여할 수 있도록 하고, 국방에 관해서 현재의 「이중구조」를 해소하는 것이 곤란했다. 그 이유는 국민의 사이에 오랫동안 길러져 온 「전쟁 알레르기」뿐만 아니라 서독과 비교한 「파괴 활동 방지법」으로 상징되는 정치체제의 일본식 특징에 기인하는 것은 아닐까 생각되기 때문이다. 즉, 일본의 「파괴 활동 방지법」은 극좌에 대한 방위 법제이지 서독의 그것과 달리, 극우에 대하는 것은 아니기 때문이다. 이 점에 대해서 간단하게 접해두자. 일본에서는 1955년(쇼와 30년)에 좌우 사회당의 합당에 이어 자유당과 민주당의 두 보수당도 합당해 자유민주당自由民主黨, 즉 자민당이 탄생했으며 이후 자민당 일당 지배 체제는 1993년까지 38년간 지속된다. 이른바 「55년 체제」이다. 일·미 개전을 결정한 도조 내각의 상공대신商工大臣인 기시 노부스케岸信介가 자민당의 제3대 당수로서 1957년(쇼와 32년) 2월에 총리대신에 취임해 약 3년 5개월간에 걸쳐서 「복고적」 방향으로 정치 궤도수정을 한 것으로 상징되듯이 일본의 지배 정당의 제1세대 간부는 대부분 군부 파시즘 시대의 고위 관료와 그에 관련되는 정치가였다. 따라서 일본의 정치체제는 극좌 과격 세력에 대해서는 전쟁 전과 마찬가지로 엄격하고 억제적인 태도를 보이는 한편, 극우 세력에 대해서는 방임放任의 입장으로 아니 실질적으로는 공생 관계에 있다는 점이 큰 특징이다. 그것은 문화면에서도 엿볼 수 있다. 정보·통신의 발신을 담당하는 통신사나 대중 민주주의의 도래와 함께 대중매체의 대중에 대한 영향력이 알 수 없을 정도로 증대하고 있는 가운데 덴츠電通 등의 공고·선전 부문의 거대기업, 신문사, TV의 톱 중에 「1940년 체제」 시대의 고위 관료가 전후 복귀하고 있었으며 평화주의나 개인주의, 악평등주의惡平等主義의 면을 예외로 한다면, 여론 형성의 주도권을 가진 대중매체는 대체로 전쟁 전의 정치 문화의 청산이 아니고, 오히려 그 존속에 이바지하고 있는 측면이 강하게 보이기 때문이다.[29] 그것은 문부성文部省에 구 내무성 출신의 고위 관료에 의한 교과서 검정 시행과 헌법의 기본 원칙과 교육의 중립성을 지키려고 하는 일본 교원노동조합의 활동 억압으로, 오늘날 사실상 전쟁 전의 정치 문화가 평화주의와 개인주의, 악평등주의에 의해서 각색되고는 있지만 부활하고 있다고 말할 수 있다.

 이는 지금까지 사실상 사용되어 온 「국기·국가」의 법제화에 현저하게 나타나 있다. 이 움직임은 현재의 일본의 정치체제가 「1940년 체제」의 연장적 측면을 가지고 있으며, 그 체제의 리더였던 정치·관료 엘리트가 실질적으로 「55년 체제」의 중요한 지위를 지금까지 차지해 온 점에서 보더라도 놀라지 않을 현상이라고 말할 수 있다. 그 결과 검정 교과서에서는 중국에의 침략은 「진출」로 바뀌었으며 또 태평양전쟁 시대의 일본 제국의 표어의 「팔굉일우八紘一宇」 아래에서의 중국이나 동남아시아 각지에서의 침략 행위는 모두 서양 열강 지배하의 식민지 상태에 있는 여러 국민의 해방을 위한 「성전聖戰」이라고 진심으로 주장하는 정치가가 종종 대신大臣으로 취임해, 주변 국가로부터 비판을 받고 그때마다 정부는 그 호도糊塗에 힘쓰고 있다. 자민당에서의 이러한 제1세대 정치가의 영향을 받은 제2세대나 제3세대, 현재의 정치인 중에도 이에 동조하는 사람이 많은 것이 현실이다.

서독의 경우 두 차례나 세계대전의 원인을 만든 과거가 있어 주변국은 독일의 국수적 내셔널리즘에 강한 우려를 표명했으며 따라서 주변국의 이러한 염려를 불식시키지 않는 한 향후의 주변 국가와의 경제 관계는 말할 필요도 없고, 정치적 공존 관계를 만들어 내는 것이 불가능해질 것이라는 「외압」하에 국가 재건에 임하지 않으면 안 되었기 때문에 독일 제국 시대의 군국주의, 나치 시대의 전체주의적 군국주의를 모두 청산해 「과거의 역사」해석에도 주변국과의 조정 등에 적극적으로 임하고 있고 정치 문화의 면에서도 전쟁 전과 결정적인 단절이 있다. 이에 반하여 일본에서는 정치체제의 지속은 물론 정치 문화면에서도 계속성이 강하다. 이는 때때로 아시아에서의 일본의 바람직한 자세에 대한 외국의 우려로서 재발하여 경제적으로 아시아에서 일본 주도의 경제권이 현재 완성되고 있음에도 불구하고, EC와 같은 일종의 「아시아 경제 공동체」가 성립할 수 없는 큰 요인이 되고 있다고 볼 수 있을 것이다. 내정은 외정과 깊게 연관되어 있기 때문이다.

이상, 국방과 이에 관련되는 외교 분야에서의 일·독의 차이점을 봐 왔으므로 다음 장에 있어서는 내정에서의 큰 차이점, 즉 「55년 체제」성립 후의 일본의 독자적인 정치체제의 전개와 그 변용에 대해서, 특히 지배 정당의 정치 노선과 권력 구조의 변용 및 정치적 엘리트 징모徵募에 초점을 맞춰 보고 싶다.

미주

1) 일·독의 「외견적 입헌주의」의 비교 연구로서 다음과 같은 연구서가 있다. 모치다 유키오望田幸男 『비교근대사의 논리-일본과 독일-』 미네르바 쇼보, 1970년, II 『제국헌법체제의 논리』. 또한 일·독 근대화를 비교 연구한 것으로서 같은 저자의 다음의 저서가 있다. 『두 개의 근대-독일과 일본은 어떻게 다른가-』 아사히 선서, 1988년.

2) H 벨러 지음, 오노 에이지大野英二, 히젠 에이치肥前栄一 옮김 『독일제국 1871-1918년』 (1983년) 미래사, 1983년, 95쪽~108쪽.

3) 야스 세이슈安 世舟 『독일 사회민주당사 서설-창립에서 바이마르 공화국 성립기까지-』 오차노미즈쇼보, 1973년, 291쪽~294쪽.

4) H·헤네 지음·이가라시 토모五十嵐智友 역 『히틀러 독재로 가는 길-바이마르 공화국 붕괴까지-』 (1983년) 아사히 신문사, 1992년; F·노이만 저·오카모토 토모타카岡本友孝·외 공역 『비히모스-나치즘의 구조와 실제-』 (1944년) 미스즈 쇼보, 1963년, 199쪽 이하.

5) 에도막부 말기부터 쇼와시대까지의 일본정치의 전개에 대해서는 참조: 마스미 준노스케升味準之輔 『일본정치사』 1(막부 말기 유신, 메이지 국가의 성립) 도쿄대학 출판회, 1988년; 동 『일본정치사』 2 (번벌藩閥지배, 정당정치) 도쿄대학 출판회, 1988년.

6) W · 괴를 리츠 지음 · 모리야 준 守屋純 역 『독일 참모 본부 흥망사』 (1967년) 학습 연구사, 1998년, 292쪽~293쪽; 야스 세이슈 상 게서, 236쪽, 285쪽~286쪽.

7) E.마티아스 지음 · 야스 세이슈, 야마다 도오루山田徹 공역 『왜 히틀러를 막지 못했느냐-사회민주당의 정치행동과 이데올로기』 (1960년) 이와나미 현대선서 1984년, 113쪽~157쪽.

8) D.쉰바움 지음 · 오시마 미치요시大島通義 외역 『히틀러의 사회혁명』

(1967년) 지리쯔쇼보, 1978년 138쪽~143쪽.

9) 다이쇼 시대와 쇼와 시대의 패배까지 일본정치의 발전은 마스미 준 『일본 정치사』 3 (정당 쇠퇴 전면전 체제) 도쿄대학 출판회, 1988. 자세한 내용은 노구치 유키오野口悠紀雄, 『1940년 체제 – 잘가라 「전시 경제」–』 동양 경제 신보사, 1995년, 61쪽~67쪽, 아카기 스루기赤木須留喜 『근위 체제와 대정익찬회』 이와 나미 서점, 1984년.

10) 기본법의 옮김은, 타카다 사토시・시야케 마사노리 옮김. (1997). 『독일 헌법 집』 (제2판). 신잔사에 수록되어 있다. 「Ⅶ, 독일 연방 공화국 기본법」. 덧붙여 기본법 해설서로서는 다음의 것이 있다. 무라카미 준이치 공동 옮김. (1997). 『독일법입문』 (개정 제3판). 유히각. 제4장 헌법.

11) 서독의 정당에 관한 문헌으로서, 카토 슈지로. (1985). 『전후 독일의 정당제』 학양서방. 등이 있음.

12) 「싸우는 민주주의」에 대한 연구로서 다음의 것이 있다. E.이엣세. (1980). 『전투적 민주주의』 오가사와라 미쯔오・와타나베 시게노리 옮김. 와세다 대학 출판부, 1982년.

13) 사회적 법치국가는 바이마르 공화국 말기에, 나치당이 주장하는 「국수 사회주의 국가」라고 하는 오른쪽로의 선택에 대항하여, 동 공화국 헌법의 기본이념을 기본으로 정치 위기의 극복을 목표로 하는 선택으로서 SPD 계의 정치학자의 헤르만 헬러에 의해서 주장되었다. 전후, 기본법 제정에 큰 영향력을 준 쿠르트 슈마허 (SPD 초대 당수), 칼 슈미트 (기본법 제정 회의의 지도적 의원)이, 헤라의 제자인 것으로 보아, 기본법의 기본 원칙의 하나로서, 「사회적 법치국가」 원칙이 채용되었다고 한다. H.K.륩. (1982). 『현대 독일 정치사』 후카야 미츠루 옮김. (1986). 유히각. 109쪽~111쪽.

14) 게하르트 라이프홀츠. (1973). 『정당 국가』 시미즈 노조무・와타나베 시

게노리 옮김 (1977). 와세다대학 출판부.
15) 히라시마 켄지. (1994).『독일 현대 정치』도쿄대학 출판회. 42쪽~43쪽.
16) 콜 정권은, 신자유주의적 정책 전개의 일환으로서 1993년에 국유 철도를, 1994년에 우편 제도를, 각각 민영화했다.
17) 서독 정치에 대한 문헌으로서, 오오니시 다게오편. (1992).『독일의 정치』와세다대학 출판부.
18) 히라지마 켄지, 상게서, 48쪽.
19) 점령군의 나치 전범의 추궁과 서독의 나치 재판의 연구로서 다음의 것이 있다. 노무라 지로우. (1993).『나치 재판』코단샤. 덧붙여 미국의 독일 점령 정책의 연구에 대해서는, 마나베 슌지. (1989).『미국의 독일 점령 정책-1940년대 국제 정치의 흐름 속에서-』법률 문화사, 등이 있다.
20) H.K.룹, 전게서, 291쪽~303쪽.
21) 독일과 유럽 통합과의 관계에 대한 문헌으로서, 오노 코우지. (1991).『EC 통합과 독일 통일』. 오츠키서점. 시바야마 켄타로. (1994).『유럽 통합과 신생 독일의 정치 재편』사회평론사, 등이 있다.
22) 동서 독일의 통일에 대한 문헌으로서, 다카하시 스스무. (1999).『역사로서의 독일 통일-지도자들은 어떻게 움직였는가?-』이와나미 서점. 야마다 아끼라. (1995).『동서 양兩독일의 분열과 통일』유신당, 등이 있다.
23) 미국의 일본 점령 정책에 관한 연구로서 다음의 것이 있다. J. 윌리암스. (1989).『맥아더의 정치 개혁』이치 오귀·호시 켄이치 옮김. 아사히신문사. 이오기베 마고도. (1985).『미국의 일본 점령 정책』상·하 중앙공론사.
24) 노구치 유키오, 상게서, 93쪽.
25) 1945년부터 1955년까지의 전후 개혁과 그 재편에 대해서는, 참조 : 오카 요시타케편. (1958).『현대 일본의 정치 과정』이와나미 서점. 마스미 준

노스게. (1988). 『일본 정치사』 4 (점령 개혁, 자민당 지배). 도쿄대학 출판회. 동 『전후 정치 1945~55』 상.하. 도쿄대학 출판회. 덧붙여 일본의 전후 개혁과 그 재편에 있어서는, 서독과의 비교에 있어 정치학적으로 고찰한 뛰어난 연구로서 오오타케 히데오. (1986). 『아데나워와 요시다 시게루』 중공총서가 있다. 이 책은 본서의 제1부의 주제의 하나로 그 문제 관심에 대해서 공통되는 곳이 있지만, 취급하는 대상, 시기가 차이가 난다. 동서는, 일독 양국에서의 연합국의 점령과 그들에 의한 개혁의 시기부터 각각의 전후 정치체제의 확립기까지의 정치 과정을, 양국에서의 전후의 건설자로서의 요시다 시게루와 아데나워의 각각의 정치적 이데올로기와 경제정책의 공통점과 차이점을 석출하고, 전후의 양국에 있어 확립된 정치체제의 공통점과 차이점을 해명하고 있다. 그중에서 저자는, 미국 점령군에 의한 「민주화」라고 불리고 있는 일본의 개혁을 「사회민주주의 혁명」이라고 평하고(120쪽~124쪽, 333쪽.), 또 서독에서의 영국 점령지역의 개혁도 사회민주주의적 개혁이었다고 분석해, 주권을 회복한 양국의 정치 지도자 요시다 시게루와 아데나워는 점령군에 의한 개혁을 자유주의적 방향에 대해 전환해, 전후의 정치체제를 구축해 갔다는 해석을 하고 있다(207쪽~212쪽, 229쪽, 274쪽~277쪽.). 다음으로, 오오타케 교수는 실질적으로 동서의 속편으로서, (1988). 『재군비와 내셔널리즘-보수, 리버럴, 사회민주주의자의 방위관防衛觀』 중공신서. 에서 재군비, 방위 문제에서의 양국의 대응 차이점을 지정학적인 조건의 차이뿐만 아니라, 양국에서의 전쟁 전의 정치체제와 그것을 지지하는 정치 이데올로기의 민주적 극복의 정도의 차이 분석 중에서 해명해, 서독과 달리, 전후 일본에서는, 재군비, 방위 문제가 정당 정치의 최대의 쟁점이 되어, 보수・혁신 간의 이례異例의 어려운 이데올로기 대립을 항상화恒常化시켜, 그 결과, 서독과 같은 자유주의 우파와 사회민주주의와의 연립 정권 수립을 곤란하게 한 정치 역학을 분명히 하고 있다. 그리고, 왜 전후의 일본에서는, 보수적 정치가에 의한 「복고적復古的」내셔널리즘의 주장이 소리 높이 들리는지를, 방위 문제가 항상 교육, 치안이라고 하는 국내 쟁점과 나누기 어렵게 연결되고 있던 점에 기인하고 있는 점을 실증적으로 분석하고 있다. 게다가 동 교수는 『두 개의 전후・독일과 일본』(NHK 북스, 1992.)이라고 하는 저작에서, 이 양서의 내용을 계몽 풍으로 고쳐 쓰고 있다. 이상 소개한 오오타케 교수의 세 개의 저작은 전후에서의 서독과 일본의 정치 체제니 정치 이데올로기에서의 공통점과 차이점을 이해하는 데 몹시 유익하고, 전후 일본정치에 관심을 가지는 사람들에게 꼭 일독을 권하고 싶다.

26) K.v. 월프렌. (1989).『일본・권력 구조』하. 하야카와서방. 239쪽~243쪽.
27) 요시다 시게루의 연구에 대해서는, 다음의 저작이 있다. 이노키 마사미치. (1981).『평전評伝 요시다 시게루』요미우리 신문사. 고우사카 마사다카. (1968).『재상 요시다 시게루』중공총서. J.W.다워. (1979).『요시다 시게루와 그 시대 : 1945~1954』오쿠보 겐지 옮김. (1981). TBS Britannica. 또한 주(25)의 오오타케 히데오『아데나워와 요시다 시게루』에서는 아데나워와 요시다 시게루의 전기에 관해서 흥미로운 비교 연구가 행해지고 있다.
28) 독・미獨米 관계의 연구로서, 마나베 슌지. (1998).『현대독미 관계론』칸사이대학 출판부가 있다. 패전으로부터 1955년까지의 사이, 미국 주도의 군사 동맹 체제의 일국으로서의 서독의 건국과 재군비의 움직임에 관한 연구로서 다음의 것이 있다. 이와마 요코. (1993).『독일 재군비』중앙공론사.
29) K.v.카렐 반 볼페렌 , 전게서, 284쪽~286쪽.

제2장 「55년 체제」의 정치 노선과 권력 구조의 변용

1. 「55년 체제」의 정치 노선과 그 변용

1953년(쇼와 28년)에 요시다 총리는 퇴진했다. 그가 확정한 국가목표 즉 「경무장」, 「경제입국」의 방향은 그 후 변경되지 않고 세기의 전환기에도 기본적으로 계속되고 있다. 이 방향은 메이지 일본에서 확정된 「식산흥업」, 「부국강병」이라고 하는 국가목표 중, 전자는 달성되었고, 그것에 의해서 미국과 4년간의 전쟁도 가능했다. 전후는 「식산흥업」에 의해서 만들어진 자본주의 경제 시스템은 「소유와 경영의 분리」에 의해 재벌이 가진 반봉건적 요소가 청산되고, 더욱 합리화되어 세계시장에 있어 충분히 경쟁할 수 있는 능력을 갖추게 되었다. 앞서 서술한 바와 같이 그것을 바탕으로 「부국강병」의 국가목표 중 「강병」은 부정되었으므로 「부국」만이 전면에 내세워져 경제 대국에의 길로 전속력으로 돌진하게 된다. 이 점은 서독과 다르지 않다.

상술한 것처럼 신헌법하에서는 제도상 주권을 행사하는 것은 천황이 아니고 국민의 대표 기관의 의회이며 그 의회의 다수를 지배하는 정당이 정책 결정권을 행사하는 통치 시스템이 확립되었다. 1955년 보수합동에 의해 미국의 주도하는 냉전 체제의 일환으로서의 일본 국내 체제 재편의 정당 기반이 확립되었다. 그것은 국제 공산주의의 직·간접적 침략에 대한 방위 체제이기도 하다. 그때 일본의 경우 서독과 달리, 상술한 것처럼 전쟁 전의 「1940년 체제」를 주도한 지도자가 반공의 점에서 미국과 동맹을 맺는 것이 허락되어, 그들이 자유민주당의 창립에 참여하고, 한편 당내에 있어 큰 파벌을 만든 점은 주목할 만하다. 왜냐하면, 서독에 있어서는 이러한 전쟁 전의 엘리트의 전면적인 부활은 없었기 때문이다.

이 파벌의 리더는 상기한 기시 노부스케이다.[1] 그는 1957년(쇼와 32년) 2월 총리로 취임 후 점령군에 의해 부분적으로 재편된 정치체제의 전쟁 전의 것으로 복고 작업에 착수했다. 그는 반공적인 점에서 일·미가 공통의 목적을 공유하고 있으므로 이 목적을 달성하기 위해서 가능한 한 미국과 대등의 입장에서 냉전 체제를 구축해야 한다고 하는 생각을 하고, 이 생각을 실현하기 위해서 우선 국내 체제를 가능한 한 전쟁 전으로 되돌리고, 다음으로 기존의 일·미 안보 조약을 일·미 대등한 동맹 조약으로 개정하는 것을 당면의 정책과제로써 제기했다. 그것은 당연히 신헌법의 여러 원칙에 위배 되므로, 이 정책과제의 궁극적 목적은 헌법개정에 이어지는 이른바「역방향」의 노선이다. 점령군에 의해서 경찰제도는 미국형의 지방 분권적인 것으로 민주적 개혁이 이루어졌으나, 그것은 1951년의 강화조약에 의한 독립 회복 후, 요시다 시대에 이미 그 하드웨어 면에서는 중앙집권적인 제도에 되돌려졌지만, 그에 따른 소프트웨어 면의 경찰관 직무 집행 권한의 면은 아직 개정되어 있지 않았다. 기시 총리는 1958년에 경찰관 직무 집행법 개정안을 국회에 상정 해 경찰제도의「복고적」개혁을 완성하게 하려고 했으나 그것이 국민의 기본적 인권의 존중에 저촉된다고 우려한 야당과 국민의 반대로 실패했다.

다음으로 일·미 안보 조약을 미국과 대등한 상호방위조약에 개정하는 조약 개정안을 1960년(쇼와 35년) 5월 16일에 야당과 국민의 광범위한 빈대를 무릅쓰고 중의원에서 강행 체결했다. 조약 비준이 끝난 달에 이 책임을 지고, 기시 총리는 퇴진하고 요시다 노선을 계승한 이케다 하야토 池田勇人가 차기 총리로 취임했다. 이케다 총리는 「국민소득배증계획国民所得倍増計画」을 발표하고, 국가목표로 하여 「고도경제성장 정책高度経済成長政策」을 내세웠다. 그는 그로 인해 국민에게 소득 배증의 꿈을 갖게 하고 여론을 이분시켜, 정치를 혼란하게 시킬 가능성이 있는 안보 개정과 그와 관련한 재군비 및 헌법개정이라는 정치 쟁점을 수면 아래로 밀어 넣는 정치 전략을 전개했다. 이렇게 하여 기시 내각에 의해서 약간의 흔들림은 있었지만, 요시다가 깔아놓은 「경무장」, 「경제입국」이라고 하는 국가목표에 향한 본격적인 정책 전환이 시행되어 후에 「일본 주식회사」라는 말이 나오게 되는 「경제 대국」으로 발전한다. 이상의 경과로부터 추측되는 바와 같이 「55년 체제」의 성립시에 이미 지배 정당의 자민당 내에 두 개의 노선의 대립이 있었다.

하나는 요시다 노선이며 다른 하나는 기시 노선이다. 요시다 노선을 계승한 것이 자민당의 좌파이며 기시 노선을 계승한 것은 그 우파이다. 이케다 총리로부터 미야자와 총리까지의 역대 총리, 즉 사토 에이사쿠(1964년 11월-1972년 7월), 다나카 가쿠에이(1972년 7월-1974년 12월), 미키 다케오(1974년 12월-1976년 12월), 후쿠다 다케오(1976년 12월-1978년 12월), 오히라 마사요시(1978년 12월-1980년 7월), 스즈키 젠코(1980년 7월-1982년 11월), 나카소네 야스히로(1982년 11월-1987년 11월), 다케시타 노보루(1987년 11월-1989년 6월), 우노 소스케(1989년 6월-1989년 8월), 카이후 토시키(1989년 8월-1991년 11월), 미야자와 기이치(1991년 11월-1993년 8월)의 11명의 총리 중 다나카 총리 시대까지는 기본적으로는 자민당 좌파가 일본의 정치를 지도했지만, 그 이후로는 후쿠다가 기시 노선의 계승자이며, 그 외의 총리들은 대개, 다나카파의 지지를 얻고 총리가 되었어도 전체적으로의 자민당은 점차 「경제 대국」 구축의 성공으로 인하여 이른바 「보통 국가」 즉 전쟁 전의 정치체제의 계속적인 면의 강화·발전을 지향하게 되고, 그와 함께 좌파가 후퇴해, 세대 교체와 함께 제2세대나 제3세대 중에는 기시파의 사상을 공유하는 「세이란카이青嵐会」계 우파가 다수를 차지하게 되었다.[2]

이케다 수상에 의해서 본격적으로 시작된 고도 경제정책은 확실히 국민의 생활을 풍요롭게 하는 데 공헌했지만, 한편 이 정책은 다나카 총리시대에 꽃을 피우게 되지만 「록히드 사건」으로 다나카 총리가 퇴진한 점에서 상징되듯이 뒤에 언급하지만 정관재政官財 유착 체제의 부정적인 면으로서의 정치 관료들의 부패들이 많이 표면화되어 자민당에 대한 국민의 불신감을 증대시켰다. 서독과 같이 사회민주주의 정당의 SPD와 같이 강력한 야당이 존재하지 않기 때문에 자민당을 떠난 유권자의 지지를 받아들일 야당은 고도 경제성장 시대의 도래와 함께 분열하여, 자민당을 대신해 정권을 맡아 정치 부패를 정화할 수 없었다. 국회 의석의 3분의 1 정도인 사회당은 좌·우 합당 후 5년도 않된 1960년(쇼와 35년), 반공, 자주방위를 주장하는 우파가 당으로부터 분리하여 민사당民社党을 창설했다.[3]

그 후 민사당은 반공·방위 분야에서는 자민당 우파와 다름없어 자민당의 별동대로 칭해질 정도였다. 고도 경제성장 정책의 성공 혜택에 상대적으로 많이 받지 못한 대도시 인구층으로 조직한 신흥 종교 단체의 창가학회創価学会가 모태가 된 공명당公明党이 1964년에 창립했다. 공명당은 일련정종신자日蓮正宗信者를 지지 기반으로 한 종교 정당이기 때문에 그 안에 정치 이데올로기적으로는 좌우가 공존하고 있어 당내에서 좌·우의 타협이 이루어졌고, 그 결과 필연적으로 중도지향적中道志向的으로 되지 않을 수 없다. 그 점에서는 독일의 중앙당이나 그 후신의 CDU와는 당의 성격에 대해 유사한 점이 있다. 공명당의 지원 모체의 창가학회 명예회장의 이케다 다이사쿠池田大作는 신헌법, 특히 그 원칙의 하나의 평화주의의 옹호를 주장하고 헌법 옹호에 있어서 사회당과 공동 투쟁할 가능성을 가지고 있으며 그 지지층의 요구를 대변하여 사회적 약자에 대한 사회복지 정책의 충실화를 주장했다. 이 점에서는 그 지지 기반을 포함해 공산당과 경합하는 면도 있다. 그러나 공명당은 본질적으로 반공 및 중도 정당이기 때문에 당연히 기회주의적인 면이 있다.[4]

마지막으로, 야당의 다당화·분산화와 함께 그 의석수를 감소시켜나간 사회당은 그 이데올로기에 있어서는 기본적으로는 독일제국 시대의 SPD와 비슷하고 카우츠키(Kautsky)적인 객관적 경제주의적 마르크스주의를 내세우며 표면적으로는 모든 문제는 사회주의가 되면 해결할 수 있다고 칭하고 염불처럼「사회주의」를 주창하지만 그 구체적 행동은 정부의 정책에 뭐든지 반대하는「소극적 정치」로 일관했다. 한편, 평화 헌법 옹호를 무엇보다도 강하게 주창함으로써 국민의 사이에 존재하는「전쟁 알레르기」에 덕분에 존속할 수 있었다고 할 수 있을 것이다.[5]

1990년대 초 소련의 붕괴와 함께 냉전 종식과 함께하여 일본의 정치를 둘러싸는 환경이 격변激変했다. 1993(헤세이平成 5년) 년 6월 경제 대국이 된 일본은 대국에 걸맞은 정치 행동을 국제사회에 있어서 수행해야 하며, 그것을 위한 전제 조건으로서 일본은 정치적으로「보통국가」로 바꾸지 않으면 안 된다고 주장하는 오자와 이치로를 리더로 하는 하타·오자와 羽田·小沢 그룹의 개혁 세력이 자민당의 핵심 파벌의 다케시타파로부터 분리·탈당해 「신생당新生党」을 결성했다.

또 다케무라 마사요시武村正義등 10명의 의원이 자민당으로부터 분리되어 보수주의자들의 신당을 목표로 하는 「신당사끼가께新党さきがけ」를 창립했다. 7월의 중의원 선거에서 자민당이 과반수를 얻지 못하여 마침내 「55년 체제」가 무너졌다. 그리고 8월 공산당을 제외한 야당 연합 정권의 호소카와 모리히로細川護熙정권이 탄생했다. 호소카와 모리히로 전 구마모토현 지사는 이미 1년 전인 1992년 5월 자민당을 떠나 「일본신당日本新党」을 창당하고 있었다. 자민당으로부터 분리한 각 당과 사회당, 민사당, 공명당 등의 7당 8회 파로부터 구성된 이른바 호소카와 「보혁保革」 연합 정권은 「보수·중도·혁신」의 강령을 내걸고 「55년 체제」의 개혁을 주장하며 그 실현에 나섰다. 이 정권은 「55년 체제」의 부정적 측면으로서의 정치 부패의 큰 요인은 정권 교체가 없었던 점, 또한 정당 활동에 돈이 많이 드는 점을 들어 전자에 대해서는 다당화를 가져오는 중선거구제를 정권 교체를 가능하게 하는 소선거구로 바꾸고, 후자에 대해서는 서독에 모방하여 정당 경비 국고 보조제를 도입하는 안을 주장했다.

그러나 소선거구제에 강력히 반대하는 사회당과 공명당의 의견도 고려하여 호소카와 내각은 소선거구제를 바탕으로 하고 의석의 절반은 비례 대표제로 하자는 타협안인 「소선거구 비례 대표 병립제小選挙区比例代表並立制」와 정당 조성법, 정치 자금 규제법 등의 이른바 정치 개혁 관련 4법안을 의회에서 가결하여, 통치 시스템의 일부 개혁을 실행했다.

서독의 선거제는 비례 대표제를 기반으로 한 소선거구제의 「비례대표 소선거구 병용제比例代表小選挙区併用制」이며, 개정된 일본의 제도는 소선거구가 주인 것에 반해 비례 대표제가 주이다. 어쨌든 정당 경비 국고 보조제와 일부 비례 대표제를 채용한 점에서는 서독의 제도에 가까워졌다고 말할 수 있다.

1994년 4월 호소카와 총리가 사가와큐빈佐川急便으로부터의 1억 엔의 정치자금 문제가 발생해 사임했다. 호소카와 내각의 중심세력인 신생당의 오자와 이치로는 「보통 국가」로의 개조를 급하게 서둘렀기 때문에 사회당과 사끼가께와의 사이에 대립이 격화됐고 호소카와 정권의 뒤를 이은 신생당의 하타 츠토무羽田孜를 수반으로 하는 연합 내각은 사회당과 사끼가께의 일탈로 65일 만에 붕괴됐다. 야당의 자민당은 사회당의 무라야마 도미이치村山富市 위원장을 수반으로 하는 자민당·사회당·사키가케 3당 연립내각이 1994년 6월 30일 탄생했다. 무라야마 총리는 사회당의 종래의 정책을 포기하고 일·미 안보 조약의 견지, 자위대 합헌, 일장기, 기미가요(일본국가)의 존중을 표명했다. 원래 평화 옹호 정당으로서의 사회당의 역할은 냉전의 붕괴로 사실상 끝났으나 스스로 당의 존재 가치를 부정함으로써 스스로 퇴장의 길을 선택한 것 같다.[6]

1994년 9월 무라야마 정권에 대항하는 신생, 공명, 민사, 일본 신당 등의 각 야당은 중의원에서의 통일 회파 「개혁」을 결성하고 있었지만, 1994년 12월 10일 합당하여 「신진당新進党」을 창립했다. 공산당을 제외하면 독일처럼 양대 연합정당제의 경향을 보였다. 무라야마 정권하에서 집권여당에 복귀한 자민당이 점차 회복되어 1996년(헤세이 8년) 초 무라야마 총리가 사임하고 자민당 총재 하시모토 류타로橋本龍太郎를 수반으로 하는 자민당 주도의 자·사·연립내각이 탄생했다.

같은 시기에 사회당은 마침내 당명을 「사회민주당社会民主党」으로 바꾸었다. 그러나 동당이「사회민주당」을 자칭해도, 그것은 이름뿐이고 그 실체는 없으며「일본국 헌법 옹호」정당 그 자체의 성격을 더 강하게 드러내고, 시대와 환경이 격변한 가운데서도, 변함없이「헌법 옹호」에 전념하는 보수당임을 강하게 각인시켰다고 할 수 있다. 1996년 9월 다케무라와의 의견 대립으로 신당 사끼가께로부터 멀어진 하토야마 유키오鳩山由紀夫, 간 나오토菅直人 등은 구 사회당의 사람들과 합동 해「민주당民主党」을 설립했다. 그리고 동년 10월 12일 소선거구 비례 대표 병립제에 근거하는 최초의 중의원 선거가 치러졌다. 투표율은 전후 최저의 59.65%였다. 각 당의 의석수는 다음과 같다. 자민당 239, 신진당 156, 민주당 52, 공산당 26, 사회민주당 15, 사끼가께 2, 무소속·그 외 10 이다.

 1990년대 초까지 계속되고 있던 거품 경제가 붕괴하고 있었다. 또 냉전 붕괴를 계기로 미국은 군사보다 경제를 중시하기 시작해 고도 정보 기술 산업을 육성하고 그것을 토대로 한 금융 시스템의 세계적 통일화에 리더십을 취하며, 일본에 대해서는 금융 자유화, 글로벌·표준 global standard의 수용을 요구했다. 이러한 외압에 대해 하시모토 정권은 재정 구조개혁 노선을 내세웠지만 오히려 경기후퇴를 불러왔다. 그런데 연합 정권 안에서 자민당 주도색이 강해짐에 따라서 사·사 양당은 1996년 10월「각외 협력」으로 돌아섰고 마침내 참의원 선거 한 달 전인 1998년 6월 연립을 해소함으로 자민당 단독 정권이 재현하게 됐다. 그러나 참의원 선거로 자민당이 참패해 하시모토 내각이 추진하는 개혁 노선이 국민의 비판을 받자 개혁 노선에 대해서는 당 안팎에서 비판이 거세져 왔다. 그로 인해 자민당 내에서는 재정 구조개혁 노선을 잠시 중단하고 즉 거품 경제의 청산은 일단 뒤로 미루고 공공사업 중심의 재래경기 부양책을 취해야 한다는 오부찌 게이조小淵惠三파가 주도권을 장악해, 참의원 선거 후, 하시모토에서 오부치로 총리가 교체되었다.[7]

그 사이 야당으로 있던 신진당 내에서도 오자와 이치로의 저돌적이고 맹신적 개혁 노선에 의구심을 갖는 세력이 분리됐다. 이렇게 하여 자민당, 공산당을 제외한 여러 정당 간에 이합집산이 반복됐다. 우선 1996년 10월의 중의원 선거에서 신진당이 패배함에 따라 의원들이 줄줄이 탈당했다. 같은 해 12월 하타 쯔토무 등 13명이 탈당해「태양당太陽党」을 결성했다. 그리고 1998년 1월 신진당은 당을 해산하기로 해 오자와파는 「자유당自由党」을 자칭하고 공명당은 다시 원래의 모습으로 돌아와 그 외의 의원은 자민당에 복귀했다. 참의원 선거를 앞두고 같은 해 4월 태양당과 구 민사당 등은 민주당에 합류했다.

1998년 7월 참의원 선거 후 오부치 정권이 탄생했을 때의 야당의 상황은 이상과 같았다. 오부치 총리는 자민당이 참의원 선거 참패로 인하여 참의원의 과반수를 장악하지 못하고 있는 점을 고려해 1999년 1월에 자유당과의 2당 연립 정권을 출범시켜 경기회복 정책의 실행에 착수했다. 무엇보다 연립 결성에 있어서, 오자와 자유당 당수는 정치 개혁의 마무리로서 기존의「관료주도형官僚主導型」의 정치를「정치주도형政治主導型」의 정치로 바꾸는 부처 재편, 특히 총리의 정치적 지도력을 발휘할 수 있도록 제도 개혁과 비례 대표제에 근거하는 의석의 삭감을 조건으로 자민당에 요구했다.

오부치 연합 내각은 오자와가 주장하는 정치 개혁을 실현하기 위해 1999년 10월에 참의원 대책으로 공명당에 접근해 자민·자유 연립 정권에 공명당을 초빙하여「자·자·공」연립 정권을 출범시켰다. 중·참 양원에서 과반수를 손에 넣은 오부치 내각은 오부치의 오랜 주장뿐만이 아니라 「복고적」 내셔널리스트들의 염원인 「국가·국기」법안 등을 가결해 헌법 개정을 향한 정치 방향이 진행되었다. 오자와는 그 주장의 일부가 실현된 후 자민당이 공명당으로 기운 것을 이유로 연립 해소를 주장하다 자유당 내에 내분이 일어나 동당은 다시 분열됐고, 연립 옹호파는 2000년 4월 오오기 치카게扇千景를 당수로 하는 소수당의 「보수당」을 설립하여 자민당·공명당의 연립 정권에 머물렀다. 같은 시기에 오부치 총리가 급병으로 급서해, 후계 총리에는 모리 요시로森喜朗가 취임해 「자·공·보」 연립 정권이 성립했다. 신세기를 맞은 1월 초 부처 개편이 실행에 옮겨지고 총리의 정치적 지도력을 지지하는 「내각부內閣府」도 신설되어 대신大臣 외에 부대신副大臣, 정무관政務官의 제도가 신설되어 정치인 주도의 정책 입안·책정 및 집행 제도가 가동되기 시작했다.

돌이켜보면 「55년 체제」는 1970년대에 일본이 경제 대국으로 발전함으로 「경무장」,「경제 입국」이라고 하는 요시다가 제시한 국가 목표를 달성함으로써 그 임무를 완수한 것이 되었다. 1980년대부터 국내외의 환경 변화에 대응하여 정치체제의 개편이 필요했지만 정관계유착 체제라고 하는 기득권 구조는 변화를 거부하고 1990년대에 들어왔다. 동서냉전의 붕괴와 걸프 전쟁에서의 집단적자위권集團的自衛權의 행사에 헌법의 제약되어 군대를 파견하는 형태로 일본이 참가할 수 없어 국제적인 비판을 받기에 이르러 제4장에서 거론하지만 「55년 체제」는 이미 내정에도 그 모순이 표면화하여 그 이상 존속의 가능성이 없었지만, 마침내 자괴自壞했다.

「55년 체제」의 내부에서 자괴의 촉매 역할을 완수한 것은 위에서 기술한 바와 같이 오자와 이치로이다. 그는 1993년 5월에 발간한 저작 「일본 개조 계획日本改造計畵」에서 일본은 미국과의 긴밀한 동맹 관계를 유지하는 한편, 미국과 공동보조를 취해 지금까지의 수동적인 「전수방위전략專守防衛戰略」에서 능동적인 「평화창조전략平和創造戰略」으로의 대전환을 도모하여 국제사회에 통용되는 「보통국가普通国家」로 다시 태어날 필요가 있다고 주장했다. 그리고 그것을 위해서는 기존의 관료 주도의 정치체제를 정치인 주도의 것으로 바꿀 필요가 있으며 그 변혁에는 강력한 정치적 지도력이 필수적이므로 최고 정치 지도자의 강력한 지도력을 발휘할 수 있는 제도 개혁이 필요하다고 주장했다.[8]

위에서 기술한 바와 같이 그는 자민당으로부터 뛰쳐나와 오늘날까지 자신의 정치 개혁 구상 방향으로의 정치체제 재편의 촉매 역할을 열심히 계속하여 마침내 그의 주장 가운데 헌법 개정을 제외하고는 대부분 제도로서 실현된 것처럼 보인다. 만약 2008년 11월이나 혹은 그 이후에 치러질 중의원 선거로 자민당이 제2당에 전락하고 민주당이 제1당으로 약진한다면 그가 그 정치 생명을 건 정권 교체를 수반하는 이대 정당제가 실현되게 될 것이다. 따라서 향후의 과제는 강력한 지도력을 발휘할 수 있는 뛰어난 스테이츠맨을 배출시키는 구조와 스테이츠맨 보충의 문제일 것이다. 이 문제는 본서 제2부 제3장에서 언급하지만, 중장기적으로 볼 때, 향후의 일본의 정치의 최대의 과제라고 말할 수 있다.

2. 「55년 체제」의 권력 구조의 변용과 정치적 엘리트 보충

「55년 체제」가 붕괴해 오자와를 중심으로 보수·중도의 각 정당의 어지러운 이합집산이 나타났으며 다시 자민당이 다시 「55년 체제」가 부활한 것 같이 보이지만 일본의 정치는 확실히 오자와가 그린 방향으로 개혁되고 있음이 명백하다. 그가 그리는 「보통 국가」는 기시 노부스케가 생각하고 있던 「복고적」 내셔널리즘이 아니다. 사회개혁으로는 소비세에 의해서 조달하는 사회 복지 체제로의 전진, 정치 개혁으로서는 정당 조성법이나 선거 제도 등의 개혁은 서독으로부터, 그리고 정치가 주도의 통치 시스템의 확립은 영국의 대처 총리 시대의 행정개혁으로부터 배우는 등 사회민주주의 정당의 강한 서구 여러 국가를 모델로 한 것이다. 따라서 그가 주장하는 「보통 국가」가 기능하는 데 필요 불가결한 영국의 신노동당이나 독일의 SPD가 일본에는 결여되어 있어 그가 원했던 부처 재편은 이미 실시로 옮겨졌지만, 그 효과는 기대할 수 없을 것이다. 그 이유에 대해서 제3장에서 검토하겠지만, 그 전에 다음에 그 전제로서의 「55년 체제」의 의사결정 형식이나 정치적 엘리트 보충에 상징되는 정치체제의 특징에 대해서 살펴보고자 한다.

헨리 키신저(Henry Alfred Kissinger)는 1994년에 간행한 『외교外交』의 마지막 장(신세계질서재고新世界秩序再考) 에 냉전 후의 미국 외교 정책 과제를 다루며, 일·미 관계에서 냉전기까지의 일본에 대해 다음과 같이 기술하고 있다. 「냉전 중 일본은 전통적인 독립독보独立独歩의 자세를 버리고 미국의 혜택을 누리고 있었다. 경제 경쟁에 전력하겠다고 다짐한 일본은 외교·안보 정책에서는 워싱턴에 따르고 그 대신에 경제에서는 행동의 자유를 얻었다. 일·미 양국에 있어서 소련이 안전 보장 면에서의 중심적 위협이라고 인식되고 있는 동안은 양국의 국익은 일치하고 있다고 생각하는 것이 허락되었다.」[9] 그러나 '냉전 붕괴 후 일·미간에 경제 마찰이라고 하는 큰 장애가 생겨났다. 이를 극복하기 위해서 양국 간에 여러 차례 협상이 있었지만 좀처럼 해결되지 않고 있다. 그 이유는 「양국의 의사결정 방법 차이」라고 하는 문화적 장애에 있다. 그것은 다음과 같다. 「미국에서는 정책결정자의 지위에 따라 결정된다. 즉 권위 있는 사람 (대부분 대통령이며 국무장관일 때도 있다) 이 많든 적든 지위의 힘에 따라 몇 개의 선택사항 중에서 결정한다. 일본의 경우는 총의總意 따라 움직인다. 설령 총리대신이라고 해도, 한 사람에게는 결정할 권한이 없다. 결정해야 하는 사람은 모두 총의에 종사한다. 컨센서스는 만장일치를 볼 때까지는 완전하다고 볼 수 없다.」[10]

  키신저의 지적을 말할 것도 없이 일본의 정책 결정은 서양과 같은 톱다운(Top-Down) 형식이 아니라 보텀업(Bottom-Up)형식이 주류라는 것은 잘 알려진 바와 같다. 그러나 톱다운 형식의 경우에도 일본은 다양한 문제점을 내포하고 있다. 일본의 정치체제가 하나의 조직이라면, 어떤 문제에 대한 의사결정 기구의 하위 결정자의 결정이 조직의 계층제階層制를 아래에서 위로 일단씩 올려 져 가는 동안에 아래로부터 받은 결정에 대한 각 단계의 컨센서스가 형성되고 마지막으로 최고 지위에 있는 사람이 그것을 조직의 최종결정으로써 인증하면서 하나의 의사결정이 마무리된다. 그러나 일본의 정치체제는 다원적 권력 집단의 집합체이므로 각각의 권력 집단 내에 있어 각각의 형식의 상향식의 의사결정 방법이 있고, 최종적으로는 각 권력 집단의 최고의 지위에 있는 사람이 대표하는 조직에서 합의된 의지를 추렴해 합의하기보다도 주도권을 장악하는 어떤 권력 집단이 일본 전체와 관계되는 문제의 해결책으로 한다. 즉, 결정권자들의 가치관에 근거 하여 각자 속한 조직의 이익 실현을 우선하여 정책 결정의 주도권을 잡고자 한다. 거기에 대항하는 각 권력 집단 간 이해관계 조정을 통한 집합적 의사결정 과정이 계속되어, 최종적으로는 타협 형태로서의 애매한 형태인 하나의 의사결정이 태어난다.

헌법상 최종적 의사결정을 실시하는 권한을 가지는 지위는 총리직이다. 따라서 총리가 주재하는 내각회의에서 일본의 정치체제가 표방하는 의지가 인증 받게 되지만 그것은 총리의 의지가 아닌 때도 있고, 혹은 총리의 의지가 일부 포함될 때도 있다. 따라서 일본의 정치체제에서는 의사결정에는 많은 시간이 걸리며 또한 그 내용도 많은 이해의 조정·타협의 산물이므로 애매함과 동시에 타협이 존속하고 있는 동안만의 실효성밖에 가지지 않는 일시적 결정이다. 이러한 일본의 정치체제의 정책 결정 형식에 대해서 현재 네덜란드의 암스테르담 대학교수의 월프 렌은 네델란드의 신문 특파원으로서 1962년 이래 일본에 거주하고「55년 체제」의 일본 정치에 대해 자세히 관찰해 그 성과에 근거하여 일본 정치의 독특한 구조에 날카로운 분석의 메스를 댄 저작『일본식 권력의 수수께끼』(1989년)을 발간하고 있지만, 그 안에 일본의 정치체제는「중심이 없는《시스템》」이다, 라고 지적하고 있다.[11]

또 이 책에서는 중심이 결여된 일본의 정치체제는 전쟁 전에는 아시아에 대제국을 구축하고 나아가 그 귀결로서 미국과 4년간이나 전쟁을 속행하고 전후에는 경제 대국으로서 불사조와 같이 소생하는 역설(paradox)을 여러 가지로 보여주는 그 수수께끼에 대해서 다음과 같이 묘사하고 있다.「지휘하는 강력한 지도자조차 없는데, 세계의 경제 정복을 노리는 거인이 있다는 인상을 해외에 심어 버린다. 정치적 핵심이 존재하지 않는데도 국내의 빈데 세력을 거의 모두 끌어안아 버리는 힘이다. 이《시스템》

은 파악할 수 없다. 서구 각국의 사람이 파악하려고 해도 슬그머니 도망쳐 버린다. 거기에 참가하고 있는 일본인도 이《시스템》을 개념적으로 파악할 수 할 수 없으며 하물며, 바꾸는 것은 도저히 할 수 없다. 그 참가자의 대부분이 그렇게 확실히 의식되지 않은 채《시스템》은 존재한다. 모습도 형체도 없다. 그뿐만 아니라 법으로 내세운 정당성도 없는 것이다.」[12]

이처럼 외국인에게는 일본의 정치체제에는「키잡이」를 하는 중심이 보이지 않는다는 것이다. 이러한 지적은 전쟁 전 일본의 정치 시스템이 그대로 계속되어 오늘날까지 살아남고 있다는 것이 무엇보다는 좋은 증거이다. 마루야마 마사오는 과거 군부 파시즘 체제를「무책임의 체계」라고 분석했던 적이 있다.[13] 월프 렌이 지적하고 있듯이 일본의 정치체제가 중심이 없고 이를 전제로 해서 일본 정치를 분석한다면 그것은「무책임의 체계」라고 하는 것이 떠오르는 것은 당연할 것이다. 왜냐하면 정치체제를 구성하고 있는 각 권력 집단은 각각의 조직이익을 지키고 그 이익 확대를 기존의 정치체제를 통해 실현하려고 서로를 견제하면서 이해利害의 조정을 거듭하는 형태로 최종적으로 전체적인 정치체제의 의지가 생겨나기 때문이다. 최종적 의지의 형성에는 거기에 관계된 모든 사람에게 책임이 있지만 그 모든 사람의 개별 의지는 최종적 의지 안에 포함되는 비율은 각자에 따라 다르다. 작게는 책임이 있어도 최종적 의지에는 전적으로 책임질 수 있는 지위에 있는 사람이 없어 결과적으로는 무책임하게 되기 때문이다. 월프 렌이 신기해하듯 일본에는 강력한 지도자가 없는데 거인과 같이 행동할 수 있는 것은 어째서인가, 그 이유는「55년 체제」의 일본이 세계 제2위의 경제 대국으로 발전할 수 있었던 이유 속에 숨겨져 있는 것이다. 이 점에 대해서 다음에서 고찰하자.

이케다 내각 이후의 고도 경제성장 정책을 실현하기 위한 정치체제의 편성은 다음과 같았다. 캘리포니아 대학의 존슨 교수는 그 저서 『통산성과 일본의 기적』(1982년)에서 근대 일본의 국가적 성격을 「발전지향형국가発展指向型国家」라고 규정하고 있다. 발전 지향형 국가란 프로이센·독일이나 메이지 이후의 일본과 같이 「정치우위」,「국가우위」의 입장에서의 사회경제 시스템의 구축과 단기간 내에 세계의 경제경쟁에 대해 우위인 지위를 자국이 획득할 수 있도록 위에서 합리적이고 계획적으로 산업의 보호·육성을 목표로 하는 국가이다.[14] 이케다 내각에 의해서 개시된 고도 경제성장 정책을 시행한 체제는 메이지 이후의 「발전 지향형」 경제를 지도한 시스템의 결정판의 「1940 체제」의 계속이었다.

　「1940년 체제」에서는 대장성大蔵省과 군수성軍需省은 일본은행과 협조하여 우선 은행을 국가 아래에서 재편하고, 거기서 조달한 자금을 국방 생산력 증강의 관점에서 선정된 중공업에 우선하여 융자하여 최대한의 생산력을 창출 하였다. 한편, 기업 내 노동자의 노동 의욕을 높이기 위한 사회 복지적 시책이나, 전쟁의 격화와 함께, 노동자가 병사兵士로의 전용転用으로 인해, 후방에 남겨진 가족생활에 대한 배려는 내무성이 담당하는 형태로, 제1차 대전 중의 독일 제국에서 볼 수 있던 일종의 「전시사회주의戦時社会主義」가 확립되어 있었다. 사실 「55년 체제」는 이 체제의 자유 민주주의 판이라고 할 수 있는 편성이었다.

　그 정점 부분의 지위를 차지하고 있던 것은 상술한 것처럼 「1940년 체제」의 엘리트였다. 이 점은 서독과 다른 현격한 차이점이다. 왜냐하면, 미국 점령 당국은 일본 제국 시대의 관료 기구를 그대로 온존시켜 그것을 통해서 긴접 통치했기 때문에 전후 일본이 주권을 획복하고 경제 대국화를 국가목표로 선택했을 경우 당연히 일찍이 그 실효성을 증명한 시스템과 그것을 운영한 엘리트가 부활하는 것은 당연했기 때문이다. 공직 추방에서 해제된 「혁신 관료」는 상술한 것처럼 그 전문 지식과 능력에 따라 재계財界, 관계官界, 정계政界의 간부로 복귀했다. 「55년 체제」는 흔히 「정관재유착체제政官財癒着体制」로 불린다. 그것은 인적 네트워크의 관점에서 봐도 당연하다고 말할 수 있다. 그 일례를 들자면, 기시 노부스케는 자민당의 총재가 되어 총리가 되었고, 그의 상공성商工省 대신 시절의 차관 시나 에쓰사부로椎名悦三郎는 통산성, 외상을 역임하고 1979년에 사망할 때까지 미키三木 내각을 탄생시키는 등 자민당의 킹 메이커의 역할을 하고 있다. 사코미즈 히사쯔네迫水久常, 모리나가 데이이치로森永貞一郎, 시모무라 오사무下村治, 이치마다 히사도一万田尚登 등의 이름을 거론하면 끝이 없을 정도이다.[15]

이처럼 「1940년 체제」를 운영한 같은 고위 관료는 1950년 이후, 정계·관계·재계에서 그 수장의 지위를 차지하고 인적 네트워크를 형성해 공유의 「단결심(esprit de corps)」에 근거하여 이번에는 「55년 체제」를 구축하고 발전시켜 나갔기에 그 메커니즘은 「1940년 체제」와 다르지 않다는 것은 이상하지 않을 것이다. 우선 경제기획청이나 통산성이 산업계 중에서 부富를 가장 많이 창출할 가능성의 큰 기술 혁신에 대한 투자 장려와 거기서 얻은 기술을 이용한 국제 경쟁력의 강한 업종이나 첨단 산업을 선정하고 거기에 대장성은 일본 은행과 우정성과 협조하여 은행과 우체국을 통해서 빨아들인 국민의 예금을 중점적으로 융자하여 그 보호·육성에 전력을 다했다.

한편 확대된 생산력의 성과 상품의 정력적인 수출 공세를 통산성이 지원하고 외국과의 사이에 경제 마찰이 발생하면 외무성이 그 해결을 담당하고 또한 고도 경제성장 정책 실현의 부산물로써 나타난 환경 파괴나 공해 문제에 대해서는 후생성이 담당하고 더하여 후생성이나 노동성은 노동자의 노동 의욕을 높이기 위해 서구의 선진국의 사회 복지 정책을 선별적으로 도입함으로써 일본식 사회 복지 체제의 구축을 담당했다. 이렇게 경제성장을 위한 관산官産 복합체가 완성되어, 그 지도 아래에, 경제대국이 출현했다. 이 체제에 대해서 위의 존슨은 그 의사결정의 면에서, 다음과 같이 파악하고 있다. 「일본에서는 발전 지향적, 전략적인 경제정책은 정부 내에서, 이른바 경제 관료-대장성, 통산성, 농림성, 건설성, 운수성 및 경제 기획청의 공무원-중 고위층에 있는 사람들에 의해서 검토된다. 이들 관청은 국내 우수한 대학의 가장 우수한 졸업생을 모으고 있으며, 이 간부들의 지위는 지금도 사회에서 가장 높은 평가를 받고 있다. 압력단체나 정치가의 영향은 있지만 일본의 엘리트 관료는 대부분의 주요한 의사결정 과정을 거치며 거의 모든 법안을 입안하고 국가 예산을 관리함과 동시에 체제 내에서의 모든 주요 정책 혁신의 원천이 되고 있다. 이와 마찬가지로 중요한 것은 이들은 50세 내지 55세에 퇴직한 뒤, 민간 회사, 은행, 정계, 그리고 여러 특수법인 등의 유력한 지위에 몸을 둔다는 것이다. 이것은 미국의 그와 정반대의 엘리트의 움직임이다. 강력, 유능하고 위신에 넘친 경제 관료의 존재는 계획합리성計畵合理性의 자연스러운 결과라고 할 수 있다.」[16] 그러면 이러한 「55년 체제」에 있어서의 자민당의 역할은 무엇이었는지 다음에서 살펴보자.

일본의 정치체제에서의 권력 행사의 형태는 이중구조가 되어 있다. 권위와 권력은 분업체제를 가진 다른 기관에 각각 행사된다 전쟁 이전의 정치체제에서는 권위는 천황에 집중되었고 따라서 각 권력 집단 간의 역학 관계 속에서 주도권을 장악한 집단이 국가 권력을 행사할 때는 천황의 권위를 이용하지 않을 수 없으므로 제도상 천황의 권위를 이용할 수 있는 자리에 접근하여 그것을 장악하지 않으면 안 되었다. 전후에는 국민주권 원칙의 채용으로 권위는 국민에게 있으므로 권력을 행사하려고 하는 경우 권력의 행사를 원하는 사람은 아래로부터의 국민의 지지를 조달하지 않으면 안 된다. 국민의 지지를 얻고 실제로 권력을 행사하는 관료기구에 권위를 확보하는 임무는 정당에 있다. 따라서 「55년 체제」의 존속은 그 지배 정당의 자민당에 의한 아래로부터의 국민의 권위 조달 시스템의 작용에 의존하고 있었다.

자민당의 선거 기반은 첫째는, 농민과 중소상공인이고 둘째는, 대기업의 종업원이다. 제4장에서 자세히 언급하지만, 고도 경제성장의 실현에 따라 1960년부터 70년대에 걸쳐 산업구조의 변화와 함께 인구 구성도 크게 변화했다. 고도 공업화와 도시화 경향의 진행과 함께 농촌에서 도시로 인구가 이동하고, 거대한 공업 콤비나트(combinat)가 태평양 연안 지대에 조성되어, 니가타현 쮸에쯔新潟県中越지방 에서 칸토関東, 간싸이関西지방으로 사람이 모여 일본의 환경은 일변하게 되었다. 농촌 인구는 1990년대까지의 약 40여 년간에 전체 인구의 60%대에서 5%로 감소했다. 그리고 세계의 자유 무역 체제를 잘 이용하여 품질 높은 전자제품이나 자동차, 정밀 광학계 상품의 세계시장 점유율 쟁탈전에서 점차 일본이 우위에 서게 됨에 따라 농산물의 자유화를 요구하는 미국을 비롯한 여러 나라의 압력이 강해져 농산물 가격은 필연적으로 하락하는 방향으로 나아갔다.

자민당은 여당으로서 농업 보호 정책을 견지해 농촌에 대한 환경의 변화에 대응하고 쌀값을 물가상승에 슬라이드 시키거나 그 외의 소득 보충 조치 등의 농촌을 우대하는 「뒤쪽사회복지ウラ社会福祉」정책을 펴, 선거 기반인 농촌의 요구에 답해 왔다.[17] 또 1973년과 1979년의 두 번의 석유 파동에 기인하는 경제 불황을 극복하는 방법으로서 지방에의 공공사업의 확대가 진행되었다. 농민에게는 공공사업을 담당하는 건설업자에게 고용됨으로써 농업 수입으로 부족한 소득 보전補塡할 길이 열려 겸업농가가 늘어났다. 이렇게 자민당은 농민을 농업 생산자로는 농협을 통해 조직하는 한편, 건설 노동자 들은 건설업자의 단체를 통해 조직하고, 농민의 요구에 끊임없이 답하면서 선거 때 농민의 지지를 조달해 왔다. 그럼에 불구하고 도시로의 젊은이의 이동을 저지할 수 없어, 선거구 할당을 조작, 인구 과소의 농촌이 과대 대표過大代表되는 게리맨더링(Gerrymandering)정책을 속행해, 농촌의 지지를 계속 확보했다.

둘째로 고도 경제성장 정책의 주역인 대기업은 제4장으로 언급하지만 해마다 증대하는 부富를 그 종업원에게 후하게 배분하여 그들을 「55년 체제」의 수익자로 만들었으니 당연히 그들은 자민당을 지탱하는 큰 지지 기반이 된 것은 말할 필요도 없다. 이렇게 하여 자민당은 선거마다 의회의 과반수를 확보해 관료 지배에 권위를 조달하고 「55년 체제」가 제대로 기능할 수 있었다. 그러나 자민당의 지지 기반은 자신들이 주도한 경제정책 성공의 결과로 만들어진 부정적 측면에 의해서 점차 줄어들게 된다.

자민당의 지지 기반의 감축을 초래한 요인은 몇 가지 있다. 첫째는 자민당의 주요한 기반인 농민 인구의 급격한 감소이다. 둘째는 도시로 이주한 농촌 출신지의 계층 분화이다. 대기업에 취직한 사람은 그 나름의 풍족한 생활을 할 수 있는 조건을 손에 넣고 회사와 함께 자민당의 지지자가 되었다. 그러나 도시로 나와서 경제성장의 혜택을 받을 기회를 별로 얻지 못했던 사람들은 종교 단체와 연결된 사람들은 창가학회에 조직되어 공명당을 지지하고 다른 사람들은 민사당, 사회당이나 공산당을 지지하게 되었다. 1970년대에 들어 다나카 가쿠에이田中角榮 총리의 일본열도 개조론이 시발점이 되어 그 후, 매년 토지 가격이 천정부지로 치솟아 자산 인플레가 1990년대 초까지 이어지는데, ―그것이 가열화된 시기를 거품 경제라고 말해짐―, 토지 가격의 폭등으로 인하여 주거를 직장 가까운 곳으로 구하는 것이 불가능해진 샐러리맨은 대도시 교외에 주거를 갖게 돼 원거리 출퇴근이 일상화됐다. 이러한 악조건의 도시에 대한 인구 집중과 함께, 교통, 쓰레기 문제, 주택, 학교, 그 외 도시 시설에 많은 문제가 발생하였고 더불어, 고도 공업화가 수반하는 환경 파괴나 공해 문제가 발생하여 자민당 정부는 그에 대한 적극적인 해결책을 강구하지 않았기 때문에 도시 거주자의 상당수는 대기업의 종업원이었어도 그 일부나 그 아내들이 자민당 정책에 반대하는 야당에 그 지지를 바꾸는 사람이 늘어나는 경향을 나타냈다.

셋째는 고도 공업화는 질 높은 노동력을 요구했기 때문에 그 수요에 부응하는 고등교육 기관 특히 대학이나 단기 대학이 대도시에 많이 설립되어 지방으로부터 많은 청소년을 도시로 불러오게 되었다. 1980년대 말에는 대학과 단기 대학을 합하면 약 800여 개가 되었다. 대졸자들은 처음에는 중화학공업이나 그 외의 산업 등의 대기업에 취직했지만, 그 수요를 넘어서는 대졸의 공급이 이어지자 대기업에 취직하지 못한 대졸자는 중소기업에 취직의 길을 선택하고 그 흐름은 소기업으로 이어졌다. 1990

년대에 들어와 산업구조도 중화학공업 산업으로부터 고도 정보기술 산업으로의 전환이 진행되어, 전 인구에서 차지하는 제3차 산업이나 정보기술 산업에 근무하는 사람이 절대다수를 차지하게 되었다. 농촌 공동체의 붕괴와 함께 대가족 제도도 무너졌다. 핵가족이 점차 증가하였고, 그 결과 맞벌이의 증대와 함께 개인주의적 가치관의 정착과 함께 저출산 경향이 강해져 전통적인 일본식 가족제도를 지탱한 도덕성의 형해화形骸化가 진행되었다. 「55년 체제」를 뒷받침한 집단 조직 원리인 「유사가족공동체원리疑似家族共同体原理」에 근거해 편성되어 있던 대기업 등 거대 조직의 구성원들에게 있어서 「마을공동체 규제」는 그 효력이 감퇴해 가는 경향을 보였다.

넷째로 대중매체의 발달로 오늘날 대중매체가 여론 형성에 미치는 영향력은 거대하다고 할 수 있을 정도로 막강해졌으며 나가다쬬永田町의 정치가들의 모든 활동이 안방의 TV에 매일 비치고 정치 부패의 일상화가 진행되면서 이를 대중매체가 다루면서 끊임없이 비판을 거듭했다. 거기에 영향을 받은 고학력이면서 정치의식의 높은 도시의 선거인은 자민당에서 떨어져, 일시적으로 야당에 그 지지를 전환해 보지만, 야당이 자민당을 대신하여 정권을 차지할 전망이 보이지 않고 사태의 개선이 전혀 진행되지 않는다는 것을 알게 됨과 동시에, 정치에 등을 돌려 선거에서는 기권이라고 하는 선택을 하게 된다.

이렇게 해서 기권자의 비율은 유권자의 약 40%를 넘었다. 선거의 귀추는 이들 무당파층의 동향에 따라 결정되게 되었다. 자민당이 설령 의석의 과반수를 차지한다고 해도, 전유권자의 3분의 1의 지지밖에 얻을 수 없는 정당성의 위기를 맞은 것이다. 바꿔 말한다면 자민당은 아래로부터의 국민의 지지를 조달하고, 정치체제인 통치 기구의 권력 행사를 쉽게 행할 수 있도록 하는 권위를 조달하는 임무에 실패해 「55년 체제」의 유지가 곤란해져 갔다.

「55년 체제」의 정치적 엘리트의 공급원은 앞서 말했듯이 전전의 혁신 관료와 그 후계자의 고위 관료였다. 존슨이 이미 지적하고 있듯이 경제성장을 추진하는 주도 관청의 고위 관료는 퇴직 후 재임 중 관계가 있던 대기업이나 관청 산하의 특수법인에 낙하산을 타거나 혹은 권력욕의 강한 사람은 자민당에 입당해 국회의원으로서의 경험을 쌓은 후 파벌의 지도자가 되어 처음에는 대신大臣 다음으로 총리대신에의 계단을 올라간다. 그러나 1980년대에 들어와서 제1세대의 퇴장과 함께 정치적 엘리트 충원도 변화하고 있다. 자민당 내에서도 대신이 되는 자격은 의원 당선 횟수가 기준이 됨과 동시에 고위 관료가 퇴직 후 자민당에 입당해도 70세대가 되지 않으면 대신에 될 수 없는 현상이 나타났다.

한편 장기 정권이 계속되면서 2세 의원으로 20대 또는 30대로 국회의원이 된 사람 중에서 의회에서 정부 각기관에 대응하는 상임위원회에서 관계 관청의 관료와 함께 정책 입안을 담당하며, 또 선거 기반의 업계나 그 압력단체를 위해서 관계 관청 대책이나 그러한 이익을 실현하는 법안 작성에 오랜 세월 종사한 「족의원族議員」이 배출되어[18] 「관고당저官高党低」에서 「정고관저政高官低」로의 전환이라고 하듯이 업계에 포획capture된 정치가가 톱에 서는 비율이 커져갔다. 이렇게 하여 과거 「정관재 유착 체제」를 인적 네트워크로 전체적으로 정치체제의 의사결정을 조정했던 혁신 관료 그룹의 퇴장과 함께 정관재를 연결하는 인적 네트워크의 유대도 느슨해져, 월프 렌이 지적했듯이 일본의 정치체제는 「키잡이」가 없는, 즉 정치적 중심이 결여된 시스템처럼 밖으로 비치게 되었다. 그리고 앞서 말한 그것처럼 미국에서는 「정치적 지도력의 결여」로 비치게 된 것이었다. 이상에서 기술한 바와 같은 「정치적 지도력의 결여」[19]는 사실 일본의 정치체제의 구조적 결함이다. 이러한 결함이 존속하는 데는, 또 다른 요인도 작용하고 있다. 그것에 대해서는 다음에서 고찰한다.

미주

1) 기시 노부스케에 관한 대표적 연구로서는 하라 요시히사. (1995).『기시 노부스케-권세의 정치가-』이와나미 신서, 가 있다.
2) 「55년 체제」하의 자민당 정치에 관한 연구는 지극히 많다. 본서 제1부의 집필에 임하여 참고로 한 문헌 중, 대표적인 것을 순서 없이 다음에 들어 둔다.
마스미 준노스게. (1985).『현대 정치 1955년 이후』하. 도쿄대학 출판회. 1977년도 정치학회 연보. (1979).『55체제의 형성과 붕괴』이와나미 서점. 야마다 히로야·외. (1990).『전후 정치의 걸음』. 법률문화사. 미야케 이치로·외. (1985).『일본정치의 좌표-전후 40년간의 걸음-』유히각. 아이바 쥬이치·외. (1987).『일본 정치를 읽는다』유히각. 무라마츠 미츠오·외. (1994).『일본의 정치』유히각. 후쿠이 히데오·외. (1988).『일본 정치의 시각』법률문화사. 고토 모토오·외. (1982).『전후 보수 정치의 궤적-요시다 내각으로부터 스즈키 내각까지-』이와나미서점. 타카바다게 미찌도시. (1986).『지방의 왕국』우시오출판. 동(1987).『신보수의 시대는 계속되는 것인가』산이치서적. 동(1994).『일본 정치의 구조전환』산이치서적. 사사키 타케시. (1989).『자민당은 재생할 수 있는 것인가』일본경제신문사. 오노 코우지. (1994).『일본 정치의 전환』아오기서점. 아베 히토시. (1990).『개설 현대 일본의 정치』도쿄대학 출판회. 이시카와 마스미·외. (1989).『자민당:장기 지배의 구조』이와나미 서점. 별책 보물섬 62. (1987).『자민당이라고 하는 지혜-일본식 정치력의 연구』JICC 출판국. 오오타케 히데오편. (1984).『일본 정치의 쟁점』산이치 서적. 오오타케 히데오. (1994).『자유주의적 개혁의 시대-1980년대 전기의 일본 정치』중앙공론사. 우치다 겐조. (1969).『전후 일본의 보수 정치』이와나미 서점. 쿄고쿠 준이치. (1983).『일본의 정치』도쿄대학 출판회. 사토 세이자부로・마츠자키 테츠야. (1986).『자민당 정권』중앙공론사. 다나카 젠이치로우. (1981).『자민당 체제의 정치 지도』제일법규. G.카치스. (1981).『국회의원의 탄생』야마오카 세이지 옮김. 사이마르출판회1971년. 동 (1987).『「일본형 정치」의 본질』TBS Britannica. J.A.A.스톡윈. (1983).『현대 일본의 정치 변동-번영 안의 대립과 통합』아라키 토시오・외 옮김. 목탁사. 코바야시 요시아키. (1997).『현대 일본의 정치 과정』도쿄대학 출판회. 카모 토시오. (1993).『일본형 정치 시스템』유히각. 노나카 나오토. (1995).『자민딩 정권하의 정치적 엘리트』도쿄대학 출판회. 무라가와 이치로. (1994).『일본「정부」의 연구』교우세이 등.

다음은, 자민당의 우경화右傾化와의 관련으로, 「세이란카이(青嵐会)」에 대해 간단하게 서술해 두고 싶다.

세이란카이는, 1973년(쇼와 48년) 7월에, 주로 자민당의 젊은이, 우파 의원에 의해서 결성된 자민당의「강경파 집단」이다. 대표 간사에는 와타나베 미찌오, 나카가와 이치로, 미나토 테츠로, 후지오 마사유키, 타마키 가즈오, 좌장座長에는 나카오 에이치, 간사장에게 이시하라 신타로, 대표 간사에 가토 무쯔키, 사토 타카시, 사무국장에는 하마다 고이치등이 취임했다. 그들은「반공, 자주 헌법제정, 교육의 정상화, 국방력의 강화」를 목표로 해, 당시의 다나카 내각에 의해서 추진되고 있던 자민당의 좌파 노선을 비판해, 거기에 반대했다 (호리 유키오. (1991).『우익 사전』산레이 서방. 331쪽~332쪽.). 세이란카이의 리더는 세기의 전환기에는, 은퇴 내지 서거 해, 남은 회원은, 모리 총리를 시작해 자민당의 주류가 되고 있다고 봐도 괜찮을 것이다. 또 세이란카이의 주장은「자주 헌법의 제정」을 제외해 대부분 실현되었다, 라고 볼 수 있다. 세이란카이의 연구로써는 카와우치 타카시(2009).『피의 정치-세이란카이라는 이야기』신죠사.가 있다

3) 마스미 준노스게. (1983).『현대 정치 55년 이후』하. 507쪽~515쪽.
4) 공명당의 연구로서는, 호리 유키오. (1999).『공명당』남창사. 가 있다.
5) 사회당에 관한 문헌은, 타카바타게 미찌도시 ·외. (1989).『사회당-만년 야당으로부터 빠져나갈 수 있을까-』이와나미 서점. 등이 있다. 덧붙여 사회당의 이데올로기를 SPD의 그것이라는 비교하여 연구한 뛰어난 저작으로서 오오타케 히데오. (1996).『전후 일본의 정치적 이데올로기』산이치서적. 175쪽 이하. 가 있다.
6) 오카노 가오루·후지모토 카즈미 편. (2000).『무라야마 정권과 민주주의의 위기』동신당. 23쪽.
7) 1993년부터 하시모토 내각기까지의 정계 재편의 움직임에 관한 분석으로서 오오타케 히데오. (1999).『일본 정치의 대립축-93년 이후의 정계 재편 중에서-』중공신서. 가 있다.
8) 오자와 이치로. (1993).『일본 개조 계획』코단샤. 32쪽~33쪽, 105쪽~110쪽, 114쪽~119쪽, 156쪽.
9) H.A.키신저. (1994).『외교』하. 오카자키 히사히고 감역. (1996). 일본경제신문사. 527쪽.
10) 전게서, 529쪽.
11) K.v.월프렌, 전게서, 상, 132쪽.
12) 전게서, 134쪽.
13) 마루야마 마사오. (1964).「군국 지배자의 정신 형태」수록,『증보판 현대 정치의 사상과 행동』미래사. 129쪽.
14) Ch.존슨. (1982).『통산성과 일본의 기적』야노 도시히코 감역. TBS Britannica. 20쪽~25쪽.
15) K.v.월프렌, 전게서, 상, 224쪽~235쪽.
16) Ch.존슨, 전게서, 24쪽.

17) 이베 히데오. (1993).『반국가・일본-전후 그랜드 디자인의 파탄-』미네르바서점. 139쪽.

18) 이노구찌 타카시・이와이 도모아키. (1987).『「족의원」의 연구』일본경제신문사. 노나카 나오토, 전게서, 156쪽~158쪽. 덧붙여 본서는, 자민당의 정치적 엘리트 징집에 관해서, 신 제도론에 의한 일본과 프랑스의 정치적 엘리트 징집에 대해 실태 조사에 근거해 비교 연구한 것으로 흥미로운 지적이 많다.

19) 현대 일본에서의「정치적 지도력의 결여」에 대해서, 의회제 민주주의와의 관계에 관해 연구한 것으로서 다음의 것이 있다. 후쿠지마 신고. (1999).『일본의 정치 지도와 과제』미래사.

제3장 왜 일본에서는 정치적 지도력의 결여라고 하는 현상이 생겼는지?

1. 스테이츠맨 출현을 곤란하게 하는 구조적 결함

　일본에서의 의사 결정은 보텀업 형식이므로 톱다운 형식에서 볼 수 있듯이 조직의 정점이나 정치의 중심적 지위에 있는 사람이 자주적으로 조직의 방침을 자신의 책임 아래에서 결단하고 그 결단에 근거한 현재로부터의 개혁이든 방향 전환이 결과가 되어 나타나는 현상現象이 조직 내외의 사람들에게 명확하게 인식되는 경우는 별로 볼 수 없다. 전쟁 전 일본의 정치체제에서는 제도적으로는 톱의 결단이 가능했다. 제1장 1에서 이미 말했듯이 권위와 권한이 천황에 집중되고 있던 천황제 정치체제에서는 포츠담 선언의 수락과 같은 아래로부터의 합의 형성이 불가능한 상황에서 외압 아래에서 천황이 결단하여 패전이라고 하는 결과가 현실화하였다. 천황이 권위를 가지고 있었기 때문에 그 결단에 이의가 있는 사람이라도「성단聖斷」이 천황에 의해서 내려진 이상, 거기에 반대할 수는 없었다. 정치체제의 방향은 수정될 수 있었다. 이 예는 타이쇼, 쇼와시기에 보기 드문 현상이었다.　전후 일본의 정치체제에서는 전쟁 전의 천황과 총리의 권한을 겸비한 내각총리대신은 일단 제도적으로는 정치체제의 방향 수정을 할 수 있는 정책 결정의 결단을 내리고 그것을 실행하는 것은 가능하다. 그러나 천황의 권위는 신으로서의 그 태생으로부터 유래한 것에 반해 국민 주권의 전후에는 내각총리대신은 국민으로부터 권위를 받는 처지에 있으며 정치적 현실에서는 그 아래로부터의 권위는 여당을 통해 조달되게 되어 있다. 그러므로 보텀업 형식을 취하는 여당에서는 각 계파(일본에서는 파벌派閥이라고함)의 합의와 타협의 결과로 선출되는 총리는 법적으로는 권한이 있어도 자율적으로 결단할 수 없는 것이다.

정치체제를 구성하는 각 권력 집단이 공유하는 신조나 가치체계에 반하는 결단이나 각 권력 집단과 합의되지 않은 일에 대하여 독자적인 결단을 해도 권위가 수반되지 않아 실효성이 수반하지 않으며 머지않아 퇴진하게 된다. 전후 일본에 있어 정치적 지도력의 결여라고 하는 현상이 요시다 총리나 기시 총리 이후에야 내외에 현저하게 눈에 띄게 된 것은, 이러한 구조상의 문제가 기인했다고 말할 수 있다. 또 하나 더 말하면 일·미 안전 보장 체제도 큰 요인이 되는 점에 주의를 기울일 필요가 있을 것이다.

미국 현대 정치학에서는 그 내용 면에서 규정하고 정치를 나타내는 말로 하이 폴리틱스(high politics)와 로 폴리틱스(low politics)가 있다. 이 두 개의 말에 상당하는 독일어는(Grosse Politik)와 (Kleine Politik)이다. 근대국가는 권력 투쟁이 상태인 국제 정치 속에서 다른 나라의 지배를 받지 않고 존속해 나가기 위해서는 평시에서는 외교, 그리고 외교가 실패한 최악의 상황에는 전쟁에 호소하여 즉 자국의 존속을 위한 다른 수단을 동원한 「정치의 연장」을 속행한다. 외교와 국방 그리고 전쟁이라고 하는 국가 기능은 근대국가의 전신인 절대주의 국가에서는 군주의 전권적인 직무로 여겨졌으며 근대국가에서는 그것은 최고 정치 지도자가 주권자의 국민 대표 기관의 협력을 받아 그 직무를 수행하게 되어 있다. 이 직무는 마키아벨리(Machiavelli)이후, 통치술(arcana imperii)이라고 일컬어져 후에 프리드리히 미이네케(Friedrich Meinecke)에 의해서 「국가이성國家理性」이라고 하는 용어로 표현되어 영어에서는 예로부터 국정 운영 기술(statecraft)(국정·외교의 비술秘術 또는 오의奧義)라고 일컬어지고 있는 분야이다.

이 국가 권력의 대외적 발동은 미국 현대 정치학에서는 하이 폴리틱스라고 하는 용어로 표현되게 되었다. 비스마르크는 이 하이 폴리틱스의 달인이며 메이지 일본의 총리가 된 정치 지도자의 상당수는 하이 폴리틱스에 능한 스테이츠맨이었던 것으로 보인다. 이에 반해 내정 분야는 로 폴리틱스라고 한다. 각국의 사회시스템의 차이, 특히 자본주의 경제의 발전 단계의 차이에 따라 로 폴리틱스의 내용은 여러 가지 달라지지만, 전후의 선진 자본주의 각국에서는 그 내용의 대부분은 다원적 이익집단 간의 이해를 조정하는 것이다. 이 전문가야말로 정치가(Politician)라고 말해지는 「정치적 인간」이다. 베버의 정의에 의하면 「정치에 의해서 사는 인간」이다.[1]

현대 정치학의 용어로 바꾸어 말하면 국민의 다양한 이해를 정부의 정책 결정에 매개媒介하는 임무를 수행하는 전문가이다. 그들은 내정 운영 원리를 같이 하는 동료와 결사를 만들어 그 결사의 정당이 국민의 이익 표출·집약을 하여 그것을 정부의 정책 결정에 반영시키는 활동인으로 로 폴리틱스를 수행한다. 「정관재 유착 체제政官財癒着體制」라고 불리는 「55년 체제」에서는 집권 정당은 사회·경제적으로 국민 다수를 실질적으로 지배하는 산업계의 이익을 정책으로 전환하기 위해서 산업계의 각 분야에 대해서 인허가권을 가지고 행정 지도를 하는 중앙 부처의 각 부문의 고위 관료가 가진 정보와 전문 지식을 충분히 활용해 정책 결정하는 것으로 여겨지고 있다. 그러나 각 성省의 고위 관료는 그 담당하는 산업계 사정에 밝을 뿐만 아니라 인적 네트워크를 갖고 있어서 실질적으로는 그들이 정책 결정을 하고 있다고 여겨지고 있다. 무엇보다 법치국가인 일본에서 모든 정책 결정은 국회에서 제정되는 법률의 형태를 취하지 않는 한 국가 권력을 이용해 실시할 수 없으므로 국회에도 정부의 각 부처에 대응하는 각 상임위원회가 설치되어 있다.

따라서 여당 의원은 자민당 내의 정책 입안을 시행하는 정무조사회政務調査會의 각 분야의 구성원으로서 각 위원회에서 각각의 관련 산업계의 요구를 집약하여 정부의 정책으로 전환하는 작업을 관료와 함께 하는 시스템이 완성되어 있다. 커리어(career)관료는 존슨이 지적하듯이 퇴직 시에 재직 중 행정지도하고 있던 산업계에 「낙하산 인사」로 내려가거나 혹은 자민당에 입당해 선거 세례를 받고 정치가로 변신한다. 정치가가 된 전직 관료는 여당 의원으로 관료 시절과 달리 정치인으로 후배 관료를 지도하고 그들과 함께 정책 결정을 하는 시스템이 완성되었다. 월프렌이 이 시스템을 「권위주의적 관료 국가」라고 규정하고 있지만[2] 초점을 틀린 규정이라고는 할 수 없을 것이다. 이러한 내정의 주요한 내용인 산업계의 이해 조정은 정치인을 중심으로 전개되지만, 거기에는 당연 「주고받기 (give and take)」의 관계가 생겨 산업계의 어느 분야의 이익이 우선적으로 정책에 전화되고, 그것이 국가 권력을 통해서 실현되게 되면, 큰 이익을 손에 넣은 그 업계는 그 대가로 정치가 내지 여당에 헌금, 관료에 대해서는 「낙하산 인사」처의 제공이라고 하는 형태로 「이익의 상호 공여」라고 하는 구조오직構造汚職이 생겨난다.

「55년 체제」하에서 정치가의 부패, 관료 부패는 대중매체에서 거듭 비판되지만 근절되지 않았다. 이유는 간단하다. 정권 교체가 없어 야당에 의힌 체그 기능이 작용하지 않기 때문이다. 이해 조정의 전무가인 로 폴리틱스의 전문가의 정치가는 「아래로부터의 합의 형성」의 달인이며 「정치에 의해서 사는 인간」이기 때문에 모집되는 사람은 스테이츠맨으로서 단련되지 않았기 때문에 총리대신이 되어도 스테이츠맨이 될 수 없는 교육적 배경이 존재하는 것이다.

이러한 전후 일본 정치체제에 있어서 정치적 엘리트 징모의 독특한 방법이지만, 더욱이 스테이츠맨이 정치의 중심적 지위에 앉을 수 없는 것은 하이 폴리틱스가 일·미 안전 보장 체제하에서는 국방과 그것과 관련된 외교는 미국에 맡겨져 버렸으며, 총리대신이나, 외상, 방위청 장관 [방위성 대신] 등이 하이 폴리틱스를 목숨을 걸고 행할 기회는 전혀 없다. 따라서 스테이츠맨이 제대로 단련되지 않는 것이다. 2001년 1월 8 날짜의 「아사히 신문」의 「중동 평화교섭의 정체」라는 제목으로 마츠모토 진이치松本仁一 편집 위원은 스테이츠맨은 이러한 사람이 되어야 한다는 것을 다음과 같이 주장하며 아라파트와 라빈을 비교하면서 다음과 같이 말하고 있다.

〈아라파트 의장으로서, 이번 평화는 괜찮겠는가?〉--.

연말연시의 중동 평화교섭을 보면서 그런 느낌이 들었다. 팔레스타인 자치 정부의 아라파트 의장이 결단을 미루고 있는 인상을 강하게 받았기 때문이다. 자신은 양보하지 않고 팔레스타인 주민의 비판을 피해 상대의 양보만을 요구하고 있다. 민족의 장래와 관계되는 교섭에서는 정치 생명을 걸 각오가 필요하다. 장래를 위해서 화평和平 이외에 없다고 결정했다면 그것에 전력을 쏟을 것이다. 일시적으로는 주민의 분노를 사는 양보도 해야 한다.…1993년 이스라엘의 라빈 총리는 워싱턴에서 아라파트 의장의 손을 잡으며 숙적 PLO(팔레스티나 해방기구)와의 화해를 단행했다.

거기에 이르는 고뇌를 나에게 이렇게 말했다. 「결단할 때까지는 잠 못 이루는 밤이 여러 밤 있었다. 잘못된 결단이었다면 국민에게 어떻게 책임을 지는 것이 좋을지 그것만 생각했다. 그러나 일단 결단하고 나서는 잘 잘 수 있었다」

  마지막 결단을 할 때 그의 여동생인 라헬 씨(75세)에게 말하고 있다. 「총리의 의자에 앉는 것은 좋은 기분을 맛보기 위해서가 아니다. 목표를 달성하기 위한 것이다」. 동포에게 살해당하게 되어도 그는 그 결단을 바꾸지 않았다.

  아라파트 의장은 그렇게 아슬아슬한 결정을 내리고 있는가? 지금 팔레스타인 자치구의 가자(gazzah)에서는 고위 아파트나 리조트 호텔이 차례로 지어지고 있다. 예리코(Jericho)에는 카지노까지 만들어졌다. 그중 상당수는 PLO 간부의 이권이 얽혀 있는 것으로 알려졌다. 팔레스타인 주민은 모두 그것을 알고 있다. 그러나 부패를 비판하는 신문은 혹독한 탄압을 받는다. 아라파트 독재에 대한 불만은 강하다.…〉

  이스라엘의 건국 및 그 후의 중동에서의 영토 확장 활동에 대한 평가를 별도로 한다면, 이스라엘 정치의 근간 부분은 하이 폴리틱스 그 자체이며, 그것을 담당하는 정치가는 이 기사에 소개되고 있는 라빈 총리와 같이 어쩔 수 없이 스테이츠맨이 되지 않을 수 없는 것이다. 거기에 비교하면 일·미 안전 보장 체제하의 일본의 정치가는 스테이츠맨 되려고 해도 객관적으로 불가능한 상황에 있다고 말할 수 있다. 그 결과 결국, 로 폴리틱스를 행하는 정치가만이 총리가 되고 있으므로, 밖에서 보면 「정치적 지도력의 결여」가 눈에 띄게 되는 것은 당연하다고 말할 수 있다. 말할 필요도 없이 이러한 「정치적 지도력의 결여」의 원인을 정권 여당 내부에서 그 정점에 오랫동안 있어 숙지하고 있는 오자와 이치로는 제2장 1에서 이미 말한 것처럼 일본을 「보통 국가」로 바꾸기 위해서 「관료 주도」가 아닌 「정치 주도」의 정치체제로 바꿀 필요성이 있다고 주창하고, 개혁의 촉매 역할을 하고 있으며, 그 효과가 나타나고 있다.

상술한 것처럼 간신히 중앙 성청中央 省庁 재편은 2001년 1월부터 실시되게 되었다. 그리고 총리의 정치 지도를 받쳐주는 「참모본부參謀本部」적 역할을 하는 「내각부內閣府」도 신설되었다. 그것은 제도적으로는 주로 외교·국방을 주요한 직무로 하는 미국 대통령과 그를 뒷받침하는 특별 보좌관 제도를 모방한 것이라고 말할 수 있다. 그렇다면 의사결정 형식으로서도 하이 폴리틱스에서는 톱다운 형식이 당연히 채용된다. 그리고 만약 톱다운 형식을 채용한다면 그것이 가능하도록 미국과 마찬가지로 정권 교체와 함께 중앙 관청의 톱의 정치 직의 전면 교체가 가능해지는 공무원 인사제도의 개혁도 필요할 것이다. 의원내각제를 채택하고 있는 서독과 통일독일에서도 미국의 대통령제와 마찬가지로 정권 교체 시의 대폭적인 톱 관료의 교체제도가 존재하고 있다.

일본도 마찬가지로 공무원의 커리어 제도가 존재하지만, 정권교체 시에 「정무직 관리」(Politische Beamte)로 분류되는 중앙부처의 국장급 이상의 고위 관료 교체가 이루어지고 있다(약 20%~40%). 이러한 방법은 새 정부에 있어서 바람직하지 않은 정무직 관리를 일시 휴직시키든지 혹은 다른 부서로, 예를 들면 주 정부로 옮기는 등 공무원의 임용에서의 유연한 운용 시스템이 도입되고 있다.

또 제1장 2(a)를 앞서 소개한 바와 같이 서독정치의 「정당국가政党国家」화를 통해 국정의 「정당정치화政党政治化, 의회주의화議会主義化, 연방

화連邦化」라고 하는 독일 특유의 「정치결정의 착종성錯綜性」속에서는 정책 결정의 핵심적 지위에 있는 것은 「총리부首相府」이므로, 그 핵심 직원의 약 20%에는 새 총리를 보좌할 수 있는 인재를 각 부처, 주정부, 의회 사무국 및 정당과 교섭단체 직원들로부터 새롭게 충당되게 되어 있다. 특히 총리의 정치 지도권 행사를 뒷받침할 핵심 직원은 대부분 정당 직원이 차지함으로써 「총리부」는 관청 조직으로서도 「총리 민주주의」를 실속 있게 할 수 있는 것이다.[3] 더욱이 총리에게는 일본과 달리 헌법상 정치 지도권이 보장되고 있는 점은 특필되어야 할 것이다.

바이마르 헌법 제 56조에는 총리의 권한을 다음과 같이 규정하고 있다. 「총리는 정치의 기본방침을 정하고, 이에 대해 의회에 대한 책임을 진다. 이 기본방침의 테두리 내에서, 각 대신은 자기의 신탁信託된 사무를 독립하여 자기의 책임에 있어서 집행한다.」 이 조문은 기본법 제 65조 [연방 총리의 직무 권한 및 임무]에 대해서도 그대로 계승되고 있다. 서독 및 통일독일 총리의 정치 지도권은 우선 「정치의 기본방침」을 결정하는 권한 외에 대신 임명제안권, 정부의 사무 집행 감독권 등으로 구성되며 총리는 강력한 정치적 지도권을 발휘할 수 있다. 더욱이 바이마르 공화국 시대에 정치적 지도권을 공동으로 행사하는 대통령의 제약이 의원내각제의 도입으로 없어진 후에 건설적 불신임안 제도의 도입으로 한 번 총리로 취임하면 탄핵당하지 않는 한, 장기집권이 가능해졌다.

참고로 1949년부터 2008년 9월까지 일본에서는 총리가 28명이나 바뀐 데 반하여, 표 1에서 볼 수 있듯이 서독과 통일독일은 총리가 불과 8번 밖에 교체되지 않았다. 이 점에서 서독과 통일독일에서 일본과 비교하면 하나의 정권이 장기간 계속되는 것은 이러한 제도에 기인하고 있는 점도 크다고 말할 수 있다.

표 1 : 서독·신독일 역대 연방 내각

수상 및 그 출신 정당	재임 기간	연합 내각의 정당 구성
K 아데나우어(CDU)	1949~1963	CDU.CSU, FDP, 기타
L. 에르하르트(CDU)	1963~1966	CDU · CSU , FDP
K. 키징어(CDU)	1966~1969	CDU · CSU , SPD
W. 브랜트(SPD)	1969~1974	SPD , FDP
H. 슈미트(SPD)	1974~1982	SPD , FDP
H. 콜 (CDU)	1982~1998	CDU · CSU , FDP
G. 슈뢰더(SPD)	1998~2005	SPD, 녹색당
A. 메르켈(CDU)	2005~2021	CDU · CSU , SPD

물론, 일본에서도 2001년 1월부터 「내각부」가 움직이고 있지만, 그것이 총리의 정치 지도권을 보장하는 독일과 같은 제도의 도입으로, 그것이 충분하게 기능할 수 있게 되었다고 해도, 역시 그 전제로서 스테이츠맨이 출현하여 총리의 지위에 앉을 필요가 있을 것이다.

21세기의 일본은 어디로 가려고 하고 있는지 세계는 주시하는 중이다. 그렇다면 스테이츠맨을 육성해야만 할 것이다. 하나는 미국처럼 정치 지도자인 총리를 공선公選으로 선출하는 것도 좋은 방법일 것이다. 그러나 나폴레옹 1세나 3세, 그리고 히틀러의 예도 있지만, 국민이 민주적 시민으로 교육되어 정치적으로 성숙하지 않으면 국민 투표를 통해 선출된 리더는 「독재자」가 되기 쉬운 위험성을 내포하고 있으므로 대중영합주의의 부정적인 측면이 드러나지 않도록 제도 설계가 필요할 것이다.

총리 공선제를 도입하지 않고도 의원내각제를 취하는 영국은 물론 서독·통일독일에서도 아데나워, 브랜트, 슈미트, 콜 같은 역대 총리는 훌륭

한 스테이츠맨으로서 활약해 왔고 전 총리 슈뢰더의 활동도 스테이츠맨으로서의 면모를 보여 왔다. 왜 서독에서는 전후 일본과 같은 의원내각제가 채용되고 있는데도 스테이츠맨이 배출되고 있는 것일까? 그 절반의 요인으로서 지정학적으로는 냉전 때에는 미·소 초강대국의 직접 대결의 무대에서 있었으며 방위는 미국에 의존하면서도 국제 경제 경쟁에 대해 살아남기 위해서는 미국의 세계 지배에 이의를 제기하는 프랑스와 협력해 EC를 창설하고 한편으로는 국가의 분단을 극복하기 위해서 미국에 신경을 쓰면서 소련과의 관계 개선에 진력한다고 하는 하이 폴리틱스를 계속해야 했던 점을 확실히 들 수 있을 것이다. 그러나 그 이상으로 일본과 달리 서독에는 스테이츠맨을 배출시키는 구조적 조건이 존재한다. 그것은 정권 교체를 시행할 수 있는 사회민주주의 정당의 SPD가 존재하였다는 점이다. 이 점에 대해서는 다음에서 고찰하자.

2, 집권 능력을 갖춘 야당의 부재

전후 일·독 정치체제를 비교했을 경우 현저한 차이점은 서독과 통일독일에는 집권당을 대신할 강력한 야당이 존재하고 있는 점과 사회민주주의 세력이 존재하고 있는 점이다. 반면 일본에는 집권당을 끊임없이 감시해 헌법에 위배 되는 방향으로 정치의 방향을 실시할 가능성이 보이면 「헌정憲政의 상도常道」에 바로 돌아갈 수 있도록 그 책임을 추궁하고 그 귀결로서 집권당을 대신할 수 있는 강력한 야당이 존재하지 않고 또한 건전한 사회민주주의 세력이 존재하지 않았던 점이다. 이러한 양국의 큰 차이점을 만들어낸 주요 요인은 비록 독일은 실패한 혁명이라고 해도

1918년 말에 「부르주와 혁명」을 경험해 당시 세계에서 가장 진보적이고 민주적인 헌법을 가진 바이마르 공화국을 탄생시켰다는 점이다.

제1장 2(a)에서도 언급 했듯이 SPD는 1918년 말 당시 세계에서 가장 강력한 마르크스주의적 사회주의 정당이었으나 2년 전에 발발한 러시아 혁명의 반자유주의적이고 반민주주의적인 야만스러운 전철을 밟아서는 안 된다고 결단해 군부와 타협·협력해 바이마르 공화국을 탄생시켰다. 그러나 이 공화국은 나치당과 야합한 대 부르주아에 의해서 타도됐다. 그리고 이 공화국의 유일한 옹호 정당인 SPD는 국내에서는 탄압되어 그 지도부는 외국으로 망명해야 했다. 12년간의 나치 독재에 대한 저항 운동 속에서 소련으로 망명한 사람과 전후 동독에서 활동을 재개한 같은 당 좌파는 공산당과 합당해 「사회주의 통일당」(이하, SED로 약기함)을 창립했다.

서독에서는 주로 같은 당 우파가 중심이 되어 당의 재건이 이루어졌다. 그러나 나치 독재와의 투쟁 속에서 위기에 처한 자본주의국가에 대한 마르크스주의적 해석이 저항 운동 기간 중에 많은 당원 사이에 침투해 당내에서는 바이마르 공화국 시대에 부정되고 있던 카우츠키(Kautsky)주의적인 마르크스주의를 고집하는 세력이 부활 하였다. 이에 반해 영국의 페이비언(Fabian)사회주의 즉 사회민주주의정당으로서 발전시키려는 세력 사이에 당내 주도권을 둘러싼 분쟁이 일어났다. 국민적 사회주의를 주장했던 헤르만 헬러(Hermann Heller)의 제자 쿠르트 슈마허(Kurt Schumacher)는 강제 수용소로부터 생환한 뒤 당권 쟁취 투쟁에 이겨 반공·민주사회주의 노선을 당론으로 하는 것에 성공했다. 그러나 1949년의 서독에서의 제1회 총선에서는 SPD의 득표율은 28%이었으며 4년 후의 제2회 총선에서도 그 득표율은 상승하지 않았다. 이는 마셜 플랜(Marshall Plan)의 원조를 얻어 서독 경제는 50년대 초에 경이적인 성장을 이루면서 사회구조의 급속한 전환이 진행되었기 때문이다. 즉 고도 기술 혁신에 의한 전문 능력을 갖춘 질 높은 노동력의 수요가 높아지고 나아가 제3차 산업의 급속한 성장으로 블루칼라 계층의 수는 감소하고, 이에 반비례하여 화이트칼라 계층이 증대했다. 따라서 SPD는 종래와 같이 노동자 계급의 정당으로서 노동자 계급만을 그 지지 기반으로 하는 한 소수당으로 전락할 수밖에 없었다. 민주사회주의 세력은 전후 역대 총선의 동향을 냉철하게 분석하였고 당의 성격을 계급 정당에서 국민 정당으로 전환하지 않는 한 정권 장악의 가능성은 객관적으로는 없다고 하는 결론에 이르렀다.

쿠르트 슈마허의 후계자인 서베를린 시장을 경험한 브란트(Willy Brandt) 당수는 그 뛰어난 지도력으로 1959년 고데스베르크 당 대회에서 1925년의 마르크스주의적인 「하이델베르크 강령」을 파기하고 거기에 대신하는 국민 정당에의 전환으로 획을 긋는 「고데스베르크 강령」을 채택했다. 동당은 이 새로운 강령의 채택을 통해 마르크스주의를 당 강령의 핵심적 이론으로 인정하지 않고 민주사회주의를 근거로 하는 주제의 하나로 규정함으로써 실질적으로 마르크스주의를 포기했다. 이는 「경제 질서와 사회 질서」의 항목에 있어서 「가능한 한 경쟁을-필요한 만큼의 계획을」이라고 하는 정식에 의해서 나타났다. 이렇게 하여 SPD는 기본법이 제시한 「사회적 시장경제」를 승인하고 나아가 정강政綱에 있어서는 기본법인 「자유롭고 민주적인 기본 질서」의 적극적인 준수를 선언하며 외교·국방 정책에서는, 비동맹·중립 정책을 버리고, 여당의 재군비 정책을 전면적으로 받아들이는 정책 전환을 단행했다.[4] 「고데스베르크 강령」으로 상징되는 SPD의 국민 정당에의 전환이 이루어지면서 서독에서는 외정外政·국방의 영역에서는 여야가 협조하고 내정內政에 있어서는 여야가 국민들에게 보다 나은 생활 조건을 제공하는 창조적인 정책 제언과 그 실현을 둘러싼 경쟁 관계에 들어갔다.

1961년 총선에서는 SPD의 득표율은 36%로 상승하였고 그 후 선거마다 득표율은 계속 상승하여 마침내 1972년에는 46%에 가깝게 올라갔다. 1966년 SPD는 정권 여당의 CDU와 「대연합 정권」의 결성에 합의해 전후 처음으로 집권한 뒤 정부 내에서 여당을 감독 및 관찰하여 집권 능력의 습득에 노력했다. 왜냐하면 냉전 하의 국가 활동은 점차 「국가 기밀」의 베일에 싸여, 의회에서의 야당의 감시가 미치는 범위가 좁아졌기 때문에 정권에 참여하여 야당의 입장에서 집권당의 활동에 대해 감시를 수행하려고 했기 때문이다.[5]

그 성과로 1969년에 기존 CDU와 연립을 해 온 소수당의 FDP가 그 지지를 오른쪽의 CDU로부터 왼쪽의 SPD로 바꾸면서 SPD가 주도하는 SPD·FDP 2당 연립 정권이 탄생했다. 이 브란트 정권의 「신동방정책新東方政策」에 의해서 서독의 외정이 크게 바뀐 점에 대해서는 제1장 2(a)로 앞서 말했다. 그러나 외정에서 큰 공적을 남긴 브란트 총리는 1974년 5월에 그의 측근인 귄터 기욤(Günter Guillaume)이 동독의 첩자로 판명되어 퇴진하였다. 그 후임에는 부당수 헬무트 슈미트(Helmut Schmidt)가 취임해 SPD의 정책을 계속 시행했다.

총리 교체의 실패는 있었지만, SPD 주도 정권은 그 선거 표어의 「더 많은 민주주의」를 서독에 있어서 실현하였고 1982년 CDU에 정권을 양보한다. 그리고 1998년에 SPD는 16년 만에 정권을 재탈환했다. 그 사이 SPD는 국민의 진보적 여론의 동향을 끊임없이 주시하여 남녀평등의 철저화 등 아래로부터의 더욱더 민주화의 추진을 요구하는 「기저민주주의 基底民主主義(Basis- demokratie)」 운동과 공해 반대·환경보호의 요구에도 적극적으로 귀를 기울이는 자세를 계속 가져 동서 통일 직전의 1989년에는 강령을 개정하여 남녀평등의 철저화와 환경보호의 요구를 새로운 「베를린 강령」에 도입했다.[6] 그리고 1998년의 총선거에서는 제1당이 되자마자 원전 반대 및 환경보호를 주요 강령으로 하는 「녹색당綠色黨」과의 「적록연합정권赤綠連合政權」을 탄생시켰다. 위에서 말한 것처럼 내정에서는 원자력 발전 폐지의 결정하는 한편, 보수 정권이 할 수 없었던 사회민주주의의 입장에서 복지국가의 재검토 등 「제3의 길」로 개혁에 힘써, 일정한 성과를 거뒀으며 대외적으로는 EU 안에서의 독일 발언권 강화에도 성공을 거두었다.

또 정당과 재계와의 유착을 통한 정치 부패를 근절하기 위해 서독에서는 1967년에 제정된 정당법에 따라 선거 경비의 공적 조성 제도가 도입되었다. 이를 통해 정당에의 부정 헌금 등의 정당 오직은 일어날 수 없는 것으로 생각하고 있었다. 그러나 슈뢰더의 「적록연합정권」이 탄생 후, 독일 통일을 완수한 콜 전 총리의 재계로부터의 거액의 헌금 수령 사실이 폭로되어 콜은 CDU 당수 사임으로 몰렸다. 이 사건으로 인해 CDU는 더욱 청렴한 정치를 목표로 당의 재편이 추진됐고 새로운 당수인 동독 출신의 여성 정치가 메르켈에 의해서 당의 재건을 기획할 수 있었다. 2005년의 총선 후 그녀는 총리가 되어 오늘에 이르고 있다. 이러한 서독과 통일독일의 정당정치에서 볼 수 있는 정권 교체와 건저하고 강력한 야당의 존재야말로 정치 부패가 없는 자유민주주의 체제를 존속시키는 무엇보다도 불가결한 조건의 하나임을 상징적으로 보여주고 있다고 볼 수 있다.

표 2 : 서독・신 독일 연방 의회 선거에서의 각 당의 득표율(%)

	총 두표율	CDU - CSU	SPD	FDP	녹색당	PDS *	기타
1949	78.5	31	29.2	11.9			27.9
1953	86	45.2	28.8	9.5			16.7
1957	87.8	50.2	31.8	7.7			10.3
1961	87.7	45.3	36.2	12.8			5.7
1965	86.8	47.6	39.3	9.5			3.6
1969	86.7	46.1	42.7	5.8			5.4
1972	91.1	44.9	45.8	8.4			0.9
1976	90.7	48.6	42.6	7.9			0.9
1980	88.6	44.5	42.9	10.6	1.5		0.5
1983	89.1	48.8	38.2	7	5.6		0.5
1987	84.3	44.3	37	9.1	8.3		1.4
1990	77.8	43.8	33.5	11	5.1	2.4	4.2
1994	79	41.4	36.4	6.9	7.3	4.4	3.6
1998	82.2	35.1	40.9	6.2	6.7	5.1	5.8
2002	79	38.5	38.5	7.4	8.6	4	3
2005	77.7	35.2	34.2	9.8	8.1	8.7†	3.9

＊ 통일 후 동독의 지배 정당의 SED는 당명을 「민주 사회당」(Partei des demokratischen Soizialisumus=PDS)로 개칭했다.

†슈뢰더 정권의 「제3의 길」 노선 중의 신자유주의적 개혁에 반대한 전 당수의 오스카어 라퐁텐(Oskar Lafontaine)을 지도자로 하는 SPD 좌파가 총선를 목전에 둔 2005년 7월 분리・독립하여 「사회정의를 위한 선거 대안 (Die Wahlalternative-Arbeit-und Soziale Gerechtigkeit)」(WASG)을 결성했다. 그리고 동 그룹은 PDS와 합동 정당 「좌익당・PDS」(Die Linke・PDS)을 결성하여 9월의 총선에 임했다. 그 득표율이다.

출처 : G.K.Roberts, German politics today, 2000, p. 51 ; 외

전후 일본의 반세기 동안 정치 부패가 연발하고 있지만, 서독의 정당 정치를 본다면 그것도 「과연 그럴 것으로 생각한다」라고 무심코 이해해 버리는 것이다. 그럼 왜 일본과 달리 SPD가 집권 능력을 갖출 수 있었던 것일까? 제1의 요인은 앞서 말한 대로 SPD는 사회구조의 변화에 민감하게 반응하고 끊임없이 국민에게 진보적 정당으로 비추어지도록 노력하였다. 동시에 여당이 제시하는 정책 및 이를 실행하는 체계를 세계 안에서의 독일이 있어야 할 모습에 비추어 비판적으로 검증하고 보다 나은 실행 가능한 선택지를 국민에게 제시하고 그 지지를 얻기 위한 활동을 끊임없이 활성화하고 있기 때문이다.

제2의 요인은 정권 담당 능력을 갖추는 리더의 양성에 적극적으로 노력하고 있다는 점일 것이다. 이미 1906년에 장래의 당 간부의 이론적 능력을 향상 시키는 목적을 내걸어 당학교黨學校를 창설하고, 당의 차세대의 리더 육성에 노력하고 있었다. 전후에는 SPD 당수 출신의 바이마르 공화국 초대 대통령의 이름을 띤 「프리드리히 에베르트 연구소」가 창립되었다. 이 연구소는 일종의 씽크탱크 이지만 모든 분야에서 젊은 박사학위 취득자를 모아 당 강령의 실현을 위해 국민 생활의 모든 분야의 정책 연구에 종사시킨다. 그리고 거기서 일정한 성과를 올려 어떤 정책 분야의 전문가라고 인정된 사람 중 일부는 당원의 정치 교육을 담당하는 당의 기관으로 가게 하거나 또 다른 일부는 SPD가 정권을 장악하고 있는 주정부의 정무직에 앉히거나, 혹은 중앙당 또는 지부의 간부로 등용함으로써 정치가로서의 훈련을 하게 한다. 연방제를 채택하고 있는 서독과 통일독일에서는 연방 정부 단위에서는 로 SPD가 야당이라도 주정부나 대도시 또는 지방자치단체에서는 여당인 경우가 많아 당 간부에서 주정부 총리가 되어 일정 기간 통치 능력을 습득한 후 당내의 권력 투쟁에 이겨 당수가 되고 그다음으로 집권당과의 권력 투쟁에서 승리하고 정권을 획득할 경우 연방 정부 총리로서 국정을 맡게 되는 것이다.

이 밖에도 SPD에는 또 하나의 엘리트 보충 제도가 있다. 1968년의 파리의 「학생 반란」에 상징되듯이 프랑스, 서독 등의 서유럽에서는 학생들의 장외 투쟁이 반체제 운동으로 확대되면서, 1968년에 대연합 정권이 기본법 옹호를 주장하는 지식인들의 큰 반대를 무릅쓰고 비상사태법의 채택을 강행하였다. 반체제적 학생 운동은 그 후 반의회주의 투쟁을 멈추고 그 대신에 모택동의 「장정長征」으로부터 힌트를 얻어 원대한 「제도를 통한 장정」형식을 채용해 공무원이나 기성 정당으로 침투하는 방향으로 전환을 했다.[7] 그에 대한 대책으로서 정부가 내놓은 대책은 제1장 2(a)에서 소개한 것처럼 「과격파 단속 조령」인 것은 말할 필요도 없다. SPD의 하부조직 중의 하나로 35세 이하의 당원을 구성원으로 하는 「청년 사회주의자」(이하, JUSO로 약기 함)가 존재한다.[8]

반체제적인 학생들은 이 JUSO의 구성원인 사람이 대부분 남녀평등의 철저화와 환경보호를 주장하며 그 주장의 실천을 꾸준히 해왔고, 점차 상당수는 당내 좌파의 핵심으로 성장해 갔다.[9] 이들 중 대표적인 사례인 1944년생의 전 총리 슈뢰더는 19세 때에 SPD에 입당해 하노버지부 간부를 거쳐 1978년에 JUSO 위원장으로 취임해 재직 중 JUSO내에 온건 노선을 정착시키는 데 수완을 발휘함과 동시에[10] 변호사로서도 활약하다 2년 후 연방 의회 의원으로 당선되었다. 1990년에 니더작센주(Niedersachsen)총리로 취임해 1998년까지의 재직 중 소규모이지만 「제3의 길」의 정치 실험한 후 1998년에 연방 정부 총리가 된 인물이다. SPD

는 1969년부터 1982년까지의 13년간의 여당 시절에 「더 많은 민주주의」를 표어로 내걸고 사회 복지와 경제성장의 조화로운 발전을 도모함과 동시에 석탄·철강업에만 적용되고 있던 공동 결정법共同決定法을 천명 이상의 기업에도 확대하여 북유럽과 대등한 선진적 사회 복지 국가를 확립하고 있는 것은 잘 알려진 대로이다.

이러한 서독과 통일독일에서의 SPD의 활동과 전후 일본의 야당, 특히 「55년 체제」기의 일본 사회당의 그것을 비교해 봤을 때, 민주사회주의라는 강의 궁극적 목표는 동일해도 정치체제의 구성요소로서의 그 역할에 있어서 현격한 차이가 있는 점에 주목하지 않을 수 없다. 메이지 20년대 이후 정부 및 여당뿐만 아니라 야당에서도 독일을 모방하려고 하는 경향이 있어 전후 사회당도 그 경향을 볼 수 있다. 제1차 대전까지의 SPD는 카우츠키주의에 근거하는 당 강령을 금과옥조로 삼아 그 귀결로서 정부의 정책은 모두 자본주의를 강화하는 것이라며 일관되게 반대했다. 일본 사회당은 전쟁 전 SPD의 카우츠키주의의 영향을 강하게 받아 전후 정부의 정책을 일관되게 반대하였다.

헌법 옹호, 반전反戰, 평화주의에 대하여 무라야마 내각 탄생까지, 그 주장을 완강히 지켜 왔다. 물론 전후 국민의 생존을 근본적으로 위협한 것은 전쟁이었다는 쓰라린 역사 체험이 국민 사이에 자리 잡고 있어 「국민의 생존권」을 지키는 것은 곧 「평화 헌법」이고, 평화 헌법을 옹호하는 것이야말로 「사회주의」라고 하는 당의 목표의 실현에 이어진다고 하는 논리를 통해 평화 헌법 옹호를 고집하는 「보수주의」에 철저했다. 이에 반하여 자민당은 평화 헌법을 가능한 한 「복고적復古的」 방향으로 바꾸려고 하는 「혁신적」 지세를 일관해서 취했기 때문에 자민당과 사회당의 「보수와 혁신의 대결」은 평화 헌법을 기준으로 본다면 「혁신과 보수의 대결」이었다고도 말할 수 있다. 그런데 사회당은 고도경제성장 정책의 성공과 함께 일본의 사회구조가 급격하게 농촌형 사회로부터 도시형 사회로 변모하고 이와 함께 인구의 압도적 다수를 차지하게 된 도시 거주자의 「더 나은 생존」을 위한 조건 정비를 요구하는 정책 요구 즉 서독의 SPD가 실천한 사회민주주의적 정책의 실행을 평화 헌법 옹호보다 우선시키는 것에는 열의를 나타내지 않았다.

1970년대에 고도 경제성장 정책의 부산물로서 공해 문제나 도시문제의 폭발과 함께 자민당의 정책에 화가 난 도시 거주자가 정당 지지를 여당으로부터 야당으로 바꾸었던 것에 힘입어 도쿄도, 오사카부, 교토부 등의 주요한 도시권에 있어 사회당은 공산당과의 공동투쟁의 형태로 이른바 「혁신자치단체革新自治体」를 탄생시켜 사회적 약자나 고령자에 대한 복지의 개선에 일정한 성과를 가져왔다. 그러나 재정과의 균형이 부족한 「바라마키행정(선심적 행정을 지칭)」이라고 나중에 비판받았듯이 일본을 사회 복지 국가로 충실하게 하려는 사회민주주의적인 구상을 갖지 않고 임기응변적인 시책의 시행착오를 계속했다.

이러한 「혁신자치단체」의 대두에 위기감을 가지게 된 자민당 정부는 진보적 관료 집단에 도움을 받아 사회 복지 선진국의 정책을 도입하여 위로부터의 사회 복지 정책을 실시와 동시에 두 차례의 석유 파동으로 인한 불황으로 인한 「혁신자치단체」의 재정 파탄이 가시화되면서 「혁신자치단체」퇴조退潮가 시작되어 사회당은 이 분야에서는 자민당에 뒤처지게 된다. 즉, 전후 일본에는 사회민주주의 정당이 존재하지 않았다고 해도 과언이 아닐 것이다.[11] 또 정권 담당 능력을 갖추는 정치인의 징모나 훈련제도 역시 없다고 해도 괜찮을 것이다. 그러나 동당과 SPD와의 결정적인 차이는 그 조직 기반의 차이에 있다. SPD는 대중 조직 정당 으로써 직장뿐만 아니라 시민의 거주지에 지구당조직을 설치해 항상 국민의 일상적인 요구를 수렴하여 그것을 집약해 정책화하는 한편 당원의 징집을 적극적으로 행하고 있다. 이것에 대해서 일본 사회당은 일본 노동조합 총평의회 등의 일본 관공청 노동조합 협의회 및 각급 노동조합 연합체에 그 지지 기반을 두고 그 간부는 조합의 퇴직 간부에 의해서 보충된다고 하는 관행을 지키고 있다.

그 귀결로서 일본 사회당은 일본 노동조합 총평의회 등의 조합의 이익의 대변자 즉 그 압력단체에 일관했다고 보여 질 것이다. 반공·복고적 방향으로 일본 정치체제의 재편 강화를 목표로 하는 나카소네 내각이 1982년 출현하여 동 내각은 미국의 레이건 대통령이나 영국의 대처 총리의 신자유주의 정책을의 영향을 받아 「작은 정부」, 「강한 국가」를 슬로건으로 하여 민주화, 규제 완화, 행정개혁을 주장하고, 국철이나 일본전신전화공사 등 민영화 시키는데 성공했다. 그로 인해 일본 관공노官公労가 주체로 하는 일본노동조합총평의회日本労働組合総評議会가 해체되어 사회당은 그 지지 기반을 잃고, 나아가 1990년 소련의 붕괴와 함께 제3차 세계대전의 위기도 멀어지고 또 이데올로기 대립의 구도도 완화되어 평화헌법의 「보수주의」가 작동하는 국제 정세도 격변하여 사회당은 정당으로서 그 존속하는 내외적 조건을 잃어 멀지 않아 소멸하는 운명에 있었다. 이처럼 불행하게도 전후 일본에서는 집권당을 감시하고 그 대신 집권할 수 있는 야당이 결여되어 있었기 때문에 야당이라는 도전자가 없는 여당의 리더는 크게 '성장할 기회를 갖지 못하고 스테이츠맨이 될 수 있는 조건이 결여되어 있다.

미주

1) M.웨버 저. (1919). 『직업으로서의 정치』 와키 케이헤이 옮김. (1980). 이와나미 문고. 22쪽.
2) K.v.월프렌, 전게서, 상, 104쪽.
3) K.H.Goetz, Senior Officials in the German Federal Administration: Institutuional Change and Positional Differentiation, in: E.C.Page and V.Wright,ed., Bureaucratic Elites in Western European States, 1999, pp.165-173; V.Busse, Bundeskannzleramt und Bundesregierung, 2001, pp.131~132; 하라다 히사시. (2008). 「독일 공무원 제도」 수록. 무라마츠 미츠오 편. 『공무원 제도 개혁-미·영·독·불의 동향을 근거로 해-』 (제4장) 학양 서점. 176쪽, 181쪽~188쪽.
4) 사세 마사모리. (1975). 『SPD : 전후 독일 사회민주당사-정권에의 발자취』 후지 교육 사회 센터. 80쪽~122쪽. 본서의 부록에 「고데스베르크 강령」의 번역이 수록되어 있다.
5) 전게서, 160쪽.
6) 베를린 강령의 번역은, 『현대의 이론』 (1986년 12월호·232호) 에 수록되어 있다. 덧붙여 신강령을 둘러싼 논쟁에 대해서는, 『현대의 이론』 (1988년 8월호·252호) 특집=「서독 사회민주당의 강령 논쟁」에 소개되어 있다.
7) 히라시마 켄지, 상게서, 140쪽. 덧붙여 이 「68년 세대」는, 2001년 시점에서, 50대로 독일에서는 사회의 제일선에서 활약하고 있는 사람이 많다. 그 대표적인 인물이 전 정권의 슈레더 내각의 외상 피셔이다. 그는, 70년대 초 의회 외 투쟁에 임하여 경찰과 충돌하고 있던 사진이 대중매체로 소개되어 야당의 CDU는 외상이 과격파인 것을 이유로 사직을 의회에서

요구해 슈레더 전 총리가 그를 감싸 야당의 공세를 주고받았다고, 2001년 1월 말 무렵부터 신문에 보도되고 있다. 피셔 전 외상은 녹색당 출신이며, 동당에는 「68년 세대」가 많다. 신문 보도로는, 여론 조사에서는, 슈레더 전 총리의 외상 옹호를 지지하는 것이 70% 였다고 전하고 있다. 독일에서의 여론의 동향이 일본의 그것과 얼마나 다른지를 나타내는 일례라고 말할 수 있다.

8) JUSO에 대해서는, 주 52의 사세 마사모리, 상게서, 「보장 그 2」가 자세하다.
9) P.렛시, F.발터. (1992).『독일 사회민주당의 전후사』오가다 고헤이 옮김. (1996). 산겐샤. 416쪽~436쪽.
10) 전게서, 348쪽.
11) 오오타케 히데오 교수는, 전후 일본에는 사회민주주의 세력이 약체였지만, 그러나 일본에서는 정치적 이데올로기의 대립은, 기본적으로 경제적 자유주의와 사회민주주의이었다고 말하며, 그것은, 실은 자민당 내의 대립이며, 이 두 개의 노선 중, 사회민주주의 노선이, 정권 복귀 후의 요시다 내각, 스즈키・나카소네 내각을 예외로 자민당 내에서 우세하여, 그러므로, 자민당은 사회민주주의 정당이었다고 하는 독창적인 해석을 전개하고 있다 (오오타케 히데오. 『자유주의적 개혁의 시대』 36쪽, 326쪽.).

제4장 「55년 체제」의 붕괴와 정치체제 재편의 행방

—「키잡이」가 없는 일본은 어디로 가는가?

 의회제 민주주의의 생명선이라고도 말할 수 있는 정당 정치의 차원에서 일본에는 정치적 지도력의 결여를 극복할 조건이 없었다는 점을 살펴보았다. 1990년대에 급속히 진행되고 있는 「경제와 정보의 세계화」로 인해 국내외 격변하는 환경에 적응할 수 있는 정치체제의 개편이 이루어지지 않으면 일본은 쇠퇴의 길을 걸을 수밖에 없는 몇 가지 징후가 나타나고 있는 것처럼 보인다. 동시에 이러한 징후 속에서 일본 재생의 싹도 볼 수 있다는 것도 확실하다. 그 이유는 정치적 지도력의 결여를 가져온 큰 요인 중 하나인 건전한 야당 특히 사회민주주의 정당의 출현을 불가능하게 만든 「55년 체제」그 자체가 제도 피로制度疲勞를 가시화시켜, 나아가 그것을 지탱하던 사회구조가 급속히 붕괴하고 그 과정에서 새로운 정치체제의 구축을 위한 사회경제 차원의 싹이 나타나기 시작하고 있기 때문이다. 만약 그 싹이 큰 나무가 되어 세계 많은 사람의 마음을 울릴 수 있는 노래를 연주할 수 있다면, 일본은 21세기 세계를 선도하는 나라로 거듭날지도 모른다. 이하 사회구조의 변화에 대해 약간 고찰하고 제1부를 끝내려 한다.

 1960년대에서의 고도 경제성장 정책의 전개에 있어서 사회구조는 다음과 같이 편성되어 있었다. 첫째, 인구가 과반수를 차지하는 자영 농민은 자민당 정부의 극진한 보호 속에 각 지역의 특성에 따라 소비자의 다양한 수요에 부응하는 형태로 다각적으로 경영하였다. 이를 통해 각 지역의 특성을 경쟁하면서 각 지역의 다양한 이해 조정은 농민을 조직한 압력단체의 농협이 담당했다. 이는 단순한 압력단체에 그치지 않고 농산물의 생산 및 출하·판매라는 경제활동부터, 보험을 포함한 농업금융 등의 생활 전반에 걸친 서비스를 제공하는 거대한 기업체이기도 했다. 그뿐만이 아니라 쌀값은 정부가 매년 물가 동향과 연동시켜 결정하기 때문에 농협은 자신들이 유리한 방향으로 자민당을 조종하기 위해 선거 때마다 여당 후보를 지원하였고 이는 자민당의 주요한 지지 기반이 되고 있었다. 그러나 1980년대에 들어와 일본 공산품이 자유 무역 체제를 이용하여 세계 시장을 석권하기에 이르고 그 반작용으로서 농산물의 자유화를 요구하는 여러 국가, 특히 미국의 요구가 강해져 정부는 종래從来와 같은 농민 보호 정책을 계속 취할 수 없게 되었다.

다음으로 1960년대 이후, 태평양 연안 지방에 새로운 중화학공업 지대가 출현하여 농촌에서의 노동력이 공업지대나 도시로의 이동이 본격화되었다. 농촌에서는 노동력이 감소함에 따라 매년 개량되는 농기구와 화학 비료의 투입 등으로 농업 생산의 합리화로 메워져, 「3짱 (할아버지, 할머니, 아줌마) 농업」으로 대표되던 전쟁 전의 농업에서 필요한 인원수의 수십 분의 1로, 단위면적당 더 많은 수확물을 얻을 수 있게 되었다.

이렇게 잉여분이 된 노동력은 공업 부문으로 이동하여 일본 경제의 전체 산업 간의 노동력의 양적 조정이 순조롭게 진행되었다. 그와 함께 농민이 전체 인구에서 차지하는 비율은 점차 감소하여 앞서 말했듯이 세기의 전환기에는 5%까지 낮아졌다. 더욱이 정부는 미국의 압력에 밀려 단계적으로 농산물의 자유화를 단행했기 때문에 국제 경쟁의 압력 아래에서 농산물 가격은 점차 하락하여 농사만으로는 생계를 유지하기 어려워졌다. 이에 많은 농민들은 농번기를 제외하고는 도시의 토목건설공사에 돈벌이에 나서거나 그 지역 출신의 유력 정치가가 유치한 공공사업에 고용되어 겸업할 수밖에 없었다.

자민당은 보조금 등으로 농산물 가격 하락 보전 및 농촌에 공공사업을 추진해 농민을 고용함으로써 간접적으로 농민의 소득을 보상하는 「뒤쪽 사회 복지」를 유지하고 중요한 선거 기반을 유지·재생산에 노력했다. 그리고 이 시스템은 「토건국가土建國家」로 칭해지게 되었다. 그러나 1990년 초의 거품 경제의 붕괴로 인한 국가재정의 파탄으로, 공공사업을 종래와 같이 계속하는 것은 국가 재정의 붕괴를 초래하는 것과 직결되기 때문에 더 이상 그것을 계속하는 것은 불가능한 상태가 되었다. 그것이 자민당 38년 정권의 붕괴를 가져온 큰 원인의 하나가 되었다. 그럼에도 불구하고, 캠퍼(camphor)주사와 같은 농촌 지대는 그것을 요구하고 있으므로 무라야마 정권 후 다시 살아난 자민당은 공공사업의 확장으로 달려가 스스로 무덤을 파고 있다.

이상으로 「55년 체제」하의 농촌 사정을 개관했지만 원래 농민은 소유자 의식을 강하게 가지고 있어 따라서 사회민주주의는 외면하는 체질을 가지고 있다. 따라서 보수 정당의 극진한 보호를 받을 수가 있었던 「55년 체제」하에서 농민들이 사회민주주의를 받아들일 주체적 조건은 없다고 말할 수 있다. 그러나 소득 중 농업으로부터 얻는 소득이 3분의 1 밖에 안 되는 일반 농민에게는 공공사업이 없어졌을 경우에 종래의 생활을 유지할 수 없게 되므로 다른 산업에서 새로운 생활의 양식을 얻는 길을 요구하거나 또는 기업농 혹은 대기업에 의해 주도되는 대규모 농업 경영에 고용되는 길 밖에 남아 있지 않다. 만일 이 길로 가고 싶지 않다면 농민 대부분은 대규모 경영에 대항하기 위해서 생산자 협동조합을 결성하여 생존을 도모하지 않을 수 없다. 어느 쪽의 길이든 농민은 경제적 신분으로서는 도시 거주의 근로자와 다르지 않게 되어 그 생존을 확보하려면 실질적으로 사회민주주의적 방향으로 나아갈 수밖에 없을 것이다.

둘째, 「55년 체제」를 지탱했던 또 하나의 주요한 지주支柱는 단연 대기업이다. 일본이 경제 대국이 됐다는 것은 중화학공업으로 대표되는 중후장대산업重厚長大産業의 대기업이 출현하여 그것이 일본 경제를 지배했다는 것을 의미한다. 이는 잉여 농촌 인구나 새로운 세대의 인구를 흡수하여 인구의 과반수가 그 생활의 양식을 버는 조직체로 발전했음을 의미한다. 메이지 일본은 막번체제의 봉건적인 대가족제도를 재편하고 이를 사회 기초단위로 조직하여 천황을 가장으로 하는 「가족국가」를 확립했다.[1] 그리고 전쟁 이전 재벌도 이러한 「가족국가」 원리에 따라 편성되어 있었다. 전후 민주적 개혁으로 「가족국가」는 무너졌다. 그러나 그 조직 원리는 부분적으로 바뀌었지만 기본은 유지된 채로 대기업은 다시 거기에 기초하여 편성되었다.

대기업은 「의사가족공동체擬似家族共同体」라고 하는 점에서는 재벌 기업체와 다르지 않지만 그러나 그것은 전쟁 전과 달리 소유주가 직접 경영하지 않고 「소유와 경영의 분리」를 통한 경영자와 종업원의 이익 공동체의 성격을 띠게 되었다. 이는 전후 사회주의 사상의 침투나 선진국의 노사관계 제도를 모방한 노동법에 근거하는 노사관계가 제도화되어도 바뀌지 않았다. 그 이유는 노동조합의 조직 원리로서 구미欧米의 산업별 조직 원리와 달리 기업별 조직 원리가 채용되고 있기 때문이다. 즉, 노동자의 노동 조건과 경제 조건의 개선을 목적으로 하는 노동조합의 활동 성과로서 노동 조건과 경제 조건의 향상을 쟁취했다고 해도 그것은 한 기업 안이나 혹은 동업종의 대기업 내에서 한정되는 것이다. 그 결과 노동조합은 자신의 회사의 실적이 좋아지면 그들의 경제 여건도 동시에 좋아지므로 당연히 경영자와의 사이에 이익 공동체 의식을 갖게 된다. 이를 통해 노사 일체가 되어 기업의 발전에 협력하고 전체적으로는 기업의 국제 경쟁력 향상에 공헌했다. 그런데 기업체의 이익 배분을 본다면 일본 기업의 노사 협조 체제는 외관상으로는 서독의 그것과도 별 차이는 없다. 그러나 문제는 기업의 조직편성과 의사결정의 형식의 본질적인 차이에 있다.

  서독에서는 앞서 말했듯이 산업별 노동조합 형식과 공동 결정법에 근거해 기업 내 민주주의가 관철되어 있고 종업원은 자신이 근로하는 기업 경영자의 선임이나 기업의 의사결정에 참가하는 기업 내 민주주의를 체험 할 수 있다. 또 직장 밖에서는, 주 35시간 노동제가 준수되고 있어 충분한 시간적 여유를 가진 종업원은 자치제의 정치에 시민으로서 참여 할 수 있다. 즉, 그들은 직장과 거주지에서 한 명의 시민으로써 가지는 권리를 행사하고 의무를 완수하는 직접민주정치를 경험할 수 있는 사회 시스템이 정비되어 있다.

  이에 반하여 일본에서는 기업이 「의사가족공동체」이기 때문에 가장인 경영자에게 종업원은 「자녀」로서 절대복종하지 않으면 안 되는 것이다. 그 결과 노동법에서는 형식적으로 노사는 노동 조건 등의 결정에서는 대등한 입장에 있다고 칭해지고 있지만, 극단적으로 이야기한다면 주인과 노예의 관계에 가깝다고 해도 과언은 아니다. 즉 기업 내에는 민주주의는 없고 일본 헌법의 기본적 인권의 원칙은 기업내부에서는 그 효력이 정지당하고 있다. 전후 일본은 「경무장」, 「경제 입국」을 국가 목표로 내걸고 그 추진 주체인 대기업이 세계시장 쟁탈전에서 자웅을 결정하는 싸움을 하기 위해 국가의 「총력전 체제」와 같이 종업원의 능력과 시간을 가능한 한 기업 목적을 위해서 사용할 필요가 있었다.

이를 위해서 종업원을 「산업 병사」로 훈련시켰고 그로 인해 가족생활도 할 수 없는 시스템이 되었다. 그 결과, 대기업의 종업원은 종신고용제終身雇用制 아래에서 좋은 「산업 병사」, 「회사 인간」으로서 살기 위해서는, 가정생활의 희생은 말할 것도 없고 거주지의 시민으로서의 정치적인 활동을 사실상 불가능해졌다. 즉, 지방자치는 주역이 없는 중앙정부의 하청 행정 기관으로 변질할 수밖에 없게 되었다. 이렇게 하여, 시민에 의한 아래로부터의 개혁의 움직임은 일부 정치적 의식이 높은 주부 등 여성의 활동을 제외하고는 사실상 봉쇄된 것이나 다름없다.

한편 선거 때 대기업은 자민당을 헌금으로 재정적으로 지지할 뿐만 아니라, 그 종업원에게 여당 후보를 지지하도록 방향을 제시한다. 이렇게 하여, 대기업의 종업원은 자신이 속하는 기업에 충성을 바치고 나아가 시민인 것을 포기하고 「산업 병사」 또는 「회사 인간」으로서의 입장에서 자민당을 지지하였고 그 대가는 종신고용제, 연공서열형임금제年功序列型賃金制, 퇴직금, 연금 제도나 그 외의 회사 내의 광범위한 복지 제도를 통해 한 상대적으로 풍족한 생활이었다.[2]

그런데 최근 「경제와 정보의 세계화」의 가속화에 의해서, 이러한 대기업의 조직 편성에도 큰 변동이 진행되고 있는 것처럼 보여 주목할 만하다. 미국은 소련과의 군비경쟁에 몰두해 왔기 때문에 그 국력의 모든 것을 광의廣義의 국방에 경주傾注해 왔다. 그러나 냉전 붕괴 이후 국방 중심주의에서 「보통국가」로 되돌아가는 경향이 나타나면서 국정 각 분야의 균형 회복을 위해 노력하기 시작했다. 또한 국제 정치는 군사력에 의한 전쟁이 아니라 세계 시장 점유율을 둘러싼 경제력에 의한 전쟁의 양상을 띠게 되었다. 1990년대에 들어, 고도 정보기술의 산업화로 우위에 선 미국은 고도 정보기술을 이용한 세계 금융시장의 조직화에 성공하고 미국 주도하에 세계 금융업의 재편을 기획함으로써 자유 무역, 공정 거래, 규제 완화를 목표로 내걸고 글로벌 스탠더드(global standard)의 명목 하에 미국식 경쟁 원리의 논리를 일본에 강요하기 시작했다〔이 점에 대해서는, 제2부 제1장 2에서 상술한다〕.

  미국에서의 기업은 일본처럼 경영자와 종업원의 이익 공동체가 아니라 이윤 추구를 목표로 하는 기업가가 자유경쟁 하에 있는 노동력을 가능한 한 싸게 사들여 그것을 효율적으로 활용하는 조직편성을 행하고 가능한 한 낮은 비용으로 최대의 이윤을 올리는 경영을 추구하고 있다. 이러한 미국 기업과 일본 기업이 경쟁할 경우 제품 당 단가에서 일본 기업은 노동력 대가의 비중이 높아서 필연적으로 경쟁에 질 가능성이 높다. 또한 의사결정 형식에 있어 미국 기업은 톱다운 형식이므로 고도 정보사회에서는 시간이 걸리는 보텀업 형식의 일본 기업보다 유리함은 명백하다. 지금까지 국가의 극진한 보호 속에 관민 협조의 대가족제도와 같은 조직편성의 일본의 대기업은 강력한 경쟁 상대가 없는 분야에서 홀로 승리해 왔지만 지금은 강력한 경쟁 상대가 있는 분야에서 상대로부터 게임의 법칙마저 강요당해 이를 인정해 버리면 패배할 수밖에 없는 경제 전쟁에 돌입하지 않을 수 없어 보인다.

이 전쟁에 살아남기 위해 만약, 일본 기업도 미국식 기업 조직 편성형식을 채용한다면 「산업 병사」, 「회사 인간」을 의식적·조직적으로 창출해 온 「의사대가족공동체」는 유지할 수 없게 될 것이다. 이 경향은 최근 부쩍 강해지고 있다. 만약, 이 경향이 더욱더 강해진다면, 종신고용제, 연공서열형임금제, 기업 내 복지 제도 등으로 우수한 노동력을 우수한 대학에서 징모하여 평생에 걸쳐서 둘러싸고 있던 현재의 기업 조직은 붕괴할 것이다. 「55년 체제」를 정당 차원에서도 지지한 대기업 종업원 집단이 해체되는 것은 필연일 것이다. 따라서 자민당이 지배 정당으로서 머무르려고 한다면 미국적 기업 조직 형식의 일본으로의 파급을 미국과의 경쟁이 강요된 업종으로 한정하는 대처 방법을 취하지 않을 수 없을 것이다.

한편 그러한 업종으로부터 해고된 노동자의 재고용, 즉 노동력의 이동을 자유롭고 원활하게 실시되는 사회경제 제도의 개혁이 동시 평행적으로 진행되지 않는 한 사회문제를 발생시키는 위험성이 있다. 그러므로 정부는 노동력의 재교육이나 그 외의 사회 복지 면에서의 제도 개선을 시행하지 않으면 안 될 것이다. 만약 대기업이 종래의 「의사대가족공동체」의 조직 원리를 방기放棄하는 상황이 되면 기업으로부터 해방된 종업원은 기업에 대해서 그동안 가지고 있던 심정적으로 강한 「주종의 연대」감을 가질 필요가 없어지고 그리고 자기의 책임에서 자신과 가족의 생존을 유지·확보하지 않으면 안 된다. 그 결과 기업의 현실에 관심을 가져 그 귀결로서 기업 내 민주주의에 관심을 갖게 될 것이다. 또한 거주지에 있어도 자각적인 시민으로서 지방자치단체의 정치에 참여하는 주체로서 변화 할 수밖에 없을 것이다. 그리고 기업에 구속되지 않고 노동력을 가진 판매자로서의 자각의 고조와 함께 노동조합도 기업별이 아닌 산업별로 조직되는 것이 보다 합리적이라고 깨닫게 된다면 이러한 근로자(시민)의 이익을 대변하는 새로운 사회민주주의 정당이 출현할 환경적 조건이 조성될 것이다. 그렇게 환경적 여건이 갖추어졌다고 해도 사회민주주의 정당의 리더 모집을 위한 제도가 현재로서는 말할 것도 없이 존재하지 않는다.

우선, 현재의 야당 내에서 민주당이 SPD와 같은 정당으로 발전할 가능성은 미지수이다. 일본 공산당은 이탈리아와 같이 「역사적 타협」노선을 내세우며 국민 정당에 변모할 가능성도 현재로서는 보이지 않는다. 공명당도 니치렌 종파 신자의 종교 정당으로서의 성격을 탈피하지 않는 한 공산당과 같이 진보적인 국민 정당으로는 될 수 없을 것이다. 새롭게 출현할지도 모르는 정당을 포함해 야당 중 하나가 환경에 좋은 경제 체제를 토대로 한 평화롭고 풍부한 사회, 그리고 「인간의 얼굴을 한 모두 사람의 자유와 평등」의 이념의 실현을 목표로 하는 새로운 국가 목표, 그것은 말할 필요도 없이 사회적 민주주의이지만, 그 목표에 근거해 정책 체계를 강령화한 정당으로 개편되어 생존 기반을 급속히 잃어버리고 있는 광범위한 농민이나 블루칼라층, 그리고 샐러리맨층을 지역이나 직장을 단위로 조직화한다면 일본에도 새로운 미래가 열릴 것이다.

마지막으로 국제사회에 있어서 일본은 어떠해야 하는지의 문제를 봐두자.

일본은 지정학적으로 해양 국가인 이상, 태평양으로 연결된 미국과의 관계는 국가 본연의 모습의 기본에 관련되는 것이다. 미국과는 자유민주주의라고 하는 보편적 원리를 공유하고 있으며 그 점에서 일·미 안보 조약을 바탕으로 하여 일본은 지역 통합화가 더욱더 진행된 미래에는 어쩌면 51번째의 주로서 미합중국에 가입하는 방향도 있을 것이다. 그러나 그러기 위해서는 대기업 등이 가진 현재의 조직 원리를 미국적인 것으로 바꿀 필요가 있을 것이다. 만약 지금까지의 사회구조를 기본으로 규정하고 있는 대기업이 그 조직 원리를 버린다는 것은 그 존재를 부정하는 것이지만, 향후, 20년, 30년 후에 그러한 일은 일어날지도 모른다. 이미 대중매체를 통하여 문화면에서는 일본은 강하게 미국화 되기 시작했으며 핵가족을 기초로 하는 오늘의 일본 사회에서 핵가족 그 자체가 사회의 하나의 단위로서의 모럴 면에서의 통일성을 잃어가고 있는 경향을 나타내고 있다. 「경제와 정보의 세계화」의 실태가 미국화이기 때문에 미합중국의 한 주가 되는 것이 더 나을 수도 있다.

또 하나의 가능성은 서독·통일독일이 취한 방향, 즉 「아시아 공동체」결성이라고 하는 지역 통합화의 주체가 될 방향이다. 한국, 중국, 대만, 동남아시아 각국 등의 아시아 각지는 경제적으로 거의 일본 경제와 불가분의 분업 체제 안에 들어가 있다. 일본이 주체적으로 결의한다면 「아시아 경제 공동체」 확립은 가능할 것이다. 그러나 EC에서 EU로 발전한 사례를 모방하는 것은 어려울 것이다. 왜냐하면 한국, 대만을 별도로 한다면, 인권과 자유 민주주의의 존중이라고 하는 정치 원리의 면뿐만 아니라 가치관도 다르고 또 사회 편성 원리도 다르기 때문이다. 더욱이 지금까지 일본은 내정 면에 있어 「복고적」방향에 있으며 그 귀결로서 태평양전쟁 시대에서의 일본이 가해자로서의 행동에 대한 반성과 그에 근거한 「과거 역사의 청산」을 본격적으로 실시하지 않았기 때문에 아시아 각국의 신뢰를 얻기는커녕 오히려 경각심을 높이는 결과가 될지도 모르기 때문이다.

따라서 만약 「과거 역사의 청산」을 덮어둔 채 일본이 아시아 공동체 결성의 주도권을 취한다면 미국의 반대는 그렇다고 해도 공동체 가맹 예정국의 경계심을 더욱 강하게 할 것이기 때문에 실현은 어려울 것이다. 또한 중국은 시장 경제의 진전과 더불어 만약 향후 권위주의 체제로부터 민주주의 체제에의 전환이 진행된다면 불·독 제휴와 같이 민주화된 중국과 일본과의 제휴도 생각할 수 있지만 그것은 미국과의 관계가 우선되는 관계상 제휴도 곤란할 것이다.

세 번째 길은 태평양 국가로서 미국과의 불가분의 일체적 관계를 맺는 동시에 민주화된 중국을 포함한 아시아 각국과 우선 아시아의 일국으로서 경제 공동체를 확립하고 세계 연방 공화국으로 향해서 동서의 다리 역할을 할 방향을 보다 현실적인 방향으로서 생각할 수 있을 것이다. 이상의 세 가지 길 중 어떤 것을 선택하더라도 「키잡이」의 역할을 다하는 진정한 민주적인 정당 정치가 생겨나지 않는 한 그 실현은 「그림의 떡」에 그칠 것이다. 그렇다면 강력한 사회민주주의 야당의 육성과 그 도전을 받아 국민을 위한 정치를 지향하는 보수 정당의 전개야말로 일본의 바람직한 국가 형태를 결정하는 계기가 될 것이다.

일본의 장래에 관한 세 가지 길의 선택에 관한 문제는 본서의 「글을 마치며」에서 다루기로 한다. (제1부는 2001년에 집필한 글을 토대로 함)

미주
1) 이시다 다게시. (1954). 『메이지 정치사상사 연구』 미래사, 전편 「가족 국가관의 구조와 기능」.
2) 이베 히데오, 전게서, 118쪽이하.

제2부

21세기 초두에 있어서의 전환을 모색 중의 일본정치

- 「결정 중추」제도의 변용을 중심으로

제1장 수상에 의한 정치 지도의 강화를 목표로 하는 제도 개혁

1. 「55년 체제」 하의 정책 결정 시스템 - 「관료 내각제」

전후 일본에서는, 새로운 헌법에 따라 주권이 천황으로부터 국민으로 옮겨지고 정치 제도로서 영국을 모델로 하는 「의원내각제」가 채택되었다. 일반적으로 의원내각제에서는 정기적으로 선거에 의해 선출된 국민대표 기관인 국회의 다수를 차지하는 집권 정당 내지는 정당 연합이 정권을 담당한다. 집권당은 정권을 유지하기 위해 주권자인 국민의 지지를 계속 얻지 않으면 안 되어 그 수단으로서 선거 활동과 다음 선거까지 국민 여론의 동향, 특히 그것을 반영한다고 생각되는 신문이나 TV 등의 매스미디어의 동향을 끊임없이 주시한다.

그와 함께 선거와 매스미디어가 일본의 정치를 좌우하는 중요한 요인이 되었다. 자민당은 창당 이후 다수 국민의 지지를 얻기 위해 첫째, 핵심 지지 기반인 동시에 「경제입국経済立国」노선을 실현하는 고도 경제성장 정책을 실제로 담당하는 대기업의 활동을 극진하게 지원했다. 다음으로 주요 대중적 기반인 중소 상공업자나 농민의 이익 증진 정책을 채택했다. 그러나 고도경제성장 정책의 성공과 함께 나타난 급속한 공업화의 부산물로서 공해에 의한 하천과 바다의 오염 등의 환경 파괴, 태평양 연안 지대의 공업지대와 그 주변 도시에의 인구이동, 그것과 연동한 형태의 도쿄나 오사카 등의 대도시에의 인구 집중이라고 하는 현상이 발생, 주택문제나 도시문제가 발생했다. 또한 농촌 공동체로부터 분리된 방대한 노동자들 사이에서 대기업에 취직해 일정한 생활이 보장된 풍족한 층과 경제 성장의 혜택을 받을 수 없었던 층, 예를 들면 고령자나 신체장애인, 실업자, 그 외의 약자와의 사이에 격차가 생겨나 사회문제가 발생했다.

자민당 정부는 헌법 제25조【생존권, 나라의 사회적 사명】(①모두 국민은, 건강하고 문화적인 최저한의 생활을 영위할 권리를 가진다. ②국가는 모든 생활면에 있어서 사회복지, 사회 보장 및 공중위생의 향상 및 증진에 노려하지 않으면 안 된다) 의 취지에 따라 유럽 선진국의 사회복지 제도를 모델로 한 국민건강보험 제도, 국민연금제도, 실업 긴급구제기금 제도, 취업할 수 없다고 생각되는 사람들을 대상으로 생활보호 제도 등의 종합적인 사회복지 제도를 확립해 갔다. 이처럼, 자민당은 집권당으로서 머물기 위해 고도 경제성장 정책의 성공으로 생성된 풍부한 부를 국민의 모든 층의 다양한 요구에 답하는 형태로 바라마키형(방만放漫)「이권정치利権政治」를 전개했다.

그러나 이「이권 정치」를 담당한 것은 자민당만은 아니었다.「1940년 체제」를 실질적으로 계승한 전후 일본의 통치 기구는「경제건국」이라고 하는 국가전략을 실현하기 위해, 세계 경제 속에서 일본의 산업이 국제경쟁으로 싸워 이길 수 있도록 장래의 세계 경제 동향을 판별, 경쟁력에서 우위에 있는 산업을 선택하여 위로부터 중점적으로 보호·육성하는 재정 경제정책을 채택했다. 이를 위해 재정 경제정책을 담당하는 관청과 대기업과의 사이에 정책 커뮤니티가 형성되었고, 각 부처는 그것을 보호·육성하려고 하는 업계라고 하는 국민 속의 일부분의 이익 대변 기관이 되어 있었다.

최근 자민당 일당 지배 체제 아래에서의 일본의 통치 기구의 역학에

관한 연구로 제29회 산토리 학예상サントリー学芸賞 (정치·경제 부문)과 2008년도의 요미우리·요시노 사쿠조상読売·吉野作造賞을 받은 이이오 준 飯尾潤 정책 연구 대학원 교수의 저작 『일본의 통치 구조-관료 내각제로부터 의원내각제』(2007년, 중공신서) 『日本の統治構造——官僚内閣制から議院内閣制』(2007年、中公新書) 에서는 이러한 각 부처가 관계하는 업계의 이익을 대변하는 시스템은 「부처省庁 대표성」으로서 정의되고 있다.[1]

물론 현대 민주주의는 대표제 민주정이지만 전후의 일본에서는 그것을 담당한 것은 집권당인 자민당만이 아니고 통치 기구를 담당하는 관료제가 그 클라이언트의 대기업이나 그 외의 이익 단체의 대표 기관이었던 것은 주목할 만하다. 이처럼 「55년 체제」하의 대표제는 관료제·여당 이원대표제政府·与党二元体制였다, 고 이이오 준은 지적하고 있다.[2]

이 「정부·여당 2원 체제」를 정책 결정 시스템의 관점에서 보면 다음과 같이 된다.

자민당 내에 정책 분야마다 설치하고 있는 외교 부회, 사회 부회 등의 각종 부회 의원으로 나누어져 「족의원族議員」이라고 칭해지고 있었다. 그들은 자신들이 담당하는 정책분야의 결정과 시행을 담당하는 각 부처의 관료와 제휴하고 아래로부터 보텀업 형의 의사 결정을 하였다. 물론 주도권을 잡고 있던 것은 정책 입안과 실행의 전문 지식과 장기적으로 쌓인 경험 즉 「암묵지暗黙知」를 가진 관료들이었다. 하지만 주권자를 대표하는 국회에서 모든 정책을 법안화한 후, 국가의 법률로서 그 승인을 획득해야 했기 때문에 법안의 의회 통과를 담당하는 정치가와 관료의 관계가 처음에는 관료 우위의 「관고당저官高党低」 또는 「관고정저官高政低」이였다.

그러나 시간이 지남에 따라 국회에 각 부처의 정책이 법안화 되기 전에 반드시 자민당의 「족의원」으로부터 구성된 각 기관에서 「사전심사事前審査」를 받아 승인이 나온 법안만이 각의閣議에 걸쳐져 정부안이 되어 의회에 제출되게 되었으므로 「55년 체제」 말기에는 정치가와 관료의 관계는 역전해 「당고관저党高官低」 또는 「정고관저政高官低」라고도 말해지게 되었다. 그리고, 자민당에서는 「정부·여당이원체제政府·与党二元体制」를 실질적으로 움직이고 있던 것은 당내의 각 파벌派閥-즉 계파-이였다.

그런데 집권당인 자민당은 첫째, 국민 각층의 요구를 흡수하여 그것을 정책에 반영하는 정책 입안 기능과 둘째, 동시에 정책의 결정과 집행하는 국가권력의 정당성을 조달하는 역할이 부여되고 있었다. 선거 제도는 하나의 선거구에 있어 3명에서 5명의 의원이 선출되는 중선거구제도가 채용되고 있었다. 이를 통해 자민당은 국민의 모든 계층의 다른 의견과 요구를 반영할 수 있었다. 물론 정치적 의견이나 정책이 다른 정치가가 동일 선거구 안에서 복수가 선출되므로 자민당원끼리의 입후보자가 서로 당선되기 위해 선거구의 다양한 유권자의 의견이나 이해利害를 대변代弁하려고 노력했기 때문에 자민당 내에 정책을 달리하는 그룹이 생겨나는 것은 필연이었다.

일본에서 중선거구제의 장점은 자민당이 국민 각계각층의 이익을 대변하는 「포괄정당」(catch-all party)의 성격을 가지게 된 점이고 단점은 당내에 파벌을 안게 된 점이다. 따라서 자민당은 당 운영이나 정치 활동의 관점에서 본다면, 파벌의 연합체이었다고 말할 수 있다. 자민당이 의회의 다수파인 동안에는 의원내각제의 원칙으로 자민당의 총재가 수상으로 취임하게 되므로 총재를 선택하는 당내 권력 투쟁이 「55년 체제」 아래에서는 일본의 최고 정치 지도자인 내각총리대신을 선출하는 정치적 권력 투쟁과 같은 것으로 되어 있었다. 그리고 그것은 「정국政局」이라고 불려, 2, 3년마다 총재선거―자민당 창당 이래 총재 임기는 2년이었지만 그러나 1971년 1월부터 3년으로 연장되었다. 그런데 1977년 1월에 재차 2년으로 단축되었다. 그리고 1980년 1월부터 총재·총리가 강해지는 것을 경계해 3선이 금지되었다.

  2002년 1월부터 총재 임기는 재차 3년으로 연장되었지만, 종래대로 연임은 2기까지로 되었다―. 자민당 내에서는 「컵안의 분쟁」이 계속되어 총재선출의 투표권을 가지는 국회의원을 제일 많이 소속한 파벌의 장이 다른 파벌의 장과의 합종연횡合從連衡으로 당선에 필요한 다수를 장악해 총재가 되어 수상이 되어 가는 시스템이 확립되어 갔다. 일중 국교 회복을 완수한 타나카 가쿠에이田中角栄 전 수상의 제2차 내각에서는 자민당의 5대 파벌의 장 모두가 입각해 각 파벌의 장 이름(미키 다케오三木武夫, 타나카 가쿠에이, 오히라 마사요시大平正芳, 후쿠다 다케오福田赳夫, 나카소네 야스히로中曽根康弘)를 따서 「산카쿠다이후쿠츄三角大福中」내각이라고 칭해졌다.

그림 1 자민당의 파벌의 변천

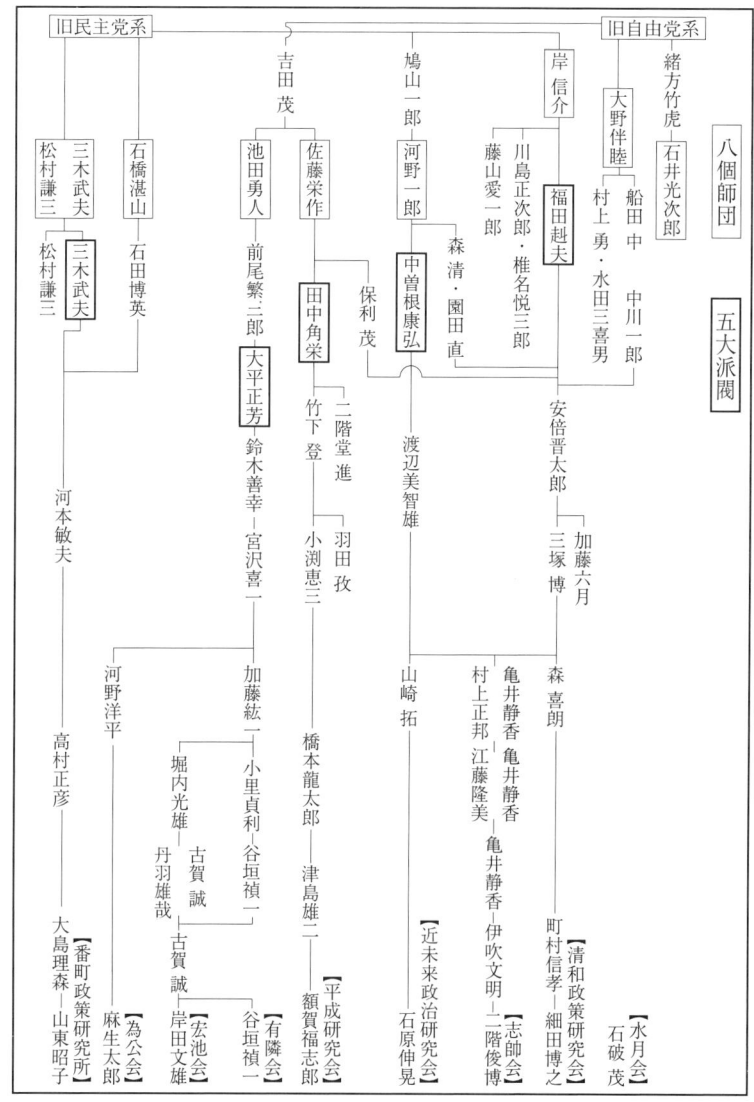

출처: 자민당의 파벌의 변천(1994년~) 주기:「자민당 정치의 변용」(NHK 북스, 2014년)

286쪽에 가필 수정, 동양 경제 2017년 5월 11일.

자민당 정권이 2, 3년 계속하여 국민의 인기를 잃으면, 「정국」이 움직여 당내 파벌간의 「컵안의 분쟁」이 재개, 국민에 의해 선호되는 파벌의 장이 차기 총재·수상이 되는 의사擬似 정권교체가 행해져 그것이 1993년까지 계속되었다. 민주정 국가임에도 불구하고 국민의 대다수는 자신들의 수상을 선택하는 것에는 참가하지도 못하고 그것을 관객으로서 바라보고 있다는 상태가 그 사이 계속되었다. 이이오 쥰은 이 상태를 「관객민주주의觀客民主主義」라고 정의하고 있다.[3]

자민당 정치 전환기의 시작은 1982년 성립한 나카소네 내각에서 있었다고 보인다. 1973년의 석유 파동 후 영·미에서는 복지국가를 재검토하는 신자유주의가 정치를 움직이는 주요한 정치 이데올로기로 지위를 확립했다. 영국에서는 이 이데올로기를 실현하기 위한 구체적인 정책으로서 「작은정부」, 「규제완화」, 「민영화」를 내건 대처 보수당 정권이 1979년에 집권하였다. 또한 1981년에는 같은 정책을 내건 공화당의 레이건 정권이 미국에서 탄생했다. 「산카쿠다이후쿠츄」내각의 맨 뒤를 맡은 나카소네 내각은 영·미의 신자유주의 노선을 도입해 「전후 정치의 총결산」을 슬로건으로 출범했다. 거기에는 두 개의 측면이 있었다.

하나는 그때까지 자민당 정치의 「이익 배분 정치利益配分政治」의 방향성을 바꾸는 과제, 즉, 농민의 소득 보장을 목적으로 하는 이른바 「뒤쪽 사회복지ウラ社会福祉」라고 하는 농촌 지대의 다리나 도로 건설 등의 공공공사公共工事(「토건 국가土建国家」)의 축소를 포함한 복지국가의 재검토를 정치 과제로써 내건 점이다. 또 하나는 「전후민주주의戦後民主主義의 청산清算」이다. 나카소네 수상은 현재의 헌법은 미국이 강압한 헌법이므로 헌법 개정을 해 일본의 전통에 맞는 자주헌법을 제정하여 명실공히 독립국으로 되지 않으면 안 된다며 지금까지 억눌려 있던 내셔널리즘에 근거하는 주장을 했다. 이때 신헌법을 강압한 미국의 반대를 완화시키기 위해서, 일·미안전보장조약日米安全保障条約을 견지堅持해 그것을 토대로 종래 이상으로 미국의 대(対)소련 봉쇄 정책에는 적극적으로 협력을 아끼지 않아야 하고 그러기 위해서는 헌법을 개정하여 미국의 동맹군으로서 활동할 수 있도록 자위대를 정식군대로 바꾸어야 한다고 주장했다.

나카소네 수상은 종래의 자민당의 노선을 크게 수정하는 이 두 개의 정치 과제를 실현하기 위해서 야당은 물론이고 자민당 내부에서도 반대가 예상되므로 그 정책 입안·결정의 장소를 반대가 예상되는 의회가 아닌, 도코우토시오土光敏夫 토시바東芝 회장을 위원장으로 하는 재계 및 학계 출신으로 구성되는 제2임시행정조사회第二臨時行政調査会를 발족시켰다. 조사회가 사회당의 주요 지지 세력인 국철国鉄과 전전공사電電公社의 민영화를 행하여야 한다는 답신안答申案을 제출하였고 그것을 자민당과 국회를 통과시키는 새로운 정치 수법을 이용해 국유산업의 세 개의 핵심 부문 중 우정郵政을 제외한 국철, 전전공사의 민영화에 성공했다.

다음에는 미래의 일본의 국민, 즉 청소년에게 애국심을 갖게 하는 교육을 하기 위해 의무교육의 정부 통제를 더욱더 강하게 하는 한편, 거기에 반대하는 사회당의 또 하나의 지지 세력인 일교조日教組의 힘을 약화하는 정책을 실행했다.[4] 앞으로 서술하는 2001년 4월에 발족하는 코이즈미 내각은 나카소네 내각의 연장선상에 있는 것이라고 해석되지만, 나카소네 내각이 내세운 이 새로운 방향성은 20세기 말에서 21세기에 걸쳐 진행한 「전환을 모색중인 일본정치」의 행방을 어느 정도 예시하는 것이었다고 봐도 괜찮을 것이다.

전후 일본정치를 주도한 자민당에는 대략 두 개의 정치노선이 있었다. 하나는 요시다吉田 노선이다. 그것은 정치적 이데올로기로서는 중도좌파中道左派이며, 70년대까지 주류파의 노선이었다. 요시다 노선을 계승한 것은 두 개의 파벌이다. 하나는 「요시다학교吉田学校」의 졸업생의 사토우 에이사쿠佐藤栄作 전 수상의 노선을 계승하는 타나카 가쿠에이와 그 후계자 다케시타 노보루竹下登가 그 장인「게이세이카이経世会」이다. 또 다른 하나는 이데올로기적으로는 그것보다 왼쪽의「코오치카이宏池会」이다. 「요시다학교」의 졸업생인 「소득배증론所得倍増論」으로 유명한 이케다 하야토池田勇人 전 수상의 노선을 지키는 그룹이다.

이러한 두 개의 파벌이 취하는 요시다 노선과는 다른 또 하나의 노선은 외정外政에 대해서는 일·미 협조를 전제로 하고 내정内政에서는 전쟁 전의 일본의 전통의 부활이나 일본의 자주·독립을 주장하는 기시 노부스케岸信介 전 수상의 노선이다. 정치적 이데올로기적으로는 중도우파中道右派 또는 우파라고 말할 수 있다. 이 중에서 가장 오른쪽에 위치하는 것이「세이란카이青嵐会」이며, 그것은 명확하게「복고적復古的」내셔널리즘에 근거하는「자주自主·독립独立」의 실현을 목표로 하여 헌법 개정과 재군비를 주장했다. 요시다 시게루와 기시 노부스케가 전후 제1세대의 정치가라면, 「세이란카이」의 구성원에는 제2세대, 제3세대의 정치가가 압도적으로 많다. 기시 노선을 계승하고 있는 것은 후쿠다파이며, 그 오른쪽에 위치하는 것은 소수 파벌의 나카소네파이다. 2000년 4월, 「게세이카이」의 오부치케이조小派수상의 급서로 그 후를 이은 모리 요시로森喜朗 수상은 후쿠다파를 계승한 모리 파벌의 회장이었다.

오늘날 자민당의 주류파의 파벌은 이 모리 파벌(그 정식의 명칭이 「세이와淸和 정책 연구회」이지만, 2006년 가을에 마치무라 노부타카町村信孝 전 관방장관이 회장에 취임, 따라서 「마치무라파」라고도 칭해졌다. 호소다파를 거쳐 지금은 아베파로 되었다. 모리 전 수상은 같은 파의 최고 고문으로 물러나 있다. 모리 수상의 뒤의 역대 수상 코이즈미 준이치로우, 아베 신조, 후쿠다 야스오는 모두 모리 파벌에 속하고 있다. 이처럼 나카소네 내각 성립과 함께 집권 정당으로서의 자민당 내에 있어 당내 주도권은 점차 당내 우파로 이행해 간 것이라고 봐도 좋을 것이다.

「산카쿠다이후쿠츄」의 다음의 수상은 「안치구미야安竹宮」라고 말해졌다. 안은 아베 신타로우安倍晋太郎이며, 치구는 다케시타 노보루竹下登, 미야는 미야자와 기이치宮沢喜一이다. 기시 노부스케의 사위인 아베 신타로우는 후쿠다파를 계승해, 나카소네 내각의 외무장관을 4년 근무했지만, 1991년에 급서했기 때문에 아베파는 모리파로 대신했다. 타케시타는 「게이세이카이」의 장이며, 1988년, 나카소네의 뒤에 수상으로 취임했다. 미야자와는 「코우치카이」의 장이며, 1991년 11월에 우노宇野, 가이후海部의 두 단명 내각을 이어 수상으로 취임했다.

1988년 11월 성립한 타케시타 내각은 역대 정권이 주저했던 소비세를 도입한 후 정계 오직汚職의 리크루트 사건으로 무너졌지만 「케이세이카이」의 내부에서는 일본정치의 개혁을 주장하는 오자와 이치로우小沢一郎를 리더로 하는 개혁파(「하다 쯔토무羽田孜」파)와 종래 노선의 견지를 주장하는 하시모토 류타로우橋本龍太郎, 오부치 케이조小渕恵三파 사이에 분열의 조짐이 있어 독자獨自 후보를 내지 못하고, 전체적으로 「케이세이카이」가 지지하는 우노 내각, 그 다음에 가이후 내각을 출현 시켰다.

이상으로 코이즈미 내각 성립기까지의 자민당의 파벌의 성쇠기盛衰記를 소개했다. 이러한 자민당에서의 파벌의 변천사를 정치 이데올로기적으로 바라본다면 처음은 주류파가 중도 좌파였지만, 나카소네 수상 시대에 점차 우익화해 조금 변환도 있었지만 마침내 모리 내각 시대 이후는 우파가 주류파가 되고 있는 점은 주목해도 좋을 것이다.

「55년 체제」하의 일본의 최고의 정치 지도자인 내각총리대신 선출이 자민당의 파벌 역학에 좌우된 점에 대해서 지금까지 본대로 대신大臣(한국의 장관)의 선임選任에 대해서도 동일한 역학이 작용하고 있었다. 즉 주류파에 속하는 의원 일수록 대신으로 취임할 기회가 많아지므로, 총재 선거에서는 각 파벌이 주도권을 잡기 위해서 합종연횡을 반복해 항쟁하였다. 그 사이 대신이 되는 것이 정치가로서의 꿈인 의원들에게 있어서 자신이 염원의 대신으로 취임할 수 있을지가 총재 선거의 귀추에 걸리고 있었으므로 2, 3년 마다 이루어지는 총재 선거는 전 의원을 말려드는 「컵 안의 분쟁」이 치열하게 전개되었다. 이러한 파벌 간 항쟁의 에너지를 침정화沈靜化시키기 위해서 타케시타 내각 시대에 총주류파 체제가 만들어졌다. 종래 5선 6선 이상의 중의원과 2선 혹은 3선 이상의 참의원의원 당선자(참의원의 정원 2명)가 당선 횟수 순으로 대신으로 취임하는 인사人事의 관례가 완성되어 있었지만 대신의 수가 한정되어 있었으므로 대개 일 년 마다 내각 개조를 하지 않으면 대신이 되고 싶은 의원의 수요에 답하는 것이 불가능했다. 그렇다고는 해도 주류파에 속하는 의원이 대신이 될 가능성이 더 높으므로 의원들 사이에는 불공평 감이 있었다.

타케시타 내각 시대에서는 각 파벌이 모두 그 세력에 상당하는 대신을 내게 되었다. 이로 인해 각 의원의 장래의 대신이 될 전망을 투명화 했으므로 전 의원이 내각을 지탱하게 되었다. 이 시스템에 근거하여 매년 대신이 양산되게 된 것은 말할 필요도 없다. 원래 대신은 행정부의 정점인 「내각」의 구성원인 동시에 통치 기구의 각 부처를 통괄하는 장이므로 이러한 형태로 대신이 양산되면 정책 입안·결정에 있어서 당연히 문제가 생기게 되었다. 각 부처의 장으로서 대신은 담당의 행정 분야의 정책 입안·결정 및 실시를 지휘·감독하는 처지에 있으므로 담당 분야의 전문 지식이나 조직을 관리·운영하는 역량이 갖춰져야 마땅한데 그러한 전문 지식이나 역량이 없는 사람이 때때로 대신으로 취임하는 경우가 많아졌기 때문이다. 의원은 선거구에 있어 유권자의 지지를 조달하는 일, 즉, 지지자의 요구를 대변하는 것에 뛰어난 사람이어도 반드시 행정의 전문가가 아닌 것이 통례이다. 또한, 대신 취임 후 대개 일 년이 지나면 그만두지 않으면 안 되므로 재임 중에 대신에게 요구되고 있는 전문 지식이나 역량을 몸에 익혀야 할 노력을 한다고 하더라도 한계가 있다. 따라서 각 부처에 대해서는, 정책 입안·결정을 실질적으로 행하는 것은 관료가 된다.

종래의 일본의 정책 결정 시스템의 특징이 보텀업 형이라고 자주 지적되고 있듯이, 「결정 중추」가 존재하지 않는다. 즉 일본정치에서 「결정 중추」가 비어있으므로, 각 부처는 그 담당 분야에서 그 클라이언트(업계)의 이익을 직접 대표하거나 족의원을 매개하는 경우는 관료, 족의원, 업계의 삼자(그것은 「철의 삼각형」이라고 칭해지지만 사람에 따라서는 이 삼자에게 어용학자와 매스컴을 더해 「철의 펜타곤〔5각형〕」이라고도 한다)로 정책 결정이 아래로부터 차례차례 행하여진다.

마지막으로 각의 전 각 부처의 사무차관 회의에서 각 부처에서 결정된 정책이 모아져 긱 부처의 디양힌 이해관계가 조정된 후 최종적인 의사 결

정이 내려진다. 거기서 결정된 정책이 각의에 제출되고 정부안으로서 승인 되면 의회에 제출되어 입법화되는 것이다. 이러한 의사결정 시스템은 예를 들어 외교 무대에서 통상通商 관계에 관한 일본의 태도가 표명될 때 「호치키스찍음 ホッチキス留め」라고 하는 형태로 나타나는 딱하기 이를 데 없는 사태가 생겨난다.[5] 통상 관계는 대장성大蔵省, 재무성財務省, 경제기획청経済企画庁, 외무성外務省 등의 서너 개의 부처와 관계하는 중요한 사항이므로 각 부처게 제출한 제안을 외국과의 교섭 직전에 전부 추렴하고 호치키스로 찍어서 그것을 일본의 입장으로 여러 나라 대표에게 제출되는 것이 많이 있는 것이다.

이러한 보텀업 형의 의사 결정 시스템은 의사 결정이 실질적으로 각 부처에 의해서 행해지기 때문에 관료제의 폐해로서의 「종적관계행정縱割り行政」의 제약을 받는 것은 말할 필요도 없다. 이를 극복하고 국가 전체의 존속·발전을 목표로 하는 관점에 근거한 장기적인 국가전략에 근거해 각 부처의 이익을 억제해 성익省益보다 국익国益을 반영한 창조적인 정책을 수상이 구상해 그것을 실현하고 싶어도 그 리더십을 지지하는 관청은 존재하지 않았다. 그 결과 수상은 각의에서는 사무차관 회의에서 합쳐진 안을 무조건 받아들일 수밖에 없기 때문에 최고의 정치적 지도자로서 그 정치적 리더십을 발휘할 수 할 수 없는 구조가 되어 있었다. 이러한 사태를 제1부에서는 「정치적 리더십의 결여」로서 파악해 그것이 일본의 정치체제의 구조적인 결함인 점을 지적했다.

이러한 「55년 체제」하의 일본형 정치적 의사결정 시스템은 정치 제도로서의 의원내각제를 채용하고 있는 일본의 헌정과의 관계에서 본다면 과연 헌법에 예정된 의원내각제인지 의심스럽다. 의원내각제의 모국인 영국에서 주권은 「의회에서의 국왕」(King in Parliament)에 있지만, 국왕(또는 여왕)은 의회의 의사결정을 그대로 승인하므로 의회가 실질적으로 주권 기관이다. 선거 제도는 소선거구제로 「승자독식제Winner-take-all」라고 하듯이 선거구의 유효 투표수의 과반수를 얻은 한 명이 의원으로서 선출된다. 제도적으로는 유권자의 51%의 지지를 얻은 정당이 정권을 담당할 수 있는 구조이다. 남은 49%의 표는 사표이며, 국민의 의지를 정확하게 반영하는 비례 대표제도와 비교했을 경우 그것은 민주적이 아니라고 하는 결점이 지적되고 있지만, 안정된 정부를 구축할 수 있다고 하는 장점이 있다고도 한다.

 영국에서 5년마다 양대 정당은 각각 다음 5년간 국정의 방향을 결정하는 정책 체계를 담은 정권공약(매니페스토manifesto)을 국민에게 제시하고 유권자 지지를 얻기 위한 매니페스토 선거를 치른다. 선거에서 유권자들은 다음 5년 동안 원하는 정책을 내건 정당을 선택하는 데 그 정당의 당수가 집권 공약을 실현할 수 있는 역량을 가졌는지 여부 및 정치적 지도력의 자질도 함께 평가하고 투표하기 때문에 실상은 정당을 고르기보다는 그 지도자를 고르는 쪽에 더 치중하고 있다. 1867년에 간행된 영국의 의원내각제 운용 원리를 훌륭하게 파악해 정식화한 것으로 유명한 저작의 『영국헌정론』에서 배젓(W.Bagehot)은 영국의 선거는 미국의 대통령 선거와 마찬가지로 정치적 리더의 수상을 선택하는 선거라고 갈파喝破했다. 그에 의하면 내각은 의회의 최고 위원회이며 그 장의 수상은 행정부의 장이 되기 위해서 선거에 있어, 미국 대통령과 마찬가지로 국민투표로 선출 된다. 라고 지적했다.[6]

 영국에시는 1867년에 제2차 선거법 개정으로 도시 노동자에게도 선거권이 부여되고 선거는 정치적 최고 지도자 선출을 위한 국민투표적인 성격을 띠게 되었다. 이러한 경향은 그 후 보통선거제의 완전실시 때문에 한층 더 강해졌음은 역사가 나타내는 바이다. 소선거구제를 취하는 영국에서는 정권 획득을 목표로 하는 정당은 국민에게 지지를 받는 매니페스토의 제시뿐만 아니라 그것을 실현하는 역량을 갖춘 당수를 전면에 내세워 선거를 치른다. 그 결과 당수는 의회에서 자신을 지지하는 의원의 당선을 도모하기 위해 당수는 모든 선거구에서 입후보자 선정에 참여해야 하며 나아가 선거자금도 스스로 조달해 당을 운영해야 한다. 그래서 정당 운영시스템은 극언하자면 당수독재제党首独裁制라고 해도 과언이 아니다.

  따라서 선거로 승리한 정당의 당수는 국왕(또는 여왕)으로부터 수상으로 임명된 후 뛰어난 정치적 능력뿐만 아니라 행정의 전문가(영국에서는 야당도 「그림자 내각(Shadow Cabinet)」을 조직하고, 그림자 수상과 각 대신은 그 담당 예정의 부처의 관료와 끊임없이 접촉하고 상시 정보를 입수할 뿐만이 아니라, 정권을 획득할 때까지 행정의 전문 지식을 습득하고 각 분야의 전문가로서 훈련되는 것이 관례이다)인 유력한 의원을 각료로서 임명해, 그의 리더십 아래에서 톱다운 식에 의사결정을 실시해 5년 후의 선거로 그 성과에 대해 국민의 심판을 바라보는 것이다. 이처럼 영국에서는 의회의 다수파의 정당 당수는 수상이 되어 국정을 직접 담당하므로 의원내각제라고 칭해지고 있다.

  돌이켜보면 「55년 체제」하의 일본의 의원내각제를 영국의 그것과 비교하면 의회의 다수파 정당의 당수가 수상이 되어 국정을 담당한다고 하는 정치 제도의 형식면에서는 유사하다. 그러나 그 실태에 있어, 특히 정치적 의사결정 시스템에 초점을 맞춰 비교한다면 영국에서는 총리와 그가 수장으로 있는 내각이 의사결정을 하지만 일본에서는 각 부처의 관료 집단이 실질적으로 의사결정을 하므로 일본의 내각제는 정치 제도 형식면에서는 내각제라도 그 실질은 「관료내각제」임이 분명할 것이다.[7]

 1992년 12월 다케시타파가 두 개에 분열했다. 분열을 일으킨 것은 자민당 간사장으로서 정권의 중추로 내외의 정치의 움직임을 보고 있던 오자와 이치로이다. 그는 본서 제1부 제2부에서 말한 것처럼 『일본개조계획』을 발표해 나카소네 내각이 진행하고 있던 신자유주의 노선에는 반대하고 영·미·불英米仏이 채용하고 있는 사회 복지 체제를 유지하면서 동시에 「관료내각제」를 헌법에 예정된 영국형 의원내각제로 바꾸고 세계 정치의 환경변화에 대응해 적절한 정책을 결정·실시할 수 있는 톱다운 형의 의사결정 시스템을 구축해야 한다고 주장했다.

 이 주장을 실현하는 「정치개혁」의 방안으로서 다음을 제안했다. 즉 첫째, 선거 제도를 중선거구제에서 영국과 같은 양대 정당제 확립에 친화적인 소선거구제를 채택하는 것이다. 둘째, 리크루트 사건으로 퇴진 위기에 몰린 다케시타 내각으로 상징되는 정치 부패를 근절하기 위해 정권 교체가 최선이다. 그러나 그 전에 양당 교체를 가능하게 하는 선거제도가 실현될 필요가 있다. 또 과거 선거에는 막대한 비용이 들어갔다. 그 자금조달 과정에서 정책을 돈으로 파는 정치 부패가 발생하고 있어 선거를 포함해 정치활동에 필요한 자금을 독일처럼 국고 부담으로 하는 정당조성법政党助成法을 제정할 것, 마지막으로 정치 지도자로서의 수상이 톱다운식으로 의사결정을 할 수 있는 시스템의 구축으로서 「행정개혁」을 실시하고, 이올리 영국과 같이 수상이 독자적으로 정책 입안·결정을 시행하는 것을 사무적으로 지지하는 관청으로서 내각부内閣府를 창설하는 것, 등을 제안했다.

오자와 이치로는 젊은 나이에 총리가 될 기회가 있었으나 그 기회를 거절하고 그의 뜻을 지지하는 개혁파 의원들을 거느리고 「게이세이카이」를 떠났으며 이어 자민당에서도 탈당해 1993년 8월 신생당新生党을 창당했다. 그는 야당 제출의 미야자와 내각 불신임안을 지지하며 55년 체제가 끝나게 했다. 이후 일본 정치 행정 시스템의 변혁을 목표로 비자민非自民 7당 1회파 연합인 호소카와細川 내각에서는 스스로 주도하고 오부치 내각에서는 「촉매触媒」역을 계속 맡아, 자민당에 대체될 수 있는 야당 만들기에 주력하고 마침내 2009년 8월 말 중의원선거에서 야당인 민주당을 압승으로 이끌어 역사적인 정권 교체를 실현하게 했다. 그가 주도해서 실현된 「정치개혁」의 주된 것은 호소카와 연립 내각에 의해서 행해진 선거제도의 개혁과 정당 조성법, 정치자금 규정법의 제정이다. 자민당은 종래 일관해서 소선거구제의 실현을 주장하고 있었지만 그것이 실현되면, 1선거구의 과반수이상의 표를 획득하는 것은 공명당公明党이나 공산당共産党은 말할 것도 없고, 제1야당이었던 사회당에서도 전국을 통해 상당히 곤란함으로, 소선거구제의 도입에는 야당이 빠짐없이 반대를 계속했다.

오자와는 호소카와 연립 내각에 참가한 구야당旧野党에 배려하여 총 500석 중 300석은 소선거구에서 선출하고, 나머지 200석은 비례 대표제로 선출하는 소선거구·비례 대표 병립제의 도입에 연립 내각을 구성하는 각 정당이 합의해 공직선거법의 개정에 성공해 소선거구는 60%지만 실현되었다. 그로부터 7년 후 오자와는 자신이 인솔하는 자유당自由党이 자민당과 연립을 하는 조건으로서 부대신제副大臣制, 정무관政務官의 설치 등과 함께 비례 대표의 정수를 20석 삭감하는 안案을 오부치 수상에 요구해 2000년 2월의 공직선거법 개정으로 실현되었다. 거기에 따라 소선거구 선출 의원의 비율은 63%가 되었다. 다음에는 정당 경비 국고보조 제도政党経費国庫補助制度도 실현되었다. 이러한 일련의 법령 개정을 통해 정당 당수를 중심으로 하는 당 집행부가 선거자금의 배분권配分権, 입후보 예정자의 선거구의 선정 등의 권한을 장악하는 것이 가능하게 되었다. 후에 코이즈미小泉 수상 시대에 보여 지는 영국과 같이 의원에 대한 당수의 지배권은 증대하는 것이다.

오자와가 시발점이 되어 실현된 「정치개혁」의 다른 하나는 「행정개혁」이다. 그것은 하시모토橋本 내각 시대에 「행정개혁법行政改革法」과 「지방분권일괄법地方分権一括法」으로 성립되었고, 특히 「행정개혁법」에 기초하여 중앙부처 재편은 2001년 1월 모리 내각 하에서 이전의 1부府, 12성省, 8위원회, 25청庁이었지만 내각부 관계를 포함해 1부, 10성, 7위원회, 19청으로 축소·재편되었다. 그 후 2003년도부터 우정사업청, 식량청이 폐지됐다. 또한 공정거래위원회의 소속이 총무성에서 내각부로 변경되고 사법시험관리위원회도 폐지되는 등 1부, 10성, 6위원회, 17청이 되었다. 이어 2007년에는 방위성省이 되고, 동시에 방위시설청도 폐지되어 1부, 11성, 6위원회, 15청이 되었다.[8]

마지막으로, 이미 위에서 언급했지만, 영국 내각을 모델로 하여 집권당 의원이 100명 이상 각 부처에서 대신과 함께 정치 주도의 정책 입안·결정과 집행을 할 수 있도록 각 부처에서 대신을 보좌하고, 또한 때에 따라서는 국局과 부部를 직접 통괄하는 부대신과 정무관에 취임할 수 있는 제도를 오자아이 요구에 근거하여 오부치 내각 시대에 도입되었다. 이렇게 해서 오자와 이치로가 『일본개조계획』에서 주장한 「정치개혁」의 대부분이 결실을 보게 되었다. 앞으로 말할 고이즈미 준이치로 내각 5년 5개월간의 새로운 일본 정치 전개의 무대 장치가 정치 제도 면에서는 마련되게 됐다. 다음으로 고이즈미 내각에 관해 설명하기에 앞서 정권 탄생 전 10년간의 국제 정세 변화, 특히 미일 관계의 변화에 대해 약간 언급하고 싶다.

2. 외압과 그에 대한 일본의 대응으로서의 「55년 체제」의 부분적 수정

1980년대 말에서 90년대 초에 걸쳐 소련의 붕괴와 함께 냉전 체제도 종식되면서 국제 정치는 미국 일극―極 지배 체제로 치달았다. 미국은 그때까지 국제적으로 해결해야 했던 최우선 과제는 냉전의 승자가 되는 것이었다. 따라서 이 시대는 「정치우위」의 시대였다고 하겠다. 그러나 냉전 종식과 함께 이미 1973년과 1979년 두 차례의 석유 파동 이후 급속히 진행되던 「경제와 정보의 국제화」가 마침내 본격화되기 시작했고 미국도 정책과제 중 경제가치에 최우선 순위를 두게 되면서 「경제우위」 시대가 도래 하게 됐다. 선진국의 구미 여러 나라에서는 고도 정보기술의 혁신에 수반해, 제조업에서 고도 정보 통신 기술을 구사한 부가가치가 높은 업종으로 산업구조의 중심이 이동하기 시작하고 있었다.

노동생산비가 비싼 제조업보다는 하이테크 산업과 금융업을 중심으로 세계 경제 재편을 주도하기 시작한 영미계 금융자본은 세계시장을 마음대로 지배하기 위해 세계시장 규범 단일화에 나섰다. 소련의 붕괴로 세계 경제를 조직하고 운영하는 원칙은 시장경제원리뿐이다. 이것이 원활히 기능할 수 있도록 미국의 교역상대국인 모든 나라가 위로부터의 국가에 의한 모두의 규제를 철폐하고 상품공급을 포함해 시장 참여자의 자유로운 경쟁이 이루어질 수 있는 환경이 정비되어야 한다고 생각되었다. 즉, 세계가 하나의 경제사회가 된 이상 사람과 자본을 포함한 모든 상품이 전 세계에서 장애 없이 자유롭게 유통되는 시장경제 시스템이 구축되어야 한다고 생각되었다. 이러한 환경 정비를 도모하기 위해 시장경제원리에 따라 자유경쟁을 꽃피우고 있는 영·미의 규칙이 국제규범으로 설정된 것이다. 미국은 그 교역하는 각국에 대해 자국의 자유경쟁 경제의 규범을 글로벌 스탠더드(global standard), 즉 「세계표준」이라 칭하며 요구하게 되었다. 그것을 강요당한 각국이 거기에 따르는 것은 자국 경제의 미국화이며 그 귀결은 미국에 편리한 게임의 규칙을 받아들이는 것과 같은 것이다. 그러므로 그것을 받아들인 나라는 미국과 자유경쟁을 하면 할수록 필연적으로 질 수 밖에 없는 것이다.

이러한 냉전 종식 후 미국의 세계 전략 변화의 여파는 미국의 압도적인 영향 아래 있던 일본에도 미쳤음은 말할 필요도 없다. 그것이 표면화된 것은 이미 1989년이다. 하지만 그 이전에 이미 구미 각국, 특히 미국과의 사이에 경제마찰이 일어나고 있었다. 일본은 수출 주도에 의한 「경제입국經済立国」노선을 관·민 협조로 추구하여 1980년 초에 거액의 무역흑자를 냈고, 그 결과 엔고円高가 진행되면서 미국과의 사이에 무역 불균형 문제가 표면화되기 시작하고 있었다. 이 문제를 해결하기 위해 1985년 뉴욕의 플라자호텔에서 선진 6개국 장관 회의가 개최되었고, 미국의 무역적자를 축소하기 위해 각국이 협조개입에 의한 강한 달러 시정, 일본 등 흑자국의 내수 확대를 요구하는 합의가 이루어졌다. 그것은 「플라자 합의」로 알려진 것이다.

나카소네 내각은 「플라자합의」에 따라 구미제국, 특히 미국과의 격화되는 경제마찰을 어떻게 완화시킬 수 있는지, 이 문제를 검토하는 전 일본은행 총재 마에카와 하루오前川春雄를 위원장으로 하는 사적 자문기관의 「국제협조를 위한 경제구조조정 연구회」를 1986년에 발족했다. 동 위원회는 다음 해에 통칭 「마에카와 리포트」를 정부에 제출하고, 그중에서 「국제적으로 열린 일본」을 향해 「원칙자유原則自由, 예외제한例外制限」이라는 시점에서의 시장원리를 기본으로 하는 한편 글로벌한 시점에 입각한 시책을 실행해야 한다, 라고 권고했다.

미국의 외압을 배경으로 작성된 이 「마에가와 리포트」는 구체적인 정책이 포함된 것은 아니었다. 따라서 그 효과는 나타날 수 없고 미·일 간의 경제마찰은 정치 문제화되었다. 말할 필요도 없이 수출국으로서 일본은 거대한 시장이므로 값싸고 질 좋은 상품, 예를 들면 섬유, 전자제품, 철강, 자동차, 반도체 등의 대미수출이 미국의 같은 업종 산업의 쇠퇴를 초래하고, 그것을 막으려는 미국의 해당 산업은 로비스트를 사용해 자국 정부를 움직이고, 일본의 대미수출규제를 요구해 왔다. 일본은 「마에가와 리포트」에 근거해 자율규제로 대응했지만 무역 불균형은 시정되지 않았다. 그러나 미국은 냉전을 벌이고 있는 이상 일본의 대응에는 불만이 있어도 가장 신뢰할 수 있는 우방인 일본에는 「정치우선」의 원칙에서, 경제에 대해서는 일본에 대해 너그럽게 봐주는 경향이 있었다고 말할 수 있다.

그러나 냉전 붕괴가 눈앞에 닥친 1989년에 미국은 기존의 태도를 바꿔 이제 일본을 경제적으로 라이벌로 보고 미국 시장경제의 자유경쟁 원리에 입각한 양국 간 경제의 상호 개방을 요구하기 시작했다. 즉 미국 재무성은 일본 대장성大藏省에「일본의 시장개방 때문에 수입을 방해하고 있는 구조 문제를 협의하자」고 제의한 것이다.「55년 체제」하의 일본에서는 통산성通産省, 경제기획청이 경제의 사령탑이 되어 세계 경제에서 국제경쟁력이 강한 산업을 선별해 그것을 위에서 보호·육성하고, 그것들을 지키기 위해서 여러 면에서 규제를 가하고 있었으며 극단적으로 말하자면 베를린 대학 초대 총장인 피히테가 프로이센 국가의 기본방향으로서 구상한「봉쇄국가封鎖国家」에 가까운 상태였다.

국제적으로 경쟁력의 강한 미국 산업은 주로 금융업과 서비스 산업, 특히 대규모 소매점에 특화되어 있으며 이러한 업종의 요구를 배경으로 미국 정부의 대일요구는 두 업종의 일본 시장에의 진출에 불편한 사안을「장벽」이라고 규정하고, 그러한「장벽」은 일본에서는 구조화되고 있다는 점에서 일본의「구조개혁」을 요구했다.[9] 일본에서는 경제와 정치가 일체화되고 있어「구조개혁」은 경제 분야에만 머무르지 않고 필연적으로 정치 분야의 개혁도 수반될 수밖에 없었다. 1989년 현재 미국에서는 대규모 소매점포법(대점포법)의 재검토를 비롯해 240개가 넘는 요청이 제출되었다. 일종의 내정간섭이지만 이런 요구는 받아들여졌다.

이후 일본의 구조를 변경하기 위해 진행된 협의는 클린턴 행정부에서는「일·미 포괄경제협의」,「일·미 규제 완화 대화」등으로 바뀌었고 다음부시 행정부에서는「일·미 규제 개혁 및 경쟁 정책 주도권」으로 바뀌었다. 그리고 일·미 쌍방이 서로 규제 완화를 요구하는「연차개혁요망서年次改革要望書」는 표면상으로는 상호주의적이지만, 미국의 요구사항이 더 많아 앞으로 거론하는 고이즈미 내각이 실시한 「구조개혁」의 내용은 모두 「연차개혁요망서」 항목으로 그것은 다음과 같다.

우선 2001년에 회계제도 개혁으로서 미국의 「시가회계제도時価会計制度」 도입, 2003년에는 외국인 변호사의 참가를 인정하는 「외국인 변호사법 개정」, 2004년에는 의약품 판매 확대 요구를 받아들여 편의점에서의 의약품 판매 허용, 다음으로 의료 분야의 개방 요구를 받아들여 혼합 진찰의 일부 허용, 2005년에는 우정 민영화 요구에 대해 우정 민영화법의 제정, 공공사업 입찰 시의 담합 배제 등의 요구에 대해서는 독점 금지법 独占禁止法의 개정, 미국 자본에 의한 일본 기업 합병을 쉽게 하는 신회사법의 제정, 2006년에는 미국 문화, 즉 「지적 재산」의 보호를 담은 특허법 개정 등이다. 무엇보다 고이즈미 정권 이전의 역대 정권도 「연차개혁요망서」의 여러 항목의 실현을 도모하고 있다. 그 한 예를 들면 1997년에 통신 분야의 경쟁 강화 요구를 포함한 NTT의 분리·분할, 1998년에는 건축규제 완화책의 요구에 대해서 「건축기준법 개정」, 2000년에는 「대점법大店法」의 개정, 그리고 1999년부터 2004년에 걸쳐서 노동자의 기본권을 보장해 일본형 사회 복지 제도, 특히 고용의 면에서의 근간根幹인 노동법을 개정해 인재 파견의 자유화가 실현되었다.

이에 따라 55년 체제를 기업 고용 시스템면에서 뒷받침하던 종신고용제, 연공서열형 임금, 퇴직금, 기업연금 등의 기업 내 복지제도가 유명무실해져 가게 됐다. 게다가 일본 사법제도의 개혁도 요구되었다. 일본에서는 국제경쟁력이 강한 산업을 정부가 선별하여 보호·강화를 도모하는 「행정지도」가 일상화 되어 있었지만 그것은 사회의 모든 측면에서 국가에 치명적인 문제 발생을 미리 방지하기 위한 정부에 의한 「가부장적家父

長的」 개입으로서의 「사전규제」의 일종이었다. 그러나 자유시장 원리주의가 지배적인 미국에는 그러한 종류의 「사전규제」가 없으며 모든 참여자가 자유롭게 그 이익을 실현하기 위한 환경조건으로서 공정한 경쟁이 이루어지는 표면적 풍토가 되고 있다. 따라서 만약 문제나 사건이 발생하면 가해자와 피해자 쌍방이 사법, 즉 변호사를 통해 법원을 통해 문제나 사건을 자체적으로 해결하게 되어 있다. 이런 사회는 「사후처리」형 사회로 일컬어진다. 일본도 이러한 미국 사회의 문제 해결 방법으로서의 「사후처리」형 방식을 도입해야 한다는 요구가 있어 위에서 기술한 미국 변호사의 일본에서의 활동 자유화와 더불어 「사후처리」를 담당하는 대량의 변호사를 양성·공급하는 시스템으로서 미국의 「로스쿨」을 모델로 한 「법과대학원」이 창설되었다.[10]

이처럼 미국은 「글로벌 스탠더드」라는 미명 하에 「미국형 모델」을 유일한 진리나 역사적 필연인 것처럼 논하고, 매년 「연차개혁요청서」를 미국 정부의 각 성省은 일본의 각 성청省庁에 제시하고, 일본의 법률이나 제도 속에서 자국의 국익에 있어서 불편한 부분의 변경을 강요했다. 그리고 그 [성과]는 매년 미국 무역대표부가 문서로 연방 의회에 보고하고 있다. 그래서 논자 중에는 「일본의 향후를 알고 싶으면」, 미국 정부가 매년 제시하는 「연차개혁요청서」가 「필독의 문헌이다.」, 라고 주장하는 사람도 있다.[11]

이상 열거한 일본의 「구조개혁」이라고 하는 큰 변혁이 「정치적 의사결정의 중심」이 비어있던 「55년 체제」하에서 그 일부가 실현되었지만 그 비밀은 어디에 있었는지 혹은 어떠한 정치 주체가 개혁의 일부라고 하지민 그것을 해낸 것일까. 그 비밀은 간단하게 말하면 「옆으로부터의 입력

(input)」이라고 하는 미국 현대 정치학의 「정치시스템론」의 전문 용어에 있다.[12] 「정치시스템론」에 의하면, 전통적 정치학의 국가라는 개념을 「정치시스템」으로 바꾸어 이 「정치시스템」은 외부 환경이나 내부 환경으로부터의 압력을 받으면 그 처리를 담당하는 결정 중심이 그 압력이라고 하는 입력을 정책이라고 하는 출력으로 바꾸고 정치 시스템의 존속을 도모하는 것이라고 설명되었다.[13]

「55년 체제」하에서의 일본의 정치 시스템에서는, 미국이라고 하는 다른 정치 시스템으로부터의 「옆으로부터의 입력」이 있어야 비로소 어쩔 수 없이 결정 중심이 작동되고 미국의 요구를 실현하는 정책이라고 하는 출력이 나왔다고 하는 것이 된다. 이것은 구체적으로 무엇을 의미하는지 독자에게는 미국 현대 정치학의 전문 용어로 설명되고 있으므로 잘 이해되지 않겠지만 지금까지의 설명을 상기해 보면 일본의 정치적 의사결정 시스템이 부처省庁별로 보텀업식에 개별적으로 행해지고 있는 것, 다음에 그것들이 모여 마지막에 호치키스로 멈추어지는 형태로[14] 외부에 출력으로서 나오는 것을 이해한다면 「옆으로부터의 입력」의 의미하는 것을 이해할 수 있을 것이다. 즉, 미국 측은 이 일본 특유의 정치적 의사결정 시스템의 실정을 숙지하고 있어 「연차개혁요망서」에 근거해 미국 통상대표부는 일본의 각 부처의 관료와 직접적인 대화를 통해서, 그 요구를 받아들이게 하는 형태를 취했기 때문에 있다. 각 부처는 미국의 압력으로 인해 어쩔 수 없이 보텀업 식에 미국의 요망에 따른 형태의 정책이 각 부처에 의해서 만들어져 2001년 4월, 코이즈미 정권 탄생까지, 일본은 미국의 요망에 대답하는 형태의 「구조개혁」의 일부가 실현되었다고 보여지는 것이다.

이렇듯 미국의 요망이란 1980년대 이후의 미국에서의 지배적인 정치적 이데올로기의 신자유주의의 구체화이다. 상술한 것처럼 신자유주의에 향한 정치 경제적인 개혁은 이미 영국의 대처 정권이 착수해 하나의 모델이 되어 세계 각국에 파급하고 있다. 미국에서는 공화당의 레이건 대통령 시대에 착수되어 민주당의 클린턴 대통령 시대에 일시적으로 수정되었지만 다음의 공화당 부시 대통령 시대가 되어, 신자유주의는 전성시대를 맞이했다.

상술한 것처럼, 1982년 말에 등장한 나카소네 내각은 신자유주의를 일본에 도입하고 국철이나 전전공사의 민영화를 실시해 그 이후, 신자유주의는 「55년 체제」하의 자민당을 지지하는 집표集票 시스템, 특히, 공공공사公共工事를 통한 과소지過疎地의 유권자의 고용의 기회를 제공해 그 대신에 선거로 지지를 얻는 형태로의 「토건국가土建国家」체제(그것은 관제담합官製談合이라고 하는 정치부패나 관료부패에 상징된다) 하의 「뒤쪽사회복지」제도의 파괴로 연결되는 것이다. 야당은 말할 것도 없고 자민당 의원도 대부분이 거기에 반대한 것은 말할 필요도 없다. 그 때문에 신자유주의 이데올로기의 일본에의 침투는 지지부진했다. 그러나 영국의 대처 정권의 행정개혁을 모델로 한 하시모토 내각에 의한 행정개혁의 실현 등 신자유주의는 일본에서도 개화하는 조건은 1990년대를 통해서 정돈되어 갔다. 그리고 코이즈미 정권 성립과 함께 신자유주의가 정부의 실현해야 할 정책과제로서 본격적으로 제기되게 되었다. 종래의 자민당 내각이 쉽게 성취하지 못했던 「구조개혁」을 코이즈미 정권이 5년 5개월간으로 완수할 수 있었던 것은 상기대로 정치적 의사결정 시스템이 보텀업형에서 톱다운 형으로 전환할 수 있었던 정치·행정제도 개혁이 하시모토 내각에 의해서 준비되어 있었기 때문이다. 이점은 아무리 강조해도 지나치지 않을 것이다.

3. 「55년 체제」의 정치적 의사결정 시스템의 변환 – 「행정개혁」

하시모토 내각에 의해서 실현된 「행정개혁」의 기본방침은, 영국의 대처 정권의 「행정개혁」을 모델로 하고 있다. 대처는 신자유주의에 근거해 복지국가의 「큰 정부」를 국방과 치안이라고 하는 필요 최소한의 국가 기능만을 담당하는 「작은 정부」에 종래의 국가 기능을 감축하는 개혁을 단행했다. 첫째, 행정관청을 정책 기획·입안 부분과 정책실시 부분으로 나누어 후자의 정책실시 부문 즉 국민에게 복지 서비스를 포함한 공공 서비스 제공 부분을 담당하는 기구를 독립 행정법인(agency)으로써 정부로부터 분리·독립시켜 그 관리·운영 방침으로서 민간기업과 같게 3E의 원칙, 즉 경비절약(economy), 업무 집행의 효율성(efficiency), 지출에 알맞은 성과를 내는 유효성(effectiveness) ―이 세 개의 원칙에 근거하는 행정 운영은 통상, 신공공관리론(New Public Management=NPM) 이라고 칭해지고 있다―을 적용하여 행정 지출의 삭감을 도모했다. 둘째, 남은 행정관청을 정책 기획·입안을 담당하는 부분으로서 재편성했다.[15]

일본도 영국의 행정개혁 방침을 그대로 도입해, 각 부처의 공공 서비스 제공 부분을 독립 행정법인으로써 정부로부터 분리·독립시켰다. 대표적인 예는 국립 박물관이나 도쿄대학을 시작으로 하는 모든 국립대학을 독립 행정법인으로 바꾼 점이다.[16] 이미 위에서 언급한 대로 종래의 중앙

정부 조직이 현재 1부 11성 6위원회, 15청에 재편 통합되고 있다. 그림 2의 「신구성청新旧省庁의 대응 관계」로 보듯이 정부 기능 중 밀접하게 관련한 부분을 「종적관계행정」의 폐해를 없애기 위해 통합한 점과 종래부터 비판됐지만 금융 감독과 재무의 양 부문을 가진 대장성이 금융감독청과 재무성에 분할된 점, 다음에 경제발전의 사령탑의 역할을 이루어 온 통산성의 명칭을 경제 산업성으로 바꾼 점에 그 특징이 있다. 특필해야 할 것은 최고의 정치적 리더로서의 수상이 자주적으로 독립해 정책 입안·결정할 수 있는 시스템이 구축된 점이다.

「55년 체제」하의 각 부처 간 아래로부터의 보텀업 형의 정책 결정의 「축적형」 의사결정 시스템을 수상 중심의 톱다운 형으로 바꾼 점은 주목할 만하다. 종래의 「내각법內閣法」에 의하면 수상이 각의로 독자적인 판단에 근거해 새로운 정책안을 낼 수 없었다. 이 점을 고친 새로운 「내각법」에서는 수상은 각의로의 발의권이 인정되었다. 또한 수상에 의한 각의 운영을 정책 입안·결정의 면에서 지탱하는 관청으로서의 내각부가 종래의 총리부, 경제기획청, 오키나와 개발청, 금융 재생 위원회를 통합해 신설되었다. 신설된 내각부는 국정 전반에 관한 중요한 정책의 기획·입안과 종합 조정을 행하는 수상 직속의 기관이며, 과거 총리실이 다른 부처와 동격이었던 데 비해 각 부처 위에 위치해 각 부처에 걸친 정책과제에 강력한 조정력을 발휘할 것으로 기대된다. 내각부의 신설은 정책 결정의 관료 주도로부터 수상을 중심으로 하는 「정치주도政治主導」 또는 「관저주도官邸主導」에의 전환을 통치 기구의 면에서도 담보하는 것이다.

그 이전에는 각 부처의 정책 조정은 「대장성」이 예산 편성권에 근거해 실질적으로 이루어졌지만 정책 조정을 통해 이루어지는 (주요한 자원에 해당하는) 예산편성권이 행정 개혁으로 명실공히 내각부에 이관되게 되었다. 그것과 함께 일본의 정책 결정 시스템은 각 부처의 보텀업 형으로부터 수상에 의한 톱다운 형으로 변환되게 되었다. 이를 보완하기 위해 각내閣內에서도 수상의 정부 전체의 관점으로부터의 정책 입안·결정을 지지하는 관직으로서 「내각부특명담당대신內閣府特命担当大臣」제가 도입되었다. 그것은 종래의 무임성대신無任省大臣에 대신하는 것이지만 특정의 부처를 담당하지 않고 몇 개의 부처를 넘는 중요한 문제를 처리하는 과제를 수상을 대신하는 수상 직속의 대신이다. 대표적인 예가 경제재정 담당 대신이다.

코이즈미 수상 시대의 남녀 공동 참가 담당 대신이나 후쿠다 제2차 내각의 소비자행정 담당 대신 등이 그것이다. 그럼 구체적으로 국정에 관한 중요한 정책을 누가 기획·입안하는 것인가. 수상 혼자서 그것은 가능할까 그것은 불가능하다고 말할 수 있다. 미국에서는 정책의 각 분야에 있어 기획 입안에 해당하는 각종 위원회가 대통령부에 설치되어 있고 그것들이 대통령을 보좌해 정책의 결정에 관해서 자문에 따르고 있다. 이를 모방하여 내각부에 각종 위원회를 신설하게 되었다. 경제 운영·재정 운영 및 예산편성의 기본방침 책정, 중요 경제정책의 책정 등을 담당하는 「경제재정자문회의」, 과학기술의 종합 계획적 진흥책의 기본 방침 책정을 담당하는 「종합과학기술회의」, 방재 기본계획의 작성, 긴급조치 계획을 담당하는 「중앙방재회의」, 남녀 공동 참가 사회의 형성·촉진의 기본방침 책정을 하는 「남녀공동참가회의」가 그것이다. 「남녀공동참가회의」의 의장이 내각 관방장관인 것을 제외하고 모든 회의의 의장은 수상이다. 회의 중에서 가장 중요한 「경제재정자문회의」에는 의장의 수상 외에 기본적으로 내각 관방장관, 경제재정담당 대신, 총무 대신, 재무 대신, 경제산업 대신, 일본 은행 총재와 4명의 민간 유식자로부터 구성되게 되어 있다. 그 외의 회의도 관계 국무대신 외 4명에서 10명의 민간 유식자가 더해지게 되어 있다.

그림 2 : 신구 부처의 대응 관계

総理府	
経済企画庁	→ 内閣府
沖縄開発庁	
金融再生委員会	
郵政省	
自治省	→ 総務省
総務庁	
法務省	→ 法務省
外務省	→ 外務省
大蔵省	→ 財務省
文部省	→ 文部科学省
科学技術庁	
厚生省	→ 厚生労働省
労働省	
農林水産省	→ 農林水産省
通商産業省	→ 経済産業省
運輸省	
建設省	→ 国土交通省
北海道開発庁	
国土庁	
環境庁	→ 環境省
国家公安委員会	→ 国家公安委員会(内閣府)
防衛庁	→ 防衛庁(その後防衛省)

출처: 히가시타 신지, 『우리를 위한 행정』, 53쪽.

이와 같이 종래부터 존재해 온 내각관방이 내각의 수족이라고 하면, 내각부는 두뇌의 역할을 완수할 것으로 기대되었다.[17] 이 내각부에는 각 부처로부터의 파견이 아닌 2008년 6월에 개정된 국가공무원 제도 개혁을 통해 독자적으로 채용되는 「국가전략스탭」이라고 하는 내각부 전속의 관료가 배치되게 될 예정이다. 또한 내각부에 설치된 각종 회의를 사무면에서 지지하는 「국가전략스탭」의 관료를 총리가 지휘·감독할 때에 보좌하는 역할을 담당히는 사무차관 급외 관료를 정책 분야별로 배치하는 포진으로서 복수의 내각관방 부장관보의 직을 신설해 총리를 중심으로 한 「관저주도」의 국정운영이 원활히 이루어지는 제도 개혁이 완성된 것이다. 또한 관료 주도를 대신하여 「관저주도」를 실현하는 또 하나의 개혁으로서 앞서 기술한 바와 같이 오자와 이치로의 의견을 포함한 각 성청 省庁에 복수의 부대신, 정무관을 두고 주무대신을 보좌하는 시스템이 도입되어 다수의 국회의원을 임명하게 된 것이다.

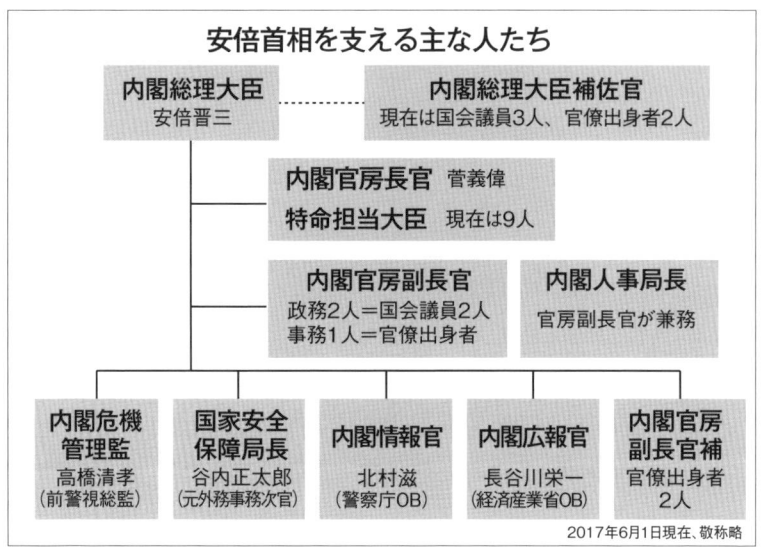

그림 3 수상의 정치 지도를 지지하는 조직도

미주
1) 이이오 준 『일본의 통치구조-관료 내각제에서 의원내각제』 중공신서, 2007년, 제2장.
2) 전게서, 104쪽.
3) 이이오 준 『정국으로부터 정책에-일본 정치의 성숙과 전환』 NTT 출판, 2008년, 21쪽. 덧붙여 자민당내 파벌에 관한 연구로서 쿠사노 아츠시 『정권 교대의 법칙-파벌의 정체와 그 변천』 카도카와 서점, 2008년이 있다.
4) 전게서, 9~10쪽.
5) 『아사히 신문』 2005년 11월 24일, 「가스미가세키 개혁·젊은이의 제언」 ; 본장의 주 14를 참조.
6) W·바젓·코마츠 하루오역 『영국 헌정론』 『세계의 명저』 60 수록, 원저 1867년, 중앙공론사, 1970년, 74~76쪽.
7) 이이오 준 『일본의 통치 구조-관료 내각제로부터 의원내각제』 30~32쪽. 이미 마츠시타 케이이치 교수가 『정치와 행정의 생각』 이와나미 서점, 1998년, 60쪽~78쪽 안에서, 영국의 의원내각제를 「국회 내각제」 라고 바꾸고, 그것과의 비교에서, 일본은 「관료 내각제」 라고 지적하고 있어, 이이오 교수는 그것을 계승하고 있다. 덧붙여 「55년 체제」 하의 「관료 내각제」 라고 영국의 의원내각제와의 비교 검토에서, 양자의 차이점은, 야마구치 지로우 『영국의 정치 일본의 정치』 치쿠마 신서 163, 1998년 에서는 다음과 같이 지적되고 있다. 일본형 내각제는 내각 제도의 구성에 대해 권력분립 원리와 의원내각제도가 조합되어 국가의 통치 기구를 입법, 행정, 사법으로 나눈다고 하는 발상으로 제도가 구성되어 있다 (61~62쪽). 거기에 반하여, 영국형 의원내각제의 특징은 행정부 안에 정치적 요소와 행정적 요소가 결합해, 정책을 추진하는 태세가 되어있다 (67쪽) 이고 시적하고 있다. 또, 야마구치 교수는 다른 곳에서, 영국의 외윈회관 내

각 제의 본질은 「권력의 융합」이다, 라고 하는 원리가 일본에서는 이해되어 있지 않다고 지적하고 있는 (야마구치 지로우 「의원내각제의 일본식 폐해를 극복하기 위해서」, 오오이시 외편 『수상 공선을 생각한다-그 가능 성과 문제점』 중공신서, 2002년 수록, 96~97쪽. 나아가 야마구치 교수는 이상과 같은 일·영의 의원내각제의 기본적인 차이에 대한 인식을 체계적으로 말한 저작 『내각 제도』 도쿄대학 출판 회, 2007년을 간행하고 있다.

8) 히가시다 신지 『우리를 위한 행정』 아시쇼보, 2008년, 52~53쪽.
9) 1992년경까지의 미국의 일본에 대한 요구를 둘러싼 일본정치 개혁의 동향에 대해서는, 사사키 타케시 『정치는 어디로 향하는 것인가』 중공신서, 1992년이 자세하다. 미국의 대일요구 내용에 대해서는, 동서에 첨부된 자료 1 「미국 정부의 대일 제안 항목」(요지)가 참고가 된다.
10) 『아사히 신문』 2006년 7월 7일, 오오타키 토시유키 「검증 : 구조개혁-제1부·관으로부터 민에게」 ⑥ ; 무라카미 마사히로 『법과 대학원』 중공신서, 2004년, 32쪽~44쪽.
11) 『아사히 신문』 2005년 3월 26일, 세키오카 히데유키 「구조개혁〈미국 모델〉에 검증 필요」. 덧붙여 세키오카 히데유키는 저서 『거부할 수 없는 일본-미국의 일본 개조가 진행되고 있다』 후미하루 신서, 2004년, 안에서 미국의 일본에 대한 「연차 개혁 요망서」 와 「외국무역 장벽 보고서」 등의 공식 문서로 일본에 대한 내정간섭을 구조화 시키고 있는 점을 검증하고 있다.
12) 「옆으로부터의 입력」이라고 하는 개념을 이용하고, 미국의 구조개혁의 요구가 받아 들여지는 일본의 정책결정 과정을 설명한 것은, 사사키 타케시 교수이다. 참조 : 사사키 타케시 『보수화와 정치적 의미 공간-일본과 미국을 생각한다』 이와나미 서점, 1986년, 57~59쪽 ; 동 『지금 정치에 뭐

가 가능한가』중공신서, 1987년.
13) 정치 시스템 론에 대해서는 참조 : 야스 세이슈「현대 정치학의 해명」산 레이쇼보, 1999년, 제4부.
14) 종적 관계의 관계 부성청의 정책을 모으는 관청의 관습은「호치키스 관청」이라고 야유되고 있다, 라고 한다. 히가시다 신지 전게서, 50쪽.
15) 야스아키히로「뉴·라이트 사상과 영국의 행정개혁-대처 리듬을 중심으로-」,『와세다 정치 공법 연구』제53호(1996년 12월), 223~226쪽. J.Burnham and R.Pyper, Britain's Modernized Civil Service, 2008, pp.122~132.
16) 새롭게 개편된 독립 행정법 사람의 현황에 대해서는, 키타자와영『관료 사회주의 : 일본을 음식으로 하는 자기 증식 시스템』(아사히 추천도서, 2002년)이 자세하다.
17) 히가시다 신지 전게서, 56쪽. 정책 결정에 관한 관저 주도체제의 확립에 있어서 관방장관을 중심으로 하는 내각관방이 담당하는 역할을 조직적 측면과 아울러 고이즈미 정권하의 관방장관을 중심으로 하는 움직임에 관한 실증적 연구로서 시노다 도모히토『관저 외교-정치적 리더쉽의 행방-』(아사히 추천도서, 2004년) 제1장이 자세하다. 또한 수상을 중심으로 하는 관저 주도의 정치적 의사결정에 있어서의 경제재정자문 회의의 위치설정에 대해서는, 참조 : 야마구치 지로우『내각 제도』209~210쪽; 타케나카 하루가타『수상 지배-일본 정치의 변모』중공신서, 2006년, 177~182쪽. 또한「행정개혁」이전의 일본의 중앙 부처의 활동에 관한 연구로서 시로야마 히데아키 외 편저『중앙 부처의 정책 형성 과정-일본 관료 제의 해부』(중앙대학출판부, 1999년) 이 있다. 또, 하시모토 연립 정권까지의 대장성 중심의 정책결정 과정에 관한 연구로서 무라가와 이치로『정책결정 과정-형식적 정부와 실질적 정부-』신잔사, 2000년이 있다.

제2장 새로운 「결정 중추」 제도하에서의 일본 정치의 동향

1. 고이즈미 정권의 등장과 「구조개혁」

(a) 이례 투성이의 고이즈미 총리의 등판

 2001년 4월 모리 내각이 퇴진하고 고이즈미 내각이 성립했다. 고이즈미 총리의 등판은 자민당 정치 관례에 비추어 본다면 이례적이었다. 고이즈미 총리는 55년 체제에서 총리가 될 수 있는 조건을 갖춘 정치인은 절대 아니었기 때문이다. 다나카 가쿠에이 전 총리는 과거 자민당 총재·총리가 되는 데 필요한 경력으로 다음 4개 직을 꼽은 바 있다. 자민당 3역 중 간사장을 포함한 2개를 역임할 것. 다음으로 내각에서 재무상蔵相, 외상外相, 통산상通産相 중 2개를 역임한다. 즉, 최고의 정치 지도자로서 국정을 관장하는데는, 재정, 외교, 경제, 거기에 당삼역(간사장, 정무 조사회장, 총무 회장)의 최저 2개의 직을 능숙하게 하는 것, 즉 국민의 지지를 조달하는 선거나 각종 지지 기반의 이익 조정과 통합, 다음에 주권 기관의 국회 대책, 즉 야당 대책 등의 당무를 총괄하는, 정치의 핵심을 확보해 둘 필요가 있다, 라고 다나카 전 총리는 말하고 싶었다. 「산카쿠다이후쿠츄」은 나카소네를 제외하고 거의 완전에 이 조건을 채워 있었다. 나카소네는 각료 중, 통산성의 경력밖에 없었다. 다음의 「안치구미야」도 아베가 빨리 서거 했으므로 제외하면, 타케시타, 미야자와는 그 각료 력, 당 관리력은 「산카쿠다이후쿠츄」에 손색이 없었다. 1992년 말의 당분열에 의한 인재의 유출이나, 자민당이 일시 야당에 전락한 것으로 파벌에 의한 인재 육성 방식의 붕괴도 있어, 타케시타 총리의 뒤에는 타나카 전 총리이 꼽은 총리이 되는 네 개의 조건을 갖춘 정치가는 존재하지 않게 되었다.[1]

  고이즈미 총리은 3세 의원이다. 조부는 전쟁 전의 중의원으로 중의원 부의장, 체신 대신遞信大臣을 역임하고 있으며 아버지도 중의원으로 방위청 장관을 역임하고 있다. 케이오 대학 졸업 후, 영국에 유학하고 있었지만, 1969년, 아버지가 급서했기 때문에 유학을 중단하고 귀국해 아버지의 선거 지반을 계승해 선거에 출마했지만 낙선했다. 후쿠다 다케오福田赳夫 전 총리의 비서가 되어, 정치가 수행을 쌓은 후, 1972년에 중의원선거로 초선을 이뤘다. 자민당 내에서는 의원력(당선 10회)은 길지만, 당삼역으로 취임한 경력도 없고, 각료력은 후생상厚生相과 우정상郵政相뿐이다. 따라서, 타나카 전 총리가 꼽은「총리의 조건」의 네 개 포스트의 어느 것에도 오른 경험이 없다. 또한 당내 파벌에서도 최우익의 파벌(후쿠다파→아베파→모리파)에 속해, 「세이란카이」의 일원이기도 하므로, 뿌리부터의「복고적」내셔널리스트이며, 한편 파벌에 속하고 있으면서, 다른 의원과 군집하지 않는「독불 장군」적 존재였다. 또, 1992년 12월, 미야자와 개조내각의 우정대신으로 취임했지만, 「노인 소액 저축 비과세제도」의 범위 확대에 반대 해, 「성익 보다 국익 우선으로 우정 사업 전반을 재검토한다」라고 선언 하고, 우정성 뿐만 아니라, 주류파의「케이세이카이」가 반대했지만, 그 발언은 당시의 자민당의 주류의 생각에 완전히 반해, 이상하게 들렸으므로, 「괴짜」(다나카 가쿠에이 전 총리의 딸 다나카 마키코 의원의 평)이라고 말해졌던 적이 있다. 이러한 평가는 그의 정치가로서의 경력이나 그 선기 지반을 고려한디면, 어느 정도 이해할 수 있는 것

은 아닐까 생각한다. 그의 정치가로서의 교육을 한 사람은 대장성 출신의 후쿠다 다케오 전 총리이며, 국회의원이 되어 1979년 처음 맡은 정부 직책은 대장성 정무차관이었다. 이후 1980년 자민당 재정부 회장, 1986년 중의원 대장상임위원회 위원장을 역임했다. 이러한 경력에서 보듯이, 그는 대장성과 정책 커뮤니티를 형성하고 있어, 그 정치적 생각은, 대장성이 대국적 관점으로부터 재정 건전화를 목표로 하고, 예산편성권을 지렛대로 각 부처의 성익을 억제하고, 대장성이 생각하는 「국익」을 추구한다는, 대장성 특유의 정치적 사고 양식을 갖고 있던 것으로 보인다. 따라서 이익 유도정치와 지역 이익 환원 정치를 강력하게 진행하는 주류파의 「케이세이카이」의 정치인들과는 정치적 사고 양식이 달랐다고 볼 수 있다. 또, 이러한 그의 사고 양식은, 그의 선거 지반으로부터도 이해된다. 그의 선거구는 카나가와현神奈川県의 요코스카시横須賀市와 미우라시三浦市로, 농촌이 많은 지방을 선거구로 하는 다른 많은 자민당 의원과 달리, 선거구가 도시이기 때문에, 이익 유도나 지역 환원을 할 필요성이 별로 없었고, 따라서, 「선심형バラマキ」 이권 정치에 관여할 필요성이 「케이세이카이」나 그 외의 파벌의 의원과 비교해서 상대적으로 강하지 않았기 때문으로 풀이된다. 이러한 정치적 사고 양식이나 그 행동에서 보면, 그는, 비주류파에 속해 있는 비애나 반골 정신도 곁들여져, 당시의 자민당을 좌지우지하고 있던 「케이세이카이」에 대해서는 남다른 적개심을 품고 있었음을 쉽게 짐작할 수 있을 것이다. 따라서 「선심형」 이권 정치가 난무하던 「55년 체제」가 부분적으로나마 붕괴 되지 않았더라면 그는 아마도 총리가 되지 못했을 것이다.[2]

다음으로 고이즈미 총리는 운이 좋으면서 동시에 그 운을 이용하는 대담성과 강한 의지력을 지녔다고 할 수 있다. 마키아벨리는 그 저서 『군주론』(1532년)에서 군주는 미래를 예측하고, 이를 바탕으로 많은 선택지 중에서 내외의 여러 조건에서 최적의 선택지選擇肢를 선택하기로 결단하는 역량(빌트Virtu)과 더불어, 생애에서 몇 번인가 찾아올지도 모르는 「행운의 여신」의 앞머리를 움켜쥐는 대담함도 갖추고 있어야 한다고 기술하고 있다. 고이즈미 총리에게 찾아온 운이나 그것을 대담하게 붙잡아 이용한 그의 행동에 대해 다음에 그 몇 가지를 소개해 두고자 한다.

첫째, 모리 내각 시절 자민당은 국민 사이에 급속히 그 인기를 잃고 있었다는 점이다. 2000년 4월, 오부치 케이조 총리의 급서 후, 주류파의 「케이세이카이」에서는 이렇다 할 총리 후보자가 없으므로, 제2 파벌의 모리파 회장을 파벌의 장들의 대화로 자민당 총재로 하기로 결정했다. 그리하여 당총재선거를 생략했다. 그리고, 모리 내각이 탄생은 했지만, 그 발족 직후의 2000년 5월, 〔우익대중조직의〕 신토神道 정치 연맹 국회의원 간담회 결성 30주년의 기념 축하 회에서 「일본의 나라, 확실히 천황을 중심으로 하는 신의 나라인 것을 국민에게 알게 한다」라고 하는 「신의 나라」발언을 행한 것과, 2001년 2월, 하와이바다에서 미 잠수함의 부상浮上에 의해서 전복된 실습선 「에히메 마루」사건의 보고를 파벌 주최의 골프를 즐기고 있을 때 받아, 즉시 거기에 대응하지 않고, 골프를 계속했던 것이 매스·미디어로 보도되어 위기에 임한 모리 총리의 행동이 비판되었다. 이 같은 총리의 행보가 기대되던 「총리상首相像」에 반해, 자민당도 드디어 이 지경이 됐는가 하는 양식 있는 국민의 빈축을 샀고 그 결과 집권 말기 모리 총리에 대한 국민의 지지율은 9%까지 떨어졌다. 그리고, 마침내 동내각 성립의 일 년 후의 2001년 4월에 퇴진했다. 고이즈미는 모리 총리가 되었으므로 모리파를 일시 맡게 되어 그 회장에 취임했었다. 모리 총리 퇴진 후 모리 파에는 이 파 회장인 고이즈미가 총리 후보로 간주하는 것은 당연하다고 하겠다.

둘째, 세계적인 정치적 풍토의 변화이다. 1980년대까지만 해도 고도의 경제성장과 그 부작용인 토지 인플레이션의 고진高進에 따른 거품 경제의 혜택이 전국에 넘쳐흘렀고, 국민 대부분은 내일은 더 풍요로운 삶이 기다리고 있다는 장밋빛 미래에 대한 기대와 행복감에 들떠 1990년대 초에 절정에 달했으나 마침내 1992년에 거품 경제는 붕괴로 치달았다.

사회과학이나 정치적 이데올로기 측면뿐 아니라 국민 의식이나 여론의 흐름에서도 소련의 붕괴로 인해 그때까지 지배적이었던, 언제까지나 사회는 계속 진보한다는 계몽사상이나 그것을 계승한 마르크스에 의해 그려진 미래 유토피아의 필연적인 도래에 관한 신앙도 함께 무너지기 시작하고 있었으며, 미래가 불투명한 시대로 접어들고 있었다. 그러면서 점차 불안감이 커져갔다. 사회복지국가를 경제 이론적으로 뒷받침했던 케인스 경제학은 국가에 의한 수요관리를 주장하고 있으며 그것은 국가의 경제 컨트롤 면에서는 마르크스주의와 다르지 않았다.

그것은 이미 1973년과 1979년 두 차례의 석유 파동 이후 서방 국가들의 스태그플레이션stagflation을 극복하지 못해 그 유효성에 의문이 제기됐으나 소련의 붕괴와 함께 그 유효성도 부정되게 됐다. 케인스 경제학에 대한 비판과 함께 경제학계에서 서서히 영향력을 갖게 된 것은 신자유주의 경제학이었다. 그것은 마침내 1979년에 정권 복귀한 영국의 보수당의 대처 총리에 의해서 지지를 받게 되었다. 그리고, 대처 정권은 신자유주의 경제학에 따라 「작은정부」를 확립하는 행정 개혁을 단행하고, 영국의 쇠퇴를 막고 다시 경제발전을 가져온다고 주장했고, 또한 1981년에 등장한 미국의 레이건 대통령도 대처 정권에 모방해 「작은정부」의 확립을 주장했다. 이리하여 신자유주의 경제학의 주창자인 시카고대 프리드먼 교수의 권위는 세계적으로 높아져 갔다. 그리고 일본 경제학계도 신자유주의 경제학이 지배적이었다. 거품 경제 붕괴 이후 일본의 만성적인 불황을 극복하기 위해 영·미에서 성공한 신자유주의 경제학에 기초한 경제정책을 실행해야 한다는 주장이 경제계와 학계에서 나왔다. 그 주장이 실현되는 전제로서 우선 「큰 정부」를 「작은정부」로 개혁할 필요가 있다고 하여 행정 개혁이 주장되었다. 앞서 기술한 바와 같이, 일본에서는 1990년대 거품 경제 붕괴 후의 경제위기에 대처하기 위해서 규제 완화를 포함한 신자유주의 정책의 실행이 조금씩 이루어졌지만, 이는 필연적으로 자민당의 지지 기반을 무너뜨리는 것이 되므로, 일진일퇴를 반복하게 되었다. 학계나 언론계도 이전까지 지도적 위치에 있던 중도 좌파 학자나 평론가·언론인은 급속히 퇴장하고, 그 대신 그때까지 주변부에 있던 신자유주의를 주창하는 사람들과 내셔널리즘을 소리 높여 주장하는 학자나 평론가·언론인이 매스컴에 대거 등장하면서 점차 일본 여론은 이들에 의해 방향을 잡게 되었다. 이들은 영국과 미국과 같은 신자유주의 정책을 펴면 모든 문제가 해결될 것이라고 주장했다. 이들에게 당연히 미국이 성원을 보냈음은 물론이다. 이들은 NHK를 비롯한 TV 방송사에 자주 나와 규제 완화, 민영화 등 「작은정부」로의 개혁으로 영·미가 경제적 위기를 극복하고 현재와 같은 호황을 즐기고 있는 점을 소개하면서 일본도 영·미를 모방하여 신자유주의 정책을 도입해 거품 경제 이후 불황에서 탈출해야 한다고 주장하며 시청자들을 세뇌하기 시작했다. 이러한 신자유주의적 이데올로기의 대두와 확산은 종래의 자민당이 근거하는 사회 기반을 파괴하는 것이었지만, 비주류파인 고이즈미 총리에 있어서는 자민당의 주류파를 쓰러뜨리고 당의 주도권을 탈취하기 위해서 매우 적합했다고 말할 수 있다.

즉, 세계뿐 아니라 일본에서도 그때까지 자민당 일당 지배 체제를 존속시켜온 정치·경제적 사상 조류가 부정되고, 이를 대신한 신자유주의가 지배적으로 될 기세를 보이기 시작한 것은 정치적 이데올로기 전선에서도 고이즈미 총리에게 있어서 매우 유리한 정치·경제적 사조思潮의 출현이었다고 볼 수 있다.

그리고 이 신자유주의를 일본에서 확산시키는 데 있어서 주역을 맡은 경제학자 중 한 사람이 다름 아닌 고이즈미 총리의 브레인으로 취임하는 다케나카 헤이조 竹中平蔵교수였음은 기억해두는것이 좋을 것이다. 그는 1973년 히토쓰바시대를 졸업한 뒤 일본개발은행에 들어가 신자유주의 경제학 연구를 계속했다.

은행 근무중 하버드대에서 유학하여 귀국 후 대장성 재정금융연구실 주임 연구원을 겸한 후 신자유주의 경제학의 일본 메카인 오사카대학 경제학부 조교수로 전향하였으며, 이후 게이오대학 조교수로 취임하였다. 그 사이 다시 하버드대에서 재외연구를 해 미국의 유력 정치인과 학자들의 지기知己를 얻었고 귀국한 뒤 1996년 게이오대 교수에 취임한 뒤 곧 언론계에 등장해 신자유주의를 고취하기 시작했다.

셋째, 자민당 내에 국민 사이에 인기 있는 정치인이 거의 없어졌다는 점이다. 모리 내각 시대의 막간극으로서「가토加藤의 난乱」이 있었다. 카토 코이치加藤紘一는 야마자키 타쿠山崎拓, 고이즈미 준이치로小泉純一郎

와는 맹우盟友로 그 이름의 로마자 읽기의 머리글자를 따서 YKK 트리오라고 불리고, 또 「안치구미야」 뒤에는 YKK가 총리이 될 것이라고 말할 정도로, 장래가 촉망된 젊은 정치가이다. 세 사람은 그 소속 계파를 달리 했으나 주류 「케이세이카이」를 반대하고 있다는 점에서는 일치했다. 위에서 설명한 바와 같이, 중선거구제가 파벌을 만들어 내고 그것에 힘을 실어주었지만, 소선거구제에 기초한 선거가 반복되면서 파벌의 힘은 점차 약화 되고 있었다. 이는 소선거구제에서는 선거구의 이익을 대변하는 사람이 아니라 국민에게 다음 4년간 국민의 생활과 나라의 운명을 맡길 정당을 선택하는 데 오히려 역점이 두게 됨에 따라 TV 시대로 인해 국정을 맡아주는 정당 최고 지도자의 인격과 식견이 중요시되기 때문이다. 따라서 궁극적으로 국민에게 인기가 있는 정치인을 당의 최고 지도자로 두지 않는 정당은 국민의 지지를 받지 못할 가능성도 생겨나게 된 것이다. 모리 총리은 위와 같이 파벌 장들의 담합으로 태어나 처음부터 선거의 세례를 받지 않았고, 게다가 그 행동이 총리에 적합하지 않다고 국민에게 생각되게 되었다. 총리의 비인기는 여당 자체의 비인기로 이어지기 때문에 머지않아 다가올 총선에서 자민당은 패배가 필사적이라고 분별이 있는 당원이 생각하게 된 것은 당연하다고 하겠다. 미야자와 내각 시절 자민당 간사장이었던 가토 고이치는 「코우치카이」의 호프로서 야당 제1당인 민주당과 연계해 국민에게 인기가 없는 모리 내각의 퇴진을 획책하고 있었지만, 이 움직임에 「코우치카이」의 다수와 다른 파벌이 동조하지 않았기 때문에 실패했다. 이 일로 장래의 총리 후보라고 말해지던 카토 코이치는 자민당의 주변부로 쫓겨나고 만다. 이렇게 해서 라이벌 중 한 명은 무대에서 퇴징했다.[3]

YKK 그룹을 생긴 것은 1991년 1월이지만, 그것이 파벌 횡단派閥橫斷의 정책 집단 「그룹·신세기新世紀」에 재배치한 것은 1994년 5월이다. 상기한 바와 같이 고이즈미는 1992년 12월에 미야자와 개조 내각의 우정 대신에 취임하였다. 미야자와 내각이 불신임안으로 쓰러지면서 한때 자민당은 야권에 처졌으나 무라야마村山 자自·사社·사さ 연립정권 성립 후 자민당이 다시 여당에 복귀했고 이후 1995년 9월 자민당 총재 선거에서 고이즈미는 「케이세이카이」의 하시모토 류타로橋本龍太郎와 싸워 패배했다. 하시모토 내각에서 고이즈미는 1996년 11월 후생노동대신에 취임했다. 그리고 다음 3년 뒤인 1998년 7월 총재 선거에 다시 출마했다. 주류파로부터 나온 오부치 게이조小渕惠三, 카지야마 세이로쿠梶山静六 와 싸워, 패하고 있다. 오부치 내각의 탄생이다. 고이즈미는 두 번이나 자민당 총재선거에 출마해 패했다고는 하나 그를 통해 비주류파 총리 후보로 국민 사이에 그 이름이 알려지게 돼 있었다. 「카토의 난」으로 돌아가지만 총재 파벌로서 모리 파인 고이즈미 회장은 모리 정권을 뒷받침해야 하고, 가토의 움직임을 재빨리 감지해 맹우인 「카토의 난」에 가담하지 않고 이를 다스리는 데 기여함으로써 모리 총리 퇴진 후 위와 같이 모리 파의 차기 총리 후보로 되는 행운을 얻었다고 할 수 있다.

  넷째, 자민당 총재선거를 소선거구제로 전제하고 동당 내 선거로 한정하지 않고 전 국민 총리 선출 형태의 선거전을 전개한 것이 긍정적으로 작용했다는 점이다. 고이즈미는 총재선거 출마시 주류파 후보 하시모토 류타로 전 총리에게 당내 파벌 역학상 승산이 없다는 것을 지난 2번의 패배 전에서 잘 알고 있었기 때문에 오랫동안 외쳐왔지만 실현된 적이 없었던 파벌을 없애겠다는 주장을 펴는 작전으로 먼저 그 주장을 뒷받침하기 위해 스스로 회장인 모리 파벌에서 탈퇴하고 「일본을 바꾸고, 자민당을 바꾼다」는 캐치프레이즈를 연발하며 선거전에서 경계가 지배하는 자민당 그 자체를 비판하는 주장을 폈다.

이때 아버지 가쿠에이를 몰아낸 「케이세이카이」에 대한 전쟁에 목숨을 거는 듯한 자세를 보이며 「케이세이카이」가 지배하는 자민당을 비판하고 국민, 특히 주부들 사이에 큰 인기를 자랑하던 다나카 마키코와는 정치적 제휴를 꾀하고 거리에서는 함께 가선차街宣車를 타고 자민당을 부수겠다고 주장해 다나카 마키코의 국민 인기에 편승했다. 그 효과가 있어 다음에 기술한 바와 같이 자민당 지부 표의 다수를 손에 넣는 데 성공했다.[4]

다섯째, 자민당 총재선거 규정이 바뀌었다는 점이다. 상술한 것처럼, 자민당 총재선거는 지금까지는 파벌 간의 의논으로 정해져 왔다. 그러나 의석의 60% 이상이 소선거구에서 선출되는 시대가 되어 있었으므로, 이 소선거구제에서는 각 선거구의 과반수 이상을 득표하지 않는 한 의석을 획득할 수 없으므로 각 선거구의 자민당 지부도 지방의 유지나 업계 단체장 등 명망가만으로는 과반수 득표가 어려울 것으로 예상돼 광범위한 유권자를 조직하지 않을 수 없게 되어 있었다. 그것과 함께, 지구당 간부들의 당내 힘의 비중도 높아져 갔다. 그 결과 자민당 총재선거는 당 소속 의원과 지구당 대표 각 표를 합산해 과반수로 당선을 결정하게 됐다. 따라서 자민당 차기 총재를 노리는 사람들은 지금까지와는 달리 지방 표를 얻기 위해 거리로 나와 유권자들의 지지를 호소하는 전법을 취할 필요가 생긴 것이다. 위의 네 번째에서 소개했듯이 고이즈미 후보는 재빨리 그 필요성을 인식하고 거리로 나와 히시모토 류타로 전 총리, 가메이 시즈카

정조회장亀井静香政調会長, 고노河野 그룹의 아소 다로우麻生太郎 전 경제 기획장관 등 3명의 대립 후보와의 정권 공약 차이를 호소하고 특히 오늘의 불경기를 초래하고 있는 책임은 자민당에 있으며, 그것을 바꾸지 않는 한 경기는 좋아지지 않을 것이라고 호소하며 그것이 TV에 연일 방영되었다. 이는 자민당 총재 선거임에도 불구하고 실제로 마치 총리공선과 같은 양상을 띠기 시작하면서 전 국민을 대상으로 한 선거전이 전개된 것이다. 국정 본연의 모습을 둘러싼 정권 공약, 즉 매니페스토의 시비를 유권자에게 묻는 선거는 집권 경쟁이다. 그러나 그것은 자민당 일당 지배 시절에는 총재직을 둘러싼 당내 파벌 간의 항쟁으로 대체되었지만, 이제 총재직을 둘러싼 권력 투쟁의 정국은 매스미디어를 끌어들이는 형태로 자민당원뿐만 아니라 전 국민을 포섭한 일종의 정치극의 양상을 띠면서 그것이 TV에 비치게 되었다. 이렇게 해서 다음 선거에 국민 다수의 지지를 확실히 받을 수 있는 인기 있는 대중적 성향의 정치인이 당수로 선호되는 경향이 생기고, 3개월 후인 7월 참의원 선거도 앞둔 데 힘입어 자민당 의원들은 선거에서 당이 살아남을 수 있도록 대중에게 인기가 있는 사람을 차기 총리로 뽑고 싶어졌다. 이러한 당 안팎의 상황을 잘 파악한 고이즈미 후보는 우정郵政 민영화를 비롯한 「구조개혁」을 공약으로 내걸고, 신자유주의적 개혁으로 거품 경제 붕괴 후 침체한 일본 경제를 되살려 밝은 미래를 개척한다는 장밋빛 전망을 명확히 자민당 의원과 일반당원뿐 아니라 국민 일반에게 밝힌 것이다.

   그는 자신의 주장에 반대하는 사람은 「저항 세력」이라고 규정하고 앞으로 일본을 좋게 하기 위해 극복해야 할 대상은 이 「저항 세력」이라고 주장했다. 그는 「저항 세력」이란 사실 하시모토 류타로 전 총리를 비롯한 기존 자민당 주류인 「케이세이카이」와 「코우치카이」 등의 의원 집단으로 그들이 좌지우지하는 자민당으로는 「구조개혁」이 불가능하다고 단언하고 앞서 말한 것처럼 일본을 바꾸기 위해 총재가 되면 「자민당을 부순다」라고 주장했다. 이 같은 발언은 이례적일 수밖에 없다. 지금까지의 자민당 총재선거는 자민당내의 「컵안의 분쟁」이었으므로, 그것은 당내에서 경선 한 것이지만, 이번에는 그 경선 장소는 「가두街頭」로 옮겨져 고이즈미 후보는 매스미디어를 통해 자신이 마치 일본의 개혁자인 것처럼 연기했으며, 나아가 국민 사이에 있어서의 정당으로서의 자민당의 지지 하락을 역이용해 자민당 총재선거임에도 불구하고 총재에 당선되면 「자민당을 부순다」라고 외쳐, 그것을 일반 국민도 「관객」으로 즐겼다.

덧붙여, 상술한 바와 같이, 당 총재선거에서는 자민당 의원뿐만 아니라, 지방 지부를 대표하는 대의원이 모여, 투표로 총재를 결정하는 것으로 바뀌어 있었다. 각 지방에서 당원이 총재를 선출하는 대의원 선출 투표 결과를 발표하는 날이 당시 총재 선거 규정으로는 정해져 있지 않아 각 지부가 정한 날로 투표가 실시되어, 「고이즈미 후보가 이겼다」는 소문이 퍼지자 다른 지부로 전염돼 승리 마를 타려는 기세가 생기고, 그것이 매스미디어를 통해 부추겨지는 형태가 되어 고이즈미 후보에 대한 국민적 열광과 같은 것이 생겨났다.

그리하여 고이즈미 후보는 압도적으로 많은 지구당의 대의원 수를 획득하기에 이르렀고, 의원들도 다음 참의원 선거를 고려, 이미 파벌의 압박을 받지 않게 된 데 힘입어 국민에게 인기 있는 고이즈미 후보에게 투표하게 되어 누구도 예상치 못한 사이에 고이즈미 후보가 자민당 총재로 선출된 것이다. 이 또한 이례적인 현상이라고 할 수 있다.[5]

마지막에 하나 더 이례적인 일이 일어났다. 고이즈미 총리의 조각 방법이다. 각 파벌에 할당된 장관 수에 상당하는 의원명단이 차기 총리에게 제출되고, 이를 바탕으로 차기 내각이 구성되는 것이 지금까지의 자민당 조각의 관례였다.

그러나 고이즈미 총리의 내각 조성은 총리의 전권 사항이라고 주장하며 종전처럼 파벌에 얽매이지 않고 「적재적소適材適所」의 원칙으로 조각하겠다고 하며 자신의 지시에 따른다는 조건을 받아들이는 사람을 독자적인 판단으로 각료에 임명했다. 이렇듯 고이즈미 내각의 탄생은 자민당 역사에서 가히 이례적인 출범이었다고 할 수 있다. 그것은 다른 관점에서 보면, 종래의 자민당을 존속시켜 온 환경, 즉 선거 제도나 내외의 정치·경제 상태, 그리고 정치적 이데올로기 전선도 크게 변용해, 종래의 자민당의 권력 구조가 융해되고 있음을 상징하는 것이었다고 말할 수 있다.[6]

(b) 고이즈미 총리 주도에 의한 일본 정치의 전환

고이즈미 총리은, 2001년 4월 21일의 첫 각료회의에서, 「『구조개혁없이는 경기회복 없음』이라는 기본 인식에 근거해, 이 내각을 『개조 단행 내각』으로 한다」라고 하며, 「나는, 스스로 경제재정자문 회의를 주도하는 등, 부처 개혁에 의해 강화된 내각 기능을 충분히 활용하고, 내각의 장으로서의 내각총리대신의 책임을 완수한다」라고 하는 담화를 발표했다.[7] 이 담화대로 고이즈미 총리에 의한 일본의 정치·경제의 「구조개혁」은 실현되어 가는 것이다. 그것은 자민당 주류파가 강한 힘을 가진 의회를 적으로 돌리는 것이므로 그 전술로 의회를 뛰어넘어 직접 주권자인 국민에게 호소하여 그 지지를 조달하고, 그로 인해 적을 굴복시키는 방법이 취해진 것이다. 이러한 방법은 대중 민주주의의 도래와 함께 흔히 쓰이는 정치기법으로 미국에서 완성됐다고 할 수 있다. 미국에서는, 대통령은 자신의 정책을 국민에게 알기 쉽고, 강력한 임펙트를 주는 간결한 어구의 캐치프레이즈(사운드 바이트<soudbite>)로 표현하는 TV 정치를 전개하는 것이 상태가 되고 있다. 그것은 「미디어 정치」라고도 한다. 토니 블레어 영국 총리도 보수당으로부터 정권을 탈취한 뒤 미디어 정치(영국에서는 사운드 바이트 정치로 불린다)를 많이 사용했는데 고이즈미 총리도 이를 본받아 실천한 것이다. 그것을 일본에서는 원 프레이즈 폴리틱스(one phrase politics)라고 했다.

　고이즈미 총리는 매일, 인터넷의 「메일 매거진」를 통해 다음으로 「매달리기 회견(총리·장관 등 요인이 관저나 국회 복도를 걸을 때 이를 기자들이 에워싸고 같이 걷거나 말을 건네면서 취재하는 일)」이라 칭하는 저녁에 기자들의 질문에 답하는 형식의 TV를 통해 일반 대중을 향해 복잡하고 어려운 정치 문제를 한마디로 명쾌하게 표현하고, 자신의 방식에 반대하는 사람은 모두 「저항 세력」 내지 적으로 규정했다. 이런 고이즈미 총리의 모든 것을 선악의 이분법으로 규정하는 방식은 TV나 일반 대중이 이해하기 쉬운 정치로 인기를 끌었다. 더욱이 일반 대중의 지지를 얻기 위해 종합잡지 등의 고급지나 대형 신문의 전국지, TV의 어려운 정치 해설이나 정치 토론의 프로그램은 별로 이용하지 않고, 스포츠신문이나 오락 잡지, 주부용의 TV 프로그램을 적극적으로 이용해 「구조개혁」을 시작으로 하는 신자유주의 정책에 반대하는 사람을 「저항 세력」이자 일본의 장래에 악으로 몰아붙이는 TV 정치, 즉 「텔레 정치」(telepolitics)을 전개했다.⁸ 고이즈미 내각 성립 후 3개월 뒤 치러진 참의원 선거에서 「텔레정치」에 의해 조작되고 위에서 만들어 낸 「고이즈미 붐」 덕분에 자민당은 대승했다. 참의원 선거에서 국민의 지지를 등에 업고 고이즈미 총리는 「행정개혁」에 의해 재편된 총리 주도가 가능한 통치 기구를 적극적으로 활용해 「구조개혁」에 나선 것이다.

  앞서 기술한 바와 같이 우정상, 후생상의 경험밖에 없으며 지론의 우정 민영화 이외의 이렇다 할 정책 계획이 있지 않았다. 경제계는 「정보와 경제의 국제화」 시대에 일본이 국제사회에서 살아남기 위해 일본 기업의 국제경쟁력을 강화할 필요가 있으며, 그것을 위해, 우선, 영·미와 비교해서 높은 법인세의 인하, 자유경쟁을 방해하는 규제의 철폐, 기업 내의 노동 비용의 삭감을 실현하기 위해서, 선택적 근로시간제 노동의 미명 아래에, 종신고용제의 폐지, 성과에 근거하는 인사제도의 도입, 파견노동자 제도의 도입에 의한 정규 고용자 수의 삭감, 또한 국비나 기업 측의 부담을 경감 하기 위한 사회 복지 제도의 개혁―이것들은 미국이 일본에 요구한 「연차 개혁 요망서」의 내용 일부이기도 하다―를, 요구했다. 고이즈미 내각은 경제계로부터 부과된 이 정치 과제를 실현하기 위해 내각부에 설치된 「경제 재정 자문 회의」를 「구조개혁」의 사령탑으로 이용했다. 상술한 바와 같이, 종래, 정부 전체의 입장에서의 각 부처가 밝힌 정책의 조정은 대장성이 예산편성권을 이용해 행하고 있었다. 매년, 각 부처는 다음 연도 예산에 대한 「개산 요구槪算要求」를 8월까지 대장성, 「행정개혁」 이후는 재무성에 제출하고 있었다. 재무성은 이에 앞서 「개산 요구 기준槪算要求基準」을 만들어 각의에 부쳐 각 부처의 요구를 조정했다. 재무성은 이에 앞서 「개산 요구 기준」을 만들어 각의에 부쳐 각 부처의 요구를 조정했다. 고이즈미 정권은 재무성이 「개산 요구 기준」을 만들기 전인 6월에 「핵심 방침骨太の方針」을 「경제 재정 자문 회의」에서 작성하도록 했다. 총리은 향후의 개혁 기본방침을 「핵심 방침」 안에 구체적으로 포함하고, 거기에 따라서 예산편성의 기본방침을 책정시키도록 한 것이다. 이로써 「경제 재정 자문 회의」는 정부 내에서 집정 중추(core executive) 지위를 확립하게 됐다. 중앙부처 재편 과정에서 소개한 바와 같이, 「경제 재정 자문 회의」의 위원은 관계 부처 각료와 일본 은행 총재 외, 4명의 민간 전문가로 구성되며, 의장은 총리이다. 4명의 민간 지식인 중 2명은 경제계 대표(우시오 지로牛尾治朗 우시오전기 회장과 오쿠다 히로시奧田碩 경단련 회장·도요타자동차 회장), 나머지 2명은 신자유주의 경제학자인 혼마 마사아키本間正明 오사카대 교수, 요시카와 히로시吉川洋 도쿄대 교수이다. 이 회의는 영국의 내각제에서는 「이너 캐비닛inner cabinet」에 해당하는 「집정 중추」라고 보여질 것이다. 그런데 일본판에는 총리이 임명한 4명의 유식 민간인이 더해지고 있는 점에서는, 영국의 「집정 중추」와는 다르다. 고이즈미 총리는 그의 브레인이었던 다케나카 헤이조 교수를 경제 재정 담당 대신에 임명하고 이 회의의 운영을 맡겼다. 타케나카는 동료의 두 명의 경제학 사람의 유식 민간인 위원과 기맥氣脈을 통해서 경제계가 요구하는 주제마다 「구조개혁」 안을 「핵심 방침」으로서 내세워, 그것을 기본으로, 관계 부처에 그 원안 실시를 위한 구체적인 정책 만들기를 요청하는 방법으로, 고이즈미 내각 시대 독특한 정책 입안·결정이 행해져 갔던 것이다. 자민당이 정부가 내놓은 정책에 반대할 경우 「55년 체제」의 관례에 따라 당이 법안을 「사전 심사」하지 않고 오히려 이를 생략한 채 지민당과 대결을 불사하는 「돌파형突破型」이 운영을 했다.[9] 이러한 정책

제2부 21세기 초두에 있어서의 전환을 모색 중의 일본정치 **173**

입안·결정의 방식은 종래에는 생각할 수 없고, 만약 그러한 일이 행해졌다면, 총리은 그로 인해 사임하는 것은 필연적이었다고 말할 수 있다. 그러나 자민당에 대한 지도권을 장악하고 있던 고이즈미 총리은「경제 재정 자문 회의」를 기관차, 또는「개혁의 주요 엔진」으로서 이용한「관저 주도」에 의한 신자유주의적 각종 개혁을 했다.[10] 이는 종래에는 생각할 수 없는 일이었다. 고이즈미 내각이 실현한 개혁의 내용에 대해서는 미국의「연차 개혁 요망서」에 소개되어 이미 그 개요에 대해 말했지만, 그 밖에 재정 개혁, 도로공단의 민영화, 부실채권 처리와 금융재생, 의료제도 계획, 하시모토 내각 시대에「행정개혁」과 쌍을 이루어 성립한 지방분권 일괄법에 따른 중앙정부에서 지방 정부로의 보조금 삭감, 그 대가로 지방으로의 세원 이양을 골자로 하는「삼위일체三位一体의 개혁」등이 실현되었다.[11] 그 밖에 고이즈미 내각이 이룬 최대의 일은, 실은 우정 민영화였다. 우정성이 담당하는 우체국은, 우편 업무 외에 보험, 저금(금융) 업무 등을 담당하고 있어, 그 업무 내용에서 판단하면, 그것은 일본 최대의 물류 기업체일 뿐만 아니라, 일본 최대의 보험·금융 회사이기도 했다. 우체국의 말단末端을 담당하는 특정 우체국장은 각 지방의 명망가로 자민당 투표 조직의 중요한 거점이기도 했다. 따라서 그것을 민영화하는 것은 자민당의 토대를 안에서부터 깨뜨리는 것과 마찬가지였다. 자민당 안의 우정족郵政族 의원은 말할 것도 없고 선거 때 특정 우체국장의 지원을 받는 의원도 많아 고이즈미 내각의 우정 민영화 정책 실현은 당연히 어려움을 겪었다.

2005년 8월 정부가 제출한 우정 민영화법안은 자민당에서 조반造反 의원이 나와 중의원을 5표 차로 겨우 통과했으나 참의원에서 부결됐다. 참의원 의원의 절반이 3년마다 개선改選되게 되어 있었으므로 고이즈미 내각 성립 후 제2차 참의원 선거가 약 1년 전인 2004년 7월에 실시되어 이미 민영화가 정치 일정에 올랐기 때문에 선거 결과는 그에 반대하는 야당인 민주당 의원 수가 자민당 의원 수를 상회하고 있었다. 그러나 연립을 이루고 있는 공명당 의원과 비 개선 의원을 합치면 참의원 다수는 확보돼 있었다. 그렇지만, 자민당 내의 반대파의 의원도 다수 당선되어 있었다. 그리고 참의원 자민당의 우정 민영화 반대 의원은 우정 민영화 반대 야당에 합류하게 됨으로써 우정 민영화 법안이 부결된 것이다. 본래 참의원에서도 일어날 수 있었던 일은 그에 앞서 중의원에서도 일어날 수 있었을 것이다. 하지만 그런 일이 일어나지 않았다. 이는 고이즈미 총리가 여러 차례의 개각을 할 때 조각권組閣權이라는 총리의 인사권을 교묘하게 행사하여 파벌을 내부에서 갈기갈기 해체 시켰기 때문이다. 더욱이 다음 중의원선거를 생각한다면 새로운 선거 제도 시행 이전에는 파벌에 의존했지만, 지금은 선거구 후보자 선정, 선거자금 배분 모두 당 지도부가 관장하게 돼 있었기 때문에, 의원 중에서 우정 민영화에 반대하더라도 당수에 반대하면 다음 선거에서 복귀할 가능성이 없어질 수도 있었기 때문이다. 따라서 분명히 민영화 반대를 주장했던 자들도 기권했다. 그리고 당수가 결정한 것을 굳이 반대할 수 없는 사람은 당수의 결정에 마지못해 따를 수밖에 없다는 「당수 독재체제」가 반쯤 생겨나고 있었다.

「55년 체제」하에서는, 참의원으로 부결된 것이라면, 그 책임을 져 총리은 사직하는 것이 보통이었다. 그러나 대체적인 예상과는 달리 고이즈미 총리는 중의원해산을 단행한 것이다. 사임 후(2008년 7월 3일)의 한 강연회에서 고이즈미 전 총리는 「총리대신이 최대의 힘의 원천은 해산권과 인사권이다.」(아사히신문, 2008년 7월 9일)이라고 말하고 있지만, 오자와 이치로가 촉매 작용을 하여 1990년대에 실현된 선거 제도 개혁이라는 「정치 개혁」 중앙부처 재편이라는 「행정개혁」에 의해 일본총리는 정치제도상 막강한 권력을 보유하게 되며, 이 권력을 총리가 행사할 강력한 의지만 있으면 일본을 바꿀 수 있음을 고이즈미 총리의 중의원해산이 분명히 한 것이다.

9월 중의원선거를 앞두고 고이즈미 총리는 자민당 총재 자격으로 우정 민영화 반대 의원, 이른바 「우정 조반조造反組」에 탈당을 권고했다. 다음으로 「우정 조반조」나 기권한 의원의 지역구에 이른바 「자객刺客」이라는 다른 후보자를 내세워 우정 민영화 반대자는 악으로 규정하고 「저항 세력」을 일소一掃하지 않는 한 일본의 미래는 없다고 주장했다. 본래 총선이라는 것은 각 당이 제시한 다음 4년간 정권 운영의 공약 체계, 즉 매니페스토를 중심으로 치러져야 하는데 고이즈미 총리는 선거 쟁점을 단순화해 우정 민영화 찬성인가 반대인가를 묻는 식으로 무당파층에 호소하는 「고이즈미 극장」이라는 「가두街頭의 민주주의」를 TV에서 연출했다. 거기에 움직여 다수의 무당층이 선거에 참여하게 되었다. 결과는 고이즈미 자민당의 압승이었다. 선거 결과, 자민당이 296석, 공명당이 31석으로 여당 합계 327석을 얻어 총 의석의 3분의 2를 넘었다. 반면 민주당은 64석을 줄여 113석을 기록했다. 헌법 제59조에 따르면 위와 같이 중의원에서 의결한 법안이 참의원에서 부결될 경우 양원협의회에서 법안의 수정을 포함해 그 처리를 결정하거나, 60일 후 중의원에서 다시 3분의 2 이상의 의원에 의한 의결로 참의원에 대항할 수 있다. 따라서 고이즈미 총리는 중의원에서 3분의 2 이상 다수라는 「권력의 여득余得」을 이번 총선에서 손에 넣었으므로 참의원의 반대가 있어도 중의원에서 통과시킨 법안을 참의원이 반대하여도 실현할 수 있었다.

　이로써 우정 민영화는 이루어졌다. 고이즈미 내각 하에서의 신자유주의를 실현하는 「구조개혁」은 가장 중요한 것으로서 우정 민영화 외에 상술한 바와 같이 미국이 요구하는 「연차 개혁 요망서」에 있는 사항도 대부분 실현되었다. 다시 말해 고이즈미 총리의 강력한 리더십 발휘로 미국이 바라는 「구조개혁」이라는 일본 정치·경제체제의 개혁은 어느 정도 진행되게 된 것이다.

　그런데 5년 5개월 동안 고이즈미 내각이 실시한 국내외 정책의 실행은 두 가지 부작용을 수반하고 있었다. 하나는 내정에 있어서 빈부의 격차를 만들어 낸 점이다. 법인세 감세로 생긴 세입 부족은 근로자의 소득세 증세, 다음으로 사회 보장비 절감으로 충당됐다. 일본에서는 지금까지 국부國富 배분에서 선진국에 유례가 없을 정도로 큰 격차가 생기지 않도록 하는 제도가 만들어졌다. 그리하여 1980년대에는, 1억, 총 중류 시대가 잠시나마 생겨나 있었다. 그러나 고이즈미 내각 시대에는 기업경영자와 일반 사원 간의 급여 격차가 커지고, 나아가 파견노동자 제도의 도입으로 정규 노동자 수가 감소하며, 그 대신 프리터(자유(free)와 아르바이터(arbeiter)를 합성한 신조어로 일본에서 1987년에 처음 사용됐다.) 와 워킹 푸어Working Poor로 불리는 비정규직 노동자나 파견노동자 수가 증대하여 노동 인구의 3분의 1을 차지하게 되었으며, 신분 보장이 있는 정규직 고용자와 그렇지 않은 사람 간의 소득 격차도 크게 벌어지게 되었다. 경제의 세계화로 제조업 대부분은 싼 임금을 찾아 개발 도상국으로 그 공장을 옮겼지만 공장이 있던 지방마다 실업자가 생겨나고 그들의 수비로

번창하던 상가도 쇠퇴하고 지방도 피폐해지기 시작했다. 농촌 지역에서는 「뒤쪽 사회 보장」으로서의 도로나 기타 공공시설 건설 등의 일로 농업 소득의 부족을 보충하고 있던 농가도 공공사업의 삭감으로 인해 그 생활 수준이 저하되었다. 전국적으로 가진 자와 못 가진 자의 격차가 확대되면서 양극화 사회가 모습을 드러내게 됐다. 지금까지 어느 정도 풍족한 생활을 보내고, 자신이 「중류」라고 생각했던 사람들이 그 생활 수준이 저하되어 가는 것을 실감함에 따라, 그 불만이 점차 증대해 갔다. 가치를 박탈당했다고 생각하는 사람들은 그 불만을 대변하는 조직, 특히 노동조합이나 혁신정당이 약화해 제 기능을 하지 못하고 있어서 그 불만은 스포츠 관전이나 빠찡코 (일본의 도박 게임이다), 경마 등 내기와 컴퓨터나 휴대전화로의 웹서핑, DVD 감상 등으로 발산되고 있지만, 그것으로 발산되지 않는 불만이 조용히 축적되고 있다.

두 번째 부작용은 외정 면에서도 나타난다. 그것은 「구조개혁」의 실시에 기인하는 것이 아니라, 「복고적」 내셔널리스트인 고이즈미 총리의 정치적 신념이 대외적으로 솔직하게 표명되었다는 점이다. 고이즈미 내각이 출범한 2001년 9월 뉴욕 세계무역센터에 대한 알카에다의 세계 동시 테러가 발발하면서 미국은 군사 국가로 변신했고 알카에다·테러 집단이라는 적의 침략에 대항하기 위해 세계적으로 「예외 상태例外狀態」가 의식적으로 만들어졌다. 미국의 조지 W 부시 행정부는 알카에다·테러 집단의 본거지로 아프가니스탄, 다음으로 이라크에 대한 군사 침공을 개시했다.

고이즈미 정권은 이 조지 W 부시 행정부가 취한 조치를 전면 백업하는 외교정책을 폈다. 이와 동시에 고이즈미 총리는 자신의 신념이자 공약이라 칭하고 야스쿠니 신사靖国神社 참배를 반복했다. 메이지 이후의 일본이 관련된 전쟁에서 사망한 군인의 영혼을 달래는 야스쿠니 신사—그것은 두말할 것 없이 그 전쟁으로 희생을 당한 아시아인들에게는 악몽 같은 일본의 침략 행위를 상기시키는 상징인 것처럼 여겨져—에 일본 정치인의 참배에 대해 그동안 중국 한국 등 관련국들이 비판하면 내정 간섭으로 받아들이면서도 그때까지는 총리가 된 정치인 대부분은 참배를 자제했다. 예를 들면, 「전후 정치의 총결산」을 주창한 나카소네 전 총리의 야스쿠니 신사 참배를 중국이 비판하자 그 재임 중에는 참배를 중단하고 있다. 그러나 고이즈미 총리는 자신은 전쟁에 반대하며 지난 대전에서 숨진 동포의 넋을 기리기 위해 참배하는 것이 어디가 나쁜지 잘 모르겠다고 돌변해 참배를 계속했다. 이런 고이즈미 총리가 취한 행동은 그동안 억눌렸던 「복고적」 내셔널리즘을 자극하게 됐다. 즉, 외국의 동향은 상관하지 않고 자신의 신념에 따라 당당하게 행동하는 것은 훌륭하다고 칭찬하는 「복고적」 내셔널리즘의 여론이 일부에서 높아졌고, 이는 신자유주의적 정책에 희생된 사람들의 불만의 원인이 되고 있었다는 점은 주목할 만하다. 그러한 내셔널리즘에 대해서는 프랑스 역사학자의 엠마뉘엘 토드, 「기분 전환·재미의 내셔널리즘」이며, 야스쿠니 신사 참배 등은 「실은 미국에 완전하게 복종하고 있는 것을 숨기는 〈가짜내셔널리즘〉이다」라고 힐난詰難하고 있다.[12]

  M. 베버는 『직업으로서의 정치』(1919년)에서 정치가의 조건으로서 정열, 책임감, 통찰력[혹은 선견성]의 세 가지를 들고 있는데, 그것을 바꿔 말하면 정치인은 그 목표를 실현하기 위해 권력을 손에 넣은 경우, 권력에 대한 책임감을 다하기 위해 통찰력을 발휘해 목표에 대한 불타는 열

정과 냉정한 판단력에 근거해 행동하지 않으면 안 된다고 경고하고, 더욱이 그 행동에 있어서는 「신념 윤리」가 아닌, 「책임 윤리」에 근거해야 한다고 말하고 있다.[13]

나카소네 전 총리를 포함해 많은 자민당의 총리는 「신념 윤리」에 근거해서 야스쿠니 신사에 참배하고 싶지만 그런 것의 가져오는 마이너스적 대외적 효과를 고려하고, 「책임 윤리」에 근거해서 행동하고 있으며 M 베버가 정치가에 요구한 윤리에 기초하여 행동하고 있다.

고이즈미 총리는 이 점에서 M 베버의 이상적인 정치인상을 보면 낙제생이다. 또한 고이즈미 총리는 부시 대통령과 퍼스트 네임으로 부르며 친밀한 관계를 연출하여 보임으로써 외정에서는 일·미 일체화 노선을 내외에 과시하며, 그에 따른 야스쿠니 신사 참배 문제로 아시아 국가로부터 비난당하고 있는 점을 거론하여, 야당으로부터 이러다 일본이 아시아에서 외교적으로 고립되는 것이 아니냐는 비판을 받자, 세계는 미국의 일극 지배하에 있고 일본은 미국과 일체적인 관계에 있으니, 예를 들어 한국이 비판해도, 한국도 미국과 동맹 관계에 있어 문제가 없다고 비판을 일축하고 있다. 이 같은 생각의 진의를 고이즈미 총리는 2005년 11월 일본 교토에서의 일·미 정상 회담후 기자 회견에서 일·미 관계가 좋으면 좋을수록 중국, 한국 등과 좋은 관계를 구축할 수 있다는 발언 속에 나타낸 것이라고 할 수 있다. 이 점을 보면 고이즈미 총리가 취한 외교 노선은 미국의 51번째 주가 되는 선택처럼 보인다. 고 해도 과언이 아닐 것이다.

2. 고이즈미 정권 퇴장 후의 일본 정치의 동향

(a) 자민당 이외의 각 정당의 배치 상황

소선거구제가 중심이 된 새로운 선거 제도의 효과가 서서히 나타나면서 일본 정당정치도 양당제로 향할 조짐을 보이고 있었다. 따라서 자민당을 대체할 야당의 배치 상황에 대해서도 한번 살펴볼 필요가 있다.

2003년 4월에 오자와 이치로가 인솔하는 자유당은 제1야당인 민주당(1996년 창립)과 합당했다. 신민주당은 간 나오토가 이끄는 사민련社民連(시민운동그룹), 자민당에서 떨어져「신당사키가케新党さきがけ」를 만든 하토야마 유키오鳩山由紀夫 그룹, 구 민사당, 구 사회당(그 일부는 사민당으로 독립한다) 등으로 구성된 일종의 연합 정당이지만 과거 오자와 이치로가 창당한 신진당과 행동을 함께한 과거를 갖고 있어 어떻게 보면 공명당을 제외한 신신당新進党의 부활판 이라고 볼 수 있다. 무엇보다, 정치가가 되는 것을 생애의 목표로 정한, 마쯔시타 전기 회장 마쯔시타 코노스케松下幸之助가 창립한 정치가 양성 학교의 「마쯔시타 정경 학원松政経下塾」출신의 젊은 정치가나 관청에서 과장 보좌나 과장 단계에서 관료의 길을 버리고 정치가로 변신한 젊은 정치가도 가세하고 있어, 일단, 공산당과 공명당을 제외한, 「55년 체제」 시대의 야당 대부분과 오자와 이치로를 중심으로 하는 자민당으로부터의 탈당파도 가세하고 있다. 새 민주당 탄생의 1년 9개월 후에 오자와 이치로가 당수로 선출되었다. 2009년 9월에 중의원 의원의 임기 만료에 수반하는 총선거가 행해지게 되어 있지만-그 전에 해산이 행해지면, 중의원선거는 더 빨라질 가능성도 있었다.-

만약 야당인 민주당이 승리하면- 한 주간지가 오자와의 정치헌금 문제로 집요하게 글을 쓰고 있는데, 그것이 정치 추문으로 발전하고 그 권위가 실추되지 않는 한- 오자와가 차기 총리가 될 가능성도 있는 상황에 있었다.

돌이켜보면 1992년 말 자민당을 깨고 나온 오자와 이치로는 일본 정치의 개혁을 목표로 내걸고, 우선 호소카와 비자민 연합 정권을 출범시켜, 그 아래 선거 제도 개혁이나 정당 조성법의 성립을 실현하고 그 후에도 그 방향을 향한 정치 제도 개혁의 촉매 역할을 계속했지만, 이제는 일본 정치 개혁의 총 마무리를 이루는 주역으로 우뚝 선 듯도 했다. 상술한 바와 같이 오자와는 내정에서는 유럽의 영·독·불식 사회 보장을 중시하는 정책을 주장하고 있다. 그 주장은 지금까지 정치 세력으로서는 존재하지 않았던 사회적 민주주의 주장에 가까운 것이며, 만약 민주당이 오자와의 주장을 전면적으로 받아들여 사회적 민주주의 정당으로 변용한다면 영·독·불식 정당정치가 향후 일본에도 출현할 가능성이 없다고 할 수 없었다.[14]

다음으로 외정에서의 오자와는 유엔 중심주의를 내걸어 유엔의 「평화유지군」에의 참가를 주장하고, 그것을 실현하기 위해, 헌법을 개정해 「보통 국가」로 바뀌어야 한다고 주장해 왔다. 민주당 내에서 일본은 「정보와 경제의 세계화」의 기세를 거역할 수 없으므로, 그 부작용의 폐해가 국민의 생존권을 위협하지 않도록 어느 정도 「사전 규제」를 하면서, 그런데도 생존 위기에 빠진 사람들이 생기면 이들을 구출하기 위한 최소한의 사회보장체제, 특히 「안전망安全網」을 구축해야 한다고 생각하는 사람들이 많다. 그러나 그중 일부에서는 신자유주의 정책을 주장하기도 한다.

또한 외정에서도 구 사회당계 인사들처럼 여전히 평화 헌법 옹호를 고집하고 있으며, 헌법 개정이나 「보통 국가」로의 전환에 반대하는 사람이 있는가 하면, 같은 당의 전직 대표 중 한 명인 마에하라 세이지前原誠司처럼 유엔 중심주의가 아닌 자민당의 강경파와 다를 바 없는 대외 정책, 즉 미·일 동맹 체제 강화 아래에서의 자위대의 정식 군대 전환을 주장하고 있으며, 따라서 당수 오자와의 정책 방침에 동조하지 않는 사람들이 많다. 이처럼, 민주당은 단결이 굳건하지 못하고, 다음 중의원선거 후 민주당이 승리하면 자민당 일부가, 특히 고이즈미 준이치로가 「저항 세력」으로 규정한 과거 「케이세이카이」와 「코우치카이」의 일부 인사들이 자민당에서 벗어나 민주당에 가담하고, 한편 민주당의 강경파나 신자유주의를 주장하는 그룹이 자민당으로 옮겨가 정계 개편이 이루어질 가능성도 있을 것이다. 그렇게 되면, 사회민주주의 세력이 강한 영·독·불식 국가를 지향하는 노선을 추진하는 민주당과 미국식 신자유주의 노선을 추진하는 자민당이라는 두 정당으로 크게 나누어져, 양대 정당제를 향해 일본 정치도 크게 움직일 가능성이 없다고는 말할 수 없었을 것이다.[15]

 다음으로 우정 민영화에 반대하다 자민당에서 탈당한 수십 명의 의원 중 가메이 시즈카亀井静香파는 새로운 정당인 「국민신당国民新党」을 창당해 일부 정책에서 민주당과 협력하고 있으며, 다음으로 11명은 자민당의 복당이 허용됐다. 복당이 인정되지 않은 나머지 인사들은 장래 총리 후보로 소문이 나 있던 히라누마 다케오 전 경제산업상을 중심으로 신당 창당으로 향할 가능성도 있고, 혹은 민주당 합류도 선택사항으로 있을 수 있었다.

 공명당은 다가오는 중의원선거에서 자민당이 제1당 자리를 민주당에 넘겨주게 되면 - 무엇보다 민주당이 압승할 경우는 다르지만 - 연립 상대로 민주당으로 옮겨갈 가능성도 있다고 본다. 동당은 중의원 의석 31을 갖고 있으며 그 비율은 총 의석의 약 6.5%이다. 일본 사회가 지나친 개인주의 만연의 결과로 액상화 현상을 일으키고 있지만, 만약 동당이 새로운 사회의 거점이 될 수 있는 연대심을 배양하는 정책을 편다면 앞으로 신장할 가능성도 있지만, 국회 의석의 10분의 1을 넘을 정도는 아니라고 추측된다. 그렇다고는 해도, 자민당과 민주당의 양당의 의석이 백중할 경우, 캐스팅보트를 쥔 경첩蝶番 정당으로서 끊임없이 어느 정당과 손잡고 영구 여당이 될 가능성을 갖고 있다. 그런 점에서 바이마르 공화국 시절의 종교 정당인 중앙당과 유사해 일본의 정당정치도 바이마르 독일형 정당정치에 가까울 수도 있다.

마지막으로 소련 붕괴 후 새로운 정치적 풍조 속에서 서구 공산당은 근로대중의 이익을 대변하는 정당으로 새로운 정치 상황에 창조적으로 대처하기 위해 당명을 바꾸고 강령도 새로 만들고 있으나 일본 공산당은 구태의연하게 「55년 체제」 시대와 변함없는 상태를 유지하고 있다. 만약 동당이 근로대중의 대표정당이라고 한다면 「구조개혁」의 부작용으로 대량 비정규직이 창출되고 있는 현실에서 이들을 조직해 새로운 정치 상황에서 말뿐이 아니라 진정한 근로대중의 이익을 대변하는 가난한 인민의 대표정당으로 거듭나야 할 텐데도 아직 기미가 보이지 않는다. 그렇다고는 해도 소선거구제로는 의석 획득이 어려우므로 비례 대표 쪽에서 당세를 유지 내지 높이려는 전술을 쓰고 있지만, 그것은 소극적 대응일 것이다. 그래서 새로운 시대를 창조적으로 여는 미래의 일본 상을 제시하고 그것을 실현하는 정당으로 거듭나지 않는 한 당의 미래는 없을 것이다.

또한 평화 헌법 옹호를 고집하고 있는 사민당은 약소 당이기 때문에 크게 성장할 가능성은 없다고 생각된다.

(b) 아베 내각의 동향과「구조개혁」의 둔화

2006년 9월 자민당 총재선거가 돌아왔다. 자민당 총재 임기는 제1절에서 이미 기술한 바와 같이 1977년 1월부터 2년이었으나 2002년 1월부터 3년으로 연장되었다. 따라서 2003년 9월 원래 규정으로는 고이즈미 총재의 임기가 만료됨에 따라 총재선거가 시행되었고, 현직 고이즈미 총재가 재선되었으며, 그 임기는 새로운 규정에 따라 3년으로 되었다. 다만 원칙적으로 3선은 금지되었다. 하지만 고이즈미 총리는 국민 사이에 인기가 있어 총재 선거규정을 개정할 수 있으며 원하면 1기 3년 더 연임도 가능했다고 볼 수 있다. 그러나 자민당 정치인으로서는 드물게 권력에 담백하다고 할까, 총리 지위에 연연하지 않고 자신의 정치 과제였던 우정 민영화가 실현되자 후진에게 길을 터주겠다고 선언하고 후계자로 관방장관 아베 신조를 지목했다.

사실 자민당에서는 YKK의 다음 세대 총리 후보로「아소·가키·야스·신」가 꼽히고 있었다. 즉 아소 다로麻生太郎, 다니가키 사다카즈谷垣禎一, 후쿠다 야스오福田康夫, 아베 신조安部晋三 4명이다. 그런데 고이즈미 총리의 한마디로 이들 4명 가운데 최연소인 아베 신조가 후계 당 총재로 지명된 것이다. 그렇지만 총재선거에서 승리해야 했다. 2006년 9월 26일 아베 신조는 총재선거에서 상대 후보 아소 다로를 큰 차로 제치고 승리해 자민당 총재로 선출되면서 총리가 됐다. 그는 아베 신타로 전 외상의 아들이

자 기시 노부스케 전 총리의 손자이다. 전후 61년 만에 전후 태생의 3대째 젊은 정치인이 마침내 총리가 된 것이다. 아베는 할아버지의 훈도를 받고 아버지의 비서를 지낸 경험에 비춰볼 때 정계의 이면을 잘 공부한 것으로 보인다. 그러나 간사장을 맡고 있지만 관방장관 이외의 각료 경험도 없으면서 고이즈미 총리의 지명으로 차기 총재, 그리고 일본 총리에 선출된 것이다. 이와 같이 고이즈미 내각 퇴장 때도 성립 때와 마찬가지로 자민당 역사에서 이례적이었다.

고이즈미의 뒤를 이은 아베 신조 총리는 9월 26일 기자 회견 첫머리에서 고이즈미 내각의 「구조개혁」 노선 계승을 선언했다. 다음에, 이미 『아름다운 나라로』분슌 신서, 2006년 7월)라고 하는 저작을 간행하고 있었는데, 그 안에서, 나카소네 전 총리이 내건 「전후 정치의 총결산」의 총 마무리로서 「전후戰後 레이짐 regime으로부터의 탈각脫却」을 언급해, 헌법 개정, 의무 교육에서의 애국심 교육의 시행을 정권 공약으로써 내걸고 있었다. 아베 총리는 이 같은 「복고적」 내셔널리즘적인 그랜드디자인 Grand Designs의 정책, 즉 첫 번째 헌법 개정에 관해서는 일본 헌법에 따르면 헌법 개정안을 중참 양원의 3분의 2가 승인하고, 그 후 국민투표 과반수의 승인이 필요하다. 이 국민투표에 관한 수속법은 지금까지 정비되어 있지 않았다. 국민투표 법안을 의회에 제출했다. 다음으로 애국심 교육 실현을 위한 「교육 재생 회의教育再生会議」를 총리 직속 기구로 설치했다. 나아가 고이즈미 내각이 실행한 「구조개혁」의 부작용으로서의 정규직 고용자와 비정규직 고용자 간의 격차가 표면화되어 사회 문제가 되는 현 상황을 고려해 이에 대처하는 「재도전 사회의 실현」을 새로운 정권 공약으로 내걸었다. 마지막으로 경제정책에 관해서는 고이즈미 총리의 퇴장과 함께 내각부의 「경제 재정 자문 회의」를 좌지우지했던 다케나카 헤이조도 학계로 돌아갔지만, 그 위원만 조금 교체했을 뿐 총리를 중심으로 한 「관저 주도」형 정책 결정을 계속하겠다는 자세를 보였다. 그렇지만 고이즈미 내각 시절 「경제 재정 자문 회의」가 「집정 중추」의 역할을 하던 정책 결정 방식을 답습하지 않았다. 왜냐하면 아베 총리는 총리의 정책의 기획·입안을 보좌하는 총리 보좌관 제도를 도입하여 미국의 백악관을 모델로 한 새로운 정책 결정 방식을 시도했기 때문이다. 그 결과 아베 총리가 그 실현을 목표로 하는 각종 정책마다 총리 보좌관을 장으로 하는 각종 회의가 많이 설치됐다. 위의 「교육 재생 회의」도 그중 하나였다. 원래 「관저 주도」의 정책 결정은 총리을 중심으로 그것을 지지하는 내각 관방장관과 대신으로 구성된 내각회의에서 행해져야 하는데, 총리의 보좌 기능을 가지는 총리 보좌관이 각 성과 함께 정책마다 「xx회의」를 만들어 「측근 정치側近政治」를 시작하게 되었다. 무엇보다, 총리 보좌관들의 횡적 연락도 없이 시미즈 후보 표현에 따르면, 「이런 스타일의 리더십으로는 측근들 간의 충돌과 격렬한 충성심 싸움이 필연적으로 일어나고 권력 핵심부에서 전모를 장악하는 것은 일인자가 된다. 자전거의 차바퀴와 같이 중심의 허브가 아베로, 방사향 스포우크 radial spoke의 끝의 동심원 모양으로 측근들을 배치해 분할 통치한다.」[16] 즉, 총리와 정치적 의견을 같이하거나 가까운 인사들로 구성된 「아베팀」이 총리를 중심으로 한 정책 결정에 참여하는 양태가 됐다는 것이다. 하지만 총리 보좌관과 장관이 따로따로 독자적인 움직임을 보이는 바람에 이중 행정이라는 부작용도 생기게 됐다.[17] 이렇게 해서 고이즈미 내각 시절과는 정책 결정의 양태가 달라졌다. 앞서 기술한 바와 같이 고이즈미 내각 시절에는 다케나카 전 경제 재정 담당 대신이 민간인을 포함하여 「경제 재정 자문 회의」를 지원하는 독자적인 사무국을 설치하고 재무성에 대항하여 독자적으로 정부의 예산편성 등 기본방침을 결정하고, 이를 각 성청 횡단적으로 정책을 조정하는 총리 주도의 「돌파형突破型」 정책 결정을 했다. 그러나 2005년 총선 후 자민당이 총리의 「저항 세력」이 아니게 된 다음은, 고이즈미 총리는 정조회장에 심복인 나카가와 히데나오를 임명하고 다케나카에는 우정민영화사업에 전념시키기 위해 총무상에 임명했으며 그 후임 경제 재정담당 대신에는 요사노 가오루与謝野馨를 임명했다. 「경제 재정 자문 회의」를 주도하는 요사노 가오루 경제재정담당상은 재무성을 이 회의의 사무국으로 이용하고 나카가와中川를 중심으로 한 당과 공조해 정책 결정을 꾀하면서 이 회의의 영향력은 상대적으로 약해진 것으로 보인다. 따라서 아베 정권은 이 흐름을 답습한 것이다.

그런데 아베 정권의 내·외정을 시선을 돌려 본다면, 외정에서는 고이즈미 내각이 물의를 일으킨 아시아의 일본 고립화에서 벗어나기 위해, 아베 총리는 마음속에 간직하고 있는 「복고적」 내셔널리즘적 신념을, 고이즈미 전 총리와 달리 억제하고 자신의 태도를 명확히 드러내지 않는 모호성模糊性 전술을 펴며, 총리 취임 후 곧바로 중국과 한국을 순방하며 관계 개선에 힘썼다. 이처럼 아베 정권은 외정에서 「이성적理性的」으로, 즉 현실주의적으로 행동하고 있었다. 그에 반해 내정에 있어서는 가장 중요한 정책 항목으로 헌법 개정, 애국심 교육을 내세웠고 여론의 움직임도 드디어 헌법 개정이 정치 일정에 오르게 된 것이 아닌가 하는 생각이 들게도 했다. 이것은 2007년 5월 헌법 개정을 위한 국민투표법을 통과시키는 데 성공했기 때문이다. 그리고 이미 2006년 말에 교육기본법 개정에도 성공했기 때문이다. 말할 필요도 없이 「복고적」 내셔널리스트가 오랫동안 그 실현을 추구해 마지않았던 과제가 마침내 성취된 것이다. 자위대 창립 후 오랜 염원이었던 「방위청」의 「방위성」으로의 격상도 마침내 실현되었다. 이는 보수파가 본다면 아베 내각의 큰 공적이라고 할 수 있다. 이 세 가지 성과에 따라 비로소 나카소네 전 총리가 주창한 「전후 정치의 총결산」이 헌법 개정을 제외하고는 거의 성사된 것처럼 보인다. 이러한 정책 전개의 연장선상에서 아베 총리는 상기 그랜드 디자인의 「전후 레이짐으로부터의 탈각」을 구상하고 있었는데, 이 정치적 방향성은 「복고적」 내셔널리즘의 총 마무리이기는 하지만, 이는 미국을 중심으로 한 현재의 국제사회에 대한 「도전」으로 받아들여질 우려가 있다는 점은 주목할 만하다. 한 언론인은 「본인은 무의식적으로 사용하고 있는 것 같다. 하지만, 그것이 문자 그대로라면, 샌프란시스코 강화 조약 이후의 전후 체제의 부정을 의미해, 미국에서 보면 절대로 용서받을 수 없는 이야기가 되어 버린다」라고 말하고 있다.[18] 이러한 일본의 미국으로부터의 자주·독립이라고도 볼 수 있는 「복고적」 내셔널리즘적인 자기주장이라는 「대정치大政治」를 전개하려고 한다면, 나름대로 국내 정치체제의 정비와 대외적으로도 그 주장이 받아들여지는 인근 여러 나라를 중심으로 한 국제 환경을 구축하고, 그 밖의 만반의 태세를 갖춘 후에 꺼낼 사항일 터인데, 그러한 주장이 갖는 국제 정치적인 함의含意을 전혀 고려하지 않고 가볍게 꺼냈다는 것은 중장기적인 국제 정치의 전망 속에서 통찰력을 발휘하고, 또한 현실 정치(現實政治, 독일어: Realpolitik 레알폴리티크)가 날카롭고 예리한 감각에 기초한 냉정한 판단에서 나온 것이 아닌 것 같이 보인다.

이상, 아베 총리의 내·외 정책 전개를 봐 왔으므로, 다음에 자민당과의 관계를 봐 두자. 고이즈미 전 총리가 당수 독재체제에 가까운 형태로 자기 당과의 관계를 구축했고 그 결과 당의 동향에 별로 신경을 쓰지 않는 편이었다면 반대로 아베 총리는 당과의 관계에 있어서는 오히려 적극적으로 당과 협력하는 자세를 보였다. 그 두드러진 예는 「우정 반역조」 11명을 복당시킨 점이다. 그러면서 당내 계파 움직임에도 배려하는 모습을 보였다. 총리 취임 시에는 자신이 속한 마치무라町村파 공동 대표 나카가와 히데나오中川秀直를 간사장으로 앉히고, 다음에 당 지도부 3역제役制를 고쳐 새로 선거대책위원장을 추가해 당 4역제로 만든 뒤 모리 내각 시대의 당 간사장이자 고가古賀파의 영수인 고가 마코토 古賀誠를 선거대책위원장으로 맞았다. 그리고 참의원 선거 후 개각 시에는 총재 선거에서 자신의 대립 후보인 아소 다로를 나카가와 히데나오를 대신해서 당 간사장으로 앉혔다.

아베 총리는 전 총리가 2005년 9월 총선에서 압도적 압승으로 안겨준 중의원에서 연립 여당인 공명당의 의석을 합해 3분의 2 이상이라는 「절대권력」, 즉 참의원의 반대를 무릅쓰고 법안을 성립시킬 수 있는 「권력의 여득」을 살려 상기와 같이, 국민투표법, 교육기본법 개정과 방위청의 「성」으로의 격상 등을 강행 채결로 취임 후 3개월 이내에 실현했다. 그리고 외정에서도 일·중 정상회담, 한·일 정상회담을 실현하게 해 좋은 출발을 보인 것처럼 보였다. 그러나 야나기사와柳沢 후생 노동상의 「여자는 아이를 낳는 기계」발언이라든가, 큐우마 후미오久間章生 방위대신의 미국의 히로시마·나가사키 원폭 투하는 「어쩔 수 없었다」 는 등의 발언이라든가, 각료의 부적절한 발언이 이어지면서 사타 겐이치佐田玄一郎 행정혁담당대신과 마츠오카松岡, 아카기赤城 두 농림 수산대신의 사무실 경비 부정 계상 문제 등이 매스·미디어에서 거론되면서 아베 정권에 대한 국민의 실망이 점차 높아져 갔다. 그런 가운데 아베 정권은 성립 10개월 후인 2007년 7월 참의원 선거를 맞이했다. 미남으로 국민에게 인기가 있는 젊은 귀공자 총리가 이끄는 자민당이 각료들의 부적절한 발언 등 타격이 다소 컸다고는 하지만 압승할 것으로 보였다. 그러나 뚜껑을 열어 보니 자민당은 참패했고 연립을 이루고 있는 공명당도 선거에서 연전연승 신화를 갖고 있었음에도 불구하고 의석수를 줄여 여당은 과반을 잃게 됐다. 이에 반해 야당인 민주당이 제1당이 되고 야당인 연합이 참의원 다수를 제압한 것이다.

1년 10개월 전인 2005년 9월 중의원선거는 고이즈미 총리가 의식적으로 우정 민영화 시비是非라는 형태로 단일 쟁점에서 국민의 신임을 묻는 선거 전술을 취한 덕분에 자민당에 압승을 안겼다. 아직 선거 세례를 받지 못한 아베 총리는 이번 참의원 선거 패배로 자민당이 국민의 신뢰를 잃은 이상 사퇴하든지, 아니면 자신의 정권 공약을 내세워 중의원을 해산했어야 할 것이다. 그렇지 않으면 1998년 참의원 선거 이후와 같은 「중·참의원 여소야대 국회」 출현이라는 문제에 직면한 이상, 과거의 경험을 통해 정권 운영의 지혜를 짜내 국면 타개를 꾀했어야 할 것이다. 예를 들어 「구조개혁」의 전환을 모색 중인 일본 정치를 미래를 열어가는 방향으로 이끌기 위해 제1야당인 민주당과의 대연정 구축 노력을 한다든가, 아니면 「진공真空」총리라고 자칭했던 오부치 전 총리처럼 야당의 요구를 수용하는 식으로 정권을 운영해 국면을 타개하는 방안도 있었을 것이다. 그러나 아베 총리는 그런 방안을 취하지 않고 정권 유지에 급급해 참의원 선거 패배의 책임도 지지 않은 채 제2차 아베 내각을 출범시켜 어떻게

든 정권 유지를 시도했으나 끝내 이루지 못하고 병(궤양성 대장염)을 이유로 두 달 만인 9월 사임했다.[19] 자민당 총재선거에서 다시 입후보한 아소 다로를 누르고 후임 자민당 총재에 마치무라파인 후쿠다 야스오가 선출돼 총리가 됐다. 이로써 자민당 최대 파벌인 마치무라파는 모리 고이즈미 아베 후쿠다 등 4명의 총리를 연속 배출시켰다. 후쿠다 신 수상은 마치무라파의 전신인 후쿠다파 창설자 후쿠다 다케오 전 총리의 아들로 고이즈미 내각 발족 시 관방장관이었다. 관방장관 출신이 다시 총리가 됐다. 「55년 체제」의 자민당 정권 시대의 수상이 되는 정치가의 필요 불가결한 전력의 조건이 변화하고 있는 것을 나타내는 것이다. 그렇다면 수상에 의한 정치지도체제가 확립된다면, 그를 지지하는 관방장관이 수상과 함께 정책결정의 중추의 지위를 차지하게 되므로, 관방장관의 지위야말로 수상이 되는 정치경험을 쌓는 최적의 조건을 가지게 되기 때문일 것이다.

(c) 후쿠다 내각의 동향과 「구조개혁」의 좌절

후쿠다 야스오는 총리에 취임한 뒤 문부과학상과 방위상을 제외하고 아베 내각의 각료를 그대로 인계했다. 당 사역 인사에서는 총재선거에서의 대립 후보 아소 다로가 간사장을 사직했기 때문에 후임 간사장에 이부키 분메이伊吹文明 이부키파 회장을, 정조회장에는 전 재무장관 다니가키 사다카즈, 총무회장에는 니카이 토시히로二階俊博를 각각 기용했다. 코가 마코토 선거대책위원장은 유임시켰다. 후쿠다 수상은 마치무라파에 속해 있었지만 같은 파의 고이즈미·아베 전 수상과는 성격 면에서, 그리고 정치적 위상에 있어서 상당히 달랐다. 고이즈미 전 총리는 그 정치행태에 있어서 「설득하지 않고, 조정하지 않고, 타협하지 않고」라고 하는 삼 무주의를 관철하는 「독불장군」적인 곳이 있어, 「허무주의의 재상」[20]라는 말을 들을 정도로 자신의 정치적 주장을 관철하는 비정한 측면과 강한 의지력을 가졌고, 나아가 그 정치 스타일에서도 기존의 자민당 정치인들과는 달리 자신에 반대하는 의회나 자민당의 「저항 세력」에 개의치 않고 대중매체를 교묘히 이용해 국민에게 직접 자신의 정책을 호소하고 그 지지를 조달해 자신의 의지를 관철하는 대중영합주의populism적 정치를 펼쳤다. 그리고 그 정책의 정치적 방향도 내정에서는 「구조개혁」의 추진, 외정에서는 미·일 동맹을 최우선시하고 한·중 등 인근 국가와는 자신의 정치적 신념을 굽히면서까지 우호 관계를 유지하려 하지 않았다. 다음으로 아베 전 총리는 대중영합주의적 정치에 의존하는 경향이 고이즈미 전 총리보다 약하고, 따라서 그 귀결로 자민당과 협조하여 정권 운영에 뜻을 두고 있으며, 그 정책의 정치적 방향성은 「복고적」 내셔널리즘이었다. 그런데 이 두 전직 총리에 비해 후쿠다 신임 총리는 자기 현시顯示욕이 적은, 일본 헌법 감각을 가진 상식인이며 그 정치적 위상도 오히려 온건 그 자체라고 할 수 있는 느낌이다. 따라서 앞의 두 총리처럼 대중영합주의적 정치로의 경향은 보이지 않으며, 따라서 자민당과 협조하여 정권 운영을 목표로 하고, 그 정책의 정치적 방향도 고이즈미 전 총리 「구조개혁」의 부작용에 관심을 두고 그 처리에 뜻을 몰두했다. 또한 외정 적으로도 「복고적」 내셔널리즘에는 거리를 두고 있었다. 그것은 2008년 1월에 탄생한 한국의 이명박 대통령과 4월 한·일 정상회담을 갖고 이어 5월에는 중국의 후진타오 국가 주석의 일본 방문을 실현하게 하고, 일·중 정상회담을 성공시키는 점에 나타나고 있다.

후쿠다 내각이 당면한 중요한 과제는 우선 참의원 선거 후의 아베 전 총리와 마찬가지로 「여소야대」 국회에 기인하는 참의원 대책이었다. 정권 유지를 위한 하나의 탈출로가 남겨져 있었다. 그것은 헌법 59조를 활용하는 것, 즉 「권력의 여득」을 이용하는 것이었다. 그렇다고는 해도, 양원의 다수를 지배하던 시절과 달리 법안 성립에는 시간이 걸리고, 게다가 참의원의 다수를 장악한 민주당이 정부안에 반대하고, 그것을 참의원에서 부결시켰음에도 불구하고, 그것을 몇 번이나 재의결까지 하면서 강행하는 정부의 자세에 대해서는 「헌정의 상식」으로 보아 이상하고, 또한 국민 여론도 그것을 비정상이라고 볼 수 있었다. 따라서 중의원을 즉시 해산하여 국민의 신임을 묻는 것이 최선이었으나, 해산하면 야당이 승리할 가능성도 예상되므로 그것도 주저되었다. 그래서 후쿠다 총리는 아베 전 총리와 달리 정권 성립 두 달 뒤인 2007년 11월 정권 운영을 위한 대안 중 하나로 제1야당인 민주당과의 연립 교섭을 시도해 오자와 민주당 대표와 합의점을 찾는 데 처음에는 성공했다. 그러나 오자와 대표가 미리 민주당 간부의 양해를 얻어 합의한 것이 아니라 그 혼자만의 독단으로 합의하는 바람에 민주당의 다른 간부가 반대하면서 대연정 수립 구상은 무산되고 말았다. 따라서 남은 길은 오부치 전 총리와 같이 「진공」 총리가 되거나, 그렇지 못하면 중의원의 여당 의석 3분의 2의 「권력의 여득」을 활용하여 2009년 9월 중의원 의원 임기 만료까지 버텨내거나, 그사이에 어떻게든 정권 부양이 가능한 큰 행사를 열거나, 혹은 국민 여론의 지지를 조달할 수 있는 창조적인 정책 전개 외에는 선택의 여지가 남아 있지 않았다. 그 어느 것도 선택할 수 없다면 아베 전 총리와 마찬가지로 정권을 내놓든지, 다른 선택지는 남아 있지 않았다고 할 수 있다.

후쿠다 내각에는 공무원 제도 개혁 문제와 허술한 연금 기록 문제 등의 해결이 전 내각으로부터 인계되고 있었다. 이 두 문제는 서로 연관되어 있었다. 아베 내각 시절 후생노동성이 연금 급부 사무 처리에 있어 연금 기록이 부실했던 탓에 연금 기록 누락이 발견돼 연금을 지급하고 있는데도 연금 지급이 적거나 혹은 받지 못하는 사람이 있다는 허점이 드러나면서 정치 문제로 두드러졌다. 아베 총리는 연금을 낸 사람들의 기존 기록을 2008년 3월까지 모두 검증하겠다고 약속했지만, 그 약속을 지키지 못했다. 또, 식품 생산자나 그 판매에 종사하는 상인이 소비자를 속이는 것 같은, 생산지를 위장하거나 유통 기한을 위장하거나 식품위생법에서 금지되고 있는 유독 농약을 사용해 생산된 농산물을 유기농으로 생산된 것이라고 위장하거나, 또는 그러한 농산물을 원료로 한 식품을 불법임을 알고 판매하거나 하여, 중국 만두 중독 사건으로 상징되는 식품 위장이 사회문제화되면서 국민의 식품에 대한 불안감이 커지고 국민의 식품 행정에 대한 불만이 높아지고 있었다. 이러한 민생과 직접 관련된 일들을 행정 하는 공무원들 또는 관료들에 대한 비판이 높아졌는데, 이에 상황을 악화시키는 사건이 발생했다. 2007년 11월에 모리야 타케마사守屋武昌 방위청(성) 사무차관이 수뢰收賄 혐의로 체포되었기 때문이다. 연금 문제에서의 후생노동성의 잘못뿐 아니라, 공무원의 낙하산 인사나, 이러한 방위성 사무차관의 오직 사건으로 상징되는 정부 물품의 구입이나 공공사업 입찰의 부정 등 공무원의 부패나, 행정의 낭비가 매스컴에서 연일 다루어지면서, 그로 인해 야기된 공무원에 대한 국민의 불신 고조와 함께, 관료에 대한 격렬한 비난이 강해졌다. 후쿠다 내각은 이러한 공무원에 대한 격렬한 비난 풍조를 배경으로, 전 내각부터 현안이었던 공무원 제도 개혁 문제에 임하게 되었다. 아베 내각 시절부터 와타나베 요시미渡辺喜美 행정개혁 담당상은 기존 국가공무원제도의 근본적 개혁의 기본방침 작성에 착수했다.

행정개혁은 정치개혁과 표리表裏의 관계로 정치지도체제를 확립하기 위해서는 지금까지 실질적으로 정책 결정권을 장악하고 있던 「카스미가세키霞ヶ関」, 즉 관료제도의 근본적인 개혁이 필요했다. 이는 일본의 관료제는 메이지 시대에 만들어진 이후 나라를 통치했고, 패전 후에도 무관 관료제가 청산되었음에도 끈질기게 살아남아 실질적으로 관료 통치를 계속하고 있었으며, 그것을 가능하게 한 이유의 하나는 관료 기구가 「고유固有」의 인사권을 가진 자기 완결적 권력 집단이라는 점에 있었기 때문이다. 따라서 현행 공무원 제도의 근본적인 개혁에는 고위 관료, 즉 캐리어キャリア 관료라는 존재를 정당화하고 있는 관료징집제도의 개혁, 캐리어 관료의 특권으로 여겨지는 낙하산 금지, 간부 캐리어 관료의 인사권을 일괄적으로 총리를 중심으로 하는 관저官邸가 장악하는 것, 마지막으로 수직적 행정을 없애기 위해 간부의 부처 간 수평적 인사 배치 등이 최소한 담겨 있어야 했다. 와타나베 행정개혁 담당상은 애초 수상의 정치지도를 지지하는 관료 시스템의 근본적 개혁으로서 내각부에 국·차관의 인사권을 옮겨, 정부 전체의 관점에서, 한층 더 장기적 전망에 근거해 정책 비전의 작성이나 그것을 구체화하는 정책 입안·기획을 담당하는 「국가 전략 스텝」제의 창설, 고위 관료 낙하산 인사 전면 금지, 경력 제도 폐지와 이에 따른 공무원 선발제도 개혁 등을 담은 공무원 제도 개혁기본법안을 만들었지만, 이 법안이 관료의 기득권을 부정하는 것으로도 이어지므로 관료의 저항과 관료를 통괄하는 마치무라 관방장관의 반대로 중

의원에 이 법안이 제출됐을 때 대부분 무산됐다. 그러나 참의원에서는 민주당이 정부안에 대한 대체 방안으로「카스미가세키 개혁·공무원 제도 개혁법안」을 제출했다.[21] 그것은 와타나베 행정개혁 담당상의 원안에 가까운 것이었다. 관료에 대한 격렬한 비난 풍조를 받은 자민당은 후쿠다 총리의 강력한 의향에 따라 민주당 안에 대폭 다가서게 됐고 2008년 6월「국가 공무원 제도 개혁 기본법」이 참의원을 통과하게 됐다. 동법 에서 종래의 국가 공무원 제도 중에서 개정된 점은 다음의 세 가지이다. 첫째는 국가 공무원 선발제도를 개혁한 점이다. 경력 제도인 고위직 관료로 출세할 수 있는 국가 공무원 제1종 시험을 폐지하고 일반직, 종합직, 전문직 등 3가지 채용 구분을 신설했다. 공무원으로 채용된 자 가운데 채용 시 구별 없이 업무수행 과정에서 우수성을 인정받은 자는「간부후보육성과정幹部候補育成課程」에 넣어 간부로 교육받은 뒤 간부로 등용된다. 다만, 그 보장은 없다. 두 번째는 내각관방에「내각 인사국」을 설치한 점이다. 종래, 국가 공무원 시험의 제1종, 제2종에 합격한 사람으로부터, 각 부처는 그 독자적인 판단 기준에 근거해 개별적으로 공무원을 채용하고 있었다. 그 결과 모든 국가 공무원은 채택된 부처에 귀속되어 그들이 속한 관청의 이익, 즉 성익을 위해 일하고 섹셔널리즘Sectionalism, 즉「종적 관계 행정」이 생겨났다. 이런 폐해를 없애기 위해「내각 인사국」이 간부 인사를 일괄 관리한다. 단, 개별 관청에 의한 신규 졸업자 채용 제도는 종래와 같이 계속된다. 셋째,「국가 전략 스탭」제도의 도입이다. 이 3가지 개혁을 담은「국가 공무원 제도 개혁 기본법」의 제정으로, 특히 제3의「국가 전략 스탭」제도의 도입으로「관저 주도」의 정책 결정 시스템 구축에 대해 쌓아 남겨져 있던 가장 중요한 과제가 간신히 실현되게 되었다

「국가 전략 스탭」제의 도입으로 각 부처에 귀속되지 않고, 각 부처를 초월하는 정부 전체의 관점에서 정책의 기획·입안·결정에서 총리를 보좌할 우수한 관료를 충원할 수 있는 길이 열리게 됐다. 마침내 일본도 미국이나 독일처럼 총리라는 최고정치지도자가 각 부처의 「성익」에 얽매이지 않고 「국익」의 실현에 기여하는 정책 결정을 하고, 정치의 방향을 잡는 제도가 갖추어지게 된 것으로 보인다. 이 「국가 전략 스탭」제의 도입은, 일본의 정치적 의사결정 시스템에 초점을 맞추고, 일본 정치의 동향에 접근하는 입장에서 보면, 매우 주목할 만한 개혁이라고 말할 수 있을 것이다. 따라서 「국가공무원 제도 개혁 기본법」의 성립은 「중의원 참이원의 여소야대」국회에서 「뜻밖의 공명功名」이라고 해야 할지, 후쿠다 수상이 오부치 수상처럼 「진공」 총리가 돼 야당 안을 통째로 받아들여 가능했지만 어쨌든 후쿠다 내각의 공적으로 봐도 무방할 것 같다. 그렇다고는 해도, 기본법은 개혁의 방향성이나 시기를 정한 프로그램법이다. 따라서 우선 국무총리를 수장으로 하는 국가공무원제도개혁추진본부가 설치돼야 한다. 다음으로 공무원 인사를 일원적으로 관리하는 「내각 인사국」의 관련 규정은 2009년, 기타 규정은 2011년까지 관련 법안을 국회에 제출해 2013년까지 새 제도로의 전면 이행을 목표로 하게 됐다. 그러므로 공무원 개혁의 방향성과 시기가 정해져 있다고 하더라도 그 실현은 관료의 끈질기고 강인한 저항을 물리치고 정치지도체제 확립을 목표로 하는 집권당의 강한 의지에 달려 있다고 할 수 있을 것이다. 뒤에서 서술하는 제2차 아베 정권에 의해 새로운 제도로의 전면적 이행은 완료된다.

다음으로 후쿠다 내각이 긴급하게 처리해야 할 문제로 경제문제가 있었다. 아베 내각 시대에 미국의 주택 거품이 꺼지면서, 서브프라임 론

subprime loan 부실로 은행과 증권 회사의 부실을 비롯한 금융 불안이 표면화되었고, 이를 계기로 주가 대폭락과 함께 미국의 경기후퇴가 시작되었다. 이러한 현상은 세계 경제 시스템이 하나로 묶여 있는 오늘날, 유럽과 일본으로도 파급되어, 일본의 주식 대폭락, 대미 자동차나 전자제품의 수출에 그늘을 지게 되었다. 또한, 2008년 5월부터 8월에 걸쳐, 설상가상으로 유가 폭등, 원자재 가격의 급등이 시작되었다. 서브프라임 론 사태로 갈 곳을 잃은 과잉 투기 자금이 상품 시장에 몰리는 탓에 유가는 한때 약 2.5배, 식량을 포함한 원자재 가격은 50%나 급등해 세계적으로 서민의 생활을 압박했다. 이러한 현상은 2008년 5월경부터 일본에서도 현저해져, 상기와 같이 국민 사이에 연금, 의료, 식품 위장 문제, 또한 물가 문제로 불안이 높아져 왔다. 이에 후쿠다 내각은 소비자를 지키기 위해 「소비자청 설치消費者庁」를 검토하겠다고 약속했고, 말로는 「안심 실현 내각安心実現内閣」을 표방하며 「국민의 눈높이에서 개혁하겠다」라고 했지만, 실제 정책실시 면에서는 그 주장의 성과가 나타나지 않았다. 드디어 후쿠다 수상도 내각이 당면한 최대 과제인 2008년 6월 토야코 써미트 洞爺湖サミット라는 일대 이벤트를 성공리成功裏에 마치고 그 성과로 정권 부양을 도모하려 했으나, 아무런 성과를 거두지 못하고 끝나자 뭔가 손을 쓰지 않으면 안 될 지경까지 몰린 8월 초에 11개월 전에 아베 내각으로부터 「간택 내각」이라는 야유를 받은 내각의 「대폭적인 개편」을 단행하여 「자체 내각」을 만들었다. 그것은 1년여 앞으로 다가온 총선을 전제로 후쿠다 내각 그 자체뿐 아니라 자민당 그 자체의 생존을 도모하기 위해 정권 부양의 활로를 뚫기 위한 건곤일척乾坤一擲의 행동으로 보였다.

고이즈미 총리 퇴장 후, 위에 기술한 바와 같이 아베 내각 시절 우정 민영화에 반대했던 의원들의 일부 복당이 허용되고, 나아가 자민당의 지지 기반을 무너뜨리는 「구조개혁」에 반대하는 의원들의 힘도 강해져 낡은 자민당은 서서히 살아나기 시작했다. 그리하여 자민당 내에서 고이즈미의 「구조개혁」에 반대하는 사람의 수가 증대하였고 그 힘도 강해졌다. 하지만 이들도 일본 경제의 국제 경쟁력을 강화하기 위해 어느 정도의 개혁은 필요하며, 그중에서도 고이즈미 내각이 단행한 유럽 국가에 비해 상대적으로 높은 법인세의 절하는 원래대로 되돌릴 수 없으므로 법인세 절하로 감소한 부분의 세입 부족분을 행정 경비 낭비를 철저히 줄여 대응하지만, 그러나 그런데도 부족한 만큼을 보충하는 길을 최종적으로는 소비세의 인상에 찾으려고 했다. 그리고, 소비세 인상의 구실로서 북유럽국가는, 증대하는 사회 보장비는 소비세로 조달하는 것으로, 지속 가능한 사회 보장 체제가 구축되고 있는 점을 들었다. 이들은 「재정재건파財政再建派」로 불린다. 이는 또 하나 고이즈미 내각이 내세운 재정재건을 꾀하는 기본방침으로 거품 경제 붕괴 후의 경제 불황을 극복하기 위해 모리 내각까지 적자 국채를 계속 발행해 약 800조 엔의 재정 적자를 내고 있었고, 그 이자만으로도 매년 정부 예산 세출 전체의 4분의 1을 차지하는 상황이기 때문에, 어쨌든 「국채 등의 신규 차입에 의지하지 않고, 정책에 사용하는 경비를, 세수입 등 본래의 수입으로 얼마나 조달하고 있는지를 나타내는 지표」의 프라이머리 밸런스Primary balance(기초적 재정수지)을 2011년까지 흑자 화할 것, 다음으로 신규 국채 발행은 매년 30조엔 한도를 넘어서는 안 된다는 것이 정해져 있으므로, 따라서 프라이머리 밸런스 라는 목표를 실현하는 수단으로서 법인세 이외의 증세, 즉 소비세의 인상을 주장하고 있었기 때문이다. 따라서 「재정재건파財政再建派」란 「증세파增稅派」라고도 불린다. 대표적인 정치인은 고이즈미 제3차 내각 시대의 요사노 가오루 경제 재정담당 대신과 다니가키 사다카즈 재무상, 후쿠다 제1차 내각의 이부키 분메이 자민당 간사장 등이다. 이들에 대해 고이즈미의 「구조개혁」 노선을 지지하는 그룹은 「상승조수파」로 칭해졌다. 그들은, 세출 삭감, 즉 보다 「작은정부」로 바꾸고, 당면은 증세를 피해 무엇보다도 일본 경제의 국제 경쟁력을 강화하는 「경제성장」정책을 우선시 켜야 한다고 주장했다. 대표적인 정치인은 모리 내각 시대의 관방장관이자 아베 1차 내각 시대의 자민당 간사장인 나카가와 히데나오 등이다.

후쿠다 수상은 그 「자체 내각」의 구성에 있어서 여당과의 「협조 노선」에 축을 둔 「재정재건」노선으로 방향을 돌리는 각료 인사를 단행했다. 그 현상은 경제 재정담당 대신에 요사노 가오루, 재무대신에 이부키 분메이, 국토교통 대신에 다니가키 사다카즈를 기용하고 있다는 점으로 보인다. 다음으로 후쿠다 총리의 개각 특징으로는 다음 세 가지를 들 수 있다. 첫째는 당직과 각료 인사에서 파벌 의향을 중시하는 기존 자민당의 관행으로 되돌아갔다는 점이다. 그 결과 계파 실세를 당과 내각 간의 「자리바꾸기」처럼 보여 새로울 게 없다. 둘째는 선거 대책의 진용을 갖추었다는 점이다. 그 상징이 아소 다로 전 간사장을 다시 간사장으로 기용한 점이다. 아소는 2006년 자민당 총재선거에서 아베 전 총리에게 패한 뒤 고우노파를 이어 아소파를 창당하고 있었지만 약소 파벌의 회장임에는 변함이 없다. 하지만 고이즈미, 아베, 후쿠다 세 명의 역대 총리와 자민당 총재선거에서 경쟁하여 패배했지만, 이를 통해 국민 사이에 점차 그 이름이 알려지게 되었을 뿐만 아니라, 또 다른 얼굴로는 애독서가 젊은이들이 좋아하는 만화였으며 만화를 애독하는 마니아적 젊은이들이 많이 모이는 아키하바라에서 연설회를 여는 등 국민, 특히 젊은이들 사이에서 인기 있는 정치인으로 TV에 소개되면서 어느 정도 대중의 지지를 받고 있었다. 후쿠다 총리의 개각에 관하여 2008년 8월 3일 전국 각 신문이 시행한 전화 여론조사에서는 우선 아사히 신문이 개조 후에도 후쿠다 내각 지지율은 종전과 변함없이 보합세인 24%인데 반해 아소의 자민당 간사장 기용을 「평가」하는 목소리는 51%라고 전하고 있다. 한편 요미우리신문 전화 여론조사에서는 후쿠다 총리의 평가가 12% 올랐고 아소 기용을 평가하는 목소리가 66%로 나타났다. 아무튼 후쿠다 총리는 자민당 정치인 중 누구보다 국민에게 인기가 있는 아소 타로를 간사장으로 기용함으로써 다음 총선에 대한 준비 체제로 만드는 동시에 당내 파벌 중 그동안 후쿠다 내각에 거리를 두고 있던 아소파도 포섭함으로써 거당체제擧党体制를 만들어 내려 했던 것 같다. 아소 타로는 요시다 시게루吉田茂 전 총리의 손자이자 하시모토 내각 시절 경제기획청 장관, 모리 내각 시절 경제재정담당상, 고이즈미 내각 시절 자민당 정조회장, 총무상(2003년), 외상(2005년), 아베 2차 내각 시절 자민당 간사장을 역임했으며 다나카 전 총리가 거론한 총리가 될 수 있는 자격의 네 가지 조건을 일단 충족시킨 정치인이다. 이번 개각으로 다시 자민당 간사장에 취임해 향후 정국 전개에 따라 후쿠다 총리로부터 총리직을 물려받고 아소 총리의 지도 아래 총선을 자민당이 치를 것으로 예상됐다. 셋째는 「우정 복당조」 내각과 당의 요직에 앉힌 점이다. 노다 세이코野田聖子 의원을 소비자 행정 담당대신에, 호리 고스케保利耕輔를 정조회장에 각각 기용했다. 만약 호리 정조회장이 우정민영화를 되돌리겠다는 결정을 당에서 했다면 무슨 일이 될지 걱정하는 시선도 나올 정도다. 이로써 후쿠다 2차 내각은 파벌 연합체로 복귀한 자민당과 협력해서 정권 운영을 하겠다며 고이즈미 개혁 노선에서 이탈하는 방향을 밝힌 것으로 보였다. 그것은 또한 정치적 의사결정 방법에서도 볼 수 있었다. 고이즈미 총리 시대에는 총리 중심의 「관저주도」 정책 결정을 도모할 때 상기와 같이 「경제 재정 자문 회의」가 「개혁의 주요 엔진」 역할을 수행했으나, 후쿠다 총리 시대에는 아베 내각 시대의 민간 지식인이 그대로 유임되어, 이는 정책 결정의 장이 아니라 「논의의 장소」로 자리매김해 아베 내각 시대에 진행됐던 「경제 재정 자문 회의」의 유명무실화가 한층 더 진행되고 있는 것으로 보인다.[22]

후쿠다 2차 내각 출범 후 일주일도 지나지 않은 8월 7일에 아소 간사장은 프라이머리 밸런스를 2011년도로 흑자화하는 목표를 연기할 것을 검토할 뜻을 밝혔다. 호리 고스케 정조회장도 「(신규 국채발행 30조엔의) 틀을 끼워 맞추는 것은 내 방식이 아니다」라며, 아소 간사장에 동조했다. 그것은 하나는 선거를 의식한 발언이지만, 그렇다고 해도 높아져 가는 정부, 대기업 공무원에 대한 국민의 불신을 일소하고 장래의 국민의 생활 불안을 해소하기 위해 사회복지제도의 축소가 아니라 적어도 더 이상 개악改惡하지 않고, 그 안정화를 도모하지 않는 한 어떤 정부도 국민의 외면을 받고 말 것이다. 이에 따라 정권을 잃지 않으려는 위기의식도 함께 하여, 당 지도부도 자민당이 선거에서 살아남기 위해, 깨지고 있는 당의 지지 기반을 되살리기 위해, 그리고 급속히 얼어붙은 경기를 살리는 종합 경제정책의 채택을 주장하고 있어 후쿠다 정권은 다시 공공사업 등 「뒤쪽 사회 복지」를 실행하는 「선심 정치」 복귀의 압력을 받게 됐다. 이에 따라 「재정재건파」와 「상승조수파」의 대립뿐 아니라 양자에 대한 「55년 체제」판 「선심 정치」로 되돌리려는 압력이 거세졌다. 이에 후쿠다 2차 내각은 출범 후 경기후퇴에 대처하기 위한 종합경제 대책을 검토하기 시작했다. 재정 규율을 지키려는 요사노 경제 재정 담당 장관과 코앞으로 다가온 총선을 앞두고 제1야당 민주당이 후기 고령자 보험제 폐지, 비정규직 처우의 정규직과 균등한 보장, 농업소득보장, 아동수당 지급, 식품 안전 행정의 종합적 점검과 일원화 등 선거적인 정권 공약을 내놓고 있어 이에 맞서기 위해 아소 간사장은 어느 정도 경기 부양을 위해 재정을 동원할 수밖에 없음을 주장했고 연립 여당인 공명당도 동참해 구체적으로 정액감세定額減稅를 강력히 주장했다. 민주당의 주장에 대해서는, 재원의 뒷받침이 명시되어 있지 않다고 비판해 온 정부도, 정액 감세는 선거에 효과가 좋지만, 적자 국채를 발행하지 않고는 그 재원을 충당하는 방안은 없으므로, 요사노 대신을 비롯한 재정 재건파에 의해서 반대되었다. 그러나 후쿠다 총리는 아소 간사장과 공명당에 밀려 정액감세 재원 충당안은 가을에 검토하기로 타협이 이뤄졌고 종합경제 대책을 위한 추경 예산안에 정액감세 실시가 포함됐다. 다음으로 후쿠다 수상은 노다 소비자 행정 담당 대신에게 검토를 명하고 있던 「소비자청」창설에 착수했다. 이로써 추경 예산안과 소비자청 설치안을 확정하고 9월 소집이 예정된 임시국회에 임할 태세가 갖춰져 있었다. 그런데 느닷없이 9월 1일 후쿠다 총리는 사임을 표명했다. 1년 안에 두 총리가 사퇴하는 기이한 사태가 벌어진 것이다.

 후쿠다 총리의 사임 이유 중 하나는 「여소야대」 국회에 직면해 정권 운영은 누가 해도 잘 안 된다는 것이 드러난 점이다. 후쿠다 내각은 「여소야대」 국회에 직면하여 상기와 같이 야당의 민주당 안을 통째로 수용하는 형태로 일본 정치 개조를 위한 가장 중요한 공무원 제도 개혁을 성립시켰지만, 그 밖의 법안에서는 「권력의 여득」에 의지할 수밖에 없었기 때문이다. 그 경과를 보면, 2007년 11월, 미국의 테러와의 전쟁을 지원하는 인도양에서의 미국 함대에의 해상 자위대의 급유 활동을 법적으로 근거하는, 이른바 「테러대책특별조치법」의 기한이 지났기 때문에, 해상 자위대를 철수시키지 않을 수 없는 사태가 되었다. 그래서 후쿠다 내각은 이듬해인 2008년 1월에 급유 활동을 1년간 더 계속할 수 있는 새로운 「테러대책특별조치법」을 중의원에서 3분의 2의 「권력 여득」을 이용하여 재가결시켰다. 2월에는 예산안과 세제 개정 관련 법안을 중의원에서 강행채결했다. 5월에는 자민당 도로족道路族이 요구하는 도로 특정 재원을 10년간 유지하는 개정 도로 정비 재원 특례법을 재가결시켰다. 또 그동안 일본 은행 총재 인사안이 참의원에서 두 차례나 부결돼 총재직은 승인됐지만, 부총재는 승인되지 않아 공석인 상태. 민주당은 이 같은 일련의 정부 행위를 가장 「최근의 민의」에 위배 된다는 이유로 6월 후쿠다 총리에 대한 「문책 결의안問責決議案」을 참의원에 제출해 가결했다. 문책 결의안은 중의원의 내각 불신임안과는 달리 헌법과 법률에 근거한 법적 구속력은 없지만, 주권 기관인 국회의 한 참의원이 총리에게 불신임을 채택한 것이므로 그 정치적 영향력은 크다고 할 수 있다. 그것은 그로 인해 도의적 의미에서도 총리의 권위가 실추되었을 뿐만 아니라, 다음에 개최되는 참의원에서 야당의 심의 거부의 빌미가 될 가능성이 생겼기 때문이다. 또 다른 이유는 머지않아 치러질 총선에는 국민에게 인기가 있는 새 총재를 뽑아 총선에서 승리할 당의 태세를 갖추어두고 싶었던 점일 것이다. 그 외에도 여러 가지 이유가 있었던 것 같다. 예를 들면, 상기대로 2009년 1월에 시한입법인 「대러대책특별조치법」의 기한이 끝나기 때문에 새 법을 중의원의 재가결로 다시 성립시키지 않으면 안 되었지만, 공명당이 거기에는 소극적인 자세를 보이고 있고, 또한 공명당이 일대 세력을 형성하고 있는 도쿄도 의회 선거가 2009년 7월에 치러지게 되어 있음을 들어 공명당은 그 준비를 위해 충분한 시간이 필요하다며, 가능한 한 빨리, 늦어도 연내나 내년 초에는 총선을 주장하며, 그 주장을 거부하면 중의원의 「권력의 여득」도 쓸 수 없기 때문에 마음에 내키지 않는 공명당의 주장에 따를 수밖에 없는 진퇴양난進退兩難에 몰려 정권을 내던졌다고 볼 수 있을 것이다. 후쿠다 총리의 갑작스러운 사임에 대해 2008년 9월 14일 「도쿄 신문」 사설에서는 「총선에서 민주당에 대항하기에는 자신보다 인기가 높은 아소 타로 자민당 간사장 아래에서의 해산이 더 낫다고 판단한 필사적인 행동이었을 것이다」라고 추론되면서 「아베 신조 씨에 이어 2대 연이어 정권을 내던지는 것은 너무 무책임하다는 비판이 소용돌이치고 있다」고 개탄하고 있다. 후쿠다 총리의 갑작스러운 사임은 물론 무책임하지만 무모한 것은 아니며 나름대로 자민당 정치인으로서의 냉정한 판단에서 나온 것이었다고 추측된다. 9월 21일부터 민주당 임시전당대회가 열리고 23일 오자와 대표가 3선 무투표로 되어 있었는데, 그 시기에는 TV에서 민주당이 클로즈업될 가능성이 있기 때문에 그 시기에 자민당 총재선거를 실시하면 국민의 관심을 자민당으로 돌릴 수 있고, 총재선거운동을 그때까지 전국적으로 계속한다면 고이즈미 전 총리가 총재선거를 치르던 시절과 마찬가지로 총재선거극장이 대중매체에 상영될 거라는 깊은 추측을 하고, 그것은, 퇴진에 있어서, 「두근두근한 총재선거」를, 이라고 호소하고 있는 점으로부터도 추론되기 때문이다. 일본 전체를 위해서라기보다는 자민당의 위기를 기회로 바꾸는 작전의 실행이라는, 자민당 생존을 위한 필사적인 행동에 나선 것으로 볼 수 있을 것이다. 이러한 후쿠다 수상의 마지막 정치 행동에는, 소선거구 선거제 도입 이후 선거를 거듭하는 동안에, 소선거구 선거제가 양대 정당화를 촉진하고, 그 귀결로서 국민 사이에 인기가 있다고 보는 정치가를 당수로 내세워 선거를 치루는 경향이 강해지면서 일본 정치에 있어서도 국가가 당면한 문제를 해결하는 정책을 겨루는 것이 아니고, 매스 미디어가 만들어 낸 정치인에 대한 이미지에 영향을 받는 「국민의 인기」에 일본의 장래를 걸 대중영합주의 정치에 기울어짐이 거세진 것을 엿볼 수 있는 것 같다.

자민당에서는 후쿠다 총재직 사퇴에 따라 9월 10일 총재선거 고시를 하고, 입후보자 신고를 접수한 뒤 22일 양원 의원 총회에서 차기 총재선거를 치르는 일정이 잡혔다. 아소 간사장이 입후보를 선언했다. 이미 자민당 간부들 사이에서는 아소 간사장을 차기 총재로 선출하는 시나리오가 나와 있었다. 그 밖에 「상승조수파」에서는 코이케 유리코小池百合子 전 방위상, 「재정 재건파」에서는 요사노 경제 재정 담당상, 이시바 시게루石破茂 방위상, 이시하라 노부테루石原伸晃 전 국토교통상의 4명이 입후보했으므로, 축제 분위기로 떠들썩하게 선거전을 북돋우려고 계획되고 있었다. 21일까지 10여 일간 도쿄를 시작으로 전국 유세가 시작됐고 처음엔 매스미디어도 5명의 주자의 주장을 다뤘지만 5명의 주장에 공통된 것은 「민주당에 정권을 건네줄 수 없다」라는 것으로 후반 들어 톤이 낮아졌다. 고이즈미 전 총리가 출마한 2001년 4월 자민당 총재 선거 때처럼 매스미디어가 5명의 후보자의 움직임을 연일 TV에 방영해 준다면 이를 통해 자민당의 인기를 만회할 수도 있었을 텐데, 매스미디어도 과거의 경험을 통해 학습하고 자민당이 속셈에 가담하기를 주저하게 됐다. 아소 간사장은 과거 총재선거에 세 번 도전해 패배로부터 승리하기 위한 기법을 전수 받았다. 모델은 고이즈미 전 수상이다. 국민의 인기를 얻기 위해서, 상술한 것처럼, 만화 애독자임을 선전 하거나「만화 오타쿠족」이 모이는 아키하바라秋葉原에서 연설회를 열어, TV에 끊임없이 화제를 제공할 뿐만 아니라 소선거구 도입 후 그 중요성이 부쩍 늘어난 자민당 지부의 지방표를 얻기 위해 고이즈미 전 총리로부터 고배를 마신 하시모토 총리의 경험을 통해 열심히 지방 지부를 돌며 자민당 지구당 지지 획득에 전력을 기울였다. 그런 보람이 있어 23일 개표에서는 의원표의 56%, 지방표의 95%를 얻어 아소 타로 간사장이「네 번째 정직」이라고 할까 제23대 자민당 총재로 선출됐다. 압승이었다. 이로써 24일 중의원에서 차기 총리로 선출돼 염원하던 총리에 취임하게 됐다. 이번 총재 선거에서는 후보자들이 난립하고, 계파의 힘이 거의 작동하지 않아, 당의 질서가 흐트러지고 있으며, 구심력 있는 인재들이 고갈되고 있으며, 더욱이 세습 의원의 취약성과 정치인들의 퇴화가 심화 되고 있음을 보여줬다. 또한 후쿠다 총리 사임 후 약 20일간 총재선거에서 축제소동의 공허함만 남았고 자민당이라는 정당도 그 끝이 시작되었음을 상징했다.

(d) 아소 내각의 성립과「구조개혁」노선에서의 일탈

아소 총리는 상기했듯이 다나카가 꼽은 총리가 될 네 가지 조건을 일단 갖춘 정치인이었다. 각료나 당직자 시절 그의 주장이나 행태를 보면 스테이츠맨이 아니라는 것은 확실하다. 그는 시대의 정치적「강자」에 영합하고, 자리를 차지하기 위해 변절을 거듭하며, 정치 상황에 따라 그 주장을 바꾸고 있는 것처럼 보인다. 예를 들어 고도 경제성장기에는 재정 출동을 크게 주장했고, 고이즈미 내각 탄생 후에는 「구조개혁」 노선에 맞추어 정조회장에 취임했다. 또한 2003년 9월에 총무상에 취임했다. 그러나 관료들에 끌려 우정 민영화에 반대하다가 우정 민영화를 쟁점으로 하는 2005년 9월 중의원선거에서 고이즈미 총리가 압승하자 표변豹変해 우정 민영화에 찬성했다. 이후 10월에는 외무장관에 발탁되었다.[23] 총리에 취임해 일본 경제가 경기후퇴에 직면한 상황을 파악하고 재정 출동을 크게 주장했으며 풍향계처럼 우세한 시류에 영합하며 끊임없이 자신에게 각광 받는 자리를 찾아왔음을 잘 알 수 있다. 아소 총리는 당 총재로 선출된 뒤 우선 당 4역 인사에서 간사장에는 자신의 밑에서 간사장 대리를 맡고 있던 호소다 히로유키細田博之를 승격시켜 간사장에 임명하고 나머지 3개 직책은 유임시켰다. 다음으로는 가와무라 타케오河村健夫 전 문부과학상을 관방장관으로 임명하고 마스조에舛添 후생노동상, 노다 소비자행정담당상을 유임시켜 총재선거에서의 대립 후보 두 명, 즉 요사노 가오루 전 경제재정담당상을 유임시키고 이시바 시게루 전 방위상을 농림수산상에 임명했다. 다른 각료들에 대해서는 파벌에 얽매이지 않고 「맹우盟友」로 불리는 사람들을 뽑았다. 따라서 「원맨」 인사라는 비판도 있고 「친구 내각」이라는 말도 나왔다. 단지 한 가지 주목받는 것은, 적극적인 재정 출동론자인 나카가와 쇼이치 전 정조 회장을 재무상 겸 금융상에 충원한 점이다. 아소 총리는 일본 경제가 「전치全治 3년」이므로 우선 경기부양책이 필요하다고 거듭 말하고 있어 만약 아소 정권이 장기 집권한다면, 「구조개혁」 노선이 버려질 가능성이 생겼다. 그뿐만 아니라 행정개혁으로 인해 대장성이 재무선과 금융청의 둘로 분할되었는데, 이 두 부처를 나카가와 대신에게 겸무시킨 것은 미국발 금융 위기에 신속히 대처하기 위한 것으로 칭해지고 있었지만 권한 비대의 우려가 있다고 볼 수 있다. 만약, 장래 겸무가 상시화되면, 「성안省中의 성省」이었던 구 대장성의 부활로 연결되어, 수상을 중심으로 하는 「관저 주도」의 정치적 의사결정 방식도 후퇴할 수도 있다고 생각되었다. 그 밖에 눈에 띄는 것은 국민들 사이에 인기 있는 「선거의 얼굴」로서 여성 각료를 둔 이점이 감안 되어 노다 대신 외에 오부치 전 총리의 딸로 34세의 오부치 유우코小渕優子 의원을 소자화小子化 담당상에 기용하게 한 점이다. 다음으로 각료 18명 중 11명이 2세, 3세 정치인이다. 그 11명 중 전직 총리였던 후손들이 4명이나 됐다. 더욱이 식민지 지배나 침략의 과거를 솔직히 인정한 1995년 무라야마 총리 담화 등을 비판해 온 의원 그룹의 간부인 나카가와 재무상 겸 금융상과 나카야마 나리아키中山成彬 국교상 등이 내각에 줄지어 있고, 또 가와무라 관방장관을 비롯해 「복고적」 내셔널리스트의 보금자리인 문교족文教族이 많아 후쿠다 내각 시절과 비교하면 강경파 색이 한층 강해졌다. 아무튼 아소 총리는 1년 이내에 총선을 앞두고 있었기 때문에 여당 내에서 일하는 내각이 아니라 「선거 관리 내각選挙管理內閣」으로 받아들여졌다. 따라서 국민 사이에 인기가 있다고 간주 되는 총리 한 명만 눈에 띄면 충분하다는 자각 아래 만들어진 내각이라는 평가를 받았다. 그 말은 새 내각 출범에 즈음해 「대신병환자大臣病患者」인 자파 의원을 내각에 보내려는 각 파벌의 기대를 결국 저버리는 것이었다. 그러므로 모리 전 총리의 표현을 빌리면 각 파벌은 만약 당장 해산하지 않고 연명을 도모하게 된다면 아소 내각은 「배신내각背信內閣」[24]이라고 하게 될 것이다. 전 파벌, 즉 계파가 내각을 응원할 태세에는 없다는 것이다. 따라서 이러한 당

내 사정을 보더라도 아소 내각에 대한 당 안팎의 기대는 곧바로 선거를 단행하는 것이었다고 말할 수 있다.

아소 내각은 정치적 의사결정에 관해서뿐만 아니라 정책 방향성에서도 고이즈미 시대부터의 이반이 있었다. 우선 총리 중심의 「관저 주도」의 정치적 의사결정 방식에서 고이즈미 내각 시대에 집정 중추이자 「개혁의 주요 엔진」역할을 했던 「경제재정자문위원회」의 민간 지식인 4명도 10월 3일 그 진용을 일신했다. 경제계에서는, 죠 후지오張富士夫·토요타 자동차 회장, 미타무라 아키오三田村明夫·신일본 제철 회장의 두 명, 학식 경험자는 구경제기획청 근무 후 도쿄대학 교수 일본 은행 부총재를 역임한 이와타 가즈마사岩田一政 내각부 경제사회종합연구소장, 사회 보장 국민회의 좌장을 맡고 있는 도쿄대 대학원 교수 요시카와 히로시吉川洋 등 2명이다. 앞서 기술한 바와 같이 후쿠다 내각에서는 아베 전 총리가 뽑은 멤버가 그대로 유임됐으나 이번에 모두 교체됐다. 「니혼게이자이신문日本經濟新聞」(10월 4일)에 따르면 정계에서는 「경제계에서 발언력의 강한 토요타와 신일본 제철이 정권을 지지하는 구도를 노린 것」이라고, 「동 회의의 특색인 시장 중시의 이미지는 약간 엷어져, 경기대책이나 금융 불안, 사회 보장에 대응할 수 있는 견실한 포진」이 되어, 「아소 칼라가 배인 모습」이라고, 해설 되었다. 「아사히 신문」(10월 4일)에서 이 회의를 주관하는 요사노 경제재정담당상은 정책 결정에 대해 여당과의 관계를 중시하는 입장이다. 자문 회의를 『정책 결정의 장政策決定の場』이 아닌 『토론의 장討論の場』으로 규정해 놓고 있다는 것이다. 민간 지식인의 새로운 멤버에 관한 각 신문의 논평에서도 나타나 있듯이 아소 내각은 정책 방향에서 고이즈미 내각의 「구조개혁」 노선에서 벗어나, 나아가 정치적 의사결정 방식으로서 총리 중심의 「관저 주도」형에 있어서도 「집정 중추」의 지위에 있던 「경제재정자문회의」를 이 회의 문자 그대로의 단순한 「자문기관」으로 만드는 방향을 취한 것이다.

그런데 2주간 계속된 자민당 총재 선거기간 동안 농수성이 매각한 사고쌀과 오염된 쌀이 장기간 식용으로 빼돌려진 사건이 발각되어, 그 책임을 물어 농수장관과 농수차관이 사임하고, 연금 기록 대량 조작도 발각되고, 게다가 미국발 금융 위기가 한층 더 깊어져, 대형 증권사인 리먼 브러더스 파산, 미국 최대 보험사인 AIG의 정부 구제 등 대형 사건이 연이어 터지면서 세계적인 금융 불안이 확산해 왔다. 이에 대처하기 위해서 아소 총리는 후쿠다 내각에서 결정한 보정 예산안과 「소비자청」 창설, 「테러대책특별조치법」 등 3가지 안건을 시급히 처리하고, 나아가 추경 예산안으로는 급속히 심각성을 더해 온 경기후퇴에 대처할 수 없으므로 추가적인 제2의 추경 예산안 책정을 생각하지 않을 수 없는 사태에 직면했다. 따라서 「여소야대」국회 문제를 해결하기 위해 추경 예산안이 승인된 뒤 중의원해산이냐, 아니면 그 전에 해산이냐를 말했지만, 글로벌 경제위기가 오면서 해산보다 조속한 경기부양책을 강구 해야 한다는 견해가 강해졌다. 이와 함께 아소 내각 성립 초기에는 당장이라도 해산될 것으로 예상됐지만 아소 총리나 여당 측에서 보면 경기대책만 잘되면 선거에 이길 수 있는 전망도 생기는 것이 아닌가 하는 생각을 하게 되어 그 방향으로 정치의 방향이 잡혔다. 이 움직임에 대해, 빨리 해산하고 국민의 지지를 얻은 강력한 정부 아래서 경기 부양 등 경제 살리기에 나서야 하지 않겠느냐고, 야당은 견제하면서 일본 정치의 「미주迷走」가 시작됐다.

아소 정권은 전술한 바와 같이 조기 해산의 기대와는 달리 경기후퇴를 구실로 국회해산을 미루어 오다가 마침내 2009년 7월 21일에 해산하였다. 동 내각 성립 후 10개월이 경과하고 있었다. 그동안의 국내외 정치 행태를 다시 한번 돌이켜 본다면 세계적으로 정치적 경제적으로 큰 변동이 있었고 시대조류의 큰 전환도 진행되고 있었다. 우선, 외정의 동향으로 보면 미국발 금융 위기는 100년 만에 다시 일어난다는 「세계 동시 불황」을 본격화시켜, 그 원흉인 미국 금융업계의 탐욕스러운 사리 추구를 뒷받침하고, 이를 정당화해 온 신자유주의 경제이론이 급속히 권위를 잃으면서 선진 자본주의 각국에서는 자국 경제를 위기에서 구제하기 위해 「작은정부」로부터 「큰 정부」로 역류하기 시작했고 다시 케인스 경제학의 재검토가 진행될 조짐도 보였다. 그에 따라 「글로벌 자본주의」의 진전도 제자리걸음 내지, 후퇴하기 시작한 것처럼 느껴지기도 했다. 더욱이 「글로벌 자본주의」의 총 본산인 미국에서도 금융 위기는 GM을 포함한 빅 3 자동차 회사 등의 제조업마저 파산으로 몰고 갈 기세를 보이고 있으며, 그에 따라 빈부격차가 심화 되고 미국 사회 그 자체도 존속할 수 없는 지경에 이르렀다. 정책 전환을 요구하는 유권자들은 공화당 조지 W 부시 행정부의 내외정을 비판하고 외정에서는 국제공조, 내정에서는 평등을 기초로 하는 조화로운 사회 재생을 공약하는 민주당의 미국 역사상 첫 버락 오바마 흑인 대통령 후보로 지지를 전환했다. 그 결과, 2009년 1월 21일에 드디어 오바마 민주당 정권이 탄생해, 새로운 세계질서와 경제위기 극복을 위한 재정 출동을 기조로 하는 경제·재정 정책의 전환이 시작되었다. 이러한 세계의 정치·경제 환경의 변용에 대해 아소 정권은 일본이 살아남기 위한 확고한 국가 목표를 세우고, 그것을 목표로 하는 장기적 전략에 근거해 경제위기에 주체적으로 대응하는 것이 아니라, 단지 수동적으로 일회적인 무원칙한 대응을 반복해 「미주」하기 시작했다.

아소 정권의 약 1년 경과를 보면 가장 먼저 정권 출범 5일 만에 나카야마中山 국토교통상이 사임하는 사건이 발생했다. 강경파로 유명한 문교족인 그는 취임하자마자 나리타공항 개설이 늦어진 것은 농민의 「억지 때문」이라거나 「일본은 단일 민족이다」이라거나 「일본 교원노동조합日敎組이 강한 곳은, 아이의 학력이 낮다」라는 실언을 연발했다가 언론이 비판을 받자 이에 책임을 지고 9월 28일 사임했다. 아소 총리는 소신 연설 첫머리에서 후쿠다 전 총리의 갑작스러운 사임과 나카야마 장관의 실언에 대해 국민에게 사죄하는 말로 시작했으며 통상 새 내각이 들어서면 「축하의 시세」로 총리나 내각에 대한 지지율이 높은 것이 보통이지만 아소 내각에 관해선 좋지 않은 숫자를 보여주고 있다. 『요미우리 신문』에 따르면 긴급 여론조사(전화 방식)에서 아소 내각 지지율은 49.5%였다. 『니혼게이자이신문』에 따르면 53%다. 그렇다고는 해도 아베(71%) 후쿠다(59%)의 두 내각 출범 시 지지율에는 미치지 못했다.

야당은 선거세례를 받지 않은 총리가 1년마다 2명씩 사퇴하고 그 뒤를 이은 아소 총리에 대해서는 선거세례를 받지 않은 정권의 정당성을 따져 하루빨리 해산·총선을 실시해야 한다고 공세를 계속했다. 아소 총리에게 유리한 상황이라고 할까, 글로벌 동시 불황의 경향은 점차 가시화되기 시작했기 때문에 시급히 경기대책을 시행해야 한다는 여론의 목소리가 높았다. 게다가 2008년말을 향해, 글로벌 기업의 대표인 도요타, 닛산, 소니 등이 주요 수출처인 미국의 급속한 경기침체로 거액의 적자를 내고, 기업의 체제 재건을 위해서, 파견사원 감축과 정규직 감축을 발표하면서 일본도 급속히 경기침체 국면에 돌입했다. 아소 총리는 해산 후 자민당이 승리해 재집권할 전망이 확실치 않은 데다 정권 교체를 주장하며 상승 기류를 타고 있는 것처럼 보이는 민주당의 해산 요구에 따르기보다는 우선 경기대책을 강구 하는 정책을 펴고 그 성과를 보고 정국 주도권을 장악하려는 쪽으로 생각을 앞서 기술했듯이 바꾸어 갔다. 즉, 아소 수상은, 세계 동시 불황이 표면화되고, 반년 전에 급등했던 원유 등의 자원이나 곡물 등의 가격도 급속히 진정되어 원래의 가격으로 돌아오고, 한편, 대기업의 인원 감축으로 실업자가 급속히 확대되고, 사회불안이 조성되고 있는 경제 환경의 변화에 따라, 그는 그것을 정권 존속의 호기로 보고 우선 내각이 해결해야 할 당면 최대의 과제는 총선이 아니라 경기 부양이라며「정국보다는 정책」이라고 주장하고 나섰다. 9월 말에 경기 부양을 도모하는 제1차 보정 예산안을 각의 결정하고, 10월 중순 그것을 성립시켰다. 그 다음에, 공명당이 요구해, 전 내각이 인정한 정액 감세의 실시 방법으로서 정액 급부금 방식을 취하기로 하고, 그것을 포함한 추가 경제대책을 담은 제2차 보정 예산안 제출을 결정했다. 아소 총리는 국회에서 정액 급부금의 성격에 관한 질문을 받고 처음에는「부조금扶助金」이라고 했다가 그에 대한 비판이 높아지자 전언을 번복해 이번에는 경기부양책이라고 답변하는 등 그 발언이 오락가락해 흔들리기 시작했다. 10월 27일 기자단과의 회견에서 한자를 잘못 읽은 일이 생기고, 그 후로도 한자를 잘못 읽은 일이 계속되어 아소 총리는 만화만 보고 있으니 한자를 못 읽는 것 아니냐며 언론에서 우롱당하기 시작했다. 또 취임 후 총리 공저에서 살지 않고 시부야의 자택에서 관저로 다니고, 돌아올 때는 호텔 등의 바에서 휴식이나 요인과 회담을 거듭하고 있어 총리의 행보는 기존 국민의 총리상과는 거리가 멀어지면서 점차 아소 총리의 권위가 세간에서 경시 받게 됐다. 이로써 아소 총리의 지지율은 두 달도 안 돼 급속히 떨어졌고 자민당 내에서는 선거의 얼굴로 뽑은 총리가 오히려 자민당에 마이너스가 되는 사태로 받아들여졌다. 결국 아소 총리는 해산하고 싶어도 해산할 수 없는 총리로 전락한 것이다. 이어서 다모가미田母神 논문 사건이 일어났다.

2007년 3월 아베 당시 총리에 의해 항공 자위대 막료장〔참모장〕으로 임명됐던 다모가미 도시오 씨는 11월 아파 그룹이 주최한 「진정한 근현대사관」 현상 논문에 응모한 논문에, 「일본은 장개석의 손으로 중·일 전쟁에 끌어들여진 피해자이며, 일·미 전쟁은 루즈벨트의 함정에 빠진 것이니까, 일본은 나쁘지 않다」라고 하는 취지를 발표했다. 이 발언은 『산케이신문』이나 그것이 후원하고 있는 보수·우파계 잡지 『제군諸君』이나 『SAPIO』 등에서는 흔히 볼 수 있는 「복고적」 내셔널리즘의 태평양전쟁관 이지만 현직 항공막료장이 이를 공개적으로 주장하는 것은 일본 정부의 대외적 이미지를 크게 훼손할 뿐만 아니라 미국 및 중국의 인식과 다른 일본의 「복고적」 내셔널리즘의 독선적이기도 하다. 아소 수상은 동씨를 즉시 해직함으로써 무사했다. 이는 세계 동시 불황의 심화로 세계의 주요한 문제는 경제위기 극복에 있으며, 정치 문제는 일시 후경으로 내몰리고 있어 세계 매스미디어의 주목에서 행운으로 벗어날 수 있었기 때문이다. 정치인이라면 누구나 총리가 되기를 꿈꾸고, 설령 조금이라도 길게 근무하면서 뭔가 후세에 이름을 남길 욕심은 인지상정人之常情일 것이다. 아소 총리도 극단적인 강경파색이 안팎에 미칠 영향을 고려해 누가 봐도 시대착오적인 다모가미 항공막료장을 파면이 아닌 해직으로 몰아넣음으로써 내각의 연명을 꾀했다. 이러한 막간극이 있은 후, 그다지 평판이 좋지 않은 정액급부금 등의 재원을 담은 제2차 추경 예산안을 중의원에 제출하고, 다음으로 도로 특정 재원의 일반 재원화에 따른 추가 경기 대책의 하나로 지방교부세를 1조엔 배분하겠다고 표명해 자민당 도로족의 반발을 불러왔으며, 게다가 12월에 책정하는 중기 재정 프로그램 안에, 재정 규율파인 요사노 경제 재정 담당상이 주장하는 소비세 인상 폭이나 시기를 구체적으로 포함 시킬 것을, 아소 수상이 주장해, 자민당의 상승조수파와 공명당의 반발을 샀다. 이처럼 아소 총리의 정책은 일관성이 없다. 라고 하는 것은, 상술한 바와 같이, 아소 정권을 여당이 전체적으로 지탱하려고 하는 태세가 원래 갖추어져 있지 않고, 내각과 총리를 지지하는 강력한 집단이 존재하지 않기 때문에 총리는 각 부처가 일본에 그때마다 제기된 문제에 대해 담당에 관해 그 대책을 개별적으로 입안하고, 그것들이 전체적으로 조정되는 일이 없는 채로 공표하는 것을 방임放任하고 있었기 때문에, 이해관계자인 자민당 내의 의원이나 야당의 격렬한 비판을 부르게 되는 것은 필연이며, 또 그렇게 되면, 곧바로 그 발언을 정정·수정하는 스타일을 반복하고 있었기 때문이다. 그리하여 그 발언이 흔들리면서 총리의 구심력은 점점 낮아졌다. 이처럼 정치적 의사결정 방식도 고이즈미 내각 시절과 반대로 그 이전으로 되돌아가 버린 것처럼 보였다. 참고로 『산케이신문』 12월 9일호에 따르면 아소 총리의 지지율에 대한 각 신문의 여론조사 결과는 다음과 같다. 『산케이신문』27.5%, 『아사히신문』22%, 『마이니치신문』21%, 『요미우리신문』20.9%, 『니혼게이자이신문』31%, 이다.

12월 24일 2009년도 예산안이 각의 결정되고 새해가 밝자 2009년 1월 말 새로 소집된 정기 국회에서 아소 총리는 시정방침을 내놓았다. 거기서 「안심과 활력 있는 사회」 건설을 주창하고 활력 있는 사회를 만들기 위해 무엇보다 당분간은 「경기대책, 중기적으로는 재정재건, 중장기적으로는 개혁에 의한 경제성장」을 주장했다. 즉, 자민당 내 국가의 재정위기 대책을 둘러싸고 대립하는 두 가지 생각, 즉 고이즈미 내각의 유산 계승을 주장하는 상승조수파나 재정규율파의 주장을 일단 받아들이지만, 그러나 당분간 재정 투입으로 경기를 살린 뒤 중기적으로는 재정규율파의 「재정재건」의 요구를, 중장기적으로는 상승조수파의 「개혁에 의한 경제성장의 추궁」을 실현하겠다고 주장하고, 당내의 대립하는 생각을 시간의 연장선상에 늘어놓는 것으로 타협하는 자세를 나타냈다. 그리하여 당분간 과거 자민당 정부가 취해온 재정출동 노선을 다시 취하겠다고 선언함으로써 고이즈미 내각의 「구조개혁」 노선에서 벗어나겠다는 태도를 분명히 밝힌 것이다.[25]

이 같은 움직임에 대해 당연히 당내 반발이 컸음은 물론이다. 우선 와타나베 요시미 (아베 후쿠다 두 내각의) 행정개혁담당상의 탈당 형태로 표면화됐다. 아소 수상은 후쿠다 내각이 결정한 공무원 제도 개혁을 계승해 그것을 추진해야 할 의무를 지고 있었지만, 관료로부터 압력을 받아, 고급 관료의 「반복하는 이직」의 전면 금지를 완화한 것으로, 전 내각의 공무원 제도 개혁에 임하고 있던 와타나베 요시미 전 행정 개혁 담당상이 반발해, 정액급부금에 충당되는 2조엔을 단순히 퍼주기만 하는 것이 아니라 전략적으로 경기 활성화 혹은 예산부족이 문제가 되고 있는 사회복지관계에 집중 투입해야 한다고 주장하고, 정액급부금을 담은 제2보정예산안에 반대해 실제로 중의원 의결에 기권했을 뿐 아니라 나아가 도각倒閣, 신당 창당까지 주장하기에 이르렀고 마침내 2월 13일 자민

당을 탈당했다. 다음으로 아소 총리에 대한 반발은 우정 민영화 문제에서도 나타났다. 일찌기 우정성은 간이簡易 보험료의 운용 방법으로서 전국에 「간포의 숙소かんぽの宿」라고 칭하는 숙박시설(그 안에 호화로운 호텔 같은 것도 있다)을 가지고 있었지만, 민영화와 함께, 그 매각이 행해지고 있었지만, 그 매각액이 일반의 시가보다 현저하게 싼 것이 판명되었다. 하토야마 구니오鳩山邦夫 총무대신은 이를 파악하고, 새로 설립된 우정 공사가 고이즈미 내각 시절 우정 민영화 추진에 관여한 경제인에게 싼 값에 팔고 있는 게 아니냐는 의혹을 제기해 2월 5일 의회에서 문제가 됐을 때 아소 총리는 사실 자신은 우정 민영화 찬성이 아니었다. 그러나 고이즈미 내각의 일원으로서 최종적으로 찬성했다고 발언해 자민당 내 「구조개혁」 지지파의 비난을 받게 됐다. 그뿐만이 아니다. 우정민영화를 취소해야 한다는 국민신당안부터 민영화를 일단 전제로 하고 고이즈미 내각이 설계한 4분사안이 아니라 전면적으로 재검토하는 안까지 그 내용도 다르지만, 어쨌든 고이즈미 내각이 설계한 우정 민영화를 재검토해야 한다는 견해가 강해졌고 이에 아소 총리도 동조하는 태도를 보였다. 이런 움직임에 격앙된 고이즈미 전 총리는 정액급부금을 담은 제2차 보정 안이 참의원에서 부결된 뒤 예정된 중의원 재의결에 불참하겠다고 주장했다. 만약 이에 반아소 세력이 동조했다면 정권의 명맥도 다한 것으로 여겨졌다. 그러나 동조자는 나오지 않았다. 그것은 동조하고 싶어도 소선거구 중심의 경선제에서는 당 간부 위주로 치르기 때문에, 만약에 당 간부의 눈총을 받으면 공천이 안 될 수도 있고, 그렇게 되면 낙선의 위험을 각오하지 않으면 안 되는 의원 심리가 작용한 것, 또 하나는 고이즈미 전 총리는 2008년 9월 25일 다음 선거에 출마하지 않고, 정계 은퇴 선언과 더

불어 정치인의 세습제 비판이 고조되고 있는 가운데 차남을 자신의 후계자로 내세우면서 그 위광이 급속히 그늘지기 시작했기 때문이다. 결국 고이즈미 전 총리 한 사람이 불참해 1월 27일 3분의 2의 「권력의 여득」으로 제2차 추경 예산안이 통과되게 됐다.

고이즈미 전 총리의 「구조개혁」 노선을 뒷받침한 것은 당내 최대 파벌인 「세이와카이」였고, 당연히 아소 총리의 「구조개혁」 노선에서의 일탈 움직임에 대해 「구조개혁」 노선의 계승을 주장하는 상승조수파인 나카가와 히데나오 전 간사장 등의 그룹은 고이즈미 전 총리의 아소 총리 비판에 호응해 아소 비판을 가시화하기 시작했다. 이러한 동요를 수습 한것은 「세이와카이」의 최고고문 모리 전 수상이었다. 아소 총리를 탄생시킨 이상 끝까지 지지하는 것이 자민당원 도리라는 자세로 2월 5일, 3명의 대표에 의한 집단지도제를 개정하고, 「세이와카이」에 새롭게 회장을 설치하여 마치무라 노부타카 전 관방장관을 지명하고, 나카가와씨를 대표로 유임시켜, 실질적으로 격하시키는 「재정裁定」을 내려, 나카가와씨의 움직임을 억제했다. 이렇게 반아소의 움직임은 진정됐지만 내각의 자민당 내 기반은 점점 불안정해졌다.

「아사히 신문」(2월 10일)에 따르면 내각 지지율은 14%로 떨어졌다. 이미 1월 말에는 서점에 「재상 부재」라는 제목의 책이 진열됐고,[26] 아소 정권은 모리 정권 말기와 비슷한 양상을 띠기 시작했다. 그렇지만, 경기대책을 비롯한 경제의 활성화가 지상 과제가 되는 상황에서, 2009년도 예산안은 참의원에서 부결되어도, 3월 말에 자연 성립하기로 되어 있었다. 민주당도 민생과 경기부양에 필요한 일에는 구태여 저항하지 않고 예산안이 통과되면 해산을 하지 않겠느냐는 희망적인 관측 아래 행동했다.

그리고 민주당에 천우라고 할 수 있는 사건이 일어났다. 2월 14일 로마에서 열린 주요 7개국(G7) 재무장관 및 중앙은행 총재 회의(G7) 후 기자 회견에서 나카가와 쇼이치 재정 금융상이 만취한 상태로, 기자들의 질문에 혀도 돌아가지 않는 상태에서 발언해 세계 언론들이 이를 거론하게 하는 추태를 부렸다. 아소 총리 맹우의「만취회견」에 즉각 민주당은 반응해 사퇴를 요구했고 나카가와 대신은 17일 사퇴했다. 따라서 즉각 후임을 임명할 필요가 있었다. 그러나 이는 내각개조로 이어지기 때문에 아소 내각의 지지 정도를 둘러싸고 자민당의 파벌간 관계가 뒤죽박죽인 상황에서 볼 때 내각 개조는 어려웠다. 이에 아소 총리는 요사노 경제재정담당상이 재무장관 금융상을 겸임하도록 했다. 이렇게 해서 요사노 대신은 일본 경제 운영의 3개 요직을 독차지하게 되고, 아소 내각의 최대 과제가 경제위기 극복이라는 점에서 생각하면 요사노 대신은 실질적으로 총리 자리에 오른 것과 마찬가지라는 얘기가 됐다. 그리고 한 달 뒤인 3월 14일 요사노 장관은 런던에서 열린 G20 재무장관 회의에서 티머시 가이트너 미국 재무장관의 재정출동 요청에 동조했다. 마침내 재정규율파의 강경 주창자 자신도 입장 변경을 하게 됐으니 고이즈미 내각의「구조개혁」노선은 부정되게 됐다. 이렇게 해서「개혁 역주행改革逆走」[27]이 시작돼 고이즈미 내각 이전 상태로 자민당이 돌아가고 있을 때 천우가 이번에는 아소 총리를 찾아왔다.

  3월 3일 도쿄 지검은 오자와 민주당 대표의 공설 제일 비서를 불법 정치헌금 혐의로 체포했다. 선거가 있으면 민주당이 승리하고, 당수 오자와가 차기 총리가 될 것으로 누구나 추측하던 차에 민주당의 앞날에 먹구름이 끼었다. 오자와 민주당 대표는「55년 체제」의「뒤쪽 사회 복지」사회를 유지하는 부분(특히 「토건 국가」)을 담당한 대표적인 자민당 정치인의 전형이었다. 그리고 그 체질은 1992년 자민당에서 탈당한 이후에도 불식된 것 같지는 않았다. 그래서 한 정치 평론가는 오자와 민주당 대표의 「목으로부터 위는 카리스마적인 『개혁자改革者』인데, 목으로부터 아래는 다케시타파의 잔재를 질질 끄는 구태의연한 『파벌 정치가』」[28] 라고 평한 적이 있듯이, 그 정치 자금 문제는 끊임없는 주간지의 씨앗이 되어 왔다. 그리고 마침내 그 공설 제일 비서의 체포로 언론은 건설업체인 니시마쓰 西松 건설이 오자와에게 거액의 불법 정치헌금을 했다고 신문이 연일 게재했고 TV도 이를 방영하면서 일거에 오자와 대표에게 결정적인 타격을 입혔다.

  마침내 3월 24일 공설 제일 비서가 기소됐다. 체포 후 민주당 지도부는 이를 「국책 수사」로 보고, 이는 선거를 앞두고 민주당을 겨냥한 「불공정한 권력 행사」라고 주장했고, 만약 구류기간이 만료되는 3월 24일 기소되더라도 싸울 자세를 보였다. 그리고 오자와 연임으로 당내를 정리하고 있었다. 그리고 기소된 24일에 오자와 대표는 「아무것도 양심의 가책을 느낄 것은 없다」라고 주장하고, 법적으로는 문제는 없지만, 「정치와 돈」의 문제로 의심을 받는 이상 자신의 거취는 국민의 판단에 맡기는 모습을 보였다. 반면 자민당은 불법 정치헌금 의혹에 대해 비판하며 「적실 敵失」을 이용해 선거를 유리하게 이끌려는 자세를 보였음은 물론이다. 그렇다고 비판은 강한 것이 아니었다. 라고 하는 것은, 종합 건설 업자의 정당에의 정치헌금의 비율은 집권당인 자민당이 압도적으로 높고, 「검찰도 21세기에 들어서는 극장형 사법으로 되어 있다」[29]라고 하는 검찰에 대한 견해에도 볼 수 있듯이, 이번 검찰의 대응은 총선을 눈앞에 두고 민주당에 대해 불공정하다는 비판도 있고, 앞으로 자민당에도 검찰 수사가 미칠 가능성이 있으므로 이번 불법 정치 자금 문제에 대한 자민당의 민주당 비판은 양날의 칼이 될 수 있어 미온적일 수밖에 없었기 때문이다. 또한 오자와 대표는 3월 17일 기업헌금에 관해 이번에 문제가 된 단체헌금을 전면 금지해야 한다고 주장하고 나섰고, 그것이 여론의 지지를 얻으면 가장 곤란한 것은, 자민당이라는 뜻이기 때문이다. 이렇게 하여 여당인 자민당도 야당인 민주당도 국민의 신뢰를 잃어, 향후의 일본 정치는 「추세는, "바람에 맡긴다."라는 것처럼 모래와 같은 정치」[30]가 되고 있다고 하는 근·현대 일본 정치의 전문가의 미쿠리야 다카시御厨貴교수의 지적대로에 나갈 가능성이 생겨났다.

 고이즈미 전 총리가 적극적으로 활용했던 텔레폴리틱스의 후유증으로 이른바 「여론조사」를 자주 해 「여론」을 마음대로 조작하는 힘을 가진 언론은 고이즈미 정권 이후 거대한 권력으로 「정치의 세계」에 등장하게 됐고 정국을 좌우할 정도로 그 비중이 높아졌다. 언론은 보도의 중립성을 표방하면서 실질적으로는 기득권 쪽에 유리한 쪽으로 「여론」을 유도하기 시작했다. 이러한 새로운 「미디어 정치」 시대에 언론의 가치관에 반하는 정치인이나 정당은 특히 대중 민주주의 시대에서는 살아남기 어렵게 되었다. 이 경향은 민주당에도 해당한다고 할 수 있다. 정권 교체를 외치는 민주당에 대한 국민의 지지가 자민당에 비해 높아지자마자 「정치와 돈」을 둘러싼 문제를 언론이 일제히 다루면서 오자와 이치로에 대해 때리기를 조직적으로 전개했다. 그러면서 자민당도 다시 살아나기 시작했다. 그것은 곧 「여론조사」에 나타났다. 「아사히 신문」 조사에 따르면 13%였던 아소 내각에 대한 지지율은 26%까지 회복됐다. 그에 비해 오자와 민주당 대표의 사임을 요구하는 소리는 60%에 이르렀다(4월 21일). 정권 교체가 가능한 것처럼 보였던 총선을 눈앞에 두고 오자와 민주당 대표는 염원이었던 정권 교체를 실현하는 데 자신이 당 대표로 있는 것이 걸림돌이 되고 있다는 당내 반오자와 세력의 비판과 「여론」의 동향을 고려해 마침내 5월 11일 대표직을 사퇴했다. 민주당 대표 선출 규정에 따르면 당 대표가 중도 탈락할 때 양 의원 총회에서 선출하게 돼 있어 5월 17일 양 의원 총회가 개최됐다. 하토야마 유키오 간사장과 오카다 가쓰야岡田克也 전 당 대표 두 사람이 출마했고 선거 결과 하토야마 유키오 간사장이 새 당 대표로 선출됐다. 하토야마 대표는 총선을 앞두고 선거 지휘를 맡아 온 오자와 전 대표를 선거담당 대표대행에 임명하고, 상대 후보인 오카다 가쓰야 전 대표를 간사장에 임명했다. 이어 간 나오토菅直人 전 대표를 대표 대행으로 임명했다.

이로써 민주당은 새 지도부 아래에서 다가온 총선을 향해 다시 뛰기 시작했다. 5월 15일, 16일 실시된 「요미우리 신문」의 「여론조사」에서 차기 총리로 적합한 사람은 하토야마 대표가 42%, 아소 총리가 32%로 하토야마 대표가 지지율에서 10%포인트나 앞섰다(요미우리신문 5월 18일). 그리고 사이타마埼玉 시장 선거에서 민주당 후보가 승리했다. 그런데 하토야마 당 대표의 고인故人헌금 문제라는 「정치와 돈」 문제가 다시 고개를 들었다. 하토야마 대표의 비서가 정치자금수지결산서 수입란에 기부자 이름에 사망자나 실제 기부하지 않은 사람의 이름을 기재해 고인의 헌금 문제가 불거졌다. 그 자금은 기업으로부터 부정하게 받은 것이 아니라, 자기 자금, 특히 자산가인 어머니로부터 증여받은 것이었다. 비서가 정치자금법에 따라 수입을 기재할 때 허영虛榮으로 기부가 많았음을 보여주기 위해 멋대로 허위 기재를 했다고 한다. 하토야마 대표에 대한 비판이 다시 불거졌지만, 6월 3일 하토야마 대표가 기자회견에서 그간의 사정을 설명하고 비서가 한 허위 기재에 대해 사과했다. 겨우 민주당은 언론의 때리기에서 탈출에 성공했고, 하토야마 대표 선출 한 달 뒤인 6월 20일 「여론 조사」에서는 오자와 대표 사퇴와 하토야마 대표의 진사로 민주당에 대한 지지율도 올라 45.9%에 이르렀다.

  한편, 아소 내각은 3월 27일 예산 및 예산 관련 4개 법안을 통과시키고 5월 말 네 번째 추경, 소비자청 설치 법안을 통과시켰다. 이어 6월 12일 일본 우정 사장 연임을 둘러싼 의견 대립으로 하토야마 구니오 총무상을 경질하고 6월 23일에는 「경제 재정 개혁의 기본방침 2009」를 결정해 중의원 의원 임기가 끝나는 9월 25일까지 해산하지 않고 정권을 유지하겠다는 태도를 보였다. 7월 5일 시즈오카겐静岡県 지사 선거에서 민주당 후보가 당선됐고, 일주일 뒤인 7월 12일 도쿄 도의회 선거에서도 민주당이 승리했다. 마침내 아소 총리도 7월 13일 해산 의사를 밝혔다. 다음 날인 14일 민주당이 제출한 내각 불신임안이 중의원에서 부결됐지만, 참의원은 아소 총리 문책 결의안이 가결됐다. 아소 총리는 다가오는 총선에서 자민당이 승리하여도 참의원 참석이 거부된 이상 아소 정권의 앞길은 막힌 것이 됐다. 마침내 7월 21일 중의원해산이 각의에서 결정됐다. 투표일은 8월 30일로 결정됐다.

미주

1) 『아사히신문』 2005년 1월 30일, 와카미야 요시부미 「풍고계: 자민당 50년·「총리의 조건」이마이즈코」.
2) 모리모토 테츠로 편저 『현대 일본의 정치와 정책』 법률문화사, 2006년, 133~137쪽; 노나카 나오토 『자민당 정치의 종말』 찌쿠마쇼보, 2008년, 62~64쪽. 사타카 마코토 『고이즈미 준이치로의 사상』 이와나미 북클릿 No.546쪽, 2001년.
3) 오오타케 히데오 『일본형 파퓰리즘-정치에의 기대와 환멸』 중공신서, 2003년, 50~55쪽.
4) 상게서, 88~89쪽, 165~167쪽. 어느 저널리스트에 의하면, 정치 제휴를 신청한 것은 다나카 마키코 의원이었다고 한다(우에스기 타카시 『다나카 마키코의 정체』 소우시사, 2002년, 10~12쪽).
5) 이이오 쥰 『정국으로부터 정책으로-일본 정치의 성숙과 전환』 151~154쪽.
6) 노나카 나오토, 상게서, 103~109쪽.
7) 이이지마 이사오 『고이즈미관저 비록』 일본 경제 신문 출판사, 2006년, 58쪽.
8) 우치야마 토오루 『고이즈미 정권-「파토스의 총리」은 무엇을 바꾸었는지』 중공신서, 2007년, 4~10쪽; 또한 고이즈미 총리 등판 후의, 고이즈미, 다나카 마키코 두사람에 의한 TV를 적극적으로 이용하고, 직접 일반대중으로부터 그 지지를 조달하고, 자신들이 생각하는 방향으로 정치를 방향 지으려고 하는 새로운 정치 스타일에 대해서는, 앞의 주에 있는 오오타케 교수의 저작에서 「매스·미디어와 정치 과정」이라는 관련에 대해 고찰되고 있다.
9) 히가시다 신지, 상게서, 58쪽; 우치야마 토오루, 상게서, 35~46쪽. 또한

시미즈 마사토는 고이즈미내각 시대의 정책결정 과정의 무대 뒤에 대해 다음과 같이 말하고 있다. 고이즈미 총리의 중의원 당선 이래의 비서로 또한 심복 이이지마 이사오 총리 비서관이「재무성을 시작으로 가스미가세키의 관료 기구를 끌어당겨 무리한 고이즈미류 리더쉽의 틈새를 메우고 있었다. 다케나카가 경제재정자문 회의에서 일한 스탭은, 개인적 인맥으로 모은 사실상의 정치 임용이라고도 말할 수 있는 소수 정예. 구총리부와 구경제기획청을 모체로, 각 성 파견자들이 모인 세대로, 내각부라고 하는 본래의 사무국 조직은 사용하기 불편하다고 하여 멀리하기 쉽상이었다.……관저 주도라고 해도 고이즈미라고 하는 파괴 힘이 돌출한「고이즈미 개인 상점」의 색채가 더욱 강했던 것이 실태다.」(시미즈 마사토『총리의 차질-포스트고이즈미·권력의 황혼』일본 경제 신문 출판사, 2009년, 상게서, 130~131쪽.)

10) 우치야마 토오루, 상게서, 54~104쪽. 또한 일본 도로공단 개혁, 우정 민영화, 자위대의 이라크 파병, 북한 납치 문제로 나타내 보인 고이즈미 총리의 포퓰리즘을 사례마다 분석한 연구로서 오오타케 히데오『고이즈미 쥰이치로 포퓰리즘의 연구-그 전략과 수법』(동양 경제 신보사, 2006년)이 있다. 또한 고이즈미 총리에 의한 개혁을 정치적 의지결정 레벨에 초점을 맞힌 분석으로서 시미즈 마사토, 상게서 외에, 동씨의 저작『관저 주도：고이즈미 쥰이치로의 혁명』(일본 경제신문사, 2005년)이 있다.

11) 타케나카 하루카타, 상게서, 158~160쪽, 241~246쪽.

12) 『아사히신문』2006년 10월 30일, 와카미야 요시부미「풍고계·와카미야·닷 대담」. 또한 고이즈미 총리을 중심으로 하는「관저」가 외교 정책에 대해 중심적인 역할을 완수한 점을, 테러 대책특별조치법, 유사 관련법, 이라크특별조치법의 제정이나 자위대 파견의 사례에 입각해서 연구한 문헌으로서 노부타 토모히토『관저 외교-정치적 리더쉽의 행방-』(아사히

추천도서, 2004년)이 있다.
13) M·웨버 저·와키 케이헤이 역 『직업으로서의 정치』(1919년), 77~78쪽, 89쪽.
14) 제1부 제4장주(11)에서, 전후 일본에서는 사회민주주의 세력은 약체였지만, 그러나 정치적 이데올로기로서는 강력하고, 그것은 자민당내에서도 우세했다는 독창적인 견해를 오오타케 교수가 지적하고 있는 점을 소개했다. 자민당내의 사회민주주의 노선을 대표하는 오자와 이치로가 자민당을 깨고 나와 간신히 야당인 민주당 대표로 취임한 것은 정치적 이데올로기의 관점에서 본다면, 당연하다면 당연한 추세였다고 하겠다.
15) 쿠사노 아츠시, 상게서의 「제4장 민주당 파벌과 정권의 가능성」에서, 동당을 구성해 있는 제 그룹의 개설이 있다.
16) 시미즈 마사토『총리의 차질』일본 경제신문사, 2009년, 131~133쪽.
17) 시미즈 마사토『헤세이 민주주의』찌쿠마 신서, 2008년, 233쪽.
18) 우에스기 타카시『관저 붕괴-아베 정권 미주의 일년』신쵸샤, 2007년, 145쪽.
19) 앞의 주(16)와 주(17)의 저작은 1년간의 아베 내각 움직임에 대해 아베 총리와 그를 지탱하는 팀 아베(이노우에 요시유키 비서관, 시오자키 야스히사 관방장관, 세코 히로시게 홍보담당 보좌관)과, 고이즈미 총리와 그를 지지한 이지마 이사오 비서관팀을 대비시켜 아베 총리가 정 의 정치가라면 고이즈미 총리가 비정 의 정치가로서, 각각의 정권 운영 모습이 생생하게 묘사되고 있어 아베 내각의 1년간의 정치동향을 보는 데 유익하다.
20) 미쿠리야 타카시『허무주의의 재상·고이즈미 준이치로 론』PHS 신서 405, 2006년, 45쪽, 114쪽, 182쪽, 209쪽.
21) 민주당의 「가스미카세키 개혁·공무원 제도 개혁 법안」의 골자는 다음과

같다. 관방장관을 장으로 하는 내각 인사국을 신설해, 심의관·부장 이상을 「간부 공무원직」으로서 일원 관리한다. 현행 캐리어 제도는 정부안과 마찬가지로 폐지하고 종합직, 일반직, 전문직으로 분류해 중도채용시험도 설치한다. 능력 및 실적에 따른 처우, 등용 실현. 정부안에서 보류된 노동기본권의 부여는 「비현업 일반직 국가 공무원에게 협약 체결권을 인정할 방향」이라고 명기. 향후 3년간 정도 범위 등을 검토한다. 정부안에는 없는 낙하산 알선 금지와 국회의 기능 강화가 담겨 있다. 마지막으로 정치인과 관료의 접촉 제한은 정부안과 달리 마련하지 않는다. 접촉 내용의 대신 에게의 보고나 정보 공개 기준의 정비로 투명성을 확보한다, 등.

22) 『아사히신문』(2008년 9월 18일), 「개혁 엔진 멈춤 외롭운 막·후쿠다 정권하의 경제재정자문회의」.

23) 아소우 총리의 가계·인품 및 자민당 정치가로서의 활동에 대해서는, 참조 :『일본 경제 신문』2008년 9월 23일, 「아소우씨, 총재까지의 행보」;『아사히신문』 2008년 9월 23일, 「찬밥도 먹은 셀리부-아자부·자민 신총재의 사람이 되어」; 오오시타 에이지 「아소우 타로 총리의 본모습과 역량」, 『시오』(2008년 11월).

24) 2009년 1월 21일의 『아사히신문』과의 인터뷰에서의 모리 전 총리의 발언.(『아사히신문』 2009년 1월 22일).

25) 시미즈 마사토 『총리의 차질』 33쪽.

26) 우에스기 타카시 『재상 부재-리더없는 국가의 말기 증상을 폭로』(다이아몬드사, 2009년 1월).

27) 아소우 내각의 정치적 방향성을, 아베·후쿠다 양 내각의 경제재정자문회의를 주재 한 오타 히로코 경제재정담당상은 「개혁 역행」이라고 비판하고 있다. 오타 히로코 『개혁 역행』 일본 경제 신문 출판 회사, 2010년 5월.

28) 프로파일 「정계를 계속 움직인 "괴물"의 본 모습」 안의 이토우 아츠오씨

의 평. 『SAPIO』 2008년 10월 22일, 17쪽.
29) 미쿠리야 타카시 『정치의 끝, 정치의 시작-포스트 고이즈미에서 정권 교체까지』(후지와라 서점, 209년), 2009년, 111쪽.
30) 미쿠리야 타카시 「이젠 하야하고 다시 시작하는 것 외에 활로는 없다-아소·나카가와 문제가 나타내는 자민당의 자연사」 『중앙공론』 2009년 4월, 63쪽.

제3장 역사적 정권 교체와 「결정 중추」 제도 재편의 모색

1. 하토야마 정권하에서의 「결정 중추」 제도 재편의 시동

 2009년 8월 30일 투표 결과 제1야당 민주당이 그 의석을 세 배로 늘려 절대다수를 차지했다. 이렇게 하여 정권 교체가 이뤄졌다. 민주당 정권에 대해 말하기 전에, 지금까지의 동당의 변천을 간단하게 되돌아보고 싶다. 처음에 왜 민주당이라는 정당이 출현했는지 그 이유부터 간단히 짚고 넘어가야 한다. 본서 제2부 제2장의 2의 (a)에서 고이즈미 정권 시대까지의 동당의 움직임을 이미 소개하고 있으므로 중복되는 경향이 없다고는 말할 수 없지만, 양해를 구하고 싶다.

 돌이켜보면 1993년 8월에 수립된 호소카와 정권의 출범은 오늘날에서 본다면 전후 일본 정치의 전환점이었던 것 같다. 그것은 다음 점에 나타나 있었다. 첫째는 시대의 전환이 일으킨 정변政變이었다는 점이다. 알다시피 동서 냉전 종식으로 전후 구축된 「55년 체제」를 존속시켜 온 대외적 환경이 격변하기 시작했다. 일본은 이제까지 미일 안전보장조약에 의해 그 대외적인 안전이 보장되고, 미국이 강요한 「평화 헌법」과 더불어 「평화의 동산」이 구축되어 있었다. 이 상태를 존속시킬 대외적 조건은 점차 상실되어 가고 있었다. 또한, 이케다 내각에 의해 실시된 고도 경제 성장정책에 의해 일본은 GDP가 세계 제2위의 경제 대국으로 약진하여 1억 총 중류라는 풍요로운 사회가 만들어졌지만, 냉전 종식과 동시에 고도 경제 성장정책이 가져온 거품 경제도 붕괴하기 시작했다. 또한 세계 경제에서도 이미 글로벌 자본주의경제가 확립되기 시작하고, 산업구조도 일본의 고도 경제성장을 가능하게 한 중후장대重厚長大 산업에서 고도 정보기술 산업으로의 전환이 진행되고 있었다. 따라서 이러한 국내외 정치·경제 환경의 격변에 대응하는 새로운 일본의 정치·경제 시스템의 재구축이 객관적으로 필요했다. 이러한 시대의 변화를 감지하고, 어쨌든 종래의 성공한 정책 지속을 고집하는 집권 자민당을 개혁해 동당을 새로운 시대에 대처할 수 있는 정당으로 바꾸든지, 아니면 그것이 불가능하다면 자민당을 대체할 새로운 정당을 창당하든지 그중 하나가 시대 과제로 제기되었다고 할 수 있다. 그러한 「시대의 과제」에 임하기 위해서, 우선 「정치 개혁」이 필요하다고 주장되었다. 이 「정치 개혁」을 실천하려고 한 것이 오자와 이치로가 인솔하는 신생당만이 아니었다. 구마모토겐熊本県 지사를 그만두고 중앙 정계에 진출한 호소카와 모리히사는 이러한 「정치 개혁」의 필요성을 1992년 6월호 『분게이슌주文藝春秋』誌에서 주장하고 그 주장에 찬성하는 자를 규합해 일본신당을 창립해 바로 맞이한 참의원 선거에서 4석을 획득했다. 그리고 이듬해 7월 중의원선거에서는 35석을 얻었다. 이들 35명의 의원 중에 후술하는 「마쯔시타 세이게이주꾸松下政経塾」 출신이 7명이나 포함돼 있었던 점은 눈여겨볼 만하다. 그중에 민주당의 간부가 된 마에하라 세이지前原誠司, 타루토코 신지樽床伸二가 있었다.[1] 참고로전 입헌민주당立憲民主党 대표 에다노 유키오枝野幸男도 변호사에서 일본신당日本新党 의원으로 초선에 당선됐다. 이 일본신당 다음으로 1993년 6월 자민당에서 오자와 그룹이 탈당해 신생당을 창당한 같은 시기에 다케무라 마사요시武村正義와 하토야마 유키오가 신당 창당을 했다.

그렇게 해서 민주당의 핵심 자리에 자리 잡은 정치인 군을 배출시킨 신생당, 일본신당, 신당사끼가게新党さきがけ이라는 자민당 탈당파로 구성된, 자민당을 대체하려는 보수세력이 출현한 것이다. 호소카와 연립 정권은 사실 이 새로운 3개 보수당에 공산당을 제외한 야당, 즉 사회당, 민사당, 공명당, 사회당에서 탈당한 에다 사부로江田三郎가 이끄는 사회민주연합 등이 가세한 정권이다. 따라서 그것은 자민당 일당 지배 체제의 종언終焉을 의미했다고 할 수 있다. 둘째, 이 정권 수립이 전후 정치의 전환점이었던 이유 중 하나는「55년 체제」를 제도적으로 가능하게 했던 중선거구제도를 소선거구 비례 대표 병립제로 바꾼 것, 정당조성제도政党助成制度 도입이라는「정치 개혁」을 실현해 오늘날 정치 게임의 법칙을 확립한 점이다. 그것은 오자와 이치로의 공적이다. 호소카와 정권은 개혁을 서두르기 위해서 국민 복지세国民福祉税라고 하는 소비세의 인상을 돌연 제안해, 성립 8개월 만에 퇴진했다. 그 뒤를 이은 하타羽田 정권도 두 달 만에 끝났다. 이때 호소카와·하타 두 정권을 지탱한 7당 1회파 중 공명당을 제외한 부분의 부활 판이 민주당이라고 할 수 있다. 1994년 6월 하타 정권 말기에 자민당은 사회당 당수 무라야마村山를 수반으로 하는「자·사·사自·社·さ」3당의 연립 정권 수립을 제기했고, 그 권유를 받아들여 자·사·사 연립 무라야마 정권이 탄생했다. 자민당은 이를 기회로 삼아 반등했다. 1994년 12월 사·사社·さ가 빠진 뒤 비자민 연립 정권을 뒷받침한 정당들을 규합해 오자와의 리더십 아래「신신당新進党」이 창당됐다. 무라야마 정권 성립 6개월 후인 1995년 1월 무라야마는 총리직을 사임하고 후계 총리에 자민당의 하시모토 류타로橋本龍太郎가 취임했다. 하시모토 자·사·사 연립 정권 시대에 앞서 입각한 간 나오토菅直人 후생상이 약해

에이즈 문제로 행정 책임을 표시하는 파일을 관료들의 저항을 물리치고 검찰 당국에 제출해 행정 책임을 인정한 것으로 국민적 인기를 얻고 있었다. 간은 시민운동 출신의 상승지향上昇志向이 매우 강한 정치인으로 사회민주연합을 거쳐 1994년 1월 신토우新党 사끼가게에 입당해 정조회장에 취임했다. 대신 재직 중의 경험을 토대로 관료내각제의 실태를 가까이에서 보고 그것을 『시민 자치의 헌법론』의 저자 마쯔시타 게이이치松下圭一 교수가 주장하는 「국회내각제国会内閣制」로 바꿔야 한다고 주장하게 되었다.[2]

1996년 10월 개정 선거법(소선거구 비례 대표 병립제)하에서의 첫 중의원선거가 시행됐다. 자민당이 약진했고, 신신당은 저조했다. 그 사이, 회복된 자민당 주도의 정권 운영에 거리를 두기 시작했던 사·사의 2당은 각외 협력으로 전환해 연립에서 이탈했다. 사회당은 무라야마 총리가 자위대를 승인하는 등 당의 기본방침을 180도 바꾸는 선택을 했고 명칭도 사회민주당으로 바꿨다. 그것을 계기로 사회당은 둘로 분열되었다. 1996년 9월 사회민주당에서 이탈한 구 사회당 부분과 다케무라를 배제한 하토야마 유키오와 간 나오토가 이끄는 신도우 사끼가게를 합당해 민주당(구 민주당)을 창당했다. 이듬해인 1997년 12월 신진당이 창당됐다. 당수 오자와는, 그 정치 전략 구상을 실현하기 위해서 마음대로 움직일 수 있는 당으로 할 수 있도록 신신당의 「순화純化」를 도모했기 때문이다. 1998년 1월 오자와를 따르는 당원만으로 자유당이 창당됐다. 그해 4월 공명당과 자유당을 제외한 신신당의 다른 부분은 옛 민주당에 가담했다. 이렇게 해서 일본 정당의 부설 상황은 여당인 자민당에 비해 야당 진영에서는 제1당은 민주당이고 그다음으로 의석수로 보아 큰 순으로 자유당,

공명당, 공산당, 사민당 등이 되었다. 2003년 7월 민주당과 자유당의 합당 때까지 민주당 대표[동당에서는 당수는 「대표」로 칭해진다]는 당의 얼굴인 하토야마 유키오와 간 나오토가 공동대표를 맡았는데, 그 후 두 사람이 번갈아 대표를 맡아 당의 존재 이유는 자민당에 반대하고 이를 대신하는 시민의 정당이라는 점을 보여주는 것이었다. 그리고 이 점을 이론적으로 밝힌 당의 기본이념이나 당 강령도 없는 이상한 정당이다. 하토야마 유키오와 간 나오토라는 양두兩頭의 민주당에는 창당 시점부터 정치인을 지향하는 청년이 대거 가담했다. 우선 관청에서 과장 보좌와 과장 단계에서 관료의 길을 버리고 정치가로 변신을 꾀하는 젊은 관료와 다음 정치인이 되는 것을, 평생 목표로 정한 「마쯔시타 세이게이주꾸」 출신의 정치인 지망 청년들이 가세했다. 이는 2세, 3세가 절반 가까이 차지하여 득세하는 자민당은 「돈鞄, 지반地盤, 간판看板」등이 없는 젊은 정치인 지망생에게는 문을 닫아 두었던 것과 마찬가지였기 때문이다. 민주당 당직자나 중진·젊은 정치인의 상당수는 이 층에 속하는 사람들이다. 그들은, 기본이념도 당 강령도 없는 민주당에서 각각이 자신 있는 정책 만들기에 전념해, 당의 중요한 사항이나 방침을 결정할 때는, 충분히 논의하고, 민주적 절차에 따라 결정해야 한다고 생각하는 사람이 많고, 그 정치문화는 자민당처럼 파벌의 장들이 밀실에서 당의 중요한 사안이나 방침을 담합 하여 결정하고, 이를 「상의하달上意下達」식으로 당원 의원들에게 「명령命令」내지 「지시指示」하는 정치 문화와는 다른 것이다. 이런 정치문화를 공유하는 간부·중견층 관료 출신의 대표적인 정치인 이름을 꼽는다면, 우선 2005년 우정민영화를 쟁점으로 하는 선거에서 고이즈미 총리와 당수력을 국민 앞에서 겨루었던 오카다 가쓰야岡田克也 전 당 대표

일 것이다. 그는 통산성 과장에서 정치가로의 변신해 자민당에서 신생당을 거쳐 민주당에 참가하고 있다. 다음으로 오카다 전 대표가 중의원선거 민주당 패배의 책임을 지고 물러난 뒤 당 대표에 취임한 마에하라 세이지前原誠司를 들 수 있을 것이다. 「마쯔시타 세이게이주꾸」 출신으로, 위와 같이 니혼신도우 에서 초선이 됐고, 이후 민주당에 몸담았다. 마에하라 전 대표는 취임 약 반년 후의 가짜 메일 사건으로, 그 책임을 지고 2006년 4월 사임했다. 그 후임 대표에 취임한 것은 상기대로 오자와 이치로이다. 마지막으로 변호사에서 민주당 창당 과정에 참여한 대표적인 정치인은 에다노 유키오와 센고쿠 요시토일 것이다. 두 사람 모두 운동권에서 변호사가 되었고, 그 후에 민주당에 참가하고 있다. 민주당에 가담한 중견 젊은 층은 상당수가 그들의 정치문화에 맞지 않는 자민당의 파벌 같은 것에 구속되는 것을 싫어해 자유롭게 드나들지만 일단 그 지향하는 정책을 같이 하는 동지들의 정책 그룹을 형성했다. 그 정치적인 방향성은 다양하며, 한 정당 내의 그룹이라고는 생각되지 않을 정도이며, 특히 헌법이나 안전 보장, 외교에 관한 정책에 관해서는 그 정치적 방향성이 정반대인 그룹도 존재한다(예를 들면, 오른쪽의 마에하라 세이지를 중심으로 하는 그룹인 료운카이凌雲会와 왼쪽의 구 사회당 그룹과의 관계가 그 전형이다). 그렇지만 그들은 다만 자민당에 반대하고 이를 대신할 정당이라는 용기容器로 민주당을 여기고 있어 민주당에 잡거雜居하고 있다고 볼 수 있을 것이다. 민주당 사무국장을 역임한 정치 평론가 이토우 아쯔오伊藤淳夫 저 『민주당·야망과 야합의 메카니즘民主党·野望と野合のメカニズム』에 따르면 정당으로서 민주당을 자민당과 비교하면 지방 조직은 약하고 개인후원회를 조직하고 있는 의원도 적어 유동적인 무당파의 지지로 당

선된 사람이 많아, 바야흐로 「바람에 의지」하는 정당이며 당내 각종 그룹은 대학 동아리에 가깝다. 따라서 선거마다 「순풍」이 불기를 기대하지만, 당선 처방전을 갖고 있지 않는다고 한다.[3] 이런 당에서 보면, 「순풍 발생 장치」는 당 대표다. 따라서 언론에서 당 대표가 두들겨 맞으면 그때마다 새 당 대표로 교체하는 일을 반복하고 있다고 한다.[4] 그 논리적 귀결로 당 대표가 바뀌면 기본정책에 대한 입장도 달라진다고 한다.

 2003년 9월 오자와 이치로가 이끄는 자유당은 민주당(구 민주당)과 합당해 새로운 민주당이 탄생했다. 이때 자유당은 실질적으로 민주당에 흡수 합당된 것이나 다름없는 약체 정당이 되어 있었다. 1998년 참의원 선거에서 자민당이 패배하면서 여야 역전의 「참의원에서의 네지레 국회野大与小」 현상이 벌어지자 그 책임을 지고 하시모토 총리가 사임했고 후임 오부치 총리는 「참의원에서의 네지레 국회」 현상을 타개하기 위해 연립 정권 수립을 자유당에 제안했다. 오자와는 중의원 비례 대표 100석을 20석 삭감해 80석으로 할 것, 부대신제와 당수 토론 도입 등을 요구했고, 이를 받아들여지자 연립 정권이 성립했다. 이후 자유당이 완충재가 되고 공명당이 연립 정권에 가담하면서 자·공 연정으로 전개됐다. 오자와는 자신의 정치적 요구가 실현된 것을 보고 연립 해소로 나아갔다. 그러나 자유당 내에서 연정 속행을 요구하는 이들이 생겨났고 이들은 오자와를 떠나 보수당保守党을 창당해 자유당을 떠났다. 50석의 의원을 보유한 자유당은 절반 이하 의석을 가진 정당으로 다운사이즈downsize가 됐다. 오자와는 정치 주도 확립과 정권 교체가 가능한 양당제 수립을 기치로 내걸고 자민당을 뛰쳐나와 신생당을 창당, 호소카와·하타 정권을 발족시키고, 신거 제도 개정, 정당 조성금 창설, 부 대신제 등 정치 개혁을 스스로 주도하거나 촉매 작용을 하며 정계를 누벼 왔지만, 마침내 2003년 9월 「한 사람의 병사」가 된 심정으로 제1야당인 민주당에 흡수 합당되는 길을 선택할 수밖에 없었다. 그런데 민주당 창당 2년 9개월 후인 2006년 4월 대표 선거에서 대립 후보 간 나오토를 꺾고 위와 같이 당 대표가 되었다.

「수는 힘이다」의 신봉자인 오자와는 선거 지상주의자이므로, 당 대표 취임 후, 민주당의 지방 조직 정비에 나섰으며, 자민당을 지탱하고 있는 의사회, 건설업계, 농협 등 중간 단체 영입에 착수했다. 그 덕분에, 대학 동아리나 동호회 성격을 가진 민주당에 체육회 같은 힘이 주입됐다고 한다.[5] 민주당을 지지한 중간 단체는 연합連合(일본노동조합총연합회日本労働組合総連合会)뿐이었다. 그것은 민주당 내의 구 사회당과 구 민사당의 그룹과의 관계 때문이다. 오자와 대표 아래서 민주당은 선거 조직개편에 주력했고 그 효과가 있어 2007년 9월 참의원 선거에서 민주당이 압승해 참의원 주도권을 장악했다. 오자와가 당 대표가 되면서 당 운영은 당 대표에 하토야마 유키오 간사장, 간 나오토 대표 대행 등 3명으로 구성된 이른바 「트로이카(러시아의 삼두 마차三頭馬車) 체제」가 주도했으나 참의원 선거 이후 민주당 참의원 총회의 당내 권력 비중이 높아졌고 그 회장인 고시이시 아즈마輿石東도 가세해 당 운영은 「트로이카 체제」 플러스 고시이시 아즈마 참의원 회장의 「4인조」에 의해 맡게 됐다. 민주당을 구성하는 각 정책 그룹은 다음과 같다. 오자와 그룹, 하토야마 그룹, 간 그룹, 하타 그룹, 구 사회당 그룹, 구 민사당 그룹, 마에하라=에다노 그룹, 노다 그룹 등이다. 2009년 5월 17일, 「정치와 돈」 문제를 둘러싸고 언론이 주도하는 「여론」의 공격으로 오자와 대표가 사임한 뒤 하토야마 대표가 탄생할 때까지 자민당적 정치 문화가 짙게 밴 오자와 대표의 당 운영에 반발하는 중견·젊은층은 「반(反) 오자와」적인 자세를 강화했고, 이들은 「반(反) 오자와파」라는 칭송을 받게 되었다. 대표적인 정치인들은 하타 그룹의 장로인 와타나베 고조渡辺恒三 전 중의원 부의장이 명명한 「반오자와 칠봉행反小沢七奉行」(親衛隊)으로도 불린다. 오카다 가쯔야, 마에하라 세이지, 에다노 유키오, 센고쿠 요시토仙石由人, 겐바 코이치로玄葉光一郎, 노다 요시히코野田佳彦, 타루토코 신지樽床伸二 등 일곱 명이다. 이 일곱 명 중, 오카다, 센고쿠, 에다노를 제외한 4명이 「마쯔시타 세이게이주꾸」 출신자이다. 민주당 대다수 정치인의 정치적 목표는 국가보다는 평등한 개인으로 구성된 사회 유지를 우선하는 정치적 방향성을 가진 것으로 보인다.[6] 그것은 오자와의 정치적 생각에 가깝다. 오자와는 내정에선 유럽의 영·독·불식 사회 보장을 중시하는 정책을 주장하고 있다. 그 주장은 지금까지는 정치 세력으로서는 존재하지 않았던 사회적 민주주의 주장에 가까운 것이며, 만약 민주당이 오자와의 주장을 전면적으로 수용하여 사회적 민주주의 정당으로 변용한다면 영·독·불식 정당정치가 향후 일본에서 출현할 가능성도 없다고 할 수 없었을 것이다.[7] 또한, 외정에서는 오자와가 유엔 중심주의를 내세워 유엔의 평화유지군 참여를 주장하고 이를 실현하기 위해 헌법을 개정해 「보통 국가」로 바꾸어야 한다고 주장해 왔다. 민주당 내의 일부는 「정보와 경제의 세계화」의 기세를 거역할 수 없으므로, 그 부작용의 폐해가 국민의 생존권을 위협하지 않도록 어느 정도의 「사전 규제」를 실시하고, 그럼에도 불구하고, 생존 위기에 빠진 사람들이 생겨나면 이들을 구출하기 위한 최소한의 사회보장체제, 특히 세이프티 네트(안전망)을 구축해야 한다고 생각하는 사람들이 많다. 그러나, 그 일부에서는, 신자유주의 정책을 주장하는 사람도 있다.[8] 또한 외정에서도 구 사회당계 인사들처럼 여전히 평화 헌법 옹호를 고집하고 있으며, 헌법 개정이나 「보통 국가」로의 전환에 반대하는 사람도 있고, 마에하라 세이지처럼 유엔 중심주의가 아닌 자민당의 강경파와 다를 바 없는 대외 정책, 즉 미·일 동맹 체제 강화 아래에서의 자위대의 정식 군대로의 전환을 주장하고 있어, 따라서 오자와의 정책 방침에 동조하지 않는 사람들도 많다. 이상이 정권 교체 직전의 민주당의 상태였다.

그런데 전후 국정 선거의 경과를 종합적으로 개관해 본다면, 유권자의 평균 투표율은 60% 정도이다. 반세기 이상 장기집권을 해온 자민당에 대한 국민의 지지는 집권당이 유효투표 수의 과반수를 얻었다고는 하나, 실제로는 전체 유권자의 3분의 1에 불과한 것으로 나타났다. 자민당 정권의 정당성正当性에 관해 문제가 없다고는 할 수 없다는 것이다. 고이즈미 정권이 「글로벌 자본주의」 시대에 대응하는 정치·경제체제 구축을 기도한 「구조개혁」 노선은 자민당 1당 지배 체제를 지탱해 온 사회 기반을 내부로부터 공동화시켜 버렸다. 그것은 격차 사회의 출현이라고 하는 형태로 나타나게 된다. 야당인 민주당은, 2009년 8월 30일의 중의원선거에서는, 「구조개혁」정책으로 가치 박탈당한 사람들에 대한 개별적인 응급 처치를 매니페스토(정권 공약) 안에 도입해, 유권자의 지지를 얻어내려고 했다. 이어 대기업의 이익보다는 「국민 생활이 제1의 정치」를 한다는 의미의 「콘크리트로부터 사람에게로」라는 슬로건 아래 자민당 시절 공공사업 최우선 정책으로부터의 근본적인 정책 전환을 호소, 「탈·관료 주도 정치」를 주장하며 60여 년간 지속된 자민당 지배 시대를 대체하는 「헤이세이 유신平成維新」을 수행하겠다는 슬로건을 내걸었다. 이에 동참해 자

민당 지배에 식상해 온 유권자들은 기존 기권으로 돌아섰던 정치적 무관심층과 무당파층을 포함해 대거 투표장으로 향했다. 이런 현상은 언론에서는 「바람이 분다」라고 말한다. 민주 정치는 물론 「국민에 의한 정치」이다. 그 국민의 의지는 여론에 반영되므로 민주 정치란 「여론에 의한 정치」와 다름없다고, 일 세기 전 제임스 브라이스(James Bryce)가 지적했다. 또 언론이 여론 형성과 방향 설정에 큰 영향력을 행사한다는 점을 밝힌 것은 100여 년 전 리프먼의 명저 『여론世論』(1922년)이다. 전후 일본에서 여론 형성과 그 방향성에 있어서 매스미디어의 영향력이 표면화된 것은 상기대로 고이즈미 총리에 의한 텔레폴리틱스의 전개에 있어서이다. 「정치와 돈」을 둘러싼 문제에 대해 오자와 민주당 대표에 대한 언론의 조직적인 때리기는 이상했다고 말할 수 있을 것이다. 현대 일본에서 언론의 여론조작 방식은 한마디로 「성냥·펌프マッチ·ポンプ(자기 쪽에서 폭로하겠다는 불을 댕기고 나서, 상대에게 불을 꺼주겠다고 제의하는, 부당한 이익 추구의 방식.)」식으로 볼 수 있다. 언론은 그 가치관에 어긋나는 특정 정치인의 발언이나 행동에 대해서는 그것을 바로잡을 필요가 있다고 판단했을 경우, 그것을 일반 서민의 소박한 선악 감정을 기준으로 일도양단一刀両断적으로 단죄하고, 조직적으로 「악」의 이미지를 프레임업frame-up하고, 그것이 얼마나 옳은지를 논증하기 위해, 가두나 전화로 그를 「여론」조사를 하고, 그것으로 자기 설을 정당화한 뒤, 그 「날조된」 주장을 시청자들에게 조직적이고 지속적으로 불어넣는 것이다. 이러한 경향은 오자와 민주당 대표의 정치 자금 문제에 대해서도 해당한다고 할 수 있을 것이다. 언론의 영향을 받아 정치적 무관심층이나 무당파층이 투표소로 빌길을 옮기게 되면, 위에서 언급한 것처럼 「바람이 분다」로 표현된다. 오

늘날 대중 민주정에서는 바람이 전부라고 할 수는 없지만 대부분 TV를 비롯한 대중매체에 의해 만들어지는 경향이 있다. 언론은 헌법에 따라 제정된 3권과 함께 실질적으로 제4의 권력의 지위를 확보하기 시작한 것으로 보인다. 이번 중의원선거에서는 양극화 사회를 만들어낸 자민당에 대한 국민의 불만이 쌓였고, 그 결과, 정권 교체를 요구하는 야당인 민주당에 대한 기대가 높아지고 언론도 이를 부추기는 경향이 보이자 민주당에 대한 「바람風」이 불었다. 즉 정치적 무관심층이나 무당파층이 조금은 움직인 것이다. 투표율이 69%였다. 평균 투표율보다 약 9% 정도 올랐다. 그 부분이 민주당에 흘러 들어갔다고 볼 수 있을 것이다. 결국 집권 자민당과 공명당의 고정표를 제외한 대량의 표가 민주당에 흘러 들어갔다는 얘기다. 총의석 480석 가운데 민주당은 지난번 112석을 3배 늘려 308석을 얻어 절대다수를 차지했다. 전회보다 193석 증대였다. 소선거구제의 효과가 나타난 것이다. 반면 자민당은 지난번 의석 303석의 60% 정도인 181석을 잃어 대패했다. 이번 획득 의석은 119석에 불과했다. 그동안 연전연승인 공명당도 자민당과 여당을 형성해 10석을 잃고 21석에 그쳤다. 압승한 제1야당인 민주당의 의석수 중 증가한 부분은 선거를 지휘한 오자와 이치로 대표 대행이 각 선거구에서 발굴한 주로 젊은 여성으로 구성된 신인이 많아, 그 수는 100명을 헤아리고, 오자와 그룹은 중·참의원 합쳐 50명에서 일거에 150명으로 늘어나 실질적으로 민주당은 오자와의 지배 아래 들어간 것이나 다름없다고 말했다. 일본에 정권교체가 가능한 양대 정당제의 확립을 위해 17년간이나 싸워온 오자와 이치로라는 정치인의 꿈이 마침내 실현된 것이다. 민주당은 이번 중의원선거에서 절대다수를 차지했다. 그렇다고는 해도, 참의원에서는 제1당이라도, 그 의석은

109석으로, 총의석수 242의 과반수 이상인 122석에는 미치지 못했다. 민주당은 이미 국민신당(5석), 전 나가노겐長野県 지사 다나카 야스오田中康夫가 이끄는 신당 일본(1석), 무소속 의원 4명과 단일 회를 구성하고 있었지만, 그러나 과반수인 122석을 차지하기 위해서는 최소 4석이 부족했다. 이에 따라 국민신당과 5석을 가진 사민당과의 연립 정부를 구성하게 됐다. 이번 중의원선거에서 3석을 얻은 국민신당은 우정 민영화에 반대하는 구 자민당 의원들로 구성된 작은 당이고, 다음으로 7석을 얻은 사민당은 위와 같이 민주당을 구성하는 구 사회당 그룹과는 거리를 두었던 사회당 부분이다. 양당 모두 「구조개혁」 정책에 반대하는 점에서 민주당과 연계할 수 있는 부분이 있고, 이렇게 해서 민주당 중심의 연립 정권이 탄생하게 된 것이다.

 2009년 9월 16일 하토야마 유키오 민주당 대표는 중의원에서 총리로 지명된 후 민주당 중심의 새로운 연립 정권을 정식으로 출범시켰다. 이때 민주당에서는 정책 결정 관료와 함께 선거구나 업계의 이익대표족 의원의 발호跋扈도 볼 수 있어, 강하게 비판받아 온 기존 자민당의 정책 결정 시스템과는 다른 「정치 주도」의 정부 수립을 주장한 적도 있어 정부가 정책 책정·결정을 일원적으로 담당하고 당은 의회나 선거에서 정부를 지탱하는 활동을 맡는다는 「정부政府와 당党」의 역할 분담을 명확히 나눌 방침이 정해졌다. 그 결과 선거구나 업계의 이익 집약 및 그 정부에 반영하는 일은 당이 일원적으로 담당하게 되어, 각 선거구나 업계로부터의 진정은 간사장 실에서 모이고, 거기서 취사取捨 선택된 안건이 정부에 전달되는 방식이 채택되어 종래의 당정책 조사회는 폐지되었다. 이처럼 정권 운영은 자민당 시절과 달리 「정부와 당」의 역할 분담 원칙에 따라 이루어졌

으며, 정책 책정·결정의 내각 일원화가 도모되었다. 하토야마 유키오 당 대표가 총리에 취임했고 오카다 간사장은 외상에 임명됐다. 다음으로 간사장에는 오자와 대표 대행이 임명됐고 의회와 당 운영은 오자와 간사장에게 맡겨졌다. 개각 때 하토야마 총리는 「트로이카 체제」를 축으로 반오자와 연합의 상징인 마에하라 세이지 전 당 대표를 일단 끌어안는 형식으로 당내 각 정책 그룹의 대표를 각각 요직에 앉혔다. 하토야마는 도쿄대 공대 출신이므로, 일본 최초의 이과 출신 총리가 되는 셈이다. 미국 스탠퍼드대학 대학원에서 경영 공학 박사 학위를 받은 뒤 한때 센슈專修대학 조교수로 교편을 잡았다가 자민당 다케시타파에 속하는 의원으로 정치인의 길을 걷기 시작한 명문 정치인 집안 출신이다. 할아버지는 자민당의 창설자로 일·소 국교 회복을 주도한 하토야마 이치로 전 총리이며 아버지도 전직 외상 출신이다. 그리고 동생이 아소 내각의 총무 대신 하토야마 구니오이다. 어머니는 브리지스톤 창업주의 딸로 거액의 유산을 상속받았으며 두 아들의 정치 자금 제공자이기도 하다. 하토야마 총리는 반세기 이상 지속된 자민당 정권 시절과는 다른 새로운 일본을 창조하겠다는 의지를 보이며 내각 과제로 「헤세이 유신平成維新」, 「우애 정치友愛政治」를 제시했다. 구체적으로는, 내정 면에서는 「콘크리트로부터 사람에게로」의 정책 전환의 상징으로서 얀바댐(군마겐)八ツ場(やんば)ダム(群馬県)과 카와나베가와 댐(구마모토겐)川辺川ダム(熊本県)의 건설 중지 선언, 노동자 파견법의 개정, 소자화 대책으로서의 17세까지의 아이에게 매월 23,000엔의 「아동 수당」지급과 고교 수업료 무상화, 고속도로 요금 무료화의 실현을 선언했다. 외정에서는 오키나와의 미군 기지에서 고통을 받는 겐민의 소리에 귀를 기울이고, 후텐마普天間 기지를 겐외로 이전하겠

다는 약속을 공표해, 그것을 2010년 5월 말에 결착決着시키겠다고 약속했다. 나아가 미·일 간의 핵무기 반입 밀약에 관한 비밀 서류의 조사, 미·일 안전보장조약은 견지하지만, 안전 보장 문제 취급에 있어서 미국과의 대등한 관계 구축, 특히 가장 주목해야 할 것은 동아시아 공동체 설립 주장, 일본은 2025년까지 각국에 앞서 온실가스 25% 삭감 실행 등의 지구 온난화 대책에서 국제적으로 리더십을 취할 것 등이 선언되었다.[9] 이상과 같이 하토야마 총리가 자민당이 추진해온 것과는 다른 일본 국가형태의 정치적 방향을 제시한 점은 주목할 만하다.

정권 발족 당시만 해도 내각 지지율은 약 70%대였다. 그러나 곧 부풀어 오른 풍선이 바늘에 꽂혀 급속히 시들기 시작한 것처럼 보였다. 이는 내정에서는 지금까지의 자민당 일당 지배하에서 축적된 여러 폐해의 청산과 외정에서는 대등한 관계를 위한 미·일 관계 수정 모색, 지구 온난화 대책에서의 일본의 리더십 발휘, 동아시아 공동체 설립 등 국제사회에서 어느 정도 일본의 자주성을 나타내는 주장 등에 의해 기득권을 위협받았다고 느끼는 세력의 반격이 즉시 시작되었기 때문이다. 기득권을 보수保守하려는 세력의 중심은 물론, 야당으로 전락한 자민당이지만 그와 오랫동안 연계돼 온 대형신문, TV 등 언론계, 경제계 등이 일제히 민주당 정권에 대한 비판에 나섰다. 주요 공격 대상은 투톱(two top)인 하토야마 총리와 오자와 간사장이다. 부풀어 오른 풍선을 뚫는 「바늘」 구실을 한 것은 「정치와 돈」의 문제다. 하토야마는 막대한 정치 자금을 어머니로부터 받았지만, 위와 같이 정치자금수지 보고서에서 비서가 실제 기부를 신청하지 않은 많은 사람의 이름을 빌려 마치 하토야마 총리의 정치단체에 기부한 것처럼 허위로 기재한 점을 정치 자금 규정법 위반 혐의로 도쿄지검 특수부가 비서를 체포해 기소했다. 자민당은 2010년도 예산안의 심의를 이용해 이 투 톱의 「정치와 돈」 문제를 국회에서 전면적이고 집중적으로 거론하면서 그 정치적 책임과 도의적 책임을 추궁했고, 그것을 연일 신문, 주간지, TV가 다뤘다. 2010년 6월까지 9개월간 지속됐다. 이로써 정권 교체로 인해 정치와 돈 문제로 얼룩졌던 자민당과는 다른 깨끗한 정치를 민주당 정권에 기대했던 국민의 소박한 기대는 배신당했다. 그 결과, 내각 지지율은 매월 하락해 갔다.

그와 더불어, 하토야마 총리의 「기대된 최고 정치 지도자로서의 총리」상에 걸맞지 않은 언행이 이어진 점이다. 5월 한 주간지(『슈우간겐다이週刊現代』 2010년 5월 29일)에는 소제목으로 하토야마 총리를 「망상벽妄想癖이며 허언벽虛言癖, 그리고 현실 도피現実逃避」라고 조롱했다. 고이즈미 전 총리가 「기자 회견」을, 저녁 5분간 TV 기자 회견을 가졌지만, 이후 역대 총리가 이를 답습했고 하토야마 총리도 이 「기자 회견」을 답습해, 기자들의 질문에 총리 발언의 비중이나 파장을 신중히 고려하지 않고 가볍게 대답해 왔다. 그것이 쌓여, 이념 선행으로 그 실현의 형태가 전혀 보이지 않는 것이 분명해짐에 따라, 그 행위가 국민에게는 수상의 「호언장담大言壯語」으로 비쳐, 위 주간지의 표현이 되었던 것이다. 두말할 것도 없이 총리라면 어떤 발언을 하더라도 한 나라의 최고정치지도자이니, 그 발언을 하기 전에 발언할 내용에 대해서는 실현할 만반의 준비를 갖추고 있다고 누구나 생각한다. 그런데 총리가 뭔가를 약속하지만, 그것은 시간이 지나도록 실현될 기미가 보이지 않아, 그 기대는 깨져 간 경우가 허다했다. 이리하여 하토야마 총리는 실제로는 총리의 자질이 없는, 그저 가정교육이 좋은 도련님이 아닌가 하는 의심을 받게 되었다. 그 상징이 자민당 시절부터 미일 간의 현안이었던 오키나와의 후텐마 기지 이전 문제에 관한 총리의 대응이다. 총리는 오키나와 주민들의 간절한 목소리에 귀를 기울이고- 거기까지는 사실이며- 인구 밀집지의 시가지 한가운데 있는 미군 비행장을 미국과 교섭해 국외 내지는 겐외로 가져가겠다고 약속하고, 2010년 5월 말까지 정부안을 종합해 이 문제를 매듭짓겠다고 공언했다. 그러나 정부안이 이미 미·일 결착을 본 자민당 안에 가깝게 되자, 5월 4일 총리는 오키나와를 방문, 갑자기 오키나와 주둔 미군이 일본 방위에 억지력抑止力이 된다는 것을 공부한 뒤 알았으므로, 자민당이 마련한 현행안을 약간 수정해, 해병대 훈련장 일부는 오키나와沖繩의 북쪽에 위치한 도쿠노시마德之島로 이전하는 방안으로 대응하고 싶다고 말하기 시작했다. 결국 하토야마 총리는 오키나와의 미군기지 문제에 대해 겐민의 고통을 조금이라도 덜어주고 싶은 아름다운 마음을 갖고 있고, 이 문제에 대처하기 위해 개인적 희망이나 소망을 줄곧 피력해 온 것이 실상처럼 느껴지기도 한다. 어쨌든 그것은 한 나라의 총리로서 자질이 의심되는 대응 방식이라고 할 수 있다. 수상은 격렬한 권력투쟁이 상태가 되는 국제 정치 속에서, 일본의 존속을 도모하고, 그 존재감을 나타내기 위해서도, 아름다운 마음의 발로發露도 좋지만, 오히려 그 기분을 형상으로 나타내기 전에, 오히려 냉엄한 권력 사실주의Riarizumu에 뒷받침된 뛰어난 정치적 수완을 체득했어야 하지 않았느냐는, 비판의 소리도 들린다.

　이러한 하토야마 총리의 정치적 최고 지도자가 지녀야 할 자질 결여는 정권 운영에서도 나타났다. 하토야마 총리는 개각 시, 고이즈미 전 총리의「수상 주도정치」를 기구적으로 뒷받침한 예산 편성의 큰 틀을 정하고, 정책의 우선순위를 정하는 집권 정부의 핵심 지위에 있던 관저 직결「경

제 재정 자문 회의」를 폐지하고, 법 절차는 뒤로 미루고, 이 회의의 기능을 계승하는「국가 전략실」을 만들어, 그 담당 대신을 부총리로 임명한 간 나오토를 임명했다. 다음으로 또 다른 행정개혁을 담당할『행정 쇄신 회의』를 새로 설치하고, 그 담당 대신에 당 정책조사회장을 역임한「료운카이」를 지지하고 있는 센고쿠 요시토를 임명했다. 관방장관에는 심복인 파나소닉パナソニック(구 마쓰시타전기旧松下電器) 노동조합 간부 출신의 히라노 히로부미平野博文를 지명했다. 재무대신에는 재무상 출신 후지이 히로히사藤井裕久를, 외상에는 위와 같이 오카다 가쯔야 전 당 대표를, 국토 교통상에는「료운카이」를 이끄는 마에하라 세이지를 각각 지명했다. 또한 구 사회당 그룹을 대표하는 원로인 요코지 다카히로橫路孝弘 전 홋카이도 지사는 중의원 의장으로 추천하였으므로, 이 그룹에서 아카마쓰 히로타카赤松広隆를 농림수산상으로, 치바 게이코千葉景子를 법무상으로, 그리고 구 민사당 그룹에서는 나오시마 마사유키直嶋正行를 경제산업상으로, 가와바타 다쯔오川端達夫를 문부과학상으로 각각 임명하였다. 후생노동상에는 야당 시절 국회 논전에서 연금 문제를 놓고 자민당의 정책을 날카롭게 비판해 유명해진 나가쯔마 아키라長妻昭를 임명했다. 하타그룹에선 기타자와 도시미를 방위상으로, 오자와그룹에서 나카이 히로시를 국가공안위원장으로, 하라구치 가즈히로北沢俊美를 총무상으로, 하토야마그룹에서 오자와 도시미小沢鋭人를 환경상으로 각각 지목했다. 이처럼 당내 그룹 간 힘의 균형을 고려한 인사 배치를 한 것이다. 이어「정치와 돈」의 문제로 오자와 사임론을 주창하는 반오자와 연합의 노다 그룹 대표 노다 요시히코는 대신이 아니라 재무성 부대신에 임명했다. 또 마찬가지로 오자와 사임론을 강력히 주장해 온「료운카이」계 변호사

출신인 에다노 유키오 전 당 정조회장은 입각시키지 않는 형태로, 그 처우에 차이를 두었다. 마지막으로 연립을 이룬 국민신당 대표 가메이 시즈카를 금융 우정 개혁상, 사민당 대표 후쿠시마 미즈호福島瑞穗를 소비자·소자화상에 각각 임명했다.

둘째, 하토야마 총리는 자민당 시대의 「관료 내각제」에서 각 부처의 결정된 정책을 정부가 최종적으로 조정하는 최고기관이었던 「사무차관 회의」를 폐지하였다. 그 대신, 각 부처의 「정무 3역」, 즉 사무 차관등의 관료를 추가하지 않는, 대신大臣, 부대신副大臣, 정무관政務官의 정치인으로만 구성되는 「3역 회의」가 정책 책정·결정을 시행하기로 했다. 당시 당 간사장 실에서 취합한 지역구와 업계의 진정을 정책 분야별로 나눠진 부간사장이 각각 담당하는 각 부처 「3역 회의」에 전달해 당과 정부의 의사소통을 꾀했다.[10] 다음은, 각 부처에서 결정된 정책을 조정해 정부의 의사로서 최종적으로 결정하는 것은, 기존 사무 차원의 절충과 달리 각료 간 논의로 결정하는 과제별 「기본정책 각료 위원회」와 「각료 간담회」, 그리고 국무회의다. 그 밖에 자민당 시절과 달라진 것은 법제국 장관의 국회 답변(주로 법안의 합헌성에 관한 법령 해석을 말하는 것이, 과거의 통례였다) 금지를 비롯해, 종래 각 부처 대신 국회에서 야당의 질문에 대해 정부위원 자격으로 관료가 야당의 질문에 대답해 온 관행의 폐지에 착수했다.[11]

이상과 같은 포진으로 「정치 주도」인 민주당을 중심으로 하는 연립 정권이 출범했지만, 고이즈미 전 총리 시대에는 각 부처를 통괄하는 「경제재정자문회의」가 폐지되고, 사무 차관회의가 폐지되었기 때문에, 각 부처를 통괄하는 역할은 강력한 총리대신과 그를 보좌하는 관방장관과 내각부에 기대를 걸게 되었다. 그런데 하토야마 총리는 강력한 리더십을 발휘하지 않았기 때문에, 각 부처가 제멋대로 일을 벌여 사령탑 부재를 강하게 각인시켰다. 일례로 우정 민영화의 궤도를 수정하는 우정 개혁법안 작성은 장관인 가메이 대신이 주도했으나, 은행이 파산했을 때 예금자에게 1,000만 엔까지 보증을 서주는 제도가 있음에도 불구하고, 가메이 대신은 새로 재단장하는 우편 저금 은행에 예치한도액을 2배로 하겠다는 결정을 각의에도 올리지 않고 발표했고, 이를 안 재무상을 비롯한 다른 대신들도 각의閣議에서 결정하지 않은 것을 마음대로 발표하다니 웬일이냐는 듯 반박하자, 가메이 대신은 총리와 전화로 양해를 구했기 때문에 어디가 잘못됐느냐고 반격에 나섰고, 뜻밖에 하토야마 내각의 정책 결정 과정에서 한 나라의 정치적 최고 지도자로서 각료를 묶고 정부의 의지를 모을 수 있는 총리의 정치적 역량 결여뿐만 아니라, 어쩌면 하토야마 총리는 고도의 전략적 사고에 기초한 일본의 미래 구상이나 그에 기초한 창조적인 종합계획도 전혀 가지고 있지 않다는 점을 강하게 상기시키는 결과가 되었다. 더욱이 민주당의 매니페스토는 고이즈미 전 총리가 주도한 「구조개혁」노선에 반대하는 단락 적이고 임기응변적인 응답에 지나지 않는 부분이 많아, 그 내용은 「구조개혁」노선의 부작용에 대한 개별적이고 일시적인 방편이 중심이 되고 있어, 「글로벌 자본주의경제」에 대처하기 위해서 향후 일본은 어떠한 새로운 국가 목표를 책정하는 한편 국민에게 가능한 한 희생을 강요하지 않고, 그것을 실현하기 위해서, 어떠한 정책이나 방법이 최적이냐고 한, 창조적인 전략적 사고로부터의 대응이 아니었다. 거기에 더해, 매니페스토에 내건 항목들을 모두 실현하려면, 재정적으로 불가능한 것이 야당과 매스컴에 의해서 폭로되었다. 그 결과 선거 때 한 약속을 어기는 사례가 점점 늘고 있다. 이렇게 하여. 2010년 5월 17일 『아사히 신문』 여론조사에 따르면 내각 지지율은 마침내 20%를 밑돌기 시작했다. 과거 자민당 시절에는 내각 지지율이 20%가 되면 총리 교체가 이뤄지는 경우가 많았고, 과거 사례를 보면 하토야마 총리도 위험 수역에 들어 있다고 보는 사람도 많아졌다.

하지만, 하토야마 내각은 정권 출범 후 2개월이 지나지 않은 2009년 11월 11일부터 재무상의 지위에 힘입어 예산 낭비를 줄이고 선거 공약을 실현하는 재원을 찾아내기 위해, 그리고 정보 공개를 통한 행정의 투명성을 확보하기 위해 자민당 시대에 만들어진 불필요한 행정 조직과 사업을 재조명하는 것을 목적으로 하는 「행정 쇄신 회의」가 주도한 「사업 분류 事業仕分け」 제1탄을 실행했다.[12]

그때, TV를 넣어 그것을 공개의 장에서 시행해, TV 캐스터 출신의 렌호蓮舫 참의원 의원이 「사업 구분」회장에서, 관료에 대해서 의표意表를 찌를 것 같은 돌발적인 발언을 반복해, 거기에 당황해 하는 관료의 모습을 국민이 「관객觀客」으로서 보고, 가슴이 철렁 내려앉는 생각을 갖게 하는 일종의 「극장劇場」이 만들게 됨으로써 국민의 압도적인 지지를 얻었다. 그리고, 새해 들어 2010년 1월 후지이 히로히사 재무상이 고령으로 인한 건강상의 이유로 사직하면서 간 부총리가 재무상으로 자리를 옮기고 국가전략 담당상 직은 해제됐다. 새 국가전략 담당 상에는 「행정 쇄신 회의」 담당 대신 센고쿠 요시토가 자리를 옮겼다. 그리고 「행정 쇄신 회의」 담당 대신에는 반오자와의 급선봉인 에다노 유키오가 임명됐다. 그에 따라 「정치와 돈」의 문제로 국민의 60%에서 사퇴 요구를 받는 오자와 긴사징이 대힌 미판에도 약간 답하는 형태로 하토야마 내각의 이미

지업을 도모하였다. 「행정 쇄신 회의」 담당 상에 취임한 에다노 유키오는 물을 얻은 물고기와 같이, 4월부터 「사업 구분」의 제2탄으로서 렌호 참의원 의원과 함께, 독립 행정법인이나 공익법인의 존속 가부可否, 관료의 낙하산 인사의 상황 조사 결과의 공표 등, 내각의 플러스 이미지를 높이는 데 공헌했다. 말할 것도 없이, 나라의 재정 자금이 투입되고 있는 독립 행정법인이나 세제상稅制上의 우대를 받는 공익법인에는 그것이 제공하는 서비스가 국민의 진정한 요구에 부응하고 있는지 어떤지, 또 정말로 공익을 담당하고 있는지 어떤지의 시점에서 재검토가 필요했지만, 민주당 정권에 의해서 그것이 간신히 착수되었다. 이에 따라 자민당 정권 시절 하지 못한 것이 시행착오를 겪으면서도 시도되게 됐다. 여러 가지 비판도 있었지만 일본이 새로운 시대를 향해 착실히 나아가고 있음을 상징하고 있는 것으로 받아들여졌고, 그로 인하여 국민의 지지도 높아졌다.

　이러한 「사업 분류」에 의해 일면에서는 국민의 지지를 얻는 노력이 거듭되고 있었지만, 이러한 노력을 헛되이 하는 결정을 위와 같이 하토야마 총리가 했다. 즉, 5월 28일 미·일 양국 정부는 후텐마 기지 이전 장소를 「국외 내지는 최저에서도 겐외」가 아닌 자민당 안에 가까운 나고시名護市 헤노코辺野古 주변으로 한다는 공동 성명을 발표한 것이다. 이에 사민당 당수인 후쿠시마 미즈호 소비자 담당상이 반발해 이 결정을 각의에 올린다면 서명하지 않겠다고 밝혀 연립으로부터의 일탈을 시사했다. 하토야마는 설득에 노력했지만 실패하고 파면했다. 그리하여 후텐마 기지 이전 문제로 「국외 내지는 최저에서도 겐외」로 옮기겠다는 주장을 하토야마 총리는 접을 수밖에 없게 되면서 국제 정치의 냉엄한 현실에 굴복했다. 사민당이 연립에서 일탈하자 하토야마 총리의 발언에 희망을 걸었지만, 배신한 것을 안 오키나와 사람들도 격분해 항의 시위를 벌였다. 이와 연동해 자민당이나 언론도 투톱의 「정치와 돈」 문제에 더해 하토야마 총리의 총리 자질 문제, 오자와 이치로 간사장이 뒤에서 실질적으로 하토야마 내각을 지배하고 있다고 언론에 의해 선전된 「이중 정권」 문제를 거론하며 투톱, 즉 이른바 「오하토 정권小鳩政權」에 대한 비판을 조직적으로 전개했고, 이를 계기로 반민주당의 「여론」이 고조됐다. 7월 10일 참의원 선거를 앞두고 「바람에 부탁」하는 정당인 민주당 에게는 당 대표이자 연립 정권 수반인 하토야마 총리는 「순풍 발생 장치」 일터인데, 당수 자신이 바람을 일으키기는커녕 역풍을 일으킨 현실을 절감했고 하토야마 총리는 사퇴를 결심했다. 6월 1일, 퇴진을 표명해, 아울러 오자와 간사장의 사임도 발표했다. 참의원 선거를 앞두고 역풍을 피하는 수단으로 투톱의 「길동무」 사임이 강행된 것이다. 사흘 뒤인 6월 4일 민주당 대표 경선이 열렸다. 입후보한 것은 재빨리 손을 든 간 나오토와 국민에게는 별로 그 이름이 알려지지 않았던 타루토코 신지 의원이었다. 「여론」에 의해 당내 최대인 오자와 그룹의 움직임이 봉쇄된 상황에서 간 나오토 재무상이 압승해 새 당 대표로 선출됐다.

  간 정권에 관해 설명하기 전에, 역사적 정권 교체를 이룬 하토야마 연립 정권의 공죄功罪에 대해 간단히 언급하는 것도 의미가 있을 것이다. 9개월 반 동안 하토야마 내각의 부정적인 면만 들먹이기는 쉽지만, 객관적으로 보면 공약의 핵심 아동 수당 지급은 약속의 절반이지만 6월부터 시행됐고, 또 불경기로 세수가 늘지 않자 다음 연도 예산안에는 세입액을 넘는 적자국채까지 발행해 안심·안전의 국민 생활을 보장하기 위한 정책을 실현하려 하고 있다. 그렇지만, 정치인으로서 정치적 역량이 미숙한 아마추어 집단의 각료들로 구성된 하토야마 정권은 격차格差 사회 시정 노력은 일단 인정하지만, 이념만 앞서서 그것을 실현하는 현실적인 방법이 별로 보이지 못하고, 시행착오만 계속돼, 자동차 운전에 비유한다면 「정권 운용政權運用」의 운전면허를 따기 위한 「길들이기 운전」으로 해석될 만하다. 오랫동안 야당 생활로 정권 운영의 경험이 없었기에 정치적 미숙함이 두드러졌던 정권이다. 그 전형적인 예가 정권과 관료 기구와의 관계일 것이다. 원래의 정치가와 관료의 관계는 정책 결정 과정 속에서의 역할 분담의 관점에서 본다면 다음과 같다. 국가가 직면하고 해결해야 할 문제를 발견하고, 그 문제에 관한 정보를 수집하고, 또한 그 문제를 해결하는 구체적인 처방전을 가능한 한 많이 안을 제안해, 이를 바탕으로 문제에 대처할 수 있는 한 많은 정책의 옵션을 기획·입안하고, 그것을 정치인에게 제시하는 것이 관료의 첫 번째 역할일 것이다. 다음으로 집권당 정책 결정의 중추에 해당하는 지도적 정치인은 이스라엘의 공공정책 연구의 일인자인 드로어Yehezkel Dror 교수가 말하는 바와 같이 megapolicy, 즉 국가 백년대계를 고민하고 이를 실현하는 구체적 정책 체계 기본방침인 mesopolicy의 관점에서 최적의 것을 선택하여 그것을 정부의 공적인 정책으로 결정한다.[13] 거기서 정치인의 역할은 일단 끝나고, 이렇게 결정된 정책의 실시 역할은 다시 관료의 두 번째 역할이 되며, 마지막으로 실시된 정책의 결과가 본래의 정책목표에 비추어 성공했는지를 점검 평가하는 것은 정치인과 관료의 동업이며, 만약 실패했다면 다시 한 번 재실시하여 새로운 정책 과정으로 들어갈 것인지, 피드백 과정에 들어갈 것인지 그것을 결정하는 것은 정치인의 역할이다.

　이러한 정책 결정 과정에서 정치가와 관료의 역할 분담 차원에서 하토야마 정부의 정책 결정 과정을 본다면, 하토야마 정권은 「탈 관료 의존」, 「정치 주도」주장을 액면 그대로 실행하려 하고, 정책 결정에 있어서 관료의 역할을 경시 또는 무시하려는 자세를 강화하여 「관료 부재」 또는 「비관료」[14] 상태에 빠져 있었다고 볼 수 있다. 자민당 시절, 위와 같이 일본은 「관료 내각제」라고 불리며 인사권을 가지는 자기 완결적인 권력 집단의 관료 기구가 실질적으로 정책결정권을 장악하고 있었지만, 그것을 가능하게 한 것은 관료 기구가 일본뿐만 아니라 세계에 널리 퍼진 행정 수요에 관한 풍부한 정보수집 능력, 행정 수요에 응할 수 있는 성숙한 관행, 그리고 이러한 관행을 지속할 수 있게 하는 「암묵지」[15]를 가지고 있었다. 각 부처가 분담할 과제별 정책 결정을 하더라도 최종적으로는 대장성, 그리고 행정개혁 후에는 재무성이 예산안 편성을 통해 조정하고 마지막으로 사무 차관회의가 최종적으로 조정하는 것이, 자민당 시절의 방식이었다. 민주당 정부는 이 사무 차관회의를 폐지하고, 각 부처 「정무3역」이 당 간사장 실의 각 정책 부문 부간사장이 지역구나 업계 단체의 진정을 받아 전달해온 안건을 생각해 정책 결정했다. 그리고 각 부처와의 조율은 「기본문제 각료 위원회」 내지는 국무회의에서 하게 돼 있었다. 그러나 총리나 이를 지지하는 내각관방이 리더십을 발휘하지 않았기에 각 부처의 조정을 거치지 않은 채 각 부처 정무관은 각각 위에서 일방적으로 결정된 정책을 관료기구에 전달했다. 정책 결정 과정의 활동 흐름 속에서 관료 없이 정치인들만의 「정책 결정 활동政策決定活動」이 겉도는 경우가 많았다고 할 수 있다.[16] 민주당 정권은 거대한 싱크탱크로 풍부한 정보망과 문제 해결의 「암묵지」를 가진 관료 기구를 「탈 관료 의존」 구호로 액면 그대로 받아들이고, 관료들에게 등을 돌리고, 당이 매니페스토 실현을 위해 이를 효율적으로 활용하려 하지 않아, 정책 결정 과정의 기능 부전을 초래했다. 이 점이 비록 정권 교체의 과도기라고는 하지만 하토야마 정권의 가장 큰 결점이라 할 수 있다. 그것은 후텐마 기지 이전이라는 정책 결정에서 현저하게 볼 수 있었다. 수상이나 관방장관은 정책 결정 과정에서의 정치가의 역할인 mesopolicy의 발신을 관료 기구의 지원 없이 마음대로 공표해, 더욱이 관계있는 외무성이나 방위성의 각 장관은 각각 그 mesopolicy에 근거해 그들 나름의 구체적인 해결책의 정책을 횡적인 연락이나 조정도 하지 않은 채 발신하고 있었으므로 정부의 통일적인 정책 결정과 실행 의지는 외부에 알려지지 않았다고 말할 수 있다. 즉 관료 기구를 활용하지 않는 정책 결정 과정은 기능 부전을 초래하는 것은 필연적인 추세였다고 할 수 있다. 이처럼 「정치 주도」란 무엇인가, 그것은 정책 결정 과정에서 정치인이 맡는 역할 즉 megapolicy를 염두에 둔 mesopolicy를 제시하고 이를 실현하는 최적의 정책을 선택하는 것인데, 그것을 구별하지 못하고 하토야마 정권은 「정치 주도」는 「정치가 주도」의 정책 결정으로 오해한 데, 그 정치적 미숙성이 드러났다.

2. 간 정권하에서의 「결정 중추」 제도 재편의 실속失速

의회제 민주주의에서 의회가 정치 센터이고, 거기서는 여당이 야당과의 대화 속에서 정책 결정을 하는 것이 헌정의 상도라고 한다. 따라서 간 정권 출범 때 야당의 상태를 지켜볼 필요가 있다.

집권, 여당이었던 자민당은 위에서 기술한 바와 같이 중의원선거에서 대패함으로써 그 의석의 약 40%를 잃었다. 중견 소장파가 무더기로 낙선하는 반면 선거에 강한 파벌 회장들은 많이 살아남았다. 고이즈미 전 총리는 은퇴했지만 모리 전 총리를 포함해 4명의 전직 총리도 남았다. 따라서 자민당이 새로운 시대에 적합하기 위한 당의 개혁을 기도하려 해도 그것은 과거의 잔재를 짊어진 채여서 곤란하다는 것은 쉽게 짐작할 수 있었다. 아소 총재는 패배에 대한 책임을 지고 물러났고 2009년 9월 28일 당헌에 따라 차기 총재선거가 치러졌다. 자민당의 차기 총재나 총리 후보로 꼽혔던 「아가키야스산麻垣康三」 중 유일하게 남아 있던 고가古賀파의 다니가키 사다카즈谷垣禎一가 총재로 선출됐고 기존의 관례에 따라 파벌 균형의 당 지도부 인사가 이뤄졌다. 간사장에는 오시마 다다모리大島理森 전 국회 대책 위원장이, 정조회장에는 총재선거에 입후보한 이시바 시게루 전 방위상이, 국회 대책 위원장에는 가와사키 지로川崎二郎가 선출됐다. 다니가키 신임 총재 아래 첫 전당대회에서 「일본다운 일본의 보수주의」라는 이념 외에 차세대에 부담을 떠넘기지 않도록 「재정의 효율화와 세제 개정으로 재정을 재건한다」라는 새 강령이 나왔다. 다음으로 국정 선거 후보자에 대해서는 세습 의원이 많다는 비판에 답해, 원칙적으로 후보자는 공모하고 재출마 예정인 의원도 이 공모에서 선출되지 않는 한 공천하지 않으며 각 선거구의 지부에서 경선 등 당원 참여로 최종 후보자를 결정하기로 했다. 또 원로 정치인의 정계 퇴출을 앞당기기 위해 국정 선거에서는 원칙적으로 비례 구에서 중의원 73세, 참의원 70세 이상은 공천하지 않는다는 입후보자 나이 제한제를 두고 70세 이상의 입후보는 특별한 사정이 없으면 공천하지 않기로 했다. 이후 당 운영을 보면 반세기 남짓 집권 시절의 앙금을 청산하고, 정권 탈환을 목표로 당의 역량을 높이기 위해 젊은 층을 대폭 지도부에 등용해 근본적인 당 개혁을

하는 식의, 당의 해체적 재출동이 필요하다는 목소리가 높아졌다. 그런데도, 다니가키 신임 집행부는, 이러한 많은 당원의 소리를 무시하고, 민주당의 투 톱의「정치와 돈」의 문제,-이 문제는 지금까지 자민당의 자랑이라고도 불리던 문제이다-가 매스컴에서 다루어진 것을 호기인 것처럼, 국회에서는 이 문제로 민주당 공격에 전력을 기울이는 전술을 취했다. 그것은 과거의 반성과 재창당 방향으로의 움직임으로 볼 수 없고, 당내뿐 아니라 국민의 실망을 사, 본래라면 민주당 투 톱의 여론조사 지지율 급속한 하락과 반비례로 높아질 자민당에 대한 국민의 지지율은 거꾸로 하락했다. 그 결과 2010년 7월 10일로 예정된 참의원 선거를 앞두고 그 임기를 마치는 참의원 의원들 가운데 탈당하는 자가 나오기 시작했고, 더욱이 다니가키 신임 지도부 아래에서는 정권 탈취가 곤란하다고 판단하는 다수 의원 사이에서는 신당 창당에 나서는 사람이 속출했고, 당은 분해 과정에 들어간 듯한 양상이 나타나기 시작했다. 우선, 하토야마 구니오 전 총무상은 요사노 가오루 전 재무상과 제휴해 신당 창당에 움직이기 시작했지만, 실패해, 2010년 2월에 탈당했다. 이어 우정 민영화 반대로 고이즈미 전 총리에 의해 당에서 제명됐던「복고적」국수주의자인 히라누마 다케오平沼赳夫 전 경제산업상이 중심이 돼, 신당 창당이 전부터 화제가 됐지만, 4월 요사노 가오루 전 재무상과 4명의 유력 의원이 자민당을 탈당해 히라누마 다케오와 함께「일어나라 니혼たちあがれ日本」이라는 신당을 창당했다. 여기엔 응원단 명목으로 이시하라 신타로石原慎太郎 도쿄도지사도 가세했다. 재정재건 파인 요사노 가오루 전 재무상과 당 대표가 된 히라누마 다케오 사이에는 정치 이데올로기적으로는 공통점이 없는 것으로 보이지만, 이 정당에 가담한 의원들은 자민당이 새로 마

련한 공천 나이 제한제라는 장애를 고려하면, 연령상으로 평균 70대 전후의 사람들이며, 참의원 선거를 눈앞에 두고 정치적 생존을 도모하기 위해 일시적인 피난처에 모인 느낌도 보이는 자민당의 낡은 체질을 가진 사람들의 모임이었다고 볼 수 있을 것이다. 더욱이 사라진 연금 문제 조사로 국민의 인기를 얻고 있던 경제 성장파 참의원 의원 마스조에 요이치舛添要一 전 후생 노동상은 여론조사에서 총리 후보로 높은 지지율을 얻고 있어 그를 차기 총재로 삼아 참의원 선거를 치러야 한다는 주장도 나왔다. 그래서 마스조에 요이치 참의원 의원은 덩달아 신당 창당에 나섰지만, 당내 기반이 없는 탓에 그 움직임은 불발에 그쳐 결국 탈당하는 지경에 빠졌고, 「개혁 클럽」에 대표로 영입됐고 명칭도 「신당 개혁」으로 바뀌었다. 그것은 2008년 민주당에서 탈당한 와타나베 히데오 참의원 의원 등이 만든 중·참의원 합쳐 대여섯 명의 소수당이다. 「신당 개혁」의 시작과 시기를 같이 해, 「마쯔시타 세이게이주꾸」 출신의 야마다 히로시山田宏 도쿄도 스기나미구東京都杉並区장이 호소해 자치단체의 수장이나 수장 경험자를 중심으로 한 「일본 창신당」이 결성되었다. 그것은 「개혁파 지사」로서 매스컴을 떠들썩하게 하고 있는 변호사 출신의 하시모토 도오루橋下徹 오사카부大阪府知事 지사나 탤런트 출신의 히가시코쿠바루 히데오東国原英夫 미야자키겐宮崎県 지사등과 제휴해 지방 주권을 주장해, 우선은 소비세를 단계적으로 증세해, 그것을 지방의 재원에 충당해야 한다고 하는 주장을 전개하고 있었지만, 동당에는 국회의원은 한 명도 없었다. 이당을 제외하고 이상에서 언급한 자민당으로부터 분리된 중·참의원 합쳐 5, 6명의 소수당은 정권 교체 후 본격적인 양당제 시대를 맞아, 이미 격하된 양당제이 폐색감 속에서 양대 정당에 반영되지 않은 다양한 민의를 대표하는 제3극을 지향하고, 양대 정당이 의회에서 그 세력이 백중할 경우, 캐스팅보트를 틀어쥐어 정국 주도권을 장악하자는 속셈이 분명했다. 「제3극第三極」를 최초에 주장한 것은 공명당이다. 공명당은 자민당과 연립을 이뤄 지난 중의원 선거에서 3분의 1 의석을 잃는 대패를 당 창당 후 처음으로 경험했다. 그 책임을 지고 오오타 아키히로太田昭宏대표는 사임했고 대신 새 당 대표로 야마구치 나쯔오山口那津男가 취임했다. 공명당의 정책은 평화, 복지이며 대체로 민주당의 정책과 공통점이 많다. 다음으로 와타나베 요시미 전 공무원 제도 개혁 담당 상은 위와 같이 공무원 제도 개혁을 둘러싸고 아소 총리와의 의견 대립을 계기로 자민당을 떠나 고위 관료의 낙하산 반대 주장을 펴 2009년 8월 공무원 제도 개혁을 당의 주요 목표로 삼은 「모두의 당」을 설립했다. 따라서, 동당은 소수당이다. 그것은 중의원선거 직전 자민당에서 이탈한 많은 소수당에 비해, 자민당에서 이탈한 시기가 다소 전이었던 탓으로 국민 사이에 그 이름이 알려졌고, 몇몇 가장 최근의 지방선거에서는 민주당에 대한 환멸이 확산하는 것에 비례해 그 지지율을 늘리고 있었다. 만약 참의원 선거에서 10명 정도의 의원을 내면, 캐스팅보트를 가진 소수당으로서 그 비중이 높아질 것으로 예상됐다. 마지막으로 위에서도 지적했지만, 냉전 붕괴 후 서구 공산당은 새로운 정치 상황에 대처하기 위해 당명을 바꾸고 강령도 새로 만들고 있지만 일본 공산당은 구태의연하게 「55년 체제」 시대와 다름없는 상태를 유지하고 있었다. 따라서 동당은 글로벌 경제 시대를 창조적으로 열어가는 일본의 미래상을 적극적으로 제시하고 이를 실현하는 정당으로 거듭나지 않는 한 동당의 미래는 없을 것이다. 이상이 2010년 6월 8일에 발족한 간 정권이 대화를 진행 시켜야 할 야당의 상황이었다.

간 신임 총리는 6월 11일 국회 소신 표명에서 우선 하토야마 정권이 내건 「전후 행정의 대청소」를 본격화시키고, 정부의 역할은 국민을 불행하게 하는 요소를 가능한 한 적게 하는 「최소 불행 사회」를 만드는 것이 자신의 정치적 신조라고 한 후, 이 「최소 불행 사회」의 실현이라는 목표를 달성하기 위해, 그 방법으로 「강한 경제, 강한 재정, 강한 사회」를 추구한다. 그리고 그 목표는 「55년 체제」 때의 적자국채를 증발하고 공공사업을 벌여 경제를 성장시킨 「제1의 길」도 아니며, 고이즈미 정권 시대의 규제 완화 등 신자유주의 경제정책으로 기업의 생산성을 향상하는 「제2의 길」이 아니라 「제3의 길」로 달성하겠다고 선언했다. 이 「제3의 길」이란 경제·재정 문제에 문외한인 간 총리가 재무장관 시절 오노 요시야스小野善康 오사카대 교수나 정부 세제조사회의 전문위원인 진노 나오히코神野直彦 도쿄대 명예교수로부터 경제·재정 문제를 강의받고 그 속에서 자란 식견인 것 같다. 그 생각의 골자는 증세하더라도 그것을 「현명하게 사용한다면」 고용을 증대시키고, 나아가 경제성장을 초래하며, 마지막으로 사회복지가 더욱 증대되는 비용도 조달할 수 있다는 것이었다. 오노 교수는 신자유주의 경제학이 말하는 불황 탈출을 공급측(기업측)의 개혁이 아니라 케인스가 말하는 수요 창출에서 찾고, 정부가 돈을 사용해 시장을 창출해야 하며, 그 재원을 증세로 조달해야 한다고 주장하고 있어, 진노 교수는 수요의 창출 처로서, 개호介護·의료 분야를 들어 그 분야에 투자를 늘려 고용을 확대 시키고, 거기에 따라 경제성장을 도모하면, 「강한 경제, 강한 재정, 사회복지」의 일체적인 실현이 가능하다고 주장한 것이다. 이 방법을 간 총리는 「제3의 길」이라고 칭한 것이다. 하긴, 이 방법은 일국 자본주의 시대의, 그것도 보호무역주의를 채택하는 「폐쇄 경제」에서는, 투자를 개호·의료 분야에 집중하면 어느 정도 경제성장을 이루고 재정에도 일정한 기여를 하는 「재정 ⇒ 사회 보장 ⇒ 경제 성장」의 선순환이 예상되기 때문에, 일종의 사회 보장을 우선하는 경제시스템 확립이라는 새로운 구상으로도 볼 수 있지만, 산업 속에서 개호·의료 분야의 투자만으로 얼마나 큰 경제성장을 가져올 수 있을지는 의문이고, 글로벌 자본주의 시대에 기업은 국제적인 치열한 경제 경쟁을 이겨 내야 한다는 점을 고려하면 현실적 실효성에 크게 의문이 있는 정책이라 할 수 있다. 어쨌든 간 총리는 그리스의 재정위기라는 경고도 있고, 거액의 적자국채를 안고 국가재정이 파탄날 것으로 예상되는 상황에서 재정재건을 위해서는 증세가 필요하다는 재무성측의 주장과, 국민을 불행하게 하는 요소를 최소로 하는 사회복지비용을 어떻게 양립·조화시킬 것인가에 관한 구상을 하고, 그것을 연막으로 사용하여, 증세한 만큼을 「현명하게 쓰겠다」 즉 개호·의료 분야에 투자하고, 그로 인해 다시 경제성장이 촉진되는 「선순환」이 생긴다는 「환영幻影」을 내세우며, 실제로는 소비세율 인상을 주장했다고 볼 수 있는 것이다.[17] 선거기간에, 자민당은 민주당이 재원도 없이 아동 수당 등 선심 재정을 강행하고 있으나, 민주당의 공약은 국민의 인기를 얻기 위한 공약이므로, 이를 실현하려면, 국가재정은 파탄날 수밖에 없고, 따라서 당분간 재정재건을 위해 소비세율을 10% 올려야 한다고 주장하며, 민주당에 대한 네거티브 캠페인을 벌였다. 그 비판에 대해 간 총리는 책임 정당임을 자부하는 의미에서 재정재건을 위해 자민당과 마찬가지로 소비세율을 10% 올려 「현명하게 쓰겠다」라고 반박했다. 또 참의원 선거에 즈음해, 6월 18일, 법인세 인하를 포함한 기업지원 항목을 곳곳에 담은 민주당의 「신 성장전략」을 발표하고, 더욱이 민주당의 공약이 선심 공약이고, 이를 실현할 재원이 명확하지 않아, 매니페스토를 전부 실현한다면 재정 파탄을 초래하는 것은 필연이라는 비판에 답해, 매니페스토의 현실주의적 수정을 제시하고 「국민 생활이 제1의 정치」라는 중의원선거에서 민주당 주장의 원점으로부터의 이반離反의 자세를 간 내각이 밝혔다.

원래 여당에서 지금까지의 선거에서 소비세의 도입 내지 그 세율의 인상을 주장하고, 국민의 지지를 받은 예는 거의 없다고 말할 수 있을 것이다. 간 총리는 재정재건의 시급성을 호소하며 소비세율 인상 쪽으로 여당을 끌어들였고, 잘하면 언질言質을 받아 선거를 유리하게 끌고 가려는 자민당의 속셈으로밖에 볼 수 없는 선거 전술에 감쪽같이 넘어가 민주당 패배의 중대 요인을 자초하고 말았다. 공산당은, 간 내각이 하토야마 전 총리가 다음 중의원선거까지는 소비세율 인상을 하지 않겠다고 했는데, 그 주장을 철회하고 소비세율 인상을 주장하고, 또한 증세한 만큼을 법인세 감세로 돌리는 자세를 보이고 있으며, 그것은 「국민 생활이 제1의 정치」라고 하는 민주당의 주장에 반해, 대기업을 위한 반국민적인 증세 정책이라고 하는 비판을 전개했다. 또 공명당도 소비세 인상에 반대했다. 사민당과 국민신당도 반대했다. 언론도 소비세 인상에 대해 민주당 주장의 일관성 없음을 비판하면서 여당인 민주당이 책임 정당으로서 재정재건을 추진하겠다고 나선 것을 일단 평가하면서, 그 내용이 모호하고, 저소득층에 있어서는 역진성逆進性이 강한 소비세율 인상의 문제점을 들어 그 대응책을 마련해 두어야 한다는 주장을 전개했다. 그러자 간 총리는 소비세를 올려도 저소득층에는 부담을 주지 않는 일정 소득 이하인 사람들에게는 올린 만큼 환급 방식을 취하겠다고 설명했지만, 지역구에 따라 연 소득 200만엔 이하라거나 400만엔 이하라거나 발언이 오락가락하기 시작했다. 모두의 당은 소비세 인상에 반대하고, 우선 낭비를 철저히 줄인 후에, 「작은정부」를 확립하기 위해서 철저한 공무원 제도 개혁을 실현해, 아울러 경제성장 정책을 펼쳐야 한다고 주장했다.

이로써 선거 「여론」의 쟁점은 소비세 인상을 둘러싼 찬성과 반대로 좁혀졌고, 11개월 전에 민주당에 투표한 유권자들, 특히 상당수 무당층은 민주당에 대한 기대를 저버렸고, 양대 정당에 대한 환멸도 느끼기 시작했다. 선거에서 「순풍 발생 장치」이어야 할 간 대표는 민주당에 좋은 「순풍」을 유발하기는커녕 역풍을 일으키고 말았다. 7월 11일 전날 참의원 선거 결과가 나왔지만, 「순풍」은 11개월 전 중의원선거에서 민주당을 향해 불었지만, 이번에는 대도시 무당파층의 표, 즉 「순풍」은 「모두의 당」을 향해 불어왔고 민주당은 역풍을 제대로 맞게 됐다. 그 결과 민주당은 개선 의석 54석 중 10석을 잃는 대패를 했다. 획득 의석은 44이다. 그에 반해 자민당은 개선 의석 38이었지만 획득 의석은 51석으로 13석을 늘려 개선 제1당이 되었다. 진정한 승자는 「모두의 당」으로 개선 의석 1에서 일약 10석을 얻어 그 득표수는 790만 표로 공명당을 능가하며 「제3극」의 수좌首座를 다투게 됐다. 공명당은 2석을 잃고 9, 국민신당은 개선 의석 3개 전부를 잃었고 사민당은 3에서 2로 1석을 잃었으며 일어나라 일본, 개혁일본 두 신당은 각각 1석, 공산당이 3석을 얻었다. 참의원에서 새로운 세력은 민주당 106, 자민당 84, 공명당 19, 모두의 당 11, 공산당 6, 국민신당 3, 사민당 3, 개혁 일본 2, 외 4이다. 참의원 전체 의석이 240석이므로 그 과반수는 121석이다. 집권 민주당이 정권 운용을 원활하게 하기 위해서는 중의원에선 306석이라는 절대다수에 가까운 의석을 갖고 있어도 참의원에선 과반수에는 15석이 부족하게 됐다. 결국 연정을 짜는 국민신당의 3석만 더해도 과반수에는 12석이 모자라 「참의원에서의 네지레 국회」 국회 현상이 또 발생했다. 공명당이나 모두의 당과 연정을 이루는 것이 가능하다면 정권은 안정되겠지만 이 양당이 연정을 거부한다면 전 야당 연합에 대해서는 소수파로 전락하고, 데드록(date lock)에 빠져 정치안정은 엄두도 못 내게 됐다.

 민주당 내에서는 참의원 선거가 시작되면서 느닷없이 소비세 발언을 쏟아낸 간 총리와 선거를 지휘한 에다노 간사장과 아즈미安住 선거대책위원장 등 당 지도부의 책임을 묻는 목소리가 높아지면서 간 총리를 중심으로 한 반오자와 연합 세력의 권위는 급속히 추락했다. 간 총리의 임기는 6월 사임한 하토야마 전 대표의 전임 기간인 9월까지다. 이에 따라 민주당 대표 경선이 9월 14일 치러지게 됐다. 간 내각의 남은 생명은 그때까지라는 예상도 있지만 간 총리는 재선을 기해 총리 연임을 주장했다. 그래서 간 총리는 앞서 한 말을 바꿔 소비세 발언이 당돌했던 점을 사과하고 야당에 대해서도 협력 협조를 당부하며 계속 저자세를 보였다. 9월 6일부터 시작된 당 대표 선거에서는 간의 대항마로 오자와가 출마하면서 사실상의 도각倒閣 활동이 시작됐다. 이로써 그간 민주당 정권을 지도해 온 「오자와·하토야마·간」 트로이카 체제는 붕괴된 것이나 다름없게 됐다. 타루토코樽床를 제외한 민주당의 「7봉행七奉行」 즉, 오카다 가쯔야(岡田克也), 센고쿠 요시토(仙谷由人), 마에하라 세이지(前原誠司), 노다 요시히코野田佳彦, 겐바 고이치로(玄葉光一郎) 등 6인방은 이미 하토야마의 후임을 뽑는 6월 4일 양원 의원총회에서는 간을 내세워 반오자와파의 기치旗

幟를 선명히 하고 있었다. 그리고 9월 대표 선거에서도 당연히 재정재건과 공약의 일부 수정을 목표로 하는 간 진영에 가담했다. 이에 대해 소비세 논의의 봉쇄와 매니페스토 견지를 호소하는 오자와 후보를 지지한 것은 하토야마·하타 그룹과 중립을 유지하고 있던 타루토코파였다. 이리하여 민주당은 둘로 갈라졌고, 두 파의 「결전決戰」이 시작됐다.[18] 일본 정치가 앞으로 어떤 방향으로 나아가야 할지에 대한 선택은 당내 두 파의 대립에 반영되게 된 것이다. 기득권을 수호하려는 자민당과 주요 4대 신문 등 대중매체는 금권 정치 비판과 연관된 형태로 이를 상징하는 오자와·하토야마에 대한 비판을 전개해 국민 여론을 간 지지 쪽으로 몰았다. 9월 14일의 투표 결과, 간이 매스·미디어에 움직여진 지방의원과 당원·지지자의 압도적인 지지를 받았다. 그 여세를 몰아 국회의원 선거에서도 압승을 거뒀지만, 예상을 뒤엎고 국회의원 획득 표에서 간 후보 득표수는 오자와에 투표된 200표보다 불과 6표 많은 206표에 불과했다. 아무튼, 간 총리는 국회의원 지지에 불안하긴 했지만 일단 「통과의례通過儀礼」를 치렀기 때문에 「모라토리엄moratorium 정권」[19]이라는 칭송을 받고 있던 상태에서 탈피하여 본격적인 정권 만들기에 착수하게 되었다. 우선 당직 인선은 외상 오카다를 간사장으로 자리를 옮겼다. 이때 오카다는 수락 조건으로 에다노 현 간사장을 자신을 보좌하는 간사장 대리로 격하시켜 임명할 것과 후임에 국토 교통상 마에하라를 요구해 받아들여졌다. 다음으로, 개각 시에는 오자와를 지지한 그룹의 분단을 도모하는 의미에서 하토야마 그룹의 가이에다 만리海江田万里를 경제 재정·과학기술상으로 내각에 봉했다. 또 하토야마 그룹의 좌장인 오하타 아키히로大畠章宏를 경제산업상에 임명했다. 당내 중립파의 중진인 가노 미치히코를 농림수산부 장관으로 앉혀 중도파 세력과의 조정을 도모했다. 오자와파의 직계는 각 내에는 들이지 않았다.[20] 간 내각에서는 대신 17명 중 재임된 것은 관방장관 센고쿠 요시토, 재무상 노다 요시히코, 방위상 기타자와 도시미, 행정쇄신상 렌호, 국민신당 금융·우정상 지미 쇼자부로自見庄三郞뿐이다. 하토야마 유키오 내각 출범 후 1년 이상 계속 포스트에 머문 사람은 기타자와 도시미北澤俊美 방위상뿐이었다.[21]

오자와파를 버린 후의 간 내각은, 이상의 포진으로, 센고쿠 관방장관이 「거당 체제擧党体制」라고 칭하고 있었지만, 그 실태는 국회의원의 지지가 거의 호각인 오자와가 언제라도 간을 대신할 가능성을 내포하고 있던 「허당 체제虛党体制」였다고 보여진다.[22] 따라서 간 총리가 취할 길은 우선 당내에서 오자와의 힘을 꺾기 위해 오자와가 정치 자금 위반 혐의로 특별수사의 추궁을 받는 호기好機를 포착해 가능하면 그를 정치적으로 말살하는 것, 다음으로 「중·삼의원의 네지레 국회」가 앞길을 막고 있는 이상 이를 해결해 정국을 안정시키고 간 내각을 존속시키는 방안으로는 과거 후쿠다 총리가 당시 야당인 제1당인 민주당과의 연정을 오자와 대표와 획책했던 것처럼, 야당인 자민당과의 연립 정권 확립을 꾀할 수밖에 없었던 것으로 보인다. 이 길은 간이 그 타도를 내건 「관료 내각제」의 핵심 부분인 국가 관료제의 법무 부분 독주를 「지도한다」라는 것이 아니라 오자와 기소 쪽으로 향하도록 「방임시킨다」라는 것이며, 다음으로 자민당의 페이스에 빠지는 셈이니, 정권 교체 때 민주당이 내건 목표를 버리는 것이기도 했다. 실제로 그 방향으로 진행돼 2011년 6월 퇴진한다. 그런 간 내각의 행보는 이 책이 「결정 중추」 제도 개편 움직임을 중심으로 논의를 진행하고 있으므로, 간 내가이 출범 후, 곧바로 「결정 중추」 제도 개편에 대해 소극적으로 변해간 움직임을 먼저 소개하기로 한다.

간 내각은 당연히 하토야마 유키오 정권이 남긴 현안을 민주당 정권에서 넘겨받게 됐다. 당시 국회에 상정돼 있던 현안은 다음과 같다. 우정 개혁법안과 제조업에 대한 파견을 금지하는 노동자 파견 개정법안, 지구 온난화 대책 법안 등 이외에, 자민당 정권 말기의 남긴 과제(후쿠다 내각 시대에 성립한「국가공무원 제도 개혁법」의 완전 실시)의, 정치의 최고 지도자인 수상을 중심으로 하는 정치적 의사결정 시스템의 확립을 목표로 하는「정치 개혁」과 관련한 법안, 즉,「정치 주도 확립 법안」(내각관방에 두는 국가 전략실을「국」으로 격상, 현재 3명인 관방 부장관을 1명 증원하고, 그중 1명을 국가 전략국장으로 한다. 국가 전략국장 밑에 정무관급 국가 전략관을 한 명 둔다. 총리 보좌관 정원 5명에서 10명으로 2배 늘리고 국가공안위원회를 담당하는 정무관 1명을 신설한다. 각 성에 각료, 부대신, 정무관을 보좌하는 정무 조사관(민간인)을 두고「국회 개혁 관련 법안(의원입법)」(정부 특별보좌인에서 내각법제국 장관을 제외, 내각부 부대신 2명 증원, 내각부 정무관 6명 증원, 법무 정무관, 후생 노동 정무관, 국토 교통 정무관, 환경 정무관을 각 1명 증원, 관료의 국회 답변 금지), 그 외에 후쿠다 내각 시대에 성립한 국가공무원법 개정 중, 간부 공무원의 임명·해임과 관련된 부분의 제도 설계가 미진했지만, 그 부분의 법안 화(부처 간부 인사를 일원화하는「내각 인사국」의 신설, 수상이나 관방장관이 간부 후보자 명부를 작성해, 간부 직원을 공모하는 제도의 도입)가 국회에서 심의되어 의결될 필요가 있었다.[23]

이러한 법안이 실현되면 관료 기구의 인사권을 총리를 중심으로 한 관저가 장악하게 되고,「관료 내각제」로부터「국회 내각제」로의 전환을 가능하게 하는 제도가 확립돼, 약 17년 전부터의 오자와 이치로 전 민주당 간사장의 주장을 계기로 시작된 「정치 주도」 의사 결정 시스템 구축이 제도적으로 일단 완성을 보게 될 것이다. 그렇게 되면, 일본도 미국, 중국과 마찬가지로 뛰어난 정치 지도자가 총리에 취임하게 된다면 국내외 문제 처리에 있어서 의사 결정을 톱다운식으로 할 수 있을 것으로 예상됐다.

그런데 참의원 선거가 7월 10일로 예정돼 있었다. 한 달 전인 6월 8일 출범한 간 내각은, 이미 중의원에서 가결된 정치 주도 확립 법안을 원래대로라면 국회 회기를 연장해서라도 참의원에서 가결했어야 했지만, 연장하지 않고 예정대로 선거로 달려 위와 같이 「중·참 네지레」 현상을 초래하고 말았다. 이렇게 새로운 일본을 다시 만들겠다며 제안된 「정치 주도 사업체 법안」 등 하토야마 정권의 현안은 다시 「중·참 네지레」 현상이 나타났기 때문에 당연히 야당의 협력 없이는 실현 가능성이 어렵게 되었다. 특히 「정치 주도 사업체 법안」이라는 관저의 재구축과 관련해 간 총리는 다음에 언급했듯이 재무상 시절 재무성의 정치문화에 물들었고, 이 「정치 주도 사업체 법안」의 정치적 방향성과는 전혀 다른 생각을 하게 되었기 때문에 더욱 어려워졌다고 할 수 있다.

돌이켜 본다면, 민주당은 자민당 시대의 여당·정부 이원 대표제에 근거한 정책 결정 시스템을 「관료 내각제」라고 비판해, 「국민 생활이 제일의 정치」를 실현하기 위해서 「탈 관료 의존」, 「정치 주도」체제의 확립을 주장하고, 정권을 잡으면 국회의원 100명을 정부에 보내 국회와 정부가 하나가 돼, 즉 당과 정부가 하나가 돼 정책 결정을 하는 정책 결정을 내각으로 일원화시키겠다고 했다. 그리하여 정권 교체 후 하토야마 내각은 새로운 관저 기구로 총리 직속의 국가 전략국 설치를 통해 그 주장을 구체화하려 했다. 이 국가 전략국은 새 시대의 국가 비전을 만들어, 정부 예산의 골격을 정하고, 기타 중요 정책의 기본방침을 정한다고 되어 있었다. 하토야마 총리는 정권 출범과 함께 국가 전략국을 설치했지만 이를 뒷받침하는 법안을 통과시킬 때까지는 임시적으로 「국」이 아닌, 「실」로, 그 설치 규칙에는 「세재정稅財政의 골격, 경제 운영이나 그 외의 중요한 기본정책의 기획·입안 및 종합 조정」으로 명시돼 있었다. 상기대로, 국가 전략 담당상에 부수상의 간 나오토가 겸무하고 있었다. 간 부총리가 재무상으로 자리를 옮긴 뒤 국가 전략 담당상에는 센고쿠 요시토가 취임했다. 정부의 정책 결정에 있어서 수상 직속의 「사령탑」의 역할이 완수하기로 되어 있던 국가 전략국 구상은 그것을 법제화하기 위한 「정치 주도 확립 법안」이 상기와 같이 2010년 6월에 국회에 상정되어 있었지만, 간 총리가 선거를 우선시했기 때문에 폐안이 되고, 더구나 참의원의 민주당 패배로 그 성립의 전망은 야당 나름으로 되어 극히 곤란하게 되어 버린 것이다. 이처럼 민주당 정권은 정책 결정 구조에 관해 자민당 시절의 방식 모두에 반발해 그것을 민주당만의 것으로 바꾸려 했다. 그 전형이 국가 전략국 구상이다. 오자와 이치로가 주장해, 그 자신이 주도하거나, 혹은 촉매 작용을 이루어 온 「정치 개혁」 움직임의 선상에, 국가 전략국 구상이 있지만, 그것은 민주당이 냉전 시대와 다른 새로운 내외의 변화된 환경에 대응하기 위한 관저 기구 재편 구상의 핵심으로 자리 잡고 있던 것이었다. 이는 고이즈미 총리가 「경제 재정 자문 회의」를 예산 편성 방침이나 거시정책, 구조개혁 기본방침 마련에 활용하고 관저 주도의 사령탑으로 사용한 것을 참고해 「경제 재정 자문 회의」를 폐지하는 대신 그 기능을 국가 전략국으로 옮기고, 외교 안전 보장 문제에 대한 전략도 담당하게 할 뿐만 아

니라, 부처 간 종합 조정 기능을 갖게 해 말 그대로 관저 주도의 사령탑으로 삼으려 한 것으로 풀이된다. 하지만 7월 중순 간 총리는 2011년도 예산 편성 작업에 착수하면서 예산 편성 작업을 주도할 것으로 예상됐던 국가 전략실의 기능 축소를 발표했다. 간 총리는 「정치 주도 확립 법안」의 실현 전망이 어려워진 점, 또 눈앞에 예산 편성의 시한이 다가온 점도 있고, 더욱이 실제로 재무성의 수장으로서 일본 정부 관료와의 교류 체험 속에서 민주당의 관저 기구 개편 구상을 실현하는 것보다는 종래의 방식을 답습하는 것이 더 현실적이라는 인식을 하게 된 것으로 알려졌다. 그 증거는 간 총리의 관료제에 대한 다음과 같은 자세 변화 속에서 감지되기 때문이다. 간 총리는 하시모토의 자·사·사 연립 내각 후생상으로서 에이즈 약해 문제 처리에 있어 느꼈던 반 관료 관을 저서 『대신大臣』에서 피력해 탈 관료의 상징적 존재로 인식됐다. 그리고 그 생각은 그 후에도 변함없었던 것 같다. 그는 중의원선거에서 민주당이 압승한 뒤인 2009년 10월 31일 민주당 도쿄도 의원연맹 강연에서 「(관료는) 지혜, 머리를 쓰지 않는다. 카스미가세키霞ヶ関관료는 성적이 좋았을 뿐이지 아주 바보니까요」라고 발언하고 있기 때문이다. 2010년 6월 8일 총리 취임 기자 회견에서 관료를 배제하고 정치인들만 정책을 정하면 되는 게 아니다. 관료의 전문가로서의 지식과 경험을 살리면서 국회의원이 정책을 추진한다」라고 발언하여, 2일 후인 10일에 차관에 대한 훈시에서 「관료와 정치가의 입장은 각각 다르다. 조합이 잘 맞으면, 일본의 정치나 행정이 더욱 강한 것이 된다.」(『요미우리 신문』 2010년 6월 11일, 〈수상 관료 두드리기 반성〉)이라고 말하고 있기 때문이다. 간 총리의 관료 관 변화는 하토야마 정권 시절 정책 결정 과정의 기능 부전 상태를 내부적으로 보고 반성한 데 기

인하고 있는 것으로 보인다. 이 같은 관료 관의 변화는 「정치 주도란 (관료와) 정보를 공유하고, 한마음으로 정무 3역과 (관료) 여러분이 일체가 돼 일하고 싶다」라는 노다 재무상 취임사(6월 9일)에서도 나타난다(『아사히 신문』, 2010년 6월 10일). 그리하여 간 총리는 자민당과 크게 다르지 않은 다음과 같은 관저 기구의 개편을 주장하고 나선 것이었다. 즉 총리가 공무원 제도 개혁 담당상을 겸무하는 겐바 고이치로 당 정책조사회장과 센고쿠 요시토 관방장관 두 사람과 협의해 정부의 기본방침을 결정하는 새로운 기관을 내각관방에 설치하는 것이다. 정조회장이 정부와 당간의 조정을 담당하고 관방장관이 부처 간의 조정을 각각 분담해, 양자가 총리의 지도 아래 정부의 최고 방침을 결정해, 그것을 지지하는 사무국을 내각 관방 내에 두는 생각이다. 반면, 원래 관저의 사령탑 역할을 하기로 했던 국가 전략국은 총리의 외교 전략을 포함해 폭넓은 정책 분야에 대한 조언 기관 내지는 싱크탱크로 환골탈태시키겠다는 뜻을 7월 4일 간 총리가 표명했다. 그러면서 간 총리는 국가 전략국을 영국 노동당 정권 시절 블레어 총리의 정책 조언 기관인 policy unit(정책실)의 형태로 바꾸겠다고 밝혔다. 이에 하토야마 정권 시절 국가전략실장이었던 마쯔이 고지松井孝治 전 관방 부장관은 사전 상의 없이 관저 기구의 새로운 개편안을 주장한 데 대해 반발했다. 이어 마에하라 국토교통상도 「간씨가 뭘 하고 싶은지 모르겠다」고 불만을 터뜨렸다. 간 총리는 센고쿠 관방장관과 겐바 정조회장에 노다 재무상을 포함 시켜 2011년 예산 기본방침을 결정했다. 그것은 전체 부처에 전년도 예산의 정책경비의 10% 삭감을 요구하는 한편, 민주당이 공약한 중요 정책이나 신 성장전략 등의 예산을 중점 배분하는 1조엔 이상의 「건강한 일본 부활 특별범위」를 창설해,

각 부처가 거기에 대응하는 주력 정책을 제시할 경우, 거기에 돌리는 것으로 하는, 각 부처 간의 「정책 콘테스트」를 제언한 것이었다.[24]

이상의 간 정권의 새로운 정치적 의사 결정 방식은 내각관방이나 재무성이 조정역을 담당하고, 당 측의 정조회의 각 부문이 참견하는 자민당 시대의 정부·당 이원 대표제 시대의 정책 결정 시스템과 크게 다르지 않은 것이 되었으며, 따라서 『아사히 신문』(2010년 7월 17일)에서는 자민당 정권에 대한 「격세 유전隔世遺傳」라는 비판을 받았다. 이처럼 하토야마 민주당은 자민당 시절의 정책 결정을 위한 관저 주도 시스템 구축을 국가 전략국 형태로 구상하고 이를 구체적으로 제도화하는 정치 주도 확립 법안을 국회에 제안했으나 참의원 선거에서 민주당의 대패로 좌절하게 됐다. 그뿐이 아니다. 간 총리가 새로 재설계하기 시작한 총리를 중심으로 한 새로운 관저 기구가 만들어졌다 하더라도 정책 결정은 「중·참 네지레」 국회의 발생으로 결국 참의원에서의 여야 협의나 대화에서 결정될 수밖에 없게 됐다. 그리고 간 총리가 구상하고 있는 것처럼 민주당을 중심으로 한 연립 정권이 성립된다면, 연립 정당 간 정책협의기구가 정책 결정의 최종기관이 될 것이다. 어쨌든 새로운 글로벌 자본주의 시대에 있어서 격변하는 국내외 환경변화에 즉각적이고 기동적으로 대응할 수 있는 정치적 의사 결정 시스템의 확립 시도가 간 정권 시대에 와서 다시 좌절의 가능성을 높여온 것은 일본 정치의 장래에 있어서 바람직한 일은 아닐 것이다. 민주당 노다 정권으로부터 정권을 탈취한 자민당의 아베 제2차 정권에 의해, 수상에 의한 정치 주도 체제를 지지하는 「결정 중추」 제도의 재편 시도는 2014년에 실현되게 된다. 그것에 대해서는 다음 장에서 다루기로 하다. 이상으로 출범한 간 정부하에서 「결정 중추」 제도 개편이 하토야마 정권으로부터 인계받은 현안 사항을 적절히 처리하지 못한 점뿐만 아니라, 제도 개편의 방향성에 대해서도 간 총리의 생각이 하토야마와는 달랐기 때문에, 실질적으로 제도 개편은 실족 되었다.

말할 필요도 없이, 「결정 중추」 제도의 개편이 이루어지기라도 한다면 그로 인해 정관政官 관계는 종전과는 다른 것으로 개편될 것이다. 따라서 민주당 정권이 「탈 관료·정치 주도」 실현을 위한 움직임을 보이는 가운데, 관료들도 그 추이를 주시하고, 더욱이 그들의 문화에 반하는 방향으로 개혁이 이뤄지기 시작한다면 저항하거나 면종복배面從腹背 등의 행동을 하게 되고 그로 인해 행정조직의 기능 부전不全이 일어날 수도 있을 것이다. 실제로 간 정부 출범 후 얼마 되지 않아 그런 징후가 포착되기 시작한 것이다.

위에서 서술한 것처럼 「정치 주도체제」의 확립이란, 국가 운영에 있어서 정치가가 관료 기구를 주체적으로 움직이는 것이며, 궁극적으로 정관계에서 정치가가 관료 기구에 대한 리더십을 발휘해 그것을 목표로 하는 방향에서 움직이는 것이다. 민주당은 집권 후 「정치 주도체제」를 목표로 정무를 맡은 정치인이 정책 결정에서 각 부처 관료의 영향력을 배제하고 정치인만으로 결정해 정책 결정의 주도권을 장악할 수 있다고 단락 적으로 생각한 흔적이 엿보인다. 그 표시는 관료의 정치인 접촉을 제한하는 규칙까지도 만들었다는 점이다. 정치인의 「정무 3역」이 관료에게 말려들지 않을까 하는 관료에 대한 지나친 경계심에서 비롯된 공포심에서 나온 행동이었던 것으로 보인다. 이처럼, 정치가가 관료에게 정부 운영에서의 지식과 경험에 의지하는 것을 거부하고, 더욱이 관료를 신뢰하기는커녕 불신으로 눈을 돌린다면, 관료 쪽에서도, 최악의 경우, 업무의 사보타

주sabotage나 면종복배의 행동에 나서게 될 것이고, 또한 그전에 정치인이 마음대로 한 정책 결정이 관료의 정치문화나 관료 측에서 볼 때 국익에 반한다고 생각되면 민주주의 국가에서는 정책 결정에 근거가 되는 사실에 관한 정보를 리크leak하고 여론에 호소하여 이의 시정을 요구하는 행동을 하는 일도 자주 있는 일이다.[25]

그것은 정·관 관계가 틀어지기 시작한 첫 단계에 일어나는 현상이다. 이 현상은 간 총리의 대표 선거가 열리던 중의 9월 7일 센카쿠 해역에서 중국 어선의 해상 보안 본부의 순시선에 대한 충돌 사건이 발발했는데, 그 처리에서 보였다. 이 책의 본 장 집필 중인 2020년 9월의 시점부터 돌이켜 본다면, 민주당 정권 3년 3개월 동안 그동안 진행되었던 일본 정치의 우경화 속도가 가속화되었다고 볼 수 있다. 그 계기를 만든 것은, 중국의 강국으로서 부상이 빠르게 표면화하면서 그 하나의 표현 형태로서의 센카쿠제도尖閣諸島에서 중국 어선의 방약무인傍若無人한 행동이었다. 센카쿠 제도 바다에서의 중국어선 불법 조업과 영해 침입은 그 전부터 자주 있었는데 그걸 단속하는 일본 순시선의 공무집행에 항의하고 순시선에 대해서 전력투구하는 사건은 처음이다. 원래 일본은 북방 영토 문제 외에 독도와 센카쿠 열도의 2개 영토 문제를 안고 있다. 독도는 한국이 실질적으로 점유했고, 일본은 이를 고유 영토라고 주장하고 한·일 관계에 있어서 하나의 가시이다. 정치적으로 이 독도와는 반대의 경위境位에 있는 것이 센카쿠 제도의 경우이다. 그것은 일본이 점유하고 있고, 중국이 그것을 중국의 고유 영토라고 주장하고 있기 때문이다. 일·중 국교 회복 시, 져우언라이周恩來 총리의 영단으로 센카쿠 제도의 귀속 문제는 부류하기가 양해되고 있었다고 한다. 덩샤오핑(鄧小平)도 1970년대 이 문제를 차세대 지혜에 맡기겠다고 발언한 바 있다. 따라서, 센카쿠 제도의 귀속 문제는 일·중 관계를 악화시키는 요인으로는 그때까지는 표면화하지 않았다. 그러나 덩샤오핑이 결정한 사회주의적 시장경제 정책의 성공으로, 중국이 21세기 들어 GDP 세계 제2위의 지위를 일본과 다투게 되고, 곧 이를 추월하는 경제성장을 이루게 되자, 그 경제발전에 걸맞은 정치적으로도 강국으로의 길을 선택하기 시작했다. 이와 함께 중국은 센카쿠 열도의 귀속 문제를 제기하면서 그때까지 양호한 중·일 관계에 찬물을 끼얹기 시작했다. 즉, 평화 국가 일본의 초강대국이 된 중국과의 해후邂逅의 개막이다.[26] 그 개막을 상징한 것이 이 중국 어선의 일본 순시선 충돌 사건이었다. 일본 순시선은 불법으로 조업하고, 이를 단속하는 데 항의해 순시선에 몸싸움을 벌이던 중국어선을 오키나와겐 이시가키 섬 沖縄県石垣島으로 연행해 선장과 선원을 체포했다. 나하 간이법원那覇簡易裁判所은 선장을 9월 10일 10일간 구류하기로 하고, 선원과 배만을 중국으로 돌려보냈다.중국은 선장 석방을 강력히 주장했다. 일본 측에서는 이러한 경우에 어떻게 대처해야 할지에 대한 대응책이 지금까지 정비되어 있지 않았다. 「배후의 수상」이라고 불리던 센고쿠 요시토 관방장관은 나하시의 사법 관계 기관과 연락 해 대응에 임했다. 일본 국내법에 근거한 선장이 죄상을 인정하면, 센카쿠 제도 바다에서의 일본의 법 집행을 인정하는 것이 된다. 그것으로 인하여 센카쿠 제도에 대한 일본의 주권·시정권을 인정하게 된다. 이에 따라 선장은 인정하지 않았고 9월 19일 다시 10일간의 구류 연기가 결정됐다. 그에 대해 당장 9월 21일 원자바오溫家宝 중국 총리는 선장의 무조건 석방을 요구하고 이후 일본과의 장관급 왕래 중지, 항공노선 증편에 관한 교섭 중지, 나아가 대형 건설업체 후지타 사원 4명의 군사시설 촬영 용의로 체포, 일본에 희토류rare earth 수출 금지 등 강경한 대항 조치를 취하기 시작했다. 이로써 중·일 관계의 긴장이 급속히 고조됐다. 급기야 9월 24일 나하 지방검찰청은 일본 국민에 대한 영향이나 향후 중·일 관계를 고려할 때, 더는 신병을 구류하여 수사를 계속하는 것은 상당하지 않다는 사유로 중국인 선장을 처분 보류로 석방했다.[27] 이에 대해 국내에서는 그 결정이 중국의 압력에 굴복한 외교이거나, 정치적 개입으로 석방이 결정된 것이 분명한데도, 나하 지검의 한 검사의 판단에 책임을 지운 것이라는 비판이 일었다. 또, 국외에서는 일본의 대응은 중국의 해양 진출에 대한 굴복이라는 논조도 보였다.[28]

전후 일본은 외정에서 미국의 지도체제 아래에 있었고, 미국 이외의 외국과의 관계에서 상대편이 최악의 경우 전쟁을 예상하게 하는 어려운 결정을 하게 하는 사건을 조우遭遇한 적이 없었다. 만약 그러한 위기가 발생했을 경우, 어떻게 대응해야 하는지에 대한 방침 내지 매뉴얼에 관해 보통 국가라면 당연히 대비하고 있었을 텐데, 그에 대해서는 정치인뿐만 아니라 국가 그 자체로도 준비가 되어 있지 않았던 것으로 보인다. 따라서 민주당 대표 경선 과정에서 벌어진 일임을 고려하더라도 외부에서 볼 때 간 정권이 무엇을 하고 있는지 그 의도가 명확히 전달되지 않는 경향이 있고, 대외 정책에 대해서도 우물쭈물하는 모습을 드러내는 꼴이 됐다. 사실, 이 외정에서의 위기를 극복할 수 있었던 것은, 미국의 도움의 배였다. 간, 센고쿠, 마에하라의 정권 중추은 이 문제로 휘청거리고 있을 때, 중·일 간의 긴장이 더욱 높아져, 전쟁이 되었을 경우의 궁극의 시나리오가 상정想定되었지만, 미국이 센카쿠 열도는 미·일 안보 조약 제5조 적용이 되어 있다는 이 언질을 얻은 간 정권은 안도하며 위기를 넘길 수 있었다.[29] 뜻밖에도 하토야마 정권이 미·일 동맹을 흔들었는데, 이 사건으로 미·일 동맹이 다시 강화된 것은 아이러니다. 이 같은 정책 결정의 기강과 의연한 자세를 보이지 않는 정부를 보고 관료들이 불안해한 것은 당연하다. 이 사건의 치졸한 대응은 최일선에서 활약하는 해상보안청 직원이 볼 때 그들에게 명령을 내리는 정부는 없고, 한 지방의 검사가 국가의 중대한 결정을 내린 것처럼 보였을 것이다. 그에 대해 거부감을 느꼈다고 해도 이상한 것은 없다. 그것은 국민 일반도 같은 느낌을 받고 있었기 때문이다. 중국어선이 순시선에 부딪히는 순간이 촬영된 비디오가 외부에 누설되었다.[30] 중국어선이 대담하게도 순시선에 충돌을 반복하고, 그에 목숨을 걸고 공무집행을 하는 해상보안청 직원들의 활약상을 비디오로 본 일반 국민은 중국어선의 안하무인 함에 놀랐고, 잠든 내셔널리즘이 자극받았다고 봐도 무방할 것이다. 선거에서 민주당은 여론이라는「바람이 불다」덕에 정권 교체를 이뤘지만, 그 바람이 역풍으로 바뀌면, 날아가는 것은 시간문제라고 할 수 있었다. 9월 중순부터 한 달 동안 계속된 이 사건은 국회에서 다뤄져 참의원에서 센고쿠 관방장관과 해상보안본부를 담당하는 마부치馬淵 국토교통상에 대한 문책결의안이 가결됐다. 어쨌든 이 사건은 정·관 관계에서 관이 정에 대해 불신을 드러낸 사건이었다고 볼 수 있을 것이다. 그런데, 6월에 발족했을 때의 간 내각에서는, 센고쿠·노다·겐바의 3 각료가 핵심이 되고 있었지만, 9월 중순의 개조 내각에서도 계속해 그 핵심이 되고 있었다. 이 트라이앵글에 행정 쇄신 상의 렌호를 더한 예산 편성 각료 위원회가 2011년도의 예산안의 편성에 착수했다. 상술한 대로, 7월에 자민당 시대와 같은 제로 베이스의 예산 편성 방침이 나와 각 부성청은「정무 3역」하에 각각 다음 년도의 예산 편성에 착수했다. 그리고 「정무3역」은 각각 「요구대신要求大臣」이 되기 시작했고, 이는 정치 주도체제 확립을 주장했던 민주당 정부 출범 초기와는 달리 총리가 예산 편성을 주도하는 것이 아니라 종적 행정의 부활을 의미하는 것으로 풀이된다. 이에 정부 기관의 종합·조정을 도모하는 의미에서 센고쿠 관방장관은 가스미가세키를 횡단하는 독자적인 관료 네트워크의 구축에 나섰다. 그 후, 센고쿠는 그가 만든 가스미가세키를 횡단하는 독자적인 관료 네트워크를 항상화恒常化시켜, 그 연장선상에 자민당 시대와 같은 사무차관 회의의 부활을 실현시키게 된다. 그것은, 후에 언급하기로 한다. 10월 4일, 도쿄 제 5 검찰심사회가 정치자금법 위반으로 오자와의 강제 기소 재결의를 실시했다. 간 내각의 후문의 호랑이였던 오자와파를 약체화할 호기가 도래한 것이다. 이후 야당은 국회에 정치윤리위원회를 설치하고 오자와를 소환해 국회에서 바로잡겠다는 민주당 압박 작전에 나섰다. 오자와가 출석을 거부해 민주당은 야당과 언론의 비판을 받았다. 언론에 약한, 민주당 지도부 오카다 간사장은 오자와를 규율 위반으로 당적 박탈을 결정했다. 이는 민주당이 정당에서는 이해利害관계가 다른 집단이 오로지 정권을 잡기 위해 모인 패거리에 불과했음을 보여주는 사건이었다. 이는 민주당이 조만간 내부 붕괴할 것임을 상징하는 것으로 볼 수 있다. 이로써, 간 내각은 자신의 몸에 박혀 있던 시한폭탄을 법무성 특수와 야당의 협조를 얻어 그 신관을 떼어내는 데 성공한 것이다. 이것에 의해서 기득권층 전체에 의한 「오자와 죽이기」는 완성에 가까워졌다고 말할 수 있을 것이다.[31]

　간 정권에 남겨진 그 연명에 이바지하는 방안은 민주당 공약의 일부 수정 미명하에 대국민 공약을 형시만 남기고 그 실질은 버리고 자민당이 요구하는 정책 노선을 받아들이는 것이었다. 그것은 내정에서는 재정 건전화를 위한 소비세 인상, 다음으로 대외적으로는 미국에 의한 글로벌 경제 시스템의 발전에 대응하는 무역 시스템의 재편성의 TPP(환태평양 경제 동반자 협정)에의 참가이다. 간 정권은 지지자가 받아들이기 쉽도록, 소비세 인상은 사회 보장을 충실히 하기 위해서라며 문제를 슬쩍 바꿔, 사회 보장의 일체적 개혁을 내걸었다. 다음으로, 농산물의 관세 자유화가 포함되는 TPP에의 가입은, 농산물의 관세 자유화에 반대하는 오자와파가 아직 힘을 가지고 있는 한, 강력하게 추진할 수 없으므로, 「정보수집을 위한 협의」의 명목으로 가입 협의에의 참여를 표명했다. 11월 13일, 14일 요코하마에서 열린 APEC 회의에선 의장을 맡은 간 총리는 버락 오바마 미국 대통령에게 TPP 가입에 대한 일본의 의견을 전달해 일단 야당을 안도시킬 수 있었다. 이 회의에서 후진타오胡錦涛 중국 국가주석과 드미트리 메드베데프 러시아 대통령과 개별 회담을 하는 기회를 얻었다. 특히 후진타오 주석과의 개별 회담이 TV에 방영됐다. 정상 회담장으로 적합하지 않은 장소에서 평범한 의자에 앉아 대면한 만남이었지만, 간 총리는 A4 정도 종이 한 장을 든 손을 무릎 위에 올려놓고 대화를 나누고 있어, 도무지 정상회담 분위기가 아닌 것처럼 보였다. 간 총리의 모습은 일본을 대표하는 총리라기보다 손님으로부터 주문을 받는 듯한, 혹은 부하 직원이 상사의 말을 듣고 있는 듯한 분위기가 연출됐다. 간 총리는 시민운동가 출신의 정치인이지만, 이 장면은 아무리 좋게 보아도 한 나라의 총리감이 아니라 단지 시민운동가에 머무는 정치인이라는 느낌을 주는 것 같았다. TV에 나온 후진타오 주석과의 개별 회담 모양새에 따라, 간 총리가 총리 그릇이 아닌 것 아니냐는 의구심이 일었다. 그것이 잘못되지 않았던 것이, 머지않아 후술의 동일본 대지진東日本大震災때 여실히 나타난다.

11월 24일에 정기 국회가 개막했다. 상기와 같이, 센카쿠 사건의 어설픈 사유로 관방장관의 센고쿠와 국토 교통상 마부치에 대한 문책결의안이 참의원에서 11월 26일 통과된 것으로, 최대 현안의 예산안을 통해서 두 사람을 파면시키지 않는 한 참의원을 극복할 수 없다. 궁지에 몰린 간 총리는, 2011년 1월 14일 관방장관 센고쿠 요시토를 대표 대행으로 옮기고, 관방장관에는 부간사장으로 강등시킨 에다노를 기용했다. 그리고 동시에 또 국토교통상에는 오하타케 아키히로大畠章宏, 법무상에는 에다 사쯔키江田五月, 국가공안위원장에는 나카노 간세이中野寬成 등으로 교체했다. 그리고 주목해야 할 것은, 경제 재정상은 당내의 비판을 알면서, 외줄낚시로 자민당 정권의 경제 재정상 출신이며 자민당을 탈당해「일어나라 일본」공동대표가 된 요사노 가오루를 기용하는 부분적인 개조를 실시했다. 오카다는 간사장에 유임됨으로써 정권의 핵심인 간, 센고쿠, 오카다, 에다노의「4인조」는 불변不變 상태였고, 따라서 같은 멤버가 계속 정권을 운영하게 됐다. 자민당, 공명당 야당은, 2011년도 예산안과 그것의 표리일체表裏一體의 관련 법안에 반대해, 조기 해산·총선이나 수상 퇴진을 요구해 간 내각을 흔들었다. 2011년 3월 11일 발생한 동일본 대지진과 후쿠시마 원전 사고는, 집권 민주당이 어떻게 국가를 관리하고 운영할 수 있는 거버넌스 능력이 부족한지를 여실히 드러냈다. 전쟁이라는 위기는 도외시해도, 평시의 자연재해나 역병 재해 및 원전 사고 등의 위기가 발생했을 경우, 이 예외 상태를 극복하고 그것을 정상 상태로 되돌릴 수 있도록 어떻게 해야 할지에 대한 대응책이나, 그것을 실행에 옮기는 순서나 필요한 조치를 정한 긴급 사태에 대응하는 법제가 갖추어져 있지 않은 경우, 국가 최고 지도자인 수상의 뛰어난 지도력을 기대할 수밖에 없다. 그런데 애당초 위기라는 데 대한 인식을 전혀 갖지 않은 총리를 둔 국민은 비극이 아닐 수 없다. 그 예는 이미 1995년 1월 17일 한신 아와지 阪神淡路 대지진 때의 무라야마 총리가 제시한 바 있다. 당시는, 초동 태세의 지연이 참사를 더 크게 했다고 후에 비판받았지만, 그 교훈은 활용되지 않았다. 16년 후에 발생한 동일본 대지진은 예상을 훨씬 뛰어넘는 것일 뿐만 아니라, 그에 의해 야기된 후쿠시마 원전 사고는 1986년에 발생해 소련의 체르노빌 원전 사고를 훨씬 넘는 것으로, 방사성 물질의 확산이라는, 만약 그것을 제어하지 않으면 일본 전역이 방사능오염 열도가 되어 다수의 사망자를 낼 가능성도 생겨났다. 이 전대미문의 위기를 맞아 만일 간 총리가 이를 극복하고 예외 상태를 정상 상태로 바꾸었다면 대재상으로 평가받았을 것이다. 그런데 현실은 「수상의 그릇」이 아니라 시민운동가 그대로의 정치가가 「역사이성歷史理性」의 장난으로 총리 자리에 올라 있었던 것이고, 그 결과 예상치 못한 대위기에 직면한 이 간 총리는 우수한 전문 지식을 갖춘 관료들로 구성된 잘 정비된 국가 기관을 적절히 사용하여 위기에 대처했더라면 좋았을 것을, 그렇지 못한 채 허둥지둥하며 스스로 원전 사고 처리에 나서는 시말始末이었다. 본래라면, 이 대지진의 경우에서는 수상인 사람은 수상 관저에서 위기의 종류가 다르므로, 거기에 대응하는 각각의 위기 극복에 해당하는 전문관청에서 올라오는 위기를 극복하기 위한 모든 대응책을 종합 판단해 최종결정을 내려야 하는데, 그러지 않고 최고사령관이 갑자기 전장이 된 도쿄전력에 쳐들어가 대장부처럼 올라가 현장에서 지시를 내리기도 하고, 그 지시에 이의가 있는 자들을 마구 호통쳐 후세 사가史家의 빈축顰蹙을 사는 행동을 했다. 그 모습이 또 TV에 비추어져서 일본의 결정 「중추」가 이렇게까지 열화劣化했는가 하고, 의식 있는 사람들을 개탄慨嘆하게 했다.[32]

어쨌든, 차례차례로 예상외의 위기가 나타나고, 그중에서 간 내각에 해결을 재촉한 주요한 위기는 다음의 네 가지였다. 첫째, 토호쿠·칸토東北·関東 지방의 광범위한 이재민의 구명·구원救命·救援 활동과 복구·부흥復旧·復興. 둘째, 후쿠시마 원전 사고의 제어. 셋째, 물류의 두절이나 계획 정전·방사 물질의 방출에 의한 불안에 직면한 국민 생활의 혼란 방지. 넷째, 광범위한 피해와 전력 공급 부족으로 생산, 유통, 소비의 급속한 수축에 직면한 일본 경제의 붕괴 위험이었다. 내각은 이 네 가지 위기의 대응에 있어서는 개별 작전 현장에 톱다운에 개입한다는 미크로 매니지먼트micro management로 치달았다. 그것은, 상기한 도쿄전력의 본사에 수상이 갑자기 방문한다거나 또 후쿠시마 원자력 발전 사고를 수상이 헬리콥터 위에서 시찰하고, 현장에서 위기의 처리에 임하고 있는 전문가에게 참견하거나 한 것 등에 보여진다. 이 네 가지 위기 대처는 각각의 전문 관청에 맡기고 관저는 넓은 시야로, 종합 조정을 도모하는 마크로 매니지먼트macro management로 일관했어야 했지만, 그것은 없는 것인 듯 보였다.[33]

3월 28, 29일 이틀간, 재개再開한 참의원 예산위원회에서는 간 총리의 원전 시찰이 현장의 위기관리를 방해한 점이 거론돼, 최고 지도자로서는 실격이라는 추궁을 받았다. 이미 3월 22일 당 대표대행인 상태로 관방부장관으로 내각관방에 복귀한 센고쿠는 총리관저에서 「이재민 지원 각 부성 연락 회의」를 설치했다. 이 회의에는 관계 각료 외에 각 성 사무차관 등이 참석하기로 했다. 지금까지 위기에 어떻게 대처해야 할지 지시도 경험도 없는 「정무 3역」의 민주당의 정치가가 전대미문의 대지진과 원자력 발전 사고에 대처해, 적절한 지시도 내리지 못하고 우왕좌왕하고 있는 상황에서, 센고쿠는 사무차관 회의의 「부활復活」을 결단해, 이 회의를 설치했다. 다음으로 센고쿠의 리더십으로 인해 그럭저럭 간 내각에 해결해야 했던 4가지 위기 속에서 제1번부터 제3번까지의 과제에 대처하는 행정 체제가 정비되었다. 다음으로 3월 22일에 또 남은 네 번째 위기, 즉 대지진으로 야기된 일본 경제의 붕괴 리스크를 회피시키기 위한 최고사령탑의 역할을 갖게 하는 통칭 「경제 위험 대응 유닛」이 설치되었다. 그것을 재정재건 파인 요사노 경제 재정상이 주최했다. 이 회합에는 경제 재정 관련 부서의 관료에 일본 은행도 가세해 부처 횡단적인 의사소통과 정보 교환을 도모했다. 이 회의는 사실 간 총리가 3월 초 신설한 이미 폐지한 고이즈미 총리의 자민당 정권 시절 「경제 재정자문회의」를 대신할 총리 직할의 「신성장 전략 회의」와 그리고 요사노 경제 재정상이 만든, 간 총리를 의장으로 하는 사회 보장 개혁 집중 검토회의, 이 2개의 회의를 요사노가 주최하고 있었으므로, 그 양회의의 하부조직으로서의 「실무자 유닛」이었다.[34] 그리하여 동일본 대지진이라는 미증유未曾有의 위기를 계기로, 민주당이 공약한 정치 주도체제 확립은 하토야마 정권 말기에 이미 주춤거리기 시작했으나, 간 정권 들어 그 시도는 좌절되고, 정권 교체 전의 「결정 중추」와 그 실태에서 거의 다를 바 없을 정도로 후퇴하여, 일본 정치의 「결정 중추」 제도 개편의 과제는 여기서 좌절되는 상태로 빠져 버린 것처럼 보인다.

또 간 정권 자체도 「중·참 네지레」국회에 직면해 여당이 중의원에서 다수를 차지하고 있어 2011년도 예산안을 가결할 수 있었지만, 예산 집행을 위한 관련 법안들은 참의원에서도 통과시킬 필요가 있어, 야당의 자민당이 이에 반대하면 2011년도 예산 집행은 무산될 것은 당연하게 예상됐다. 이어 3월 초에는, 마에하라 세이지 외상이 외국인으로부터 헌금을 받은 사건이 발각돼 사임하면서, 간 정권을 떠받치는 세력 일각이 무너졌다. 게다가 3월 1일 오자와파 의원 16명이 그 이전에 민주당을 탈당했고, 중의원 예산안 가결 때 불참했다. 6월 초에 야당은 내각 불신임안을 제출했다. 오자와파 등 당내에서 그에 동조하는 움직임이 나타났다. 간은 체결 직전에「지진 재해 대응에 일정한 목표가 서면」이라고 연설하여, 사임을 암시하며, 그 자리를 모면했다. 그래서 내각 불신임안은 일단 부결됐다. 7월 9~10일 여론조사에서 간 내각 지지율은 6월 조사 때의 22%에서 정권 교체 후 최저인 15%를 기록했다. 7월 13일 기자 회견에서 간 총리는 후쿠시마 원전 사고에 대한 정부의 위기관리 능력을 묻는 질문에 탈원전脫原発으로의 정책 전환 의사를 밝혔다. 간 총리는「탈원자력 발전」에 대한 명확한 방향이나 방침, 이를 뒷받침하는 과학적·경제적 근거를 제시하지 않고 느닷없이 이런 말을 했다. 이 발언에 대해 야당은 물론 여당 내에서도 비판이 일면서 총리가 지녀야 할 자질이 더 논란이 됐다. 이로써 간 총리는 신재생에너지 조치법안을 통과시키는 대신 8월 사임했다.[35]

3, 노다 정권하에서의「결정 중추」제도 재편의 중단

2011년 6월 9일 간 총리가 마지못해 퇴진을 표명한 뒤, 센고쿠 대표 대행과 오카다 간사장은 차기 대표에 노다를 옹립擁立하기로 당내각파와 조율에 들어갔지만 실패했다. 그 결과 8월 29일 대표 선거에서는 노다 외에 마에하라, 가이에다, 가노 미치히코鹿野道彦, 마부치 스미오 등 5명이 입후보했다. 1차 투표에서는 오자와가 미는 가이에다가 143표를 얻어 1위로 뛰어올랐다. 노다는 102표를 획득해, 제2위였다. 규정에 따라 과반수를 얻은 후보자가 없었기 때문에 결선투표가 되었다. 마에하라파와 중간 파의 대부분이 노다에게 투표했으므로, 노다는 215표를 획득하고, 177표를 획득한 가이에다를 누르고 역전 당선을 완수했다.[36] 차기 민주당 대표로 선출된 노다는 8월 30일 총리로 지명된 데 이어 9월 2일 전 내각과 마찬가지로 민주당과 국민신당 연립 내각을 출범시켰다.

　1957년생인 노다 요시히코野田佳彦는 아베 전 총리와 같은 전후 태생인 점 외에 전후 일본 총리가 된 정치인 가운데는 이색 경력의 소유자다. 민주당 정권의 세 총리의 출신을 비교하면, 초대 총리인 하토야마는 일본 학계와 정계의 명문에서 태어난 귀공자였다. 그에 반해 간은 서민 출신으로 시민운동가 경력의 소유자이다. 이 두 전임자와 비교하면 노다는 유년기에 아사누마 이나지로浅沼稲次郎 암살사건이나 케네디 대통령 암살사건에 자극을 받아 정치가가 되는 꿈을 키워 그 꿈을 향해 쏜살같이 달려간 사람이다. 육상자위대원陸上自衛隊員의 아버지가 지바현 후나바시시千葉県船橋市에 주둔하던 중 그가 태어났다. 노다는 평생 후나바시시를 고향으로 하고 있다. 와세다早稲田대 정경학부를 졸업한 뒤「마쯔시타 세이게이주꾸」의 제1기생으로 창립자인 마쓰시타 고노스케松下幸之助로부터 일본이 가져야 할 국가상을 배운 듯하다. 5년간 재적하고, 1985년「마쯔시타 세이게이주꾸」를 졸업한 뒤, 고향 후나바시에서 곧바로 정치활동

을 시작했다. 그 정치활동이란, 의원이 되기 위한 선거 활동을 하는 것인데, 그의 방식은 후나바시역 등에서 매일 아침저녁으로 역을 드나드는 유권자들에게 자신의 이름을 기억시키기 위해, 이른바 「아사다치朝立ち(매일 아침에 역 앞에서 자신의 정견을 선전하는 활동)」을 1986년 10월부터 시작해 그 이후 우직愚直하게 계속했다. 덕분에 1987년 지바겐 의회 선거에서 당선돼 지방 정계에 입문했다. 이어 1993년 중의원선거에서는 「마쯔시타 세이게이주꾸」 평의원評議員 중 한 명인 호소카와 전 총리의 일본신당 창립에 마에하라, 타루토코 등의 「마쯔시타 세이게이주꾸」 출신들과 함께 참여해 동당에서 입후보해 첫 당선 됐다. 정치권에서 활동할 표를 구한 것이다. 이후 「마쯔시타 세이게이주꾸」 후배 마에하라와 함께 민주당의 차세대를 책임질 리더가 됐다. 하토야마 내각에서는 간 재무상을 보좌하는 재무성 부대신에 취임해, 정부를 관리·운영하는 노하우를 처음 재무성 간부들에게서 배웠고, 동시에 이들의 정치문화에 영향을 받은 것으로 보인다.[37] 2009년 6월, 하토야마 총리가 퇴진하고 재무상 간이 총리가 되어 조각할 때는 노다는 재무상에 임명되었다. 재무 부대신에서 장관으로 승격한 노다 재무상은 간 총리가 「사회 보장과 세稅의 일체적 개혁」이라는 정책--그 실태는 소비세 인상이지만--을 내각의 최우선 정치 목표로 삼고 있었으므로 재무성 관료와 함께 그 방향에 따라, 간 총리를 떠받쳤다. 위와 같이 2011년 8월 간 총리가 사임하고, 민주당 대표 선거에서 다음 대표로 선출되어 총리가 되었다. 메이지 시대에 내각제도가 창설되어, 시대가 흘러 내각을 운영하는 총리를 선택하는 결정권이 정당정치의 발달과 함께 점차 정당으로 넘어간 후에, 특히 전후 일본에서 「간판, 지반, 가방」의 이른바 「3가지외 방(반)」이 없는 극히 보통 서민 출신의 사람

이 총리대신의 지위에 오른 것은 노다가 일본 역사상 처음일 것이다. 일본 헌법의 정착으로 사회의 민주화와 함께 비로소 정치인 리크루트의 민주화도 진전된 증거라고 볼 수 있을 것이다. 그 점, 전후 일본의 민주주의 전개에 있어서 하나의 상징적인 사건이라고 평가된다. 하지만, 그 일과 노다가 총리로서 한 일은 별개인 점은 유의해야 할 것이다. 노다 수상은 아버지가 자위대원이기 때문에, 안전 보장 문제에서는 강경파이다.[38] 재무성의 시점에서 일본 정치가 나아갈 방향을 생각하고 있었으므로 자민당 정치인과 그 정치적 태도에 있어서는 거의 다를 바 없다. 그래서 그는 내각이 직면한 과제를 해결하기 위해서는 「중·참 네지레」 국회를 전제로 한다면 야당의 자민당, 공명당의 협력을 바랬고, 가능하면 야당과의 연정도 생각하고 있었다. 다음에 내각이 해결해야 할 최대의 과제라고 생각하고 있던 것은 고령화의 가속화와 함께 부풀어 오르는 사회복지비의 삭감에 의한 재정재건이며, 그것을 해결하는 당면의 방법은 소비세의 인상이라고 생각하고 있었다. 따라서 간 총리가 그은 정치 노선을 마냥 걷게 되는 것이다. 이 노선을 걸어온 간 총리가 막다른 골목에 몰려 정권을 내팽개친 셈이니, 노다 정권이 이 같은 노선을 걷는다면, 당연히 야당의 지원이 없으면 곧 막다른 골목에 다다를 수밖에 없었을 것이다. 그런데 노다 정권은 내각 재임 기간이 하토야마 내각 266일, 간 내각 452일에 대해서 482일, 즉 1년 4개월이나 연명할 수 있었다. 그 주요한 이유는 노다 총리가 간 내각의 정권 운영 경험을 반면교사反面敎師로 배우고 있었기 때문일 것이다. 그것은 노다 제1차 내각의 내각 조각에서 나타났다. 간 전 총리는 반(反)오자와 노선을 순화시키는 방향으로 나아가 자기를 지탱하는 당내 기반을 좁히는, 즉 자기 발목을 잡는 당 운영을 했다고 생각했기 때문일 것이다. 노다는 그 실패의 경험으로부터 배워, 당직 인사나 각료 선임에 대해도 당내 세력의 밸런스 회복에 노력했다. 거기야말로 연명할 수 있었던 비밀이 있었다고 볼 수 있을 것이다.

노다 총리는 정권 출범에 즈음하여 내각의 앞길을 가로막는 걸림돌의 하나는, 참의원에서의 다수파 야당이기 때문에, 참의원으로부터의 기용은 이례적이지만 오자와와도 가까운 관계에 있는 점까지 고려해 당 참의원 회장인 고시이시 아즈마輿石東를 간사장으로 기용했다. 다음으로, 내각 조성에 있어서는 정권의 핵심은 노다파와 마에하라파로 굳혔으나, 당내 세력 균형을 고려해 중립파인 가노 미치히코를 농림수산상에 기용하는 것은 물론 하다파 외에 오자와·하토야마파에게도 각료직을 제공했다. 예를 들어 오자와파인 이치카와 야스오를 방위상에, 야마오카 겐지를 국가공안위원회 위원장에 각각 임명했다. 또 하토야마파인 가와바타 다쯔오를 총무상에 임명했다. 더욱이 탈 오자와파의 상징인 센고쿠·오카다 등은 입각시키지 않아「당내 융화党内融和」를 연출했다.[39] 이 밖에 국민신당과는 연정을 맺고 있어 우정 개혁 금융 담당상에 지미 쇼자부로自見庄三郎를 유임시켰다. 내각의 구성으로 보면, 만약, 노다 수상을 중심으로 한「정권 중추」가 집권 시의 민주당이 약속한 공약, 즉 매니페스토를 파기하지 않았다면, 당내로부터 도각의 움직임은 강해지지 않았을 것이다. 내각의 9월 2일 첫 회의에서 다음과 같은 기본방침이 결정되었다.「재작년 정권 교체의 원점으로 되돌아가『국민 생활이 제일』이라는 이념에 따라 정권 교체의 의의를 실감할 수 있도록 국민 눈높이에서 정치 실현에 매진하겠다」라고 약속하고, 그 구체적 방안으로는 행정 낭비의 근절과 행정 쇄신, 동일본 대지진 피해 지역의 조기 사회경제 재생 및 생활 재건,

원전 사고의 조속한 수습, 피해자에 대한 배상이나 『제염除染』실현, 경제 성장과 재정재건의 대처 양립화兩立化, 사회 보장 전체의 지속가능성 확보를 위한 사회 보장·세금의 일체적 개혁을 도모하는 법안의 구체화, 일·미동맹의 강화 및 다극화된 세계에 대응한 아시아 여러 나라 등과의 다각적인 제휴강화를 주장하고, 마지막으로 본격적인「정치 주도」의 확립을 지향하여 정권 3역과 관료는 각각의 역할 분담과 책임을 명확히 하고, 상호 긴밀한 정보 공유와 의사소통을 도모하면서, 각각이 가지는 힘을 최대한으로 발휘하여 정부 전체가 하나가 되어 정책 운용에 임한다.」라고.[40] 밝혔다.

　이상의 기본방침 중, 마지막으로 언급한「정치 주도」의 확립 부분은, 이미 간 내각 방침의 계속이다. 간 전 총리는 야당 시절 관료들을 강하게 비판해 오던, 자신의 견해를 수정해 위와 같이 정권 출범 시에는 관료와의 유화 노선으로 돌아섰음을 그 기본방침에서 밝혔으나, 노다 총리도 간 전 총리의 입장을 그대로 답습하겠다는 선언을 한 것이다.[41] 이러한 선언에 따라서, 동일본 대지진 후에, 센고쿠 관방 부장관이 2011년 3월에 각 부성 연락 회의로서 사무차관 중심의 회의를 부활시키고 있었지만, 노다 정권은 사무차관 회의를 완전하게 부활시켰다. 즉 노다 내각은 각 부성 연락 회의의 테마를 지진 재해 관련뿐만이 아니라, 국정 전반의 폭넓은 테마를 취급하기로 해, 매주 금요일에 정례화한 것이다. 이것은 사실상의 사무차관 회의의 부활이었다.[42] 그것은,「탈 관료 의존」을 내건 매니페스토의 수정이었다고 말할 수 있을 것이다. 이 흐름은 오자와가 간사장 시절 폐지한 법제국 장관의 국회 답변 부활에서도 나타났다. 또한 10월 21일 각의 결정에 근거해「국가 전략 회의」가 설치되었다. 그것은 고이즈미 총리 시절 「결정 중추」 기능을 했던 「경제재정자문회의」의 부활이었고, 명칭을 바꿨을 뿐이다. 「국가 전략 회의」는 예산 편성, 세제개혁 기본 방침, 경제 성장전략, 사회 보장과 세금의 일체적 개혁 등 경제 재정 전반에 걸친 사령탑 역할을 완수하는 것을 목표로 했다. 대장성 출신의 국가 전략실장이었던 후루카와 모토히사古川元久 의원이 경제 재정상에 취임하면서, 그가 중심이 돼, 간 내각 시대에 조사기관에 유명무실했던 국가 전략실과 내각관방을 사무국으로 운영하게 됐다. 의장은 노다 수상, 부의장은 후루카와 경제 재정상, 후지무라藤村 관방장관이다. 구성원은 재무장관, 총무상, 경제 산업상, 외상의 4 각료 외에, 민간으로부터, 시라카와白川 일본 은행 총재, 요네쿠라米倉 경단련 회장, 코가 노부아키古賀信明 연합회장, 민간기업경영자, 정치학자, 경제학자, 등으로 구성되며, 마에하라 당 정조회장이 옵서버로서 이 회의에 참여하게 되었다. 관저 주도의 예산 편성을 포함한 정책 결정의 사령탑으로 기대됐던 이 회의도 그 설치법이 국회를 통과하지 못해 결국 실패하게 됐다.[43]

이러한 정책 결정 과정의 자민당 정권 시절 역주행 경향은 정부와 여당과의 관계에서도 나타났다. 정부 정책 결정의 최고기관으로 총리·관방장관·간사장·정조회장·국회 위원장·간사장 대리로 구성된 「정부·민주 삼역 회의」가 신설됐다.[44] 그것은 민주당 정권 출범 후 「정책 결정의 내각에의 일원화」가 기치가 돼, 제도적으로도 의원들의 정책 결정의 접근 채널이 절단되면서 그 불만이 그동안 쌓여 있었다. 그러자 당 정조회장과 각료의 겸무를 취소하고 정부가 정책 결정을 하기 전에 사전에 안건을 정조회장에게 알려, 당의 양해를 받는 제도로 전환한 것이다. 그것은 자민당 정권 시절 당의 사전심사제 부활과 같은 것으로 생각된다.[45] 아무튼 이를 통해 정부의 정책 결정에 관해 의원들의 의견을 듣고, 양해하는 채널이 만들어졌으며 이에 대한 당내 불만, 특히 반당권파의 불만을 해소하고 당내 화합을 꾀할 수 있게 됐다고 볼 수 있다. 무엇보다 정책조사회에 회부 되는 것은 모든 안건이 아니라 중요 안건으로만 결정되었다.[46]

노다 내각 성립 때의 여론조사를 보면, 『일본 경제 신문』에 의하면, 그 지지율은 63%이었다.[47] 국민의 상당수는, 노다 내각은 민주당이 약속한 매니페스토의 실현에 매진할 것이다, 라고 생각하고 있었기 때문일 것이다. 그런데, 노다 수상은, 민주당 매니페스토의 실현이 아닌, 재무성이 주장하는 재정재건을 위해서 소비세의 인상을 중심으로, 민주당 지지자의 기대에 반하는 방향으로 정권 운영을 진행했다. 그 결과 모처럼 「거당 일치挙党一致」를 지향했음에도 불구하고 당내 균열이 강화된 것은 필연이다.

다음으로 외정에서는 안전 보장 정책의 기축으로서 미·일 동맹의 새로운 심화에 노력하는 한편 센카쿠 제도의 귀속 문제를 둘러싸고 중국과의 대립을 계속했다. 이를 계기로 잠재했던 일본의 내셔널리즘의 가시화가 유발되고, 그것에 의해서, 특히 정치인 가운데 강성 발언권이 커지면서, 그 대표 격의 이시하라 신타로 도쿄도지사는 센카쿠 제도가 개인 소유 토지임에 눈독을 들여, 도쿄도가 그것을 사들여, 새로 항만 시설을 정비할 계획을 보였다. 그것은 중국의 반발을 불러, 그것을 억제할 목적으로, 현상 유지를 전제로 나라가 매입한다고 하는, 이른바 「국유화国有化」를 노다 내각은 결정했다. 이로 인해 중·일 관계는 더욱 악화하였다. 자유주의적인 민주당이 전후 일본에서 외정에서 처음으로 정치의 「우경화」를 추진한 점은 특기할 만한 점이며, 나중에 이 점에 대해 민주당의 방위

정책에서 언급하기로 한다. 이 밖에 하토야마 내각 출범 후 마에하라가 국토교통상으로 취임 직후 실시한 얀바댐 건설 중단 선언으로 상징되는 「콘크리트로부터 사람에게로」 정책, 즉 대규모 공공사업 폐지는 휴지가 되어 다시 대규모 공공사업을 부활시켰고, 또 「탈원자력 발전」 여론이 높은 상황에서 오오이大飯 원자력 발전소의 재가동을 승인하거나,[48] 반대가 많은 TPP에의 가입에 대해 적극적인 자세를 나타내거나,[49] 노다 내각이 밝히는 정책은 전부 당의 매니페스토에 반하는 방향, 즉 자민당 정권이 한 것과 차별이 어렵게 되어 갔다. 이미 노다 내각 발족 시에 『아사히 신문』 9월 3일의 「텐세이징고天声人語」에는 다음의 지적을 볼 수 있다. 정권의 위상이 아무래도 자민당과 비슷해진 감이 있다. 하토야마는 주저앉았지만, 후텐마 문제를 거론했고, 간은 탈원전 의존을 주창했다. 정권 운영을 포함해 민주당 「다움らしさ」은 있었다. 그 「다움」이 희미해져 있는 것 같다」고. 그리고 공약 위반의 제일 큰 것이 소비세의 인상일 것이다.

  소비세 증세에 대해서는 오자와파가 반대하고 있어, 당내에서 합의를 얻는 것은 지극히 곤란했다. 2011년 12월부터 세 차례로 나눠 소비세 인상 여부와 만약 한다면 그 시기와 세율 등이 논의됐다. 노다 내각은, 반대파를 누르고, 소비세의 인상을 다음 2012년 3월에 각의 결정을 해, 사회 보장과 세의 일체적 개혁이라고 칭하지만, 그 실태는 소비세 인상인 법안을 국회에 제출했다. 2012년 6월 15일에 야당의 자·공의 주장을 받아들여 수정된 3당 합의안이 완성되어, 그것을 당내에 가지고 돌아가 논의가 계속되었다. 그리고 정조회장에게 일임하기까지는 오랜 시간이 소요되었다. 사회 보장과 세의 일체적 개혁에 관한 3당 합의안은 다음과 같다. ① 소비세율은 2014년 4월 8%, 2015년 10%로 인상하고, ②저소득자에 대해서는 정부안에 명시된 감세·현금 지급의 「급부 부여 세액 공제」에 더해 공명당이 주장한 「경감세율軽減稅率」을 검토하겠다 ③연금·의료·개호 등 사회보장제도 개혁은 국민회의를 구성해 논의하고, 1년 안에 법적조치를 취하겠다는 것이다.[50] 26일에 중의원 회의에서 소비세 증세 관련 법안의 체결에서는, 민주당은 57명이 반대, 16명이 기권이라고 하는 대량의 조반자가 나왔다. 이렇게 해서 민주당 자괴自壞의 길이 시작됐다.

7월 2일 오자와는 탈당했고 11일에는 「국민의 생활이 제일」이라는 신당을 만들었다. 8월 8일에 민·자·공의 3 당수 회담이 열려, 노다 수상으로부터 「증세 법안이 성립할 시에는, 가까운 시일 내에 신임을 묻는다」라는 안이 제시되었다. 그러자 10일 참의원 본회의에서는 소비세 인상 법안이 가결됐다. 자민당은, 소비세 증세 인상안에 대해서, 노다 수상에 대해서 가능한 한 협력하는 자세를 나타내, 노다 수상이 그 방향으로 결단한다면, 증세에 반대하는 당내 반대파, 특히 오자와파가 탈당해, 그 후에 약체화한 여당을 몰아 조기에 해산·총선거에 돌입하는 정략政略을 세우고 있었지만, 거기에 노다 수상이 빠져들어 자민당의 정권 탈취를 위한 정치 전략이 성공한 것이 되었다.[51] 10월 19일 노다 총리는 자민당 총재로 복귀한 아베 신조와 야마구치 나츠오 공명당 대표와 당수 회담을 갖고, 해산의 3가지 조건으로, ①특례공채법안 성립 ②「한 표 격차(투표비 중의격차)」 중의원제도 개혁법안 성립 ③사회 보장 개혁을 심의할 「국민회의」 멤버 인선 등 3가지를 요구했다. 자민당과 공명당 양당은 이를 받아들여 11월 16일 노다 총리는 고시이시 간사장 등의 반대를 무릅쓰고 자민당이 원하는 중의원을 해산했다. 노다 수상이 해산을 결의한 이유로는 ①민·자·공 야당에 해산을 약속한 것에 대한 대가로 자신에게 부과된 정치 과제의 소비세 인상의 실현이 가능하게 된다는 점, ②「네지레 국회」를 전제로 한다면 당이 깨진 상황에서 결국은 내각 불신임안이 나와 사임 또는 해산으로 내몰릴 것이라는 예상, ③일본의 우경화가 가속화와 함께「일본 유신회」를 비롯한「제3극」이 크게 세력을 갖기 전에, 즉 민주당을 대체할 새로운 세력이 결성되기 전에「손절매」해산을 결의했다는 것이다.[52]「일본 유신회」란 하시모토 도루 오사카 시장이 인솔하는「오사카 유신회」와 이시하라 신타로 인솔하는「태양의 당」이 2012년에 합동한 정당이다. 또「제3극」을 목표로 하는 주요한 정당으로서는, 민주당을 탈당한 오자와 이치로 인솔하는「국민의 생활이 제일」이 총선거를 목전에 앞두어「졸 원자력 발전卒原発」을 내걸어 결성된 가다유키코嘉田由紀子 시가겐 지사를 대표로 하는 신당에 흡수 되는 형태로 합류해 태어난「일본 미래의 당」이 있다. 총선거는 12월에 실시되었다. 이 선거에서는 여론이라고 하는 바람을 잃은 민주당은 참패했다. 선거에서 대승한 자민당은 공명당과의 연립 정권을 수립해, 오늘에 이르고 있다.

노다 총리는 자신이 민주당 대표임을 망각하고 집권 시 당의 공약을 어기고, 국민의 생활보다는 소비세 증세를 최우선 정치 과제로 삼아 그 실현에 매진했으며, 그 과정에서 보수화 자민당 화의 길을 걷고, 당내 분열을 첨예화시켰으며, 나아가 당의 분열을 야기시켰으며, 급기야는「자폭해산自爆解散」[53] 까지, 단행하고, 최후 수단적으로 민주당의 소멸로 이끄는 민주당의 역사적인 대 패배를 초래시켰다.[54]

2001년에 시작된 정책 결정 과정에서의「결정 중추」제도의 보텀업식 시스템을 톱다운식 시스템으로 재편하는 정치 개혁은 하토야마 내각이 준비한 내각 인사국이 설치 및 내각부의 충실화를 기다리지 않으면 안

되었지만. 하토야마 내각이 「결정 중추」 제도를 개편하는 데 시동을 걸었지만, 집권 민주당이 개편을 실행할 준비가 돼 있지 않았을 뿐 아니라, 이를 실행하기 위한 제도 개혁의 리더십을 발휘할 지도자를 찾지 못했고, 하토야마 내각은 퇴진했다. 그 뒤를 이은 간 내각은 그 움직임을 일단 진행하지만, 도중에 실속했다. 그리고 마지막으로 노다 내각의 목적이 소비세의 증세였으므로 그 움직임은 중단되어 버렸다. 이 움직임은 아베 2차 정권에 의해 2014년 내각 인사국 설치와 국가안전보장국 설치의 성공으로 비로소 「결정 중추」 제도의 재편이라는 오자와가 목표로 한 정치 개혁이 일단 마무리된다. 그것에 대해서는, 다음 장에서 취급하기로 한다.

이상 전후 일본의 정치사에서의 대사건의 역사적 정권 교체를 완수한 민주당 정권 시대의 3년 3개월간의 3명의 수상의 「정치 주도」 확립의 움직임을 중심으로 일본 정치의 동향을 고찰해 왔다.

주목할 만한 것은, 이 「자유liberal」로우며 「국민의 생활」을 중시한다며, 정권 장악에 성공한 민주당 정권 시대에, 실은 아베 정권에 의해서 본격화하는 일본 정치의 「우경화」가 특히 그 방위 정책에서 시작되어 있던 것을 잊어서는 안 될 것이다. 그것에 대해 이하 약간 고찰하고 이 장을 마치기로 한다.

자민당 일당 지배가 계속된 「55년 시대」에 있어서, 영국의 내각제도를 이상理想으로 여겼던 정치학자들은 정권 교체가 없는 것은, 야당과 여당 간의 대외 정책에 있어서 큰 차이가 없는 영국과 달리, 일본은 여야 간의 대외 정책의 차이가 너무나 크기 때문이라고 논하였다. 여당인 자민당은 미·일 안보 조약 체제하에서 가상 적국인 소련의 침략을 상정想定하고, 자국을 지키는 「필요 최소한도」의 군비 정비를 착실히 추진하고 있었지만, 그에 반해 제1야당인 사회당은 평화 헌법 옹호를 최우선 정치 과제로 내걸고, 헌법의 기본 원칙 중 하나인 평화주의에 반하는, 즉 일본이 전쟁에 휘말릴 수 있는 모든 정책에는 반대했다. 자유민주주의 국가에서 정권 교체가 원활히 이루어지고 있는 나라들에서는, 확실히 여야 간 대외 정책 사이에는 그다지 큰 차이가 없고, 따라서 대외 정책에서 계속 적인 면이 강하다고 해도 과언이 아니다. 이에 따라, 리얼리즘 지향의 국제 정치학자들도, 여야 간 대외 정책의 계속성이 보장되지 않는 나라에서는 정권 교체가 일어나지 않는다고 주장하는 사람도 나타났다.[55] 이들 주장은 대부분, 당시 제1야당인 사회당을 향해 정권을 잡으려면, 그 이상주의적 국제 정치관을 버리고, 현실주의로 그 방향을 전환해야 한다고 유도하고 있는 것으로 보였다. 아무튼 이러한 주장이 주효奏效하여, 실제로 1994년부터 5년에 걸친 사회당의 무라야마 위원장을 총리로 한 자·사·사의 연립 내각 성립 시에, 무라야마 사회당 위원장은, 위에서 기술한 바와 같이 같은 당의 당시党是이기도 했던 미·일 안보 조약 반대를 접고 그 긍정으로 돌아섰고, 그 귀결로 자위대도 합헌이라며, 이제까지의 사회당 대외 정책의 기본 원리가 되었던 주장을 모두 파기 했다. 그리고 그로 인해 곧 사회당은 소수당으로 전락해 간 것은 기억에 새롭다.

클라우제비츠Carl von Clausewitz는 「전쟁이란 다른 수단에 의한 정치의 연장이다.」[56]라고 말하고 있는 것처럼, 내정과 외정은 연관하고 있어, 내정이 바뀌면, 당연히 외정도 바뀌지 않을 수 없을 정도로 양자는 구조적으로 연관하고 있다.

따라서, 나라의 대외 정책이 변하지 않으면, 내정도 변하지 않는 것이기 때문에, 야당이 집권할 경우, 대외 정책을 지금까지의 여당의 그것과 같은 정책을 답습한다면, 거기에 끌려가 내정에서도 큰 개혁을 완수할 수 없다고 봐도 무방할 것이다.

　2009년, 일본에서 역사적 정권 교체가 있어, 정권에 오른 민주당은, 「콘크리트로부터 사람에게로」라는 슬로건을 내걸고, 자민당이 추진해 온 「토건 국가」로 상징되는 대규모 공공사업 등의 폐지를 선언했다. 그러면서 대외 정책에서도 오키나와의 후텐마 기지 반환에 따른 새로운 기지 설치를 오키나와 밖으로 옮기겠다는 하토야마 총리의 담화, 나아가 「동아시아 공동체」 건설 제언, 등 내외 정책에 걸친 변경을 주장했다. 그러나 기득 권익 층旣得権益層의 강력한 반대에 부딪히자, 자민당 내외 정책의 변혁을 거론한 하토야마 총리가 앞장서서 진행 시키지 못하고, 결국 물러나고 만 것이다. 그리고 민주당은 개혁의 목소리만 크게 울렸지만, 차츰 그 소리도 들리지 않아, 본래의 좋지 않은 상태로 되돌아갔다. 그동안의 사정은 이상에서 보아 온 바와 같다. 그러나 대외 정책에서만큼은, 자민당 정권 시절의 대외 정책이 계승되었을 뿐만 아니라, 그 방향을 더욱 뚜렷이 해나간 인상을 지울 수 없다. 특히, 대외 정책의 핵심에 있는 방위 정책은, 하토야마 총리의 생각과는 정반대로 추진되어 갔다고 봐도 무방할 것이다.

　물론, 일본의 방위 정책은 헌법 9조를 전제로 한다면 평화 추구정책이 될 것이다. 일본은 자위대 창설 이후 국제 정치의 변화에 맞춰 방위 대강防衛大綱을 작성하고 그 안에 방위 정책의 기본방침을 제시해 왔다. 아베 2차 정권이 추진한 집단적 자위권集団的自衛権 행사를 가능하게 한 안보법제정으로 가는 길을 닦은 것은, 다름 아닌 2010년 민주당 정권 시절에 작성된 방위 대강 개정이었다는 점은 주목할 만하다. 그것을 보기 전에, 지금까지의 방위 대강 기본방침의 변화를 봐 두고 싶다. 미·일 안전보장조약 체제하에서 냉전 시대에 소련을 가상 적국으로 상정하여 미국은 타격력의「창」, 그리고 일본은 전수방위를 철저히 하는「방패」를 각각 담당하는 역할 분담이 정해져 있었다. 따라서 방위 대강은 일본이「방패」를 어떻게 정비하고, 다음으로, 만약, 침략당했을 경우, 미국과 연계하여 그것을 어떻게 사용할 것인지에 대한 기본방침을 정리한 것이다. 최초로 제정된 것은 1967년의 미키 다케오三木武夫 내각 시대이다. 다음으로, 냉전 종식 후의 새로운 국제 정치 상황 변화에 대응해 개정된 것은, 무라야마 수상 시대인 1995년이다. 이 제2차 방위 대강은 미키 내각 시대에 제정된 제1차 방위 대강과 함께, 그 작성자는 주로 방위청 관료였다. 무엇보다 그 기초 단계에서는 제1차는 고우사카 마사타카高坂 正堯 교토대 교수, 제2차는 와타나베 아키오渡邊昭夫 아오야마대 교수가 참여하고 있다. 두 학자는 모두 리얼리즘 지향의 국제 정치학자이다. 양 방위 대강령에서 볼 수 있는 일본 방위 정책의 기본방침은 일본 독자적인「방위력 정비」와「미·일 안보 체제」의 견지의 두 가지이다.[57] 제1차 방위 대강에서는, 냉전이라고는 하지만 일본에 대한 대규모 직접침략 가능성은 작다고 간주하여,「한정된 소규모 부대에 의한 국지전」에 대해 일본 독자적인 방위력으로 대응하는 것을 목표로 하고 있다. 이러한 평화 시의 침략을 물리치는 방위력을 정비하는 것을「기반적 방위력 구상基盤的防衛力構想」이라고 칭했다. 이 구상은 동아시아라는 지역에서「힘의 진공真空」을 만들지 않는 것이 목적이며, 따라서 일본이 국제사회에서 안전 보장 분야에서 공헌하는 것은 그다지 고려하지 않았다고 할 수 있다.[58] 하지만, 1980년대에 들어 일본 주변의 해상방어에 관해서는, 미국의 동아시아 전략에서 일본에 일정한 역할을 담당할 것으로 기대했다. 하지만, 이 시레인sea lane 방위는 일본 근해에서의 활동이므로 개별적 자위권의 연장으로 받아들여질 수 있었다.[59] 그런데, 소련의 붕괴 이후, 국제 정세의 변화와 함께 미국의 세계 전략도 당연히 변화했다. 미국은 자국의 군사력에 의해 유지되고 있는 국제사회의 평화와 안정을 위해 일본에도 일정한 공헌을 기대하게 되었다. 그뿐이 아니다. 1990년대 들어, 동아시아에서는, 1993년부터 1994년에 걸친 한반도 핵 위기, 1995년 대만 해협 위기, 1998년 북한의 탄도 미사일 시험발사 등, 안전보장상의 위험성을 일본 주변에서도 볼 수 있게 되었다. 이러한 안전 보장 환경의 변화에 대응하기 위해 약 10년 만에 개정된 것이 고이즈미 내각 시대에 작성된 제3차 방위대강 이었다.[60] 여기서 「기반적 방위력」이라는 개념은 기본적으로 계승되고 있지만, 새로운 위협에 대처하기 위해 「다기능 탄력적 방위력」이라는 새로운 개념이 도입되었다. 그것은, 종래의 소련의 상륙 작전에 대항하는 것에 그치지 않고, 방재防災나 인도 지원人道支援, 국제 평화 협력에도 활용할 수 있도록, 자위대 조직을 유연하게 개편해 가는 것이 의도되고 있었다. 2004년 12월에 고이즈미 내각 시대에 제3차 방위 대강이 이상과 같은 의도를 바탕으로 작성되었다. 그것은 일본의 방위 정책이 단순히 방위청을 중심으로 한 자위대의 활동뿐만 아니라, 외무성 등 다른 부처와의 협력도 시야에 들어오게 되면서, 보다 다각적이고 복합적인 것으로 변용되어 갔던 것이다.[61]

2010년의 민주당 정권하에서 제4차 방위 대강이 작성되었다. 민주당은 「정치 주도」를 내걸고 있기 때문에, 그 작성에 있어서 제1차와 제2차는 달리, 방위상이나 내각 관방의 관료에게만 맡겨지지 않고, 센고쿠 요시토 관방장관, 후쿠야마 테츠로 관방부장관, 그리고 나가시마 아키히사 민주당 외교 안보 조사회 사무국장의 3명과 일본 근대 정치사 전문의 키타오카 신이치北岡伸一 도쿄대학 교수가 핵심이 되어 기초起草가 되었고, 그것은 관방장관, 외상, 방위상의 4 각료에 의한 「4 대신 회합四大臣会合」에서 최종결정이 이루어졌다. 이 제4차 대강령에서는 첫째, 지금까지의 「기반적 방위력 구상基盤的防衛力構想」개념이 포기되어 새롭게 「동적動的 방위력」개념이 도입되었다. 이는 기존의 「방위력의 존재存在」에 의거한 방위력에서 「방위력의 운용運用」에 초점을 맞춘 방위 정책으로 크게 전환시키는 것이었다. 지금까지의 「기반적 방위력 구상」에서는 세력 균형적인 사고방식에서 「힘의 진공」을 만들지 않는 것에 주안점을 두어, 방위력을 정비하는 것 자체가 자기 목적화自己目的化되어 있었다. 거기에 반하여, 제4차 방위 대강에서 새롭게 채용된 「동적 방위력」개념은, 일 년 전에 일어난 센카쿠 제도 사건에 상징되는 중국의 대두台頭를 보고 방위 목적을 변경시켜, 방위하는 지점을 홋카이도에서 남서南西 방면方面으로 변경해, 센카쿠 제도와 그 주변의 크고 작은 섬들의 경계·감시 활동을 틈새 없이 실시할 방침을 내놓고 있다. 즉 전국에 배치된 자위대를 유연하게 운용함으로써 각종 사태에 대해 실효적인 억제·대처를 가능하게 해 일본의 영토 안전과 국민의 안전을 확보하는 것이 의도된 것이다. 나아가, 미·일 동맹의 중요성과 미군 재편의 착실한 실시를 지지하고, 또한 아시아태평양 지역의 안전 보장환경 안정화, 그리고 글로벌한 안전 보장환경 개선을 위해 활동할 수 있는 방위력 구축을 목표로 하고 있는 것이다.[62]

민주당은 이와 같은 방위 정책에 있어서 일본의 「보통 국가」로의 기본 방침 전환을 추진하는 한편, 자민당이 달성하지 못한 무기 수출 3원칙을 대폭 완화하는 정책 전환도 단행했다. 노다 내각의 후지무라 관방장관은

2011년 12월 12일 평화 공헌 국제협력에 따른 안건이라면, 방위 장비품의 해외 이전을 가능하게 하는 새 방침을 내놓은 것이다. 이어 해상 안전 보장 분야에서도, 동아시아 정상 회의를 이용하여, 영유권 문제를 직접 논의하는 것을 신중하게 피하면서도, 2012년의 ASEAN 해양 도서海洋島嶼 포럼에서, 동 중국해와 남 중국해 문제를 연계시켜, 공통의 토의장으로 만드는 데 이니셔티브initiative를 적극적으로 취하고 있다.[63]

이상 살펴본 바와 같이, 민주당 간·노다 내각은 내정에서는 국민에게 약속한 공약을 잇달아 폐기 한 데 반해, 외정에서는 자민당 정권 시대의 노선을 적극적으로 계승하고, 나아가 「보통 국가」라면 할 수 있는 일에 관해서는, 자민당 정권이 신중하게 추진하던 일을 적극적이고, 대담하게 진행했다. 이 점에서 정권 교체에도 불구하고 외정에서의 계속성은 유지됐다. 그뿐이 아니다. 오히려 기존 노선을 그 한계를 넘어서는 방향으로 더 강하게 진행했다고 봐도 무방할 것이다. 그 전제가 있었기에 아베 2기 정권이 안보법제정을 앞당길 수 있었던 것이다. 그 열쇠는 민주당의 외정을 담당한 정치인이 강경파였기 때문이다. 즉, 제4차 방위 대강 제정 시의 방위상은 하타 파의 기타자와 도시미北沢俊美이다.[64] 기타자와 방위상과 함께 노다 총리도 강경파이며, 따라서 정권 교체가 있었어도, 대외 정책에 있어서는 하토야마 내각을 제외하고 자민당 내각 시절과의 계속성이 유지되고 있었음은 쉽게 짐작할 수 있을 것이다.

그런데 제2차 아베 정권이 출현한 후 일본 정치의 「우경화」가 지적되었는데, 이 「우경화」 움직임은 「55년 체제」 시대에도 계속되고 있었지만, 이 움직임의 가속화에 탄력을 붙인 것이 다름 아닌, 내정에서는 「리버럴」을 표방하고 있던 민주당의 간·노다 두 내각 시대였던 점은 기억되어 마땅할 것이다. 참고로 일본 정치의 「우경화」란, 해외, 특히 전쟁 전에 있어서 일본이 지배하에 있었거나, 전쟁 중에 점령하에 있던 아시아 각국에서는 일본이 전쟁 전의 군국주의 시대로 돌아가는 것이라고 받아들여지는 생각도 있고, 또 그렇게 파악하는 논조도 보인다. 1945년 8월 15일, 일본은 연합국에 항복하여 패전국이 되었다. 하지만 이미 일부에서 소개한 것처럼 연합국 내부에서 미·소가 세계 지배를 둘러싸고 다툼이 일어났고, 그것을 계기로 미국의 세계 전략도 변화되었고, 그 귀결로서 패전 처리에 있어서 전쟁 전의 일본 군국주의와 그것을 지탱하던 사회·경제구조는 확실히 근절되었지만, 그러나 천황제도 군국주의적으로 이용되는 부분은 탈색되어 남겨졌고, 문관관료제는 미국의 점령 정책 수단으로 온존되었기 때문에, 절반은 졌지만, 나머지 절반의 전쟁 이전 일본 기간基幹 부분은 온존되었다. 그런데도, 전후 일본은 자유 민주주의 국가로 거듭났다. 그리고 헌법 9조의 제약이 있어 궁극적으로 전쟁을 수반하게 되는 외정에 있어서는, 영국과 프랑스와 같은 자유 민주주의 국가들과 같은 것은 실시하지 못하고, 따라서 「보통 국가」가 아닌 것이다. 그러므로 다른 자유 민주주의 국가들과 마찬가지로 「보통 국가」가 되고 싶은 욕구가 생기는 것은 자연스러운 일일 것이다. 이 지극히 평범한 여망을 「55년 체제」 시절 사회당을 비롯한 정치 이데올로기적으로는 좌파에 속하는 사람들은 「우경화」라고 칭하며 비판해 왔다. 그런데, 이 일본 정치의 「우경화」 움직임에 탄력을 준 것이 좌파 세력의 후퇴 후, 그 공백을 메운 「리버럴」이라고 칭하는, 반자민 세력들의 집합체인 「민주당」이었던 것은 역사의 아이러니다. 그렇다고 이런 해석은 민주당을 높이 평가한 것이 되므로, 오히려 때마침 민주당 정권 때 센카쿠 제도 사건으로 상징되는 패권주의적 경향을 제시하는 중국의 부상이 가시화되고, 그것을 계기로 일·중이나 미·중의 관계도 변화하기 시작해 거기에 자극되어 잠재되어 있던 일본의 내셔널리즘이 각성覺醒된 측면이 있었다고 보는 편이 타당할 것이다.[65]

　민주당의 자괴 작용自壞作用이 시작된 노다 정권 말기의 2012년 9월 한국의 이명박 대통령이 독도에 상륙했다. 이 소식이 매스미디어를 통해 일본 국민에게 알려졌다. 그것은 국민의 마음속에 깊이 잠들어 있던 내셔널리즘에 불을 지르는 일이 됐다. 왜냐하면, 갑자기, 이 시기에 독도가 TV 화면을 통해서 그때까지 양호했던 한·일 관계를 급속히 악화시키는 방향으로 가도록 하게 되었기 때문이다. 이 대통령은 내정에서의 실패를 덮고, 국내의 반일 감정을 이용해 내정실패로 잃어버린 인기를 회복하기 위한 퍼포먼스로 마련한 것이 한·일 관계에 타격을 준 것이다. 그해 4월, 이시하라 신타로 도쿄도지사가 센카쿠 제도 매입을 선언하고, 중국과의 센카쿠 제도 영유 문제가 재연했지만, 일본이 드디어 「우경화」하여, 센카쿠를 국유화 한 다음, 다음은 한국이 점유하고 있는 독도의 영유권 문제로 일본이 가져갈 것이라는 가정에서, 먼저 독도는 한국령임을 세계에 알리고, 또한 한국 국민에게는 국토를 지킨다는, 「강한 대통령」임을 나타내려고 했을 것이다. 그러나 이 대통령의 독도 상륙 움직임이 일본의 TV에서 방영되자 이를 계기로, 쌓여 있던 내셔널리즘의 마그마가 움직이면서, 그 움직임을 더욱더 강하게 하는 것같이, 우익 논객들이 TV 방송에 계속 출연하여 한국을 비판하여, 「혐한嫌韓」 여론이 만들어져 갔다. 이 대통령이 취한 행동으로 한·일 관계는 양호한 것에서 그 반대 악화 쪽으로 부정적인 스파이럴spiral이 움직이기 시작했다. 전후 일본의 데모크라시

와 그것의 표리 관계에 있던 평화주의를 논단이나 매스미디어에서 주도해 온 논객들은 세기의 전환기를 경계로 타계 내지 은퇴하고, 한동안 공백기가 계속되었지만, 이 시기를 경계로, 전쟁을 모르는 새로운 세대가 일본의 리더로서 나라를 움직이기 시작함과 동시에, 논단이나 매스미디어에서도 좌파 논객의 퇴장 이후 공백을, 일본을 「보통 국가」로 만들어야 한다는 우파계 논객들이 차지하기 시작했다. 그 상징은 좌파가 차지하던 종합잡지는 이미 그 이전에 폐간됐고 그 공백을 우익 잡지가 차지하게 됐다. 그 대표적인 잡지의 『제군諸君』이나 『정론正論』이나, 만화잡지 『사피오サピオ』등이 서점을 점거하게 되었다. 또 중립·공정을 주장해 온 대중매체, 특히 대형신문이나 그것이 경영하는 TV도 우파 성향의 논객들을 전보다 더 많이 출연시키게 됐다. 이렇게 해서 「혐한」, 「혐중嫌中」 여론이 만들어졌고 이에 자극받아 헤이트 스피치hate speech도 나왔다. 이런 여론의 흐름의 혜택을 제일 많이 받은 사람이 바로 5년 3개월 만에 총리로 복귀한 아베 총리일 것이다.

미주

1) 이데이 야스히로 『마츠시타 정경학원이란 무엇인가』 신쵸출판사신서, 2004년, 106~107쪽. 마츠시타 정경학원은 1979년 6월에 마츠시타 코노스케에 의해서 설립된 정치가 양성 학교이다. 입학한 정치가 지망의 학생은 처음의 6개월간 마츠시타 코노스케 이즘의 교화를 받는다고 한다. 그 이즘과는 그 기본은 신자유주의이지만, 시대의 제약을 받아 다나카 가쿠에이 전 수상의 「열도 개조론」과 동류의 「국토 창성론」도 함께 주장되고 있다(62~68쪽). 또한 마츠시타 정경학원 출신의 국회의원의 민주당 입당 전의 소속 정당에 대해서는, 참조 : 시오타 우시오 『신판 민주당의 연구』 헤이범신서, 2009년, 338쪽.
2) 간 나오토 『대신』 이와나미신서, 1998년.
3) 이토우 아츠오 『민주당-야망과 야합의 메카니즘』 신쵸출판사신서, 2008년 11월, 124쪽.
4) 상게서, 125쪽.
5) 상게서, 177쪽.
6) 오오시타 에이지 『민주당 정권』 KK신쵸출판사신서, 2009년, 25쪽, 162~163쪽.
7) 제2장의 주(14)로 이미 소개되었지만, 오자와 이치로가 2006년에 민주당 대표로 취임한 것은 정치 이데올로기적으로 보면 우연히는 아니었다고 볼 수 있다. 오오타케 교수는 1999년 간행의 『일본 정치의 대립축-93년 이후의 정계 재편-』 (중공신서) 안에서, 「55년 체제」하의 「사회·경제제도로 파묻힌 평등주의 등 일본형 사회민주주의적 요소가 농후하다」라고 지적하고 있지만, 그러한 요소는 자민당의 타나카파, 그것을 계승한 경세회가 쌓아온 그 지지 기반에 있던 점을 고려한다면, 자민당의 중도좌파의 정치가들은 입으로는 사회적 민주주의를 명확하게 주창하지 않아

도, 결과적으로 영국·독일·프랑스의 사회민주주의 노선을 추진하고 있었다고도 해석된다. 따라서, 그 노선을 계승한 오자와 이치로를 리더로 하는 그룹은 「일본식」 사회민주주의 세력으로 간주해도 틀림없을 것이다. 이것을 증명하는 것 같은 월간지 『중앙공론』(2008년 10월)의 「오자와 이치로의 연구」 안에서, 권력 중추로 향해 끊임 없이 정계 유영을 계속하고 있는 코이케 유리코 의원이 민주당은 「경세회의 주류 부분이 옮겼다」 것이다, 라고 말하고 있지만(71쪽), 결당 후의 자민당의 중도 좌파가 사회민주주의적 노선을 추구해, 그 중핵 부분이 고이즈미 수상의 「구조개혁」을 계기로 그 이데올로기적 위상을 자각하고, 민주당의 옷을 빌려 자립하기 시작하고 있다고도 해석된다. 이러한 나의 해석을 증명하는 견해가 야마구치 지로우 『정권 교대론』(이와나미신서, 2009년 3월 19일)에도 다음과 같이 기술되어 있다. 〔민주당에 있어서의〕 「오자와를 시작으로 하는 자민당 출신의 보수 정치가는 사회민주주의 정책과 친화성을 가지고 있었다.···자민당이 구조개혁 노선을 취하는 것에 의해서 기존의 보수 정치가가 가지고 있던 평등주의적 요소가 야당을 쓸어 모으는 형태가 되었다.···이렇게 하여 민주당 자체는 사회민주주의라는 말을 사용하지 않기는 하지만 정책 내용에 입각해서 보면 신자유주의와 재분배라고 하는 대결의 구도가 완성되었다.」(189쪽~190쪽) 또한 본서의 제5장 「민주당은 정권을 담당할 수 있을까」(156쪽~194쪽)은 민주당의 창설로부터 정권 장악까지의 움직임을 보충하고 있어, 민주당 연구로도 우수하다.

8) 시오타 우시오씨에 의하면 민주당에는 고이즈미 전 수상의 「구조개혁」 노선으로 반대 하는 점에서는 공통하지만, 그 반대의 의미를 달리하는 「두 개의 반 고이즈미」가 존재한다고 한다. 하나는 「고이즈미개혁은 속임수로 유명 무실에 끝난다고 단정하고, 진짜 개혁은 민주당 정권에서」를 주장하는 「반 고이즈미」이다. 기본적으로는 고이즈미 전 수상과 같은 신

자유주의를 지지하는 오카다 카쯔야 외무장관의 정치적 입장이다. 그것은 「마켓 중시의 자유경쟁을 추진하는 것에 의해서 일본 경제를 강한 경제로 해 간다」하지만 「자유경쟁으로 격차 사회에 있는 점에서는 사회정책으로 격차를 보정해 간다」라는 입장이다. 즉 「강한 경제와 사회적 공정의 양립」을 도모하려고 하는 입장이다. 또 하나는 「고이즈미개혁은 약육강식, 약자 잘라 버려 격차를 확대시키는 악정이라고 평가해 개혁은 실수라고 하는 입장을 취하는 「반 고이즈미」이다.」(시오타 우시오, 상게서, 160~161쪽.) 이상, 민주당에는 두 개의 「반 고이즈미」가 존재하지만, 신자유주의가 필연적으로 낳는 약자 보호에 관해서, 거기에 사회정책으로 대응하든지, 그렇지 않으면 약자를 낳는 격차 사회의 극복을 새로운 사회의 확립이라고 하는 정치적 방향에 대해 추구하는가의 차이이다. 따라서, 이 둘의 「반 고이즈미」는 머지않아 분열하게 될 것이다. 또한 창당으로부터 정권 교체까지의 민주당에 관한 본격적인 연구로서 우에카미 타카요시·츠츠미 히데노리 편저 『민주당의 조직과 정책—창당에서 정권 교체까지』(동양경제신보사, 2001년)가 있다.

9) 고이즈미 토시아키 『민주당 대붕괴!—국민을 계속 속인 1000일』후타바사, 2012년, 18쪽~38쪽. 고이즈미는 하토야마 수상이 「지금까지의 정치를 재 검토한 큰 개혁」으로서 다음에 네 가지를 꼽고 있다. ①동아시아 공동체 구상, ②연차 개혁 요망서의 재검토, ③프라이머리 밸런스(기초목표 재정 수입)의 재검토, ④내각부 모델의 재검토.

10) 우부카타 유키오 「상처입은 독재자·오자와 간사장실 180일」 『문예춘추』 (2010년 5월), 109~110쪽.

11) 이토우 미츠토시·미야모토 타로 편저 『민주당 정권의 도전과 좌절-그 경험으로부터 무엇을 배울까』일본 경제평론사, 2014년, 「제1장 민주당의 마니페스트와 정권 운영」(이토우 미쯔토시), 20쪽~22쪽.

12) 마키하라 이즈루 『무너지는 정치를 다시 세우다-21세기의 일본행정개혁론』 (고단샤, 218년), 167쪽. 미쿠리야 타카시 편 『정치 주도』의 교훈—정권교체는 무엇을 가져왔나』 (게이쇼서방, 2012년년), 「제10장 사업구분의 검증」(테즈카 요스케), 240쪽~260쪽.
13) Y. Dror, Public Design for Policy Sciences, 1971, p.63, pp.74~79.
14) 행정학이 전문의 마키하라 이즈루 교수는 하토야마 정권은 「탈정치」라고 하는 것보다 「비관료」라고 해야 할 체제였다고 규정하고 있다 (『일본 경제 신문』 2010년 7월 15일, 「국회 심이에 새로운 규칙 필요」).
15) 미쿠리야 타카시 『정치의 끝, 정치의 시작…포스트 고이즈미로부터 정권교대까지』 후지와라 서점, 2009년, 105쪽, 149쪽.
16) 마치도리 사토시 교수는 「민주당 정권에 의한 관료 배제는 역시 분명하게 한도를 넘고 있던 것처럼 생각된다」라고 지적하고 있다 (이이오 준 편 『정권 교대와 정당정치』 중앙공론신사, 2013년, 「제3장 민주당 정권화에 있어서의 관저 주도」(마치도리 사토시)), 99쪽.
17) 일본 재건 이니셔티브 저 『민주당 정권 실패의 검증-일본 정치는 무엇을 살리는가』 중공신서, 2013년, 「제3장 경제와 재정-변혁에의 도전과 좌절(타나카 히데아키)」, 113쪽~114쪽.
18) 사사키 타케시·시미즈 마사토 편저 『세미나 현대 일본 정치』 일본 경제신문사, 2011년, 194쪽.
19) 상게서, 185쪽.
20) 상게서, 200쪽.
21) 상게서, 205쪽.
22) 상게서, 203쪽.
23) 일본 재건 이니셔티브 저, 상게서, 「제2장 정치 주도-좌절된「다섯 방법」」 (시오자키 아키히사), 67쪽~70쪽, 75쪽~77쪽.

24) 상게서, 70쪽~71쪽.
25) 마키하라 이즈루, 상게서, 189쪽.
26) 일본 재건 이니셔티브 저, 상게서, 「제4장 외교·안보-이념 추구로부터 현실 노선에」(진보 켄), 128쪽.
27) 사사키 타케시·시미즈 마사토 편저, 상게서, 213쪽.
28) 일본 재건 이니셔티브 저, 상게서, 제4장, 142쪽~143쪽.
29) 『일본 경제 신문』은 2020년 9월초부터 3회로 걸쳐, 「검증 센카쿠 앞 바다 충돌 10년」이라는 제목의 기사를 연재하고 있으며, 그 안에서 10년전에 일어난 센카쿠 앞 바다 충돌 사건의 검증을 실시해, 그 3회째의 〔아래〕에서는 「안보 적용 명언 미국에 사전 교섭」의 소제목 아래에, 당시의 마에하라 세이지 외무장관이 크린톤·미국 국무 장관에게 제의한 점을 분명히 하고 있다(9월 4일).
30) 일본 재건 이니셔티브 저, 상게서, 146쪽.
31) 미야자키 마나부·아오키 오사무·츠지 메구미 공저 『정권 붕괴-민주당 정권은 무엇이었나』 카도카와 서점, 2013년, 200쪽 이하.
32) 사사키 타케시·시미즈 마사토 편저, 상게서, 10쪽~12쪽.
33) 상게서, 10쪽~11쪽.
34) 상게서, 15쪽~16쪽.
35) 일본 재건 이니셔티브 저, 상게서, 8쪽.
36) 『아사히 신문』 2011년 8월 30일.
37) 『아사히 신문』 2011년 8월 30일, 「노다 요시히코 연구상」;『일본 경제 신문』 2011년 8월 30일, 「노다 요시히코 이런 사람」.
38) 노다 요시히코 『민주의 적-정권 교대에 대의 있어』 신쵸오사, 2009년, 133쪽~134쪽.
39) 『아사히 신문』 2011년 9월 3일.

40) 『일본 경제 신문』 2011년 9월 3일.
41) 이토우 미츠토시·미야모토 타로 편저 『민주당 정권의 도전과 좌절-그 경험으로부터 무엇을 배울것 인가』 일본 경제 평론사, 2014년, 「제1장 민주당의 마니페스트와 정권 운영」 (이토우 미츠토시), 39쪽.
42) 상게서, 40쪽.
43) 일본 재건 이니셔티브 저, 상게서, 7쪽.
44) 이토우 미츠토시·미야모토 타로 편저, 상게서, 38쪽~39쪽.
45) 『일본 경제 신문』 2011년 9월 14일, 「정책결정 당 주도 짙음」.
46) 이토우 미츠토시·미야모토 타로 편저, 상게서, 145쪽.
47) 『일본 경제 신문』 2011년 9월 4일.
48) 이토우 미츠토시·미야모토 타로 편저, 상게서, 38쪽.
49) 고이즈미 토시아키, 상게서, 142쪽, 162쪽.
50) 이토우 미츠토시·미야모토 타로, 상게서, 40쪽~41쪽.
51) 상게서, 41쪽.
52) 상게서, 42쪽.
53) 상게서, 42쪽.
54) 이토우 유카코 『소비세 일기-검증 증세 786일의 공방』 (프레지던트사, 2013년, 20쪽~20쪽)에 의하면, 정권을 내던진 2개월 후의 인터뷰로 노다 전수상은 다음과 같이 말했다고 한다. 정권을 잃은 것은 「후회는 하고 있지 않다」, 「재정은 이미, 세출 삭감만으로는 되지 않는다」, 「누군가가 해야 하는 것이었습니다」. 당을 분열시키지 않고 증세를 미루는 것보다 당이 깨지더라도 증세 단행을 우선시켰다는 것이군요, 라는 물음에 「당보다 천하 국가를 생각했다는 것입니다」. 「민주당의 강령과 맞지 않는 얘기를 할 수도 있지만 『온건한 보수』라는 노선이 내 안에서 줄곧 마음에 그려온 것」이라고 답하고있다. (이토우 미츠토시·미야모토 타로 편저, 상게

서, 37쪽).

55) 마스조에 요우이찌『현대 국제 정치 입문-세계 역학 지도의 읽는 법』 PHP 연구소, 1986년.

56) 클라우제비츠 저·일본 클라우제비츠 저 학회 역『전쟁론』(1834년), 후요우출판, 2001년, 44쪽.

57) 타케나카 하루가타 편『두 개의 정권 교대-정책은 바뀌었는가』게이소우 쇼보우, 2017년, 「제7장「방위 기본적원칙 개정」」(호소야 유이치), 220쪽.

58) 상게서, 221쪽.

59) 상게서, 222쪽.

60) 상게서, 230쪽.

61) 상게서, 224쪽.

62) 상게서, 228쪽.

63) 일본 재건 이니셔티브 저, 상게서, 「제4장 외교·안보-이념 추구로부터 현실 노선에」(진보 켄), 156쪽.

64) 『일본 경제 신문』2011년 1월 6일, 「민주당·누가 무엇을 결정하고 있는가 (2), 위기관리 : 키타자와씨와 오카자키씨」. 이 기사에서 키타자와 방위 대신이 「무기나 관련기술의 수출을 원칙으로서 금지하고 있는 무기수출3원칙의 재검토」를 주장했지만, 칸 수상이 사민당과의 제휴를 이유로 신중 자세를 나타냈으므로 철회 했다는 것이 소개되고 있다.

65) 2011년 1월 3일의『요미우리 신문』제1면「일본의 개신 : 제1부 식자에게 듣는다」에 에서 하바드 대학교수의 조지프·나이와 전 외무차관의 야부나카 미토지의 두 명의 대담을 싣고 있어, 그 중에 야부나카씨는 다음과 같이 말하고 있다. 「요즈음의 중국이나 북한의 동향은 확실히 일본인을 각성 시켰다. 일본은 어떻게 해야 하는가, 국민이 외교나 안전 보장을 일상적으로 이야기를 주고 받고 있다. 정부에는 대외적으로 과감하게 주장

하고 결단력을 보이면 좋겠다는 의견이 증가했다.」 나이 교수는 이 야부나카씨의 발언을 받아 다음과 같이 말하고 있다. 「나의 인상으로는 중국과의 센카쿠 제도 문제등을 거쳐, 일·미 동맹에 대한 일본인의 관심은 비약적으로 높아진 것은 아닌가. 09년 가을의 민주당 정권 탄생의 무렵, 일본은 미국에서 멀어져 대중국 접근의 정책을 취하는 것은 아닌가 하는 의념도 생겨났지만, 완전히 사라진 것처럼 보인다.」 이 발언에 대해서, 야부나카씨는 「 나도 그렇게 생각한다.…」라고, 나이 교수의 의견에 찬성하고 있다.

제4장 경쟁적 정당 시스템의 기능 부전에 의한 「결정 중추」의 전제화專制化에의 경향

– 「보통 국가」로 향하는 제2차 아베 정권의 궤적

1. 야당 시절에서의 자민당의 변용

2012년 12월 16일 총선이 실시되면서 자민당이 단독으로 과반수(241석)을 훨씬 넘는 의석을 얻어 3년 3개월 만에 공명당과의 연립으로 정권 복귀를 하게 됐다. 다음 날 『아사히신문』 1면에는 「자민당, 공명당 320초 아베 정권으로」, 「민주 괴멸과 패배」라는 제목이 크게 실렸다. 또 같은 날 『니혼게이자이신문』 제1면에도 「자민당, 공명당 320초 아베 탈환」이라는 제목 아래 「중의원의 신세력」이라는 소제목으로, 각 당의 획득 의석이 다음과 같이 소개되고 있다. 민주당 56(선거전 230), 자민당 292(선거전 119), 유신 53(선거전 11), 공명 30(선거전 21), 모두의 당 18(선거전 8), 미래 8(선거전 62), 공산당 8(선거전 9), 사민당 2(선거전 5), 국민 신당 1(선거전 2), 일어나라 일본 0(선거전 1), 〔홋카이도의 스즈키 무네오의 정당의〕 대지 1(선거전 3), 제 파·무소속 5(선거전 8). 이번 중의원선거에서 보여 오는 것은, 유신이 그 의석을 5배로 늘리는 대약진을 이룬 점, 민주 참패에 대해 자민당, 공명당은 양당 합쳐 322석을 획득하여, 유신 53석과 합치면 375석으로 헌법 개정에 필요한 의석의 3분의 2를 훨씬 넘어 헌법 개정이 현실적으로 다가왔다는 점일 것이다. 즉 투표장에 온 유권자의 3분의 2 이상이 보수 세력을 지지했음을 보여준다. 무엇보다, 투표율은

59%였다. 12월 17일의 『아사히신문』 사설에 따르면, 「투표율은 크게 떨어졌다. 여론조사에서의 자민당 지지율도 20% 정도여서, 아베 씨는 어젯밤 『자민당에 100% 신뢰가 돌아온 것은 아니다.』」라고 말했다. 같은 지면에서 소가 다케시曾我豪 정치부장은, 민주당 정권에 대한 「실망의 반동이 낳은 우연의 압승에 지나지 않을지도 모른다.」¹라고 말하고 있다.

민주당은 바람에 의존한 정당이었으니 바람이 불지 않으면 참패는 뻔했다. 자민당은 각 선거구에서 견고한 지역, 즉 각종 의회에서 절반을 훨씬 넘는 지방의원이나 당의 지부--그 대부분이 국회의원의 후원회이기도 하지만--, 더욱이 오랜 우호 단체와 이익 단체로 구성된 하부조직이 있었기 때문에, 승리의 기회를 잡을 수 있는 현실적인 토대를 갖추었다고 할 수 있다. 따라서 참패한 민주당과 비교하면 투표율이 50%대의 낮은 수준이어서 「압승圧勝」의 형태로만 보였을 뿐이다. 그 후의 자민당 정권의 운용에 따라서는, 그리고 만약 야당이 정권 능력을 단련하고 있는 경우에는, 야당에 바람이 불어 무당파층이나 기권한 유권자가 투표장으로 향하기라도 하면, 또 정권 교체가 일어나게 될 것이다.

그 실체가 소선거구제도인 「소선거구 비례 대표 병립제」가 1994년에 도입되어 위와 같이 2년 뒤인 1996년 총선에서 처음 실행되었다. 그리고 이번 선거에서 이 제도의 운용이 16년 경과 하면서, 소선거구제의 효과가 2009년 총선과 마찬가지로 정권 교체 형태로 나타났다. 그에 따라, 영국의 의회제 민주주의 정치 제도의 도입을 오랫동안 기다리고 있던 사람들에게 있어서는, 그 소망을 간신히 실현할 수 있는 「경쟁적 정당 시스템」이 일본에서도 기능하기 시작했다고 인식되게 되었다. 무엇보다 정권 복귀를 완수한 자·공 연정과 야당이 된 민주당이 「국민을 위한 정치」 경쟁을 벌이는 체제가 존속되거나 강화되어 가는 것이 「경쟁적 정당 시스템」의 일본 정착 여부의 변수가 될 것이다. 아무튼 극적인 정권 교체가 두 차례 일어나고 형태상으로는 「경쟁적 정당 시스템」이 일본에서도 출현했다. 그것은 틀림없이 소선거구제 도입의 성과라고 봐도 틀리지 않을 것이다.

　이처럼 소선거구제 도입에 따라 정당체계도 자민당 일당 우위 체계에서 양당체계로 바뀌게 됐고 그에 따라 정치 동태도 「55년 체제」 시절과는 다른 방향으로 바뀌게 됐다. 더욱이, 소선거구제 도입은 여당 시절이 길었던 자민당 권력구조에도 큰 영향을 미쳤다. 상술한 바와 같이 오자와 이치로가 주도한 정치 개혁, 특히 소선거구제와 그것과 링크하는 형태로 도입된 정당 교부금제도에 의해 선거 시의 후보자의 공천권과 선거자금이 당 집행부, 특히 당수로 귀속됨으로써 의원과 당 총재, 즉 당 총재와의 관계가 바뀌어 점차 당 지도부 독재체제로 변모하게 됐다. 정책 결정 시스템이 상향식 시대인 「55년 체제」 시절에는 중선거구의 영향을 받아 파벌이 강했고 자민당은 파벌 연합체의 모습을 보였다. 그러나 소선거구제 도입 이후 당수와 의원과의 관계가 파벌을 경유하는 간접적인 것에서 수직적인 상하 관계로 바뀌면서 파벌 권력이 상대적으로 약화 되었다. 그리고 형식적으로는 파벌이 사라졌다고 한다. 그러나 실제로는 정책집단의 형태로 전환되어 존속하고 있다. 과거 자민당이 포괄 정당으로 불렸던 만큼 다양한 정치적 지향을 가진 의원이 소속되어 있고, 따라서 정책방향을 같이하는 사람끼리 결부되는 것은 당연하고, 또 파벌 전성시대로 이어졌던 이익 집단과의 유대관계도 지속되고 있기 때문이다. 더욱이 총재선거에 출마하기 위해 20명 이상의 의원 추천이 필요하므로, 당 지도부 권력을 장악하기 위해 계파를 존속시키고 그 수를 늘리는 역학이 생겨났다고 할 수 있다. 이 역학의 작용으로 당수가 될 인물은 최대 계파이거나 우세한 계파 연합이 지지하는 정치인이라는 추세를 보였다. 무엇보다 양당제하에서는, 고정표가 있어도 집권과는 거리가 멀기 때문에, 다수 국민의 지지를 얻기 위해 정치적 무관심층을 투표장으로 보내는, 이른바 「국민에게 인기가 있는 정치가」를 「선거의 얼굴」로 필요로 하므로, 당연히 국민에게 인기가 있다는 것이 당수의 필수조건이었다. 이런 이유로 당수는 당내 최대 계파이거나 우세한 계파 연합이 「선거의 얼굴」이 될 정치인을 선택하는 경우가 많아졌다.

이상에서 서술한 바와 같이, 소선거구제 도입은, 「경쟁적 정당 시스템」을 출현시켰을 뿐만 아니라, 자민당 당내 권력구조까지도 바꾸어 갔지만, 나아가 대립하는 민주당과의 관계에서 당의 정치적 성격 또한 바꾸어 가게 되었다.

2014년 3월 24일의 『니혼게이자이신문』에서는 아시카와 요오이치芦川洋一 논설 위원장의 해설 기사 「〈자민당 2.0〉의 위험함」이 게재되고 있어, 동 기사의 모두에 「자민당이 완전히 바뀌어 버렸다. 파벌이 무너지고 권력의 중심이 총리관저로 옮겨가면서 보수保守의 성향이 점점 강해졌다」라고 전제한 뒤, 「일당 지배 55년 자민당」과 오늘날 자민당의 차이점에 대해, 다음과 같이 세 가지를 들고 있다. 첫째, 계파연합체에서 의원 집합체로의 변용. 둘째, 상향식 정책 결정기관에서 〈관고당저官高党低〉의 정책추인기관으로의 변용. 셋째, 「현세 이익 추구형에서 보수의 이념 추구형에」로의 변용. 자민당이 이처럼 변용시킨 것은, 하나는 「소선거구제의 도입·정치 자금의 규제·정당 교부금의 창설을 3점 세트로 한 94년의 정치개혁」이며, 다른 하나는 「부처 재편을 통한 총리의 리더십을 강화하는 제도 확립」이라고 지적하고 있다. 양당제의 경쟁적 정당체계 정착과 함께, 자민당은 경쟁 상대인 민주당과의 차이를 명확히 보여줄 필요가 있어, 「보수의 이념」을 강조하고 이를 추구하는 쪽으로 당의 성격을 바꿨다는 것이다. 그렇다고 해도 「55년 체제」 시대의 자민당은 포괄 정당, 즉 「다양한 계층을 아우르는 국민 정당」이었으므로 이익이 결절점結節点이었지만 그것이 없어지면 「보수의 이념으로 묶을 수밖에 없다. 보수의 경향이 짙어져 가는 것은 당연하고, 거기에 위험함이 도사리고 있지 않은가」라고 맺고 있다. 일본 정치에서 볼 때 자민당의 「보수이념 추구형으로」 변용에 따른 「위험」에 관한 아시카와 논설 위원장의 지적 여부를 떠나, 자민당을 「보수이념 추구형으로」 변용에 있어 주도적 역할을 한 것은, 5년 3개월 만에 총리로 복귀한 아베 총리였다고 해도 틀리지 않을 것이다. 즉 야당 시절 자민당의 변용은 아베 총리의 부활 움직임과 연동된다. 따라서 자민당의 변용에 대해서는 아베 총리가 그와 어떻게 관련돼 있었는지를 중심으로 살펴볼 것이다.

아베 신조는 아버지 쪽과 어머니 쪽에 모두 정치인인 할아버지를 두고 있다. 아버지 아베 신타로도 총리 후보 중 한 명이었던 정치인이다. 따라서 3세 의원이다. 친할아버지 아베 히로시安倍寛는 태평양 전쟁에 반대했나 욕산翼賛 선거에서 비추천 후보로 당선된 반전反戦 국회의원으로 패전 후 1946년에 오십일세의 젊은 나이로 급서하였다. 아베 신조는 1954년생이므로 친할아버지의 영향은 없다.[2]

세이케이成蹊 대학을 졸업하고, 미국에 유학한 뒤, 고베神戸 제강에 입사했으나, 아버지가 1982년 나카소네 내각의 외상에 취임하자, 회사를 그만두고 아버지의 비서가 되었다. 「현세 이익 추구형」의 이권 정치가 한

창이던 「55년 체제」 시대에 그와 무관한 외교 분야에서 아버지 밑에서 정치인으로서 첫 훈련을 받은 것은 그 후 그의 정치인 행보에 상당히 큰 영향을 미친 것으로 보인다. 그것은 7년 8개월에 이르는 제2차 정권 시대에 그는 외교 활동에서 그 존재감을 나타내려 하고 있었기 때문이다. 이 점에서 그는 이권 정치에 몰두한 단순한 정치꾼(Politician)에 불과한 대부분의 자민당 정치인들과는 다른, 경세가(Stateman)가 되는 조건이 주어져 있었다고도 볼 수 있다.

알다시피 그의 외할아버지는 기시 노부스케岸信介다. 기시의 전기를 쓴 하라 아키히사原彬久교수는 아베와 조부와의 관계를 다음과 같이 말하고 있다. 「아베 씨는 어릴 때부터 『할아버지는 A급 전범 용의자다』라는 말을 듣기 싫어도 기시岸라는 존재가 자신에게 온다. 자라면서 할아버지는 어떤 존재로 무엇을 했는지 배우지 않을 수 없다. 아베 씨 속에서 기시의 존재는 점점 커진 게 아닐까.」이렇게 해서 아베는 할아버지의 사고방식이나 생활방식을 배워 정치가로서의 사상적 토대를 구축해 나갔다고 한다. 따라서 총리 중에 기시가 있다는 것. 따라서, 「수상 안에 기시 노부스케가 있다」라고 한다.[3]

기시岸는 「양 기시両岸」이라고 불린다. 전후 일본의 사회복지 체제는 「1940년 체제」의 개량판이었던 점에 대해서는 이미 본서 제1부에서 소개되었지만, 실은 이 「1940년 체제」의 창설에 있어서 주도적 역할을 완수한 것이 기시이다. 한편, 전후 일본에서는 일본의 재건을 목표로 하는 국가주의자로 알려져 있기도 하다. 따라서 「양 기시」라고 하는 까닭이다.[4]

하라 교수에 의하면, 기시는 도쿄제대東京帝大 시절 「기타 잇키 北一輝의 『국가 개조안 인리 대강国家改造案原理大綱』을 반새위 베껴 썼다. 기시의 생각이 기타의 국가 사회주의나 오오카와 슈메이大川周明의 대아시아 주의라고 하는 사상의 영향을 받고 있던 것은 틀림없다.」라고 한다. 기시는 「1926년에 상공 관료로서 독일을 방문해 산업합리화 운동을 시찰하고」 있다.[5] 「1940년 체제」의 원형이 된 사상은 제1차 대전 중의 독일 루덴도르프 장군 독재 시대의 「총력전総力戦」 사상이다. 기시는 독일 체류 중 산업합리화운동뿐만 아니라 이「총력전」 사상을 배워 「1940년 체제」를 설계한 것으로 생각된다. 1차대전 중 독일의 총력전 체제는 일부에서 이미 소개했듯이 「전시 사회주의戰時社会主義」라고도 할 정도로, 군부의 지도 아래 노사가 협조해, 자본가 측은 노동자 측 요구의 일정 부분을 인정하고, 대신 독일 사회민주당과 그 산하 노동조합도 전시경제에 협력한 시스템이다.

  메이지明治·다이쇼大正 시대에 일본의 지배적인 정치적 이데올로기는 가부장家父長으로서의 천황이 신민인 국민을 자비롭게 통솔하는 국가라는 천황제 가족 국가론이었다. 제1차 대전에서 승리한 일본에서는, 전쟁기간 내내 지속되었던 경기는 전후에도 지속되었고, 재벌과 대지주는 정당 내각이 성립된 후에도 정권과 더불어 이윤 극대화를 이루었으며, 그로 인해 생활 터전을 빼앗긴 국민의 압도적 다수를 차지하는 빈농과 도시 노동자의 빈곤이 증가하여, 사회문제가 발생하였다. 헤겔의 국가론을 토대로 한 F·라살Lassalle의 「국가 사회주의론国家社会主義論」이 일본 사회주의 운동의 지도자들에게도 수용되어, 거기에 근거하는 사회주의 운동도 싹텄다. 일본의 우익 운동 창설자 중 한명인 기타 잇키는 천황제 가족 국가론을 바탕으로 빈민을 국가에 의해 구제해야 한다는 국가 사회주의적 국가 개조안을 주장했다. 그의 사고방식의 영향을 받은 군인들이 국가 개조를 목표로, 2.26사건(1936년 2월 26일부터 2월 29일까지 황도파皇道派의 영향을 받은 일본 군부의 일부 청년 장교들이 중심이 되어 일으킨 일본의 쿠데타 미수 사건이다)을 일으켰으나 천황이 이를 인정하지 않아 국가 개조를 위한 쿠데타는 실패하고 봉기한 군인들은 처벌을 받았다. 그에 연좌된 기타도 처형당했음은 주지의 사실이다.

　기타의 국가 사회주의론은 국민의 다수자인 빈민의 고통을 가장인 천황이 구제할 수 있도록, 재벌과 대지주와 결탁한 정당 내각을 주체로 하는 국가를 천황 친정親政의 방향으로 개조해야 한다는 정치사상이었다. 그것은「온정적溫情的」인 국가 자본주의론이다. 즉 자본주의적 시스템 속에서는 사회문제를 마르크스주의적 사회주의의 방향이 아니라, 전쟁이라는 국가가 예상되는 그 최악의 위기 상황에서, 자본주의와 국가 발전 단계의 차이에 따라 다르지만, 국민의 다수인 빈농貧農 혹은 노동자의 국가에 대한 충성심을 확보하고, 국가에 대한 봉사 의욕을 끌어내기 위해서, 그들 생존의 최저한도 유지 수단을 제공하는「복지福祉」시스템을 국가에 의해서 구축해야 한다는 생각이다. 이 사고의 제도화가「1940년 체제」의 확립이었다고 보아도 틀리지 않을 것이다.

　기시는 도죠東條 내각 상공 상이었기에, 전후, 미국 점령군에 의해 체포돼 A급 전범 혐의로 스가모 프리즌 Sugamo Prison에 수용됐다가, 도쿄 재판에서 불기소돼, 1948년 석방됐다. 1952년 총선에서는,「헌법을 개정해 독립 체제의 정비를 기한다」는 목적으로「일본재건연맹日本再建連盟」을 결성하고 출마했으나 참패했다. 1954년 요시다 시게루 총리의 자유당에 반대하는 우측의 보수 세력이 대동단결한「일본 민주당日本民主黨」을 창당했고, 기시는 그 간사장에 취임했다. 이듬해 제1부에서 이미 말했듯이 사회주의 정당의 통일에 맞서 두 보수 정당의 합당이 기시를 중심으로 추진돼 자유민주당自由民主党, 즉 자민당自民党이 탄생했다. 기시는 초대 간사장에 취임해 당의 강령綱領 작성에 참여했다. 「경제자립의 달성」, 「복지사회의 건설」 등이 열거되고, 마지막으로 「자주 헌법의 제정」이 내걸렸다. 이리하여 기시의 비원悲願인 헌법 개정이 자민당의 「당시党是」가 된 것이다.[6] 위에 기술한 「양 기시」의 국가주의자로서의 사고방식이 자민당의 「당시」가 된 점은 잊어서는 안 될 것이다.

아베 총리는 「양 기시」 즉 할아버지 두 가지 측면의 정치적 입장을 계승하고 있는 것으로 보인다. 그는 자민당 의원이 되자마자 헌법 개정을 목표로 하는 「풀뿌리의 보수」 대중 단체인 「일본회의日本会議」 국회의원 간담회 소속 에토 세이이치衛藤晟一의 설득으로 복지정책을 추진했고, 이후 당 사회부장에 취임해 고이즈미 준이치로 후생 노동상과 함께 현행 노인개호보험제도老人介護保険制度를 수많은 반대를 무릅쓰고 도입하고 있다. 부모의 개호를 자녀가 아닌, 사회가 돌본다는 사고방식에 효성을 미덕으로 생각하는 대다수 자민당의 보수적인 의원들이 반대한 것은 당연해 보이지만, 서구 국가와 마찬가지로 사회가 돌본다는 「혁신적革新的」 정책 채택에 아베 총리가 관여하고 있다.[7] 이 점을 보는 한, 그가 반동反動으로 보는 사람도 있지만, 그것은 틀리다고 생각된다. 오히려 일본 존속을 위해 자진해서 개혁하겠다는 「진정한 보수주의真の保守主義」의 표현으로 보아도 틀리지 않을 것이다. 그리고 혁신 관료라고 일컬어진 할아버지의 「혁신革新」성을 이어받아, 문제 처리에 있어 현실주의적 감각을 가진 것 같다.[8]

「양 기시」의 또 다른 측면, 즉 국가주의 측면이 총리가 되어 지나치게

두드러지므로,「복지사회 건설福祉社会の建設」이라는 기시의 또 다른 측면의 계승 면의 그림자가 희박하지만, 실제로는 총리 시절에 그 편린片鱗이 보이므로 나중에 언급하기로 한다.

아베 총리는 1993년 총선에 처음 출마해 당선됐다. 정치인으로서 첫발을 내디뎠을 때, 자민당은 야당으로 전락해 있어서, 그의 정치인 행보는 야당 의원으로서 시작된 것이다. 그것은 그에게 두 가지 점에서 이후 정치적 활동에 영향을 미치게 되지 않았을까 싶다. 하나는 자민당도 그러했겠지만, 그 소속 의원으로서 아베는 대립하는 정당의 존재를 의식해, 대립하는 다른 당과는 다른 자당의 존재 이유를 명확히 밝혀야 한다는 점일 것이다. 자민당 창설부터 1993년까지의 역사를 돌이켜볼 때, 그때까지는, 합당했을 때의 구 일본 자유당의 노선이 당을 지배하고, 그 노선을 계승한 「코우지카이」, 「케이세이카이」 등이 「경무장軽武装·경제성장経済成長」을 국가 목표로 내걸고 「현세 이익 추구형」의 이권 정치를 일삼았으나, 냉전 붕괴 및 때맞춰 높아진 글로벌 경제 진전으로 이권 정치를 가능케 한 국내외 여건들이 약화된 결과 정권을 잃은 것으로 분석됐다. 그런데 이 노선으로 1994년, 정권 복귀를 서두르는 자민당은 비자민 정권과 경쟁하는 방향으로 나아가, 「코우지카이」가 지지하는 고노 요헤이河野洋平 총재 밑에서 강령적 문서 개정을 통해 「당시」의 「자주 헌법의 제정」을 사실상 보류했다. 이 움직임에 대해, 「당시」를 지켜야 한다는 옛 일본 민주당계, 즉 후쿠다파의 반발이 거세졌다. 「세이와카이」로 명칭을 바꾼 구 후쿠다파를 계승한 모리파의 리더 중 한 명인 고이즈미 전 총리는 파벌을 횡단하는 「반反케이세이카이」 YKK를 결성하여, 「케이세이카이」가 지배하는 자민당을 「부순다.」라는 방향으로 나아갔다는 것은 상

술한 바와 같다. 젊은 아베 신조 의원은, 1997년 과거 후쿠다파 내 최우익의 「세이란카이」 리더였던 고 나카가와 이치로中川一郎의 아들 나카가와 쇼이치中川昭一를 대표로 하는 「일본의 앞날과 역사 교육을 생각하는 젊은 의원의 회日本の前途と歷史教育を考える若手議員の会」을 설립하고, 그 사무국장에 취임했다.[9] 이 회는 후에 언급하겠지만 「창성 일본創成日本」의 원형이 된다. 이로써 아베 의원은 할아버지가 만든 자민당 「당시」의 「자주 헌법의 제정」을 실현함으로써, 「아름다운 일본」국 재건을 정치 목표로 내걸고, 자민당을 창당 시의 강령 실현을 목표로 하는 당으로 변혁하는 활동을 시작한 것이다. 고이즈미 총리 시절 자민당 권력의 무게중심은 중도에서 오른쪽으로 크게 이동해, 오늘날 호소다파로 불리는 「세이와카이」가 최대 파벌로 자민당을 지배하게 됐다. 고이즈미 총리 시대에 부 관방장관으로, 북한에 의한 일본인 납치 문제로 국민적 인기를 얻었던 아베는, 고이즈미에 의해 자민당의 간사장에 기용돼, 2004년 7월 참의원 선거를 진두지휘했으나, 민주당의 50석을 밑도는 49석밖에 얻지 못해, 자민당에 있어서 혹독한 결과가 되었다. 그 책임을 지고 간사장을 사임했지만, 9월 강등降格 인사이지만, 부간사장에 임명되어, 당 개혁실행본부 본부장, 「신이념·강령에 관한 위원회新理念·綱領に関する委員会」 부위원장을 겸무해, 「자주 헌법의 제정」을 사실상 보류한 1994년 강령문서의 재검토를 추진시켰다.[10] 그 결과 2005년 11월 창당 50년 기념 당대회에서 아베 주도로 작성된 새로운 「이념」과 「강령」이 승인되었다. 「이념」은 「자국의 안전은 스스로가 지킨다」, 「일본의 전통과 문화를 존중해, 이것을 소중히 해, 그 발전을 목표로 한다」등이 내걸어져 「강령」도 「새로운 헌법의 제정」을 모두에 내걸어 「높은 뜻을 가진 일본인」을 육성할 수 있도록 「교

육 기본법을 개정한다」라고 명기되었다.[11] 더욱이, 이 전당대회에서 처음으로 조문화된 「신헌법 초안」이 채택됐다. 그것은 전문을 포함해 전면적으로 고쳐 썼을 뿐 아니라 개정 절차를 규정한 96조를 수정해, 발의 요건을 중참 양원 총의원의 3분의 2 이상에서 과반수로 완화하고 있다. 그러나 천황의 원수화元首化, 가족의 존중이나 국기国旗·국가国歌 등에 관한 규정은 없었고, 전문에서 일본의 역사나 전통을 찬양하는 것도 삼가하고 있었다. 헌법 개정 주안은 9조에 두고, 전력戰力을 보유하지 않음을 규정한 2항을 삭제한 뒤 군대 보유를 명기했지만, 「국방군国防軍」이 아닌 「자위군自衛軍」이라는 명칭으로 그치었다. 신헌법 기소위원회에서는 우파가 리버럴파를 누르기까지 이르지 않아 아베에 만족할 만한 내용이 아니었다고 한다.[12]

7년 뒤인 2012년 4월 우파의 생각을 전면적으로 담은 「일본국 헌법 개정 초안」이 발표되는데, 그 부분은 나중에 언급하겠다.

아베는 이 시기 헌법 개정이나 교육기본법 개정 등을 전면에 내세워 「풀뿌리의 보수」의 결집을 도모하고, 자민당이 지향하는 이념을 명확히 하여, 민주당과의 차이를 명확히 하는 전략을 전개하기 시작했다.[13]

양대 정당제를 중심으로 한 경쟁적 정당 시스템의 모국인 영국에서, 노동당은 노동자 계급을 지지 기반으로 하여 사회민주주의적인 이념을 전개하는 노동자의 정당이다. 그에 맞서는 보수당은 영국 사회의 좋은 전통을 지키는 데 필요하다면 새로운 시대 상황에 맞춰 과감히 개혁하기를 꺼리지 않는 국민 정당이다. 21세기 이후의 일본에서는 20세기 말에 냉전의 붕괴와 함께, 자민당의 일당 우위 체계의 붕괴와 더불어 사회당도 실실적으로 소멸하였으므로, 양대 정당인 자민당과 민주당이 함께 국민 정당을 지향하고 있으므로, 양자를 구별하는 「절대적인」 지표들을 찾아내기가 어렵게 되었다. 자민당은 당내 우파, 즉 옛 일본 민주당 기시파의 흐름을 잇는 후쿠다파를 계승하는 「세이와카이」가 실질적으로 지배하기 시작했고 우파 정당이 됐다고 할 수 있다. 세대교체도 마찬가지지만, 사회당의 소멸과 함께 일본의 인문·사회과학계를 지배했던 좌파 학자와 지식 계층에 영향을 준 매스미디어, 특히 좌파 논단論壇도 그 주요 부분이 소멸하여 정치적 여론의 공간에서 좌파가 차지했던 영역은 공백이 되어 갔다. 그 결과 중도좌파 및 중도에서 우파로 정치 공간의 무게중심이 이동함에 따라, 민주당도 그 정치적 이데올로기에서 그 위치를 명확히 할 것이 요구되었고, 양대 정당제를 채택하는 미국의 보수 정당인 공화당에 대해서 민주당이 「리버럴」(Liberal)라고 칭해지고 있으므로, 거기에 빗대어 「리버럴」이라고 칭해지게 되었다. 그러나 그 실체를 잘 알 수 없다. 그래서 일본 정치의 우경화, 즉 자민당 우파가 지향하는 정치적 방향에 이의異議를 제기하는 것이 일본 민주당의 존재 이유라고 한다면 공제법控除法을 채택해, 일본 정치의 우경화가 무엇을 의미하는지를 안다면, 그에 이의를 제기하는 것이 「리버럴」이라는 것이 되므로, 「리버럴」이라는 의미가 조금은 분명해질 것이다. 이미 2장에서 언급했지만 아베 총리는 그 1차 정권의 슬로건에 「전후 레짐regime으로부터의 탈각脫却」을 내걸었다. 그것이 내외·정을 의미하는 것으로 해석된다면 외정 면에서는 그것을 미국이 절대 허용하지 않을 것이다. 그것을 깨달았는지, 2012년 말 출범하는 아베 2차 정권에서 아베 총리는 이 슬로건을 철회하고 대신 「일본을, 되찾는다」라는 슬로건으로 바꾸고 있다. 그 점을 본다면 「전후 레이짐」이란 일본의 내정 면, 즉 미국에 강요됐다는 「일본 헌법에 체현體現된 전후

적 가치」로부터의 탈피를 의미하는 것이 된다. 즉 일본 정치의 우경화, 혹은 우파란 일본 헌법에 근거하여 개혁된 정치적·사회적 여러 측면을 부정하고 그 이전의 「아름다운 일본」을 되찾는다는 것을 의미하게 될 것이다.[14] 이 책에서는 이를 「복고적」 내셔널리즘이라 정의하고 있지만, 필요한 일본 정치의 우경화란 대외적으로는 미·일 동맹 체제의 견지와 한층 더 강화를 전제로, 내정 면에서만 「일본 헌법으로 체현体現되는 전후 적 가치」를 전래 일본의 전통과 문화에 근거하여 개정하는 것을 의미하는 것으로 해석될 수 있을 것이다. 따라서, 「리버럴」이란 이러한 움직임에 이의 제기해, 「일본국 헌법으로 체현되는 전후 적 가치」를 지키는 것을 의미하게 될 것이다. 그렇다면 자민당의 중도좌파 및 중도가 「일본 헌법으로 체현되는 전후 적 가치」를 실현해 왔으니 민주당은 과거 자민당의 중도좌파 및 중도의 계승체継承体 성격을 갖는 것으로 해석될 수도 있을 것이다. 그것을 증명하듯이, 에다노 유키오 전 입헌 민주당 대표立憲民主党가 그 목표로 하는 곳은 구 자민당의 「코우치카이」와 그렇게 다르지 않다고 말하고 있다.[15]

이상의 고찰을 통해, 자민당의 우파, 내지 그것이 지향하는 일본 정치 우경화의 의미가 어느 정도 분명해졌지만, 자민당의 우파에는 또 하나의 「복고적」 내셔널리즘의 점에서는 동일선에 있지만, 경제정책에 있어서 둘로 분열되어 있다는 점에 유의할 필요가 있을 것이다. 즉, 미국으로부터 수용된 신자유주의 경제 정책의 실현을 목표로 하는 「구조개혁」파와 종래 자민당이 취해 온 정부의 재정 출동에 의한 수요측의 확대를 지향하는 경기 진흥책, 요컨대 「55년 체제」를 실현한 경제정책의 계속을 주장하는 「구조개혁」반대파이다. 고이즈미 정권은 전자이 노선을 추진하는 정권이었으므로 우정 민영화 반대를 주장하는 후자의 의원을 중의원선거에서는 공인하지 않고 자민당에서 배제해 갔다. 그 경위에 대해서는 이미 제2장에서 소개한 바와 같다. 「구조개혁」 노선은 일본의 사회경제 시스템을 미국 표준에 맞추어 개조하는 방향, 즉 「일본 헌법으로 체현되는 전후 적 가치」를 지탱한 일본 경제 시스템을 글로벌 자본주의 시스템에 적합한 형태의 신자유주의적 재편 시도이므로 지금까지의 자민당 우파의 노선과는 다른 미국적인 「신新」 우파이다. 이처럼 경제정책에서 신구新旧로 분열된 자민당 우파, 아니 우파 그 자체가 된 「신」 자민당은 장차, 이 두 경제정책 대립을 양립両立 내지 지양止揚하는 방향을 모색하게 되겠지만, 그에 대해서는 나중에 언급하기로 한다.

이상으로, 우선 「리버럴」한 정당으로 칭해지게 된 민주당에 대항하는 「보수 정당」으로서의 자민당이 내세우는 「보수의 이념」이 분명히 밝혀졌으니, 아베에 의한 자민당의 「보수의 이념」을 명확히 하는 움직임을 더욱 밝히고자 한다.

이미 2장에서 언급한 대로, 고이즈미 총리 사임 후인 2006년 9월 자민당 총재선거에서는, 당시 관방장관의 「선거의 얼굴」로 평가받던 아베 신조가 당선되면서, 제1차 아베 정권이 출범했다. 아베 총리는 앞서 언급한 대로 「전후 레짐으로부터의 탈각」을 슬로건으로 내걸고, 「풀뿌리의 보수」 결집을 도모할 때 주장한, 장래 일본 국민의 사고방식의 토대를 형성하는 교육기본법을 개정했다. 개정된 교육기본법에서는 「우리나라와 향토를 사랑하는 태도를 기른다」라는 표현을 사용하여, 애국심 및 일본의 전통과 문화의 존중을 자녀들에게 가르치는 것을 목적으로 하고, 실질적으로 미래세대를 「애국심을 가지는 국민」으로 키우는 방향으로 교육 방침의 보수적 개혁이 단행된 것이다. 다음으로 방위청을 성으로 격상시켰다. 마지막으로 헌법 개정 절차로서 정비되어 있지 않았던 국민투표법의 제정이 이루어졌다. 2007년 7월 말 참의원 선거에서 민주당이 대승을 거두면서 「중·참 네지레」 국회가 출현했다. 이로 인해 염원하던 헌법 개정은 당분간 불가능해지고 정치적 데드록에 부닥쳤다. 그것을 극복하는 길은 제1야당인 민주당과의 대연정 구성밖에 생각할 수 없었다. 강해지기 시작한 야당인 민주당에 대해 자민당의 존재 이유를 분명히 하고, 그것과 자민당을 구별하는 자세를 강하게 가진 아베로서는 연립 안이 도저히 받아들여질 해결책이 아니었다. 그래서 재임 1년 만에 아베 총리는 사직의 길을 선택했다. 그 이유로서 든 것은 지병인 궤양성 대장염 악화이다. 그런데 아베가 1993년 총선에서 당선되어 야당 의원으로 정치인 인생을 시작한 것이 그에게 끼친 영향 두 가지 중 하나는 이미 위에서 언급한 바와 같지만, 또 다른 영향으로 여겨지는 것은, 자민당이 야당이라는 데서 싹튼, 정치를 적과 아군으로 나누어 생각하는 사고방식인 것으로 추측된다. 즉 양당제 시대의 도래는 여야의 구별을 전제로 하는데, 이 구별을 「적과 아군」의 구별로 보는 사고방식이 그의 안에서 강화된 것이 아닌가 싶다.[16] 돌이켜보면, 「55년 체제」의 중기 이후에는 경제성장 정책이 효과를 거두어, 일본은 세계 제2위의 경제 대국으로 발돋움하고, 「1940년 체제」의 개량판 사회복지 체제의 확립·전개에 의해 국민 모두가 중류 의식을 가지는 「총 중류」사회가 출현해, 냉전이 한창이었지만, 미국의 군사적 보호 아래 「평화의 낙원」이 출현하고 있었다. 그 결과, 큰 정치적 대립도 없고, 또한 사회적 분단이 없는 정치적으로는 「느긋하고 대범한」 공산이 만들어졌다고 밀힐 수 있다. 그런데 냉전 후에는 일본이 나아가야 할 방향이 모색되어, 기능 부전을 초래해 온 「55년 체제」의 개혁으로서의 「정치 개혁」이 주장되었고, 이에 따른 1993년 총선에서 자민당의 야당으로의 전락과 함께 정당 갈등이 가시화되기 시작하면서, 정치란 적과 아군을 구별해, 적을 제거하는 것이라는 생각, 내지 사고방식이 정치인들 사이에서 싹트기 시작했다고 봐도 좋을 것이다. 아베는 그중 한 명이었던 것 같다. 이러한 정치관을 가지고 중도 내지는 중도좌파지향의 비자민 정권에 맞서 경쟁하는 야당의 노선이 아니라, 자민당 원점의 「자주 헌법의 제정」을 통한 일본 재건을 지향하는 당으로 자민당을 개혁해 나가는 것이 자신이 정치적으로 가야 할 길임을 깨달은 것 같다. 정치를 적과 아군으로 나눠 적을 물리친다는 생각은 계급 대립이 내전으로 반전될 수 있는 상황이었던 바이마르·독일 시대에서, 「정치란 적과 아군을 구별해, 궁극究極의 경우, 실존적 다른 사람으로서 적을 멸종하는 것이다」, 라는 카를 슈미트의 유명한 「정치적인 것의 개념」,[17]에 통하는 것이 있다. 이 정치 개념은 정치의 극한 상태인 전쟁의 말 바꾸기에 지나지 않지만,[18] 이러한 생각이 「55년 시대」에서는 잊혀 있었다. 그런데 아베 신조 의원에게는 그런 생각에 가까운 사고가 양성되어 간 것이 아닐까 추측된다. 이처럼 적과 아군을 구별하는 사고방식을 택하는 정치인에게, 당연히, 대 연정안은 논외임이 틀림없으므로, 아베 1차 정권이 직면한 「중·참 네지레」 국회의 출현으로 초래된 정치적 데드록을 극복할 방법은 사직밖에 없었던 것으로 보인다.

이렇게 해서 정치인으로서 아베 신조의 정치 생명은 끝나는 듯했다. 지병인 궤양성 대장염에 잘 듣는 약을 만나, 건강을 회복한 뒤, 다시 한번 「총리대신으로서 부활하고 싶다는 마음은」 제1차 정권 시와 비교해 「천

배 정도」 강해졌다고 한다.[19]

　지금까지의 정치가로서의 활동을 반성해, 재기를 기하게 되었다. 하지만 아베는 재기의 「집념執念」을 숨기고, 「자복雌伏의 5년간」, 다시 총리가 되기 위한 전략을 세워 다시 총리가 될 경우, 제1차 정권에서 하다 남긴 과제, 즉 실현하고 싶었던 정책의 우선순위를 생각하고 그 목적 실현에 힘이 되어 주는 인재, 즉 그가 실현하고 싶은 각종 정책에 정통하고 그 실현에 수족이 되어 일해주는 정치인, 행정 실무자, 경제인, 학자 등의 조직화로 나섰다. 동시에 「풀뿌리 보수」와의 제휴를 강화해, 한명의 의원으로서 자민당을 「보수의 이념」의 실현을 목표로 하는 당으로 개변改変하는 활동에 전념했다.

　2008년 9월 아베 1차 정권의 뒤를 이은 후쿠다 내각도 「중·참 네지레」국회 문제로 정치적 데드록에 직면해 사임했고, 이후 자민당 총재선거가 시행되어, 아소 다로가 당선됐다. 이 때 아소 다로를 지원한 의원들을 중심으로 「진·보수 정책 연구회真·保守政策研究会」가 결성되어 나카가와 쇼이치가 회장에 취임했다. 이 모임을 지탱한 사람이 아베다. 9월 24일에 수상에 취임한 아소는 총선거에서 민주당과 대결할 수 있도록 「진정 보수 재생真正保守再生」의 자세를 밝혔다.[20] 위의 제2장 2의 (d)에서 이미 소개한 것처럼 아소 내각도 같은 정치적 데드록에 시달리다 마침내 총선을 단행하게 됐다.

　위와 같이 2009년 8월 말에 치러진 총선에서 민주당이 대승하면서 자민당은 야당으로 다시 전락했다. 하토야마 내각 출범 다음 날인 9월 17일 자민당 재생 회의가 열려 「창당정신立党精神」으로의 복귀와 「보수 정당」으로의 재생이 확인됐다. 28일에 당총재선거가 행해져, 「코우치카이」

의 다니가키 사다카즈가 선출된 점에 대해서는, 이미 제3장에서 다루었다. 리버럴 파로 지목되고 있던 다니가키도 자민당 자체가 「총 우파」로 변용된 이상, 그 대세를 거역할 수 없어 그 흐름에 몸을 맡길 수밖에 없었던 게 아닌가 추측된다. 12월 15일에 나온 자민당 정권 구상 회의 2차 권고에선 「올바른 일본의 보수의 깃발을 세우지 않으면 안 된다」라고 강조해, 그 주장에 비추어 민주당과의 차이를 명확히 하기 위해, 민주당 정권이 추진하려고 하는 움직임에 반대한다는 의견을 분명히 밝혔다.

구체적으로는 영주 외국인 지방 참정권 반대, 선택적 부부 별 성 제도 반대, 센카쿠 중국어선 충돌 사건에 대한 항의, 조선 학교의 고교 수업료 면제에 반대, 러시아 대통령의 북방 영토 방문에 대한 항의, 북한의 일본인 납치 문제의 조기 해결 등이 거론되어, 이러한 항목에 대해서 자민당 본부가 작성한 의견서를 자민당이 지배하는 지방 의회에서 통과시켜서, 지방 차원에서 민주당 정권 흔들기 운동을 전개했다.[21] 그리고 이듬해 1월 24일 개최된 제77차 당대회에서는 새 강령이 제정됐다. 우선, 「시장 원리주의」나 「사회주의 정책」을 부정하고, 「일본다운 일본의 보수주의」를 정치 이념으로 할 것을 선언하고, 그다음 구체적인 방침으로서 최초로 「신헌법의 제정」을 내걸고, 다음으로 「일본의 주권은 스스로의 노력에 의해 지킨다」, 「자조자립自助自立하는 개인을 존중하고, 그 조건을 정돈하는 동시에 공조共助·공조公助하는 항목을 마련했다」라고 하는 것이다.[22]

아베로서는 이 같은 다니가키 당 지도부의 움직임도 만족스럽지 못했다. 나카가와 쇼이치의 낙선과 사망에 따라 아베는 2010년 10월, 「진·보수 정책 연구회」 회장으로 취임하면서 명칭을 「창성 일본創成日本」으로 바꿨다. 참고로 「창성 일본」에 참가한 의원들은 후에 제2차 아베 정권에서 아베의 「친위대親衛隊」가 되는 사람들이다.[23] 스가 요시히데가 부회장의 한 사람으로, 사무국장은 가토 가쯔노부加藤勝信다. 그 주요 멤버는 에토 세이이치衛藤晟一, 다카이치 사나에高市早苗, 이나다 토모미稲田朋美, 후루야 케이지古谷圭司, 시모무라 하구분下村博文, 하기우다 코이치萩生田光一 등이다.[24] 아베는, 이 「창성 일본」을 「보수의 핵심체」로 규정하고,[25] 국회의원에 의한 단순한 연구회로부터 탈피시키고, 가두 연설이나 강연회의 실시, 지방의원의 조직화 등을 실시하는 운동체로 전환 시켜 갔다. 아베는 회의 방침을 다음과 같이 밝히고 있다. 「나는 이전부터 전후 레짐의 탈피를 호소해 왔지만, 지금의 민주당은 바로 전후 레짐의 상징입니다. 국가관을 부정하고, 교육의 장에서는 일본인의 긍지를 부정한다. 이 전후 레짐을 깨부수기 위해서 「창성 일본」이 원동력이 되어 가고 싶습니다.」 그 후, 「일어나라 일본」 등과 「일본을 구하는 네트워크」를 결성해, 민주당 정권의 타도를 목표로, 자민당의 테두리를 초월한 우파의 결집을 도모해 나갔다.[26] 7·11 참의원 선거에서, 위와 같이 간 총리가 당돌하게 소비세율 인상을 주장해 민주당은 44석에 그쳤고, 자민당은 개선 제1당이 되는 51석을 얻었다. 비개선과 합친 여당 전체는 과반이 되지 않았다. 또다시 「중·참 네지레」 국회가 출현했다. 집권 여당인 민주당에 있어서 정치적 데드록이 되었다. 이번에는 민주당 측이 야당과의 연립을 원하게 되었다. 아베는 연립에 절대 반대하면서 다니가키 당총재를 견제했다.[27]

제3장에서 이미 지적했듯이 2010년은 안전 보장 문제에 대해 일본 국민이 「긱싱覺醒」힌 헤였디. 북한의 미사일 발사 실험이나 핵무장 움직임

도 그렇지만, 센카쿠를 둘러싼 중·일 갈등이 표면화되어, 그것으로 세계 초강대국이 된 중국의 부상이 위협으로 느껴지게 되었다. 이 시대의 변화는 아베의 움직임에 순풍이 된 것임은 분명하다. 아베는 자민당을 그가 생각하는 「보수의 이념」의 당으로 바꾸기 위해, 한층 더 다니가키 당 지도부를 압박했다. 그 성과가 2012년 4월에 발표된 자민당의 「일본국 헌법 개정안」이다. 이 개정안은 앞서 기술한 2005년의 「신헌법 초안」에 비해 현저히 우경화되고 있다. 전문에 「긴 역사와 고유의 문화」, 「천황을 모시는 국가」라는 말을 넣어, 제1조에는 천황의 원수화元首化, 제3조에는 국기·국가, 제4조에는 원호元号가 규정되어 있고, 다음으로 제9조에는 「국방군」의 보유, 자위권 발동, 영토·영해·영공의 보전이 규정되어 있다. 제13조에서는 현행 헌법의 「개인의 존중」이 「사람으로서의 존중」으로 변경되었고, 제21조에서는 「공부조의무公扶助義務」, 제28조에서는 공무원의 노동기본권 제한이 포함되었으며, 제94조에서는 외국인의 지방 참정권이 부정되었다. 마지막으로 제9장으로서, 전쟁이나 내란, 대규모 자연 재해 등의 경우의 「긴급사태緊急事態」에 대응하는 규정이 마련되어 있다.[28] 이 「일본국 헌법 개정 초안」은, 아베가 바라는 「자주 헌법」의 내용에 가깝고,[29] 장래, 자민당이 정권에 복귀했을 경우, 그 실현을 목표로 하는 「아름다운 일본」의 형태를 나타내는 것이라고 봐도 괜찮을 것이다.

 2012년 9월 26일 자민당 총재 경선을 거치면서 아베가 다시 당 총재로 선출되게 됐다. 얼마 전인 9월 초순 오사카에서 아베가 「적」으로 간주하는 일교조日教組나 자치노自治労와 싸워, 헌법 개정에도 적극적인 자세를 보이는 오사카 유신회大阪維新の会 대표 하시모토 도오루 오사카 시장과 환담해, 이때 오사카 유신회를 모체로 하는 전국 정당인 「일본 유신의 회」 창당을 준비 중이던 하시모토가 아베를 당수로 초빙하려 했다는 뉴스가 신문에 게재됐다. 아베 전 수상의 오랜만의 뉴스 등장이었지만,[30] 설마 자민당 총재로서 부활한다고는 생각되지 않았었다.

「총 우파」가 된 자민당 총재선거에 있어서, 다니가키 총재는 9월의 총재선전에 총선거가 있으면, 무투표 재선의 시나리오도 생각할 수 없는 것도 아니었다. 그런데 총재를 지지할 이시하라 노부테루 간사장이 출마 의사를 밝혀, 9월 10일 출마 포기를 표명했다. 이틀 뒤인 9월 12일 아베는 「창성 일본」 동지들의 강한 권유에 따라 총재선거 입후보를 공식 표명했다. 아베의 선거 대책을 맡은 것은 「창성 일본」 부회장 중 한 명이자, 제1차 아베 정권 시절 총무상인 스가 요시히데菅義偉와 경제산업상인 아마리 아키라甘利明였다. 스가는 호세이法政大대학 졸업 후, 가나가와겐에 지역구를 둔 오코노기 히코사부로小此木彦三郎 의원의 비서로 정치인 훈련을 받고 요코하마 시의원을 거쳐 1996년 총선에서 1년 전 사망한 오코노기 히사부로 의원의 지역구 일부를 물려받아 초선을 이룬 바 있다. 47세였다. 마키아벨리가 말한 「행운의 여신」의 앞머리를 대담하게 잡은 셈이 되어 정치인으로서 첫발을 내디딘 것이다. 다음에 「정치의 스승」이라고 받드는 가지야마 세이로쿠梶山静六아래에서 정치가로서의 수행을 쌓았다. 1998년의 자민당 총재선거에서는 출마한 하시모토 후보와 대립하는 가지야마 후보를 당연히 지지하고, 소속된 파벌인 헤세이 연구회平成研究会·현 다케시타파로부터 뛰쳐나왔다. 가지야마로부터 「이젠 파벌의 시대가 아니라 같은 생각을 가진 사람들이 결집해 정치를 움직인다」라는 말에 따라, 2006년 자민당 총재선거에서는 탈 파벌을 내건 「재 챌린지challenge 지원 의원 연맹」을 만들어 아베 신조의 승리에 공헌했다.[31] 그때부터 스가는 아베를 지지하는 숨은 공로자의 역할을 계속 담당하고 있다. 2012년의 총재선거에서도 「창성 일본」의 동지를 규합하고, 아베에 출마를 강력히 촉구했을 뿐 아니라, 총재선거에서는 아베를 당선시키기 위해 전력을 기울였다. 그런데 아베가 속한 세이와정책연구清和政策研究회장 마치무라 노부타카 전 관방장관도 입후보 의사를 밝혀, 같은 파벌에 두 사람이 출마하게 됐다. 모임의 실질적 총수 격인 모리 전 총리가 아베에게 사퇴를 권유했지만, 아베는 모호한 태도를 계속했다. 「세이와카이」의 내부의 반대를 무릅쓰고 재등판을 강하게 권한 스가는 아소의 시코우카이志公会와 타카무라 마사히코의 반쵸카이番町会의 지지를 얻어내고 있었다.[32]

이시하라, 아베, 마치무라 외에, 추가로 「코우치카이」로부터 하야시 요시마사林芳正 참의원과 무소속의 이시바 시게루가 출마해 5명이 겨루게 되었다. 제1회 투표에서는, 300의 지방 표와 197의 국회의원 표의 1위는 각각 이시바와 이시하라가 차지했다. 이시바는 의원 표(34표)에서는 삼위였지만, 당원 등의 지방 표(165표)로 압승하여 합계 199표로 제1위였다. 이시하라는 의원 표에서는 1위였지만, 지방 표가 부진해 합계로 3위가 되었다. 아베는 모두 2위(의원표 54표, 당원표 87표)였다. 과반수 이상 득표자가 없을 경우, 당헌에 따라 국회의원만으로 결선투표를 하도록 돼있었다. 아베와 이시바는 「강경파」의 점에서는 우열을 가리기 어려워 제1회 투표로 이시하라에 표를 던진 「헤세이카이」의 의원이 이시바를 지지하지 않고 아베 지지로 돌아 「세이와카이」의 의원도 같은 파벌의 아베에 투표한 것으로 아베가 국회의원 결선투표 의 결과 108대 89로 이시바를 물리쳤다.

신임 총재로 취임한 아베는 거당 체제를 구축하기 위해 당 부총재에 고우무라 마사히코를 유임시키고, 간사장에는 총재선거를 다툰 이시바를 기용했다. 다음으로는 아베 진영 선대부장을 지낸 아마리 아키라를 정조회장으로 마치무라 진영의 호소다를 총무회장으로 각각 내세웠다.[33]

총선을 하루빨리 치르도록 유도하는 질문을 하고 총선을 위해 외교·안전 보장, 경제성장 전략, 교육 재생, 헌법 개정 등 민주당과의 차이를 강조하며 선거 준비에 착수했다. 그리고, 모두에 소개한 것처럼, 자민당은 선거전의 119 의석으로부터 292 의석으로 의석을 늘려 같이 선전 한 공명당의 획득 의석 30과 합하면 자·공으로 320을 넘는 승리를 손에 넣었다. 이렇게 하고 아베 제2차 정권의 막이 올랐다.[34]

2, 제2차 아베 정권에 의한 「결정 중추」 제도 재편의 완성

2012년 12월 26일에 아베 제2차 정권이 발족했다. 자민당과 공명당의 연립 정권이다. 전직 수상에 의한 자민당 총재로의 재선은 당 사상 처음이며, 수상재임은 1948년에 성립한 제2차 요시다 내각 이래이다. 그뿐만이 아니다. 전 총리 아소 다로가 부총리 겸 재무대신으로 입각한 것이다. 전직 총리였던 미야자와 기이치가 대장상으로서 오부치 내각에 입각한 것, 하시모토 류타로가 오키나와 개발청 장관 및 행정개혁 담당 대신으로서 제2차 모리 내각에 입각한 전례가 있지만, 전직 총리가 부총리로 재입각한 것은 제1차 요시다 내각의 시데하라 기주로幣原喜重郎 이후 처음이다. 아베 총리의 복귀에 대해 당내에서 2007년 정권을 팽개친 건으로 비판도 있이, 이베 총리의 당내 지도권이 확립되기 전까지는, 당 지도부 인사나 개각에 있어서는 거당 체제의 진용이 깔리게 되었다. 앞서 1에서 이미 지적했듯이 당 지도부 인사에서는 총재선거에서 1위였던 대항마 対抗馬 이시바 시게루를 간사장에 임명하고 다카무라 마사히코 당 부총재는 유임시켰다. 또한, 총재선거에서 경선한 이시하라 노부테루, 하야시 요시마사, 전 총재 다니가키 사다카즈도 입각시켰다. 그렇지만, 아소 총리가 부총리 겸 재무상으로, 아마리 아키라가 경제산업상으로, 스가 요시히데가 관방장관으로, 「창성 일본」의 동료가 내각의 중요 각료로 입각하고 있다. 또 「창성 일본」 부회장 중 한 명인 다카이치 사나에는 정무 조사회장으로 취임하고 있다. 덧붙여, 공명당과의 연립 정권이므로, 각료의 포스트의 하나인 국토 교통상에는 공명당의 전 대표 오오타 아키히로가 취임했다.

아베를 리더로 하는 「전후 레짐으로부터의 탈각」, 즉 「일본을 되찾는다」라고 하는 「보수의 이념」에 동참해 하나의 결사와 같은 단체를 이루는 「창성 일본」이 제2차 아베 정권의 핵심을 차지하고 있다는 점은 주목해도 좋을 것이다. 이는 7년 8개월에 걸친 장기집권을 구축한 아베 내각의 정책 전개가 가능했던 것은 「보수의 이념」 실현을 목표로 하는 자가 결속하여 아베 총리를 지원했기 때문이라고 할 수 있다.[35] 일본의 정책 결정 시스템의 원리는, 2001년 행정개혁 이후 보텀업식에서 톱다운식으로 개혁되었으나, 제도화가 늦어지면서 민주당의 하토야마 정권이 중의원에 제출한 내각 인사국 설치를 골자로 하는 공무원제도개혁법안이 폐안이 되어 그 완성까지는 이르지 못했다. 그렇지만, 고이즈미 내각 시대부터 정치 주도 또는 관저 주도에 의한 정책 결정 시스템이 큰 틀로서는 실현되고 있었다. 이를 전제로 아베 총리는 내각관방을 집정부의 핵심 기관으로

운용하는 방향을 만들어나갔다. 우선 그 장관에 스가 요시히데를 앉혔다. 그의 밑에 3명의 부장관이 배치되었는데, 두 사람은 의회 대책을 세우는 부장관이다. 참의원 담당 부장관은 2005년 이래 자민당 홍보를 담당해 온 세코 히로시게世耕弘成 참의원 의원이, 중의원 담당은 가토 카쯔노부加藤勝信 의원이 각각 임명됐다. 나머지 한 명은 가스미가세키의 정부 부처 관료를 총괄하는 사무담당 부장관인데, 경찰·정보·위기관리 요직을 지낸 관료 출신의 스기타 가즈히로杉田和博가 임명됐다. 또한, 아베 총리는 제1차 정권 시대에 경제산업성에서 파견되어 수상의 사무 비서관으로 있던 이마이 타카야今井尙也를 이번에는 정무 비서관으로 초빙했다. 다자키 시로田崎史郎 의 『아베 관저의 정체安倍官邸の正体』에 따르면 매일 아베 총리, 이마이 정무 비서관, 관방장관 및 3명의 부관방장관 등 7명이 모여 정부 방침을 정하고 있다.[36] 즉, 아베 총리를 중심으로 하는 「정부正副 관방장관 회의」가 일본 정치를 움직이는 구동력이었다고 보아도 좋을 것이다.

　이상의 포진으로 제2차 아베 정권은 발족했다. 2012년 12월의 총선거에서는 자민당, 공명당 및 헌법 개정에 이해를 나타내는 오사카 유신의 회나 모두의 당 등의 의석을 합친다면, 헌법 개정에 필요한 3분의 2 이상을 확보한 것이 되지만, 참의원은 자민당, 공명당의 의석은 과반수에 못 미쳤다. 정권 발족 후인 2013년 7월에 참의원 선거가 예정되어 있었다. 따라서 이 참의원 선거에서 자민당, 공명당이 7개월 전 중의원선거에서 획득한 3분의 2 이상의 의석을 획득하는 것이, 당면 최대의 정치 과제로서 제기되었다. 아베 총리의 궁극적 목적은 헌법 개정이지만 참의원 선거에서 현상 유지, 또는 패배한다면, 헌법 개정을 목표로 하는 그 정권 기반

자체가 계속 취약한 상태인 셈이다. 따라서 이번 참의원 선거에서 꼭 여당이 과반수 이상의 의석을 획득하지 않는 한, 어떤 정책도 추진할 수 없는 상황이 될 것이다.

아베 정권은 7년 8개월이나 계속되는 장기 정권을 세우게 되는데 그 중요한 이유 중 하나는 다가오는 참의원 선거뿐 아니라 그 후 중의원선거에서 연속적으로 여당을 압승으로 이끈 점에 있었다고 할 수 있다. 그 비밀은 아베 총리가 주창한 디플레이션 경제로부터의 탈피와 일본 경제의 성장을 도모한다는 「아베노믹스(제96대 내각 총리대신 아베 신조의 성姓과 이코노믹스를 합친 조어), 정책이 일정한 효과를 냈다는 점을 들 수 있다. 총리로 복귀하게 될 총선에서 아베 자민당 총재는 외교안보, 경제성장전략, 교육재생, 헌법개정 등의 정책을 내세워 당시 여당인 민주당과의 차이를 강조하고 있으며, 「아베노믹스」는 민주당과의 차이를 보여주는 정책군政策群 중 하나인 경제 성장전략을 말한다. 아베 총리는 정치 평론가의 다자키 씨와 대담에서, 「1차 정권 퇴진 직후부터, 그 좌절을 잊지 않기 위해서, 직접 노트에 당시의 반성이나 생각을 적어 왔지만」, 알게 된 것은 「1차 정권 때는 옳으면 된다는 생각만으로 해왔다. 그렇지만, 제대로 된 순서, 전략, 인사가 필요하다」라고 하는 것을 강하게 자각해 행동하게 되었다고 한다.[37] 2020년 8월 말 아베 총리가 또다시 지병인 궤양성 대장염을 이유로 사임한 뒤, 월간 「Hanada」는 「고마워요! 아베 신조 총리」라는 제목으로 특집을 구성하고 있는데, 그중에서 「창성 일본」 응원단을 이끄는 사쿠라이 요시코桜井よしこ는, 「전략가戦略家, 아베 신조 사자분신獅子奮迅의 활동」이라는 글이 기고되어 있는데,[38] 여기서 아베 총리는 「전략가」로 여겨지듯, 2차 정권에서는 정치적 권력관계나 여론 동향과의 관

계에서 그가 실현하고자 하는 정책 실현 가능성이 큰 점을 고려해, 정부가 착수해야 할 정책의 우선순위를 정하고, 다음에 이를 실현하기 위한 스태프를 선정하고 있다. 즉 인사를 통한 정책 전환을 꾀하고 있다.

아베 총리는 우선 정권이 해야 할 과제로 일본 경제 살리기, 즉 일본 경제가 빠져 있는 「디플레에서의 탈각을 위해서 모든 정책을 총동원한다.」[39]라는 인식 아래에서 움직이기 시작했다. 즉 총선에서 국민에게 약속한 정책군 가운데 첫 번째로 꼽았던 「경제성장 전략」정책의 실현을 우선시하고 그 목표 달성에 전력을 기울이기로 한 것이다. 아베 총리는 당내 기반뿐 아니라, 정권 기반을 다지기 위해서도, 당면 과제로 참의원 선거에서 여당을 압승시키는 것이었으므로, 참의원 선거를 겨냥해, 국민의 자민당 지지를 높이기 위해, 우선 20년 가까이 디플레이션으로 고통받는 일본 경제를 되살리는 것을 최우선 과제로 규정하고, 디플레이션 탈피와 경기회복을 목표로 하는 「아베노믹스」라는 경제종합정책을 내걸었다. 고이즈미 내각 시절부터 경제 성장정책으로서 글로벌 경제에 대한 대응뿐만 아니라 미국의 요청에 근거하여 신자유주의적 경제정책이 「구조개혁」노선으로서 실시되었다. 위에서 기술한 바와 같이 일본 경제를 1970년대 후반에 세계 제2위로 끌어올린 경제 시스템은 종신고용제終身雇用制를 기반으로 하는, 기업이 의사疑似 가족 공동체로서 조직되어 운영되는 회사 중심주의였다. 그것은 실적 중심주의보다 귀속 중심주의에 무게를 두는 기업 운영 방식이다. 그런데 「구조개혁」노선은 이러한 일본적인 회사주의적 조직 원리나 운영 방식을 해체하고, 기업은 순수하게 이윤 추구를 위해서 조직되고, 또한 그 성과를 최대한으로 올릴 수 있도록 효율적으로 운영되는 미국형 기업모델에 준해서 종래의 경제 시스템의 개조를 요구하는 것이었다. 따라서, 이 「구조개혁」노선은 일본의 종래의 사회시스템에 균열을 초래할 뿐만 아니라, 자민당의 지지 기반까지 파괴하는 것이기도 했다. 그런데도, 고이즈미 정권이 추진하지 않을 수 없었던 것은, 글로벌 경제의 진전과 함께, 일본 기업의 국제경쟁력을 높이기 위해, 필요 불가결했기 때문이다. 그러한 사고방식으로부터, 이 노선은 계속하지 않으면 안 되었다. 그렇다고는 해도, 그 노선을 계속하면, 자민당의 지지 기반을 부수게 되므로, 그 재편과 강화를 도모하기 위해서는, 「뒤쪽 사회복지」 즉 공공사업의 확대를 계속하지 않으면 안 되지만, 그때까지 공공사업의 확대로 재정은 적자로 부풀어 올라, 추가적인 공공사업 확대는 국가의 재정 파탄을 초래하는 길이므로 재정 정책으로는 오히려 공공사업 감축을 통한 재정 균형을 도모하는 방향으로 재무성이 움직이고 있었다. 또 야당인 민주당도 그것을 강하게 요구하고 있었다. 나아가 저출산 고령화의 진전이 급속히 진행되어, 사회보장비도 증대의 길을 걷고 있었지만, 민주당 정권 시대의 간, 노다 두 총리에 의한 「세와 사회 보장의 일체적 개혁」실현으로 소비세율을 5%에서 10%로 단계적으로 인상할 수 있는 이전 정권으로부터의 선물이 있어도, 「구조개혁」 노선에서는 법인세를 인하하지 않으면 안 되기 때문에, 소비세를 올려도 세수가 오르는 것은 기대할 수 없었다. 이로써 아베 총리에게 있어 경제정책으로서는 「구조개혁」 노선도 지속시키고, 동시에 재정 정책으로서는 그와 상충하는 자민당 지지 기반의 재편 강화를 위한 재정 확대를 위한 경제재정 정책을 펴야 하는 난제가 쇄도하고 있었다. 이 난제를 해결할 방향을 아베 총리는 자민당 총재 취임 전에 금융정책에 의해서 찾는 길을, 혼다 에쯔로 本田 悦朗, 하마다 고이치浜田宏一로부터 교시敎示를 받았다.[40] 그 길이란 일본 은행에 의한 무제한의 자금을 시장의 공급하는것. 이 길은 지난 대전에서의 전쟁경제를 조달한 방법이기도 했다. 따라서 정책적으로 금지된 것이며, 그러한 것을 할수없도록, 전후 민주개혁에 의해 금융정책을 담당하는 일본 은행의 독립성이 보장되는 제도가 확립되어 있었다. 아베 총리는 지금까지 정권이 하지 못했던 금지 수단을 사용하는 경제정책, 재정 정책, 금융정책을 혼합한 이른바 「아베노믹스」를 고안해 낸 것이다. 아베노믹스란 ①대담한 금융 완화 ②기동적인 재정 정책 ③민간투자를 촉진하는 성장전략 등 「3개의 화살」로 이루어진 경제 종합정책이다. 이 정책의 실현에서의 장애는, 말할 것도 없이 일본 은행의 독립성이었다. 따라서 이 정책을 실현하기 위해서는, 일본 은행의 독립성을 무시하고, 나아가 기존의 인사 관행, 즉 보텀업 시대의 관례에서는 공무원 인사는 각 조직이 구성원의 인사를 자주적으로 실시하도록 되어 있어, 이 관행이 되고 있는 인사의 자율성 원칙을 깨뜨릴 필요성이 생겨났다. 제2차 아베 정권은 「보수의 이념」의 실현을 목표로 하는 「혁명」정권이며, 한편 정책결정 시스템도 보텀업 식으로부터 톱다운 식으로 바뀌어, 지금은 정치 주도, 즉 관저 주도의 체제가 거의 정비되는 중이었으므로, 아베 총리는 종래의 관행을 무시하거나 경시하는 「인사」를 하는 방향으로 한 걸음을 내디뎠다. 아베 정권이 장기 집권하는 비밀 중 하나는 기존 정부의 관행을 고려하지 않고 「적재적소適材適所」의 명목 아래 정권에 충실한 관료를 임명하는 「인사」를 단행한 점에 있었다고 해도 과언이 아닐 것이다. 아베 총리는 우선 소극적인 금융완화 정책을 펴는 시라카와白川 일본 은행 총재를 사직으로 몰아넣었다. 새로운 총재로는 아베 총리의 정책에 이해를 보이는 아시아개발은행 총재 구로다 하루히코黑田東彦가 임명됐다.[41] 구로다. 신 총재는 「이차원異次元의 금융 완화」정책을 선언해, 물가 인상 목표를 2%대의 인플레이션 지향의 금융정책으로 전환시켰고, 대량의 국채를 일본 은행이 대량 매입해 엔화약세를 유도했으며, 이에 연동해 5년 만에 주가도 상승해, 일본 경제의 회생에 대한 기대감을 높였다. 다음으로 재정재건에 너무 비중을 두어서, 지난 정부 시절 억제됐던 공공사업의 부활을, 3.11 거대지진의 기억을 이용해 「국토 강인화國土強靭化」 정책이라는 국민이 받아들이기 쉬운 이름으로 바꿔 시행하는 「재정 출동」財政出動을 단행했다. 마지막으로 기본적으로는 규제 완화와 법인세 경감 등 초 국가기업의 국제경쟁력을 갖추기 위한 「성장전략」의 실시에 착수했다. 이러한 「아베노믹스」 정책의 시동에 따라 엔화 약세가 진행되면서, 수출도 상승하고, 주가도 상승하기 시작하면서, 경제계에 밝기가 돌아오기 시작했으며, 여론이 아베 정권에 유리한 방향으로 움직이기 시작했다. 그리고 7월에 참의원 선거를 맞이했다.

참의원 선거에서는 8개 월전의 중의원선거와 같이 자민당이 압승했다. 이번 선거에서 개선된 의석을 합하면 자민당의 의석은 115개이며 공명당은 20, 모두의 당은 18개, 일본유신회는 9개였다. 자민당, 공명당을 합하면 135로 과반수인 120을 훨씬 넘었다. 민주당은 참패했고, 그 의석은 반감해 59였다.[42]

중의원선거와 이번 참의원 선거에서 자민당에 압승을 가져온 것으로 아베 총리의 당내 기반이 강화됐을 뿐만 아니라 국회의 「중·참 네지레」현상도 해소됐기 때문에, 정권 기반도 강화됐다. 드디어 아베 컬러가 배인 정책을 시행할 수 있는 정치적인 기본적인 조건이 확립됐다고 볼 수 있다. 궁극적 목표는 헌법 개정이지만 자·공과 헌법 개정에 적극적인 모두의 당, 일본유신회의 4당 의석을 합한다면 헌법 개정에 필요한 양원 의석의 각각 3분의 2를 넘는 형식적인 조건이 정비되게 됐다. 그러나 여론의 흐름에 달렸다. 이는 자민당이 참의원 선거에서 압승했다고 하지만, 이는 유권자들이 아베 정권의 경기부양책인 「아베노믹스」 정책에 기대했기 때문이지, 반드시 이 당이 주장하는 헌법 개정을 지지했기 때문은 아니며, 투표율도 59%대로 최저수준인데다, 자민당 투표자 수는 전체 유권자의 약 20%에 불과했기 때문이다. 따라서, 아베 총리도 헌법 개정 주장을 약화하고, 당분간 실현 가능한 정책을 먼저 실행해 나가는 현실주의적 대응을 취했다. 이때 아베 컬러가 점차로 베어나가게 되는데, 아베 정권의 7년 이상 정책 전개에서, 이 아베 컬러가 운명의 실로 작용하게 되었다. 따라서 먼저 그 사실을 확인해 둘 필요가 있다. 그것은 「외정 우위外政優位」의 정치로 요약해도 좋을 것이다.

돌이켜 보면, 냉전 체제하의 「55년 체제」 시대에는 나라의 방위가 미·일 안보 조약에 의해 미국으로부터 보장되고 있었다. 따라서 요시다 내각에 의해 내걸린 「경 무장·경제 입국」의 목표를 향해 국가의 총력이 경주되어 1970년대 후반에는 「재팬·애즈·넘버원Japan as number one」이라고 할 정도로 세계 제2위의 경제 대국으로 발전해 있었다. 정치는 경제성장 정책에 의해 만들어진 거대한 부를 어떻게 배분할 것인가의 문제를 수렴收斂해, 국민 각층의 이해를 대표하는 각종 단체의 그 부의 배분을 둘러싼 「이권 정치」가 전개되었고, 정치 과정은 이익 집단 간의 이해조정이나 타협의 형태를 취하였다.

따라서, 굳이 말하자면, 외정보다 내정이 우위에 있었다고 할 수 있다. 즉 「내정 우위內政優位」의 정치였다고 할 수 있다. 그런데 냉전 붕괴 후,

20세기에 들어서면서, 「내정 우위」의 정치를 가능케 한 국내외 여건들이 상기와 같이 사라지게 되었다. 물론, 냉전 붕괴 후 잠깐은 자유 민주주의가 세계에서의 지배적인 정치 이념의 지위를 확립함과 동시에, 미국도 냉전의 승리에 한때 취해 있었다. 그러나 경제적으로는 성장산업의 중심이 중후장대 산업에서 고도 정보기술 산업으로 이동하기 시작했고, 이에 따라 자국이 주도하는 글로벌 경제의 논리에 따라 국내 제조업 공동화를 초래하면서, 제조업에 종사하던 중산층의 몰락이 시작됐다. 그와 반비례해 정보기술을 활용한 금융 지배의 강화가 진행되어 갔다. 그 결과, 미국에서는 빈부의 격차가 커졌고, 그에 따라 사회도 분단되기 시작했다. 이러한 미국 사회의 변질變質을 배경으로 국제 정치에서도 미국은 점차 경제를 무시하면서까지 세계에서의 그 패권적 지위를 지키려는 강한 의지는 이완되기 시작하였다. 그에 대응하듯 국제 정치도 다극화 방향으로 기울기 시작했다고 할 수 있다. 말할 것도 없이, 21세기 초두 부터, 글로벌 경제의 논리를 교묘하게 이용해 사회주의 시장경제를 성공시켜 경제적으로는 일본을 제치고 세계 제2의 경제 대국으로 발전한 중국은, 중화민족의 위대한 복흥을 실현하기 위해 국제 정치에서도 미국에 도전하기 시작했다. 국제 정치학자 이언 브리머가 세계는 「G공 G-Zero world」의 시대를 향하고 있다고 주장하지만, 국제 정치에서 미국의 패권이 상대적으로 약화 되면서, 이러한 중국의 대두와 풍부한 석유 자원을 배경으로 강대국으로 부활하기 시작한 러시아, 그리고 EU의 정치적 단위로서의 성숙 등을 고려한다면 국제 정치는 1차대전 이전처럼 파워·폴리틱스적 양상이 강해지기 시작한 것처럼 보인다. 이리하여 일본을 둘러싼 국제 환경도 냉전 시대와는 그 양상이 급변하기 시작했다. 북한은 그 이유야 어떻든 일본인을 납치해 놓고도, 그 일부 사람들을 귀국시키는 데 거액의 돈을 요구했고, 더 남아 있을 것으로 추정되는 희생자들의 귀환을 계속 거부하고 있다. 또, 국제법을 완전히 무시하고 핵 개발을 추진하고 있고, 마침내 그것을 운반할 수 있는 미사일의 발사를 반복하고 있으며, 북한이 미국과의 관계에 따라서는 언젠가는 미국과 그 동맹국인 한국과 전쟁 상태에 빠질지도 모르는 상태가 계속되고 있다. 상기대로, 2010년 센카쿠열도에서 중국어선의 일본의 해양 경비정에 대한 충돌 사건을 계기로, 중국의 일본에 대한 대응은 패권국이 행하는 상투적인 수단을 쓰기 시작하면서, 그것에 의해서 일본의 중국에 대한 시각은 180도 바뀌게 됐다고 해도 과언이 아니다. 앞으로 센카쿠 제도의 귀속 문제를 둘러싸고 중·일 관계가 악화할 가능성은 없다고는 말할 수 없다. 일본을 둘러싼 대외관계의 격변으로 일본 보수층의 위기의식도 각성 됐다고 할 수 있다.

국제 정치의 본질은 모겐소가 지적하듯이 파워·폴리틱스라면, 모든 국가는 궁극적으로 예상되는 잠재적 적국과의 전쟁을 예상하고 국내 정치체제를 정비해 두지 않으면 안 될 것이다. 약 90년 전에, 카르 슈미트는 일본 헌법 제9조의 내용으로도 되어 있는, 1928년에 일본도 조인한 「켈로그·브리안 조약Kellogg-Briand條約」을 비판하면서, 다음과 같이 말하고 있다. 국민은 자국과의 관계에서 우·적友·敵을 구별할 능력이나 의지를 갖지 않을 때에는, 「정치적인 것의 영역에는 존재할 수 없게 된다.」 즉, 그러한 「국민은 정치적 존재인 것을 그만두어 버린다.」…「전쟁이라는 것의 의의는, 그것이 이상이나 법적 규범을 위해서가 아니고, 현실의 적에 대해서 행해진다고 하는 점에 있다. 우·적이라고 하는 이 범주의 불 명확화는 모두 어떠한 추상회와 여러 규범과의 혼합으로 설명된다. 그러므로, 정치적 존재로서의 국민은, 경우에 따라서는, 스스로의 위험에 있어서, 스스로의 결정에 의해서, 우·적을 구별하는 것을 피할 수는 없는 것이다.」[43]일본국 헌법 제9조의 평화주의는 우·적의 구별을 부정하고 있다. 카르 슈미트의 정치 개념에 따른다면, 일본 헌법 제9조의 평화주의를 신봉하는 국민은 「정치적 존재인 것을 그만두어 버린다」라는 것이 되는 것이다.

아베 총리는 이러한 「정치적 존재이기를 그만두게 된다.」라는 일본 헌법에 근거한 가치관을 부정하고, 「우·적」의 구별에 기초하여 정치적으로 판단하는 사고 양식에 기초하여 본 장의 1에서 이미 지적했듯이, 자민당에 반대하는 타당은 「적」으로 간주하고 있고, 나아가 대외적으로도 「일본국을, 되찾는다」라는 목표를 내세울 때에는, 일본이라는 국가가 국제 사회 속에서 「우·적」의 구별을 할 의지가 있음을 명확히 나타내며, 그리고 「우·적」의 구별 능력도 있다는 점을 나타낼 필요가 있다고 통감하고 있었다고 해도 이상할 것은 없을 것이다. 아베 총리가 목표로 하는 정치 방향은, 이대로는 일본이라고 하는 국가는 「녹아 버린다.」[44]라는 위기 상황에 부닥쳐 있다는 인식에 근거해, 그 상황을 극복하고 국가의 존재를 내외에 분명히 드러내는 것이었다고 볼 수 있다. 따라서 아베 총리는 자신의 내각을 「위기 돌파 내각」이라고 자칭한 것이다.[45]

일본이라는 국가의 존재를 내외에 나타내기 위해서는 전후 일본인이 품게 된 평화주의와 대미관対米観, 이 두 가지 사고방식을 새로운 국제 관계 속에서 다시 조정해야 할 필요성이 생길 것이다. 평화주의는 대전에 패배한 일본에 전승국인 미국이 강요한 것이라고 본다면, 그것은 일본인의 대미관과 내재적内在的으로 일체적一体的이라고 해석할 수 있다. 아베 총리의 외할아버지인 기시 총리는 일본의 패전을 인정한 후, 해양 국가인 일본이 제2차 대전에서 대륙 국가인 나치·독일과 동맹을 맺어, 국가로서는 잘못된 선택을 해, 패배의 굴욕을 맛본 것을 반성하고, 앞으로는 강요된 미·일 안전보장조약을 일본이 주체적이고 자주적으로 미국과의 대등한 입장에서 다시 동맹을 맺는 형태로 바꾸고, 이를 바탕으로 미국과 함께 세계에서 일본이 나아갈 길을 찾는 것이 일본에 가장 좋다는 사고방식을 갖고 있었다고 생각된다. 패전이라는 굴욕은 당시의 정부 선택의 잘못이었으므로, 오히려 이를 깊이 반성하고 같은 해양 국가로서의 미국과는 패전의 굴욕을 딛고 국제사회에서 함께 나아가는 것이 향후 일본이 나아갈 길이라고 결론짓고, 1960년 6월에 미·일 안보 조약 개정을 추진한 것으로 해석된다. 또 기시 전 총리는, 미·일 동맹 관계를 견지하면서 독립 국가로서의 존재성을 내외에 과시하기 위해 미국이 강요한 인류 보편적인 민주주의적 기본 원리를 채택한 일본 헌법을 가능한 한 일본의 전통과 문화에 적합한 형태로 수정해 일본인의 헌법으로 바꾸는 것을 자민당 창당 시의 국가 목표로 제시한 것으로 보인다. 아베 총리의 정치 행보에 방향을 잡은 것은 이 할아버지의 사고방식일 것으로 추측된다. 문제는 미국이 일본 헌법 제9조의 「켈로그·브리안 조약」 조약을 기반으로 한 평화주의 원칙을 패전국 일본에 강요하고 있다는 점이다. 그 의도는, 국제 정치학의 상식으로부터 추측하자면, 4년간이나 미국에 대항했던 적국인 일본이 다시 미국에 대항하는 일이 없도록, 바꾸어 말한다면, 미국에 다시 도전할 수 있는 전쟁 능력을 갖추게 하고 싶지 않다는 미국의 의지를 일본의 기본법 속에 기록시키는 것이 아니었을까 싶다. 만약 이 추측이 맞는다면, 일본은 미·일 안보 체제를 견지하고, 나아가 다극화 방향으로 가는 국세 관계 속에서 미국의 신뢰받는 동반자로서의 범위 내에서 그 자주성을 높임으로써 평화주의를 수정해 나가는 길 외에는 다른 길이 없게 될 것이다. 아베 총리가 추진하는 「적극적 평화주의積極的平和主義」는 바로 이 길이 아닌가 추측된다.

만약 장래, 센카쿠제도 영유권을 둘러싼 중·일 간의 갈등이 격화되어 전쟁이 된 경우에도, 그것은 중·일 간의 전쟁이 아닌 필연적으로 미·중 간의 전쟁으로 전환하게 된다. 따라서 있을 수 없는 일이겠지만, 만약의 궁극적인 위기 상황을 상정하여, 새로운 국제 관계 하에서는 외교적일 뿐만 아니라, 군사적으로도 미·일 간에 긴밀한 협조 체제가 구축되어 있어야 할 것이다. 일본의 기존의 안전 보장 체제는 궁극적인 경우의 전쟁을 상정하지 않고, 침략 시 미군의 반격을 보완하는 역할에 한정된 대책으로 이루어진 것이라 할 수 있다. 그것은 「소극적 평화주의」이며 냉전 시대에 있어서는 타당했을지 모르지만, 다극화 시대의 국제 정치에서는 일본이 더 적극적이고, 주체적으로의 안전 보장 체제의 구축이 요구될 것이다. 이를 구축하기 위해서는, 일본의 안전 보장 정책을 결정하고 이를 추진하는 외교와 안전 보장에 관한 사령탑 역할을 하는 정부 기구의 설립이 필요불가결하다고 할 것이다. 다음으로, 일본을 둘러싸고 인근 국가와의 긴장 관계가 높아짐에 따라, 미·일 간의 군사 기밀 보호가 또 필요 불가결하게 될 것이다. 참의원에서의 여당 승리로 집권 기반을 다진 아베 총리는, 즉각 새 시대 일본의 안전 보장을 다지기 위해 제기된 이 두 가지 긴급한 과제를 실현하는데 착수했다. 먼저, 2014년 1월 외교 안보 기본방침을 정하고 그 사령탑이 될 국가안전보장회의(NSC)를 발족시켰다. 그리고 그 사무국을 내각관방에 두고 그 국장에 제1차 아베 정권의 외무차관이었던 야치 쇼타로谷內正太郎를 임명했다. 국가안전보장회의는 위기의 궁박도窮

迫度나 위기의 내용에 따라, 수상이 의장이 되고, 관방장관, 외상, 방위상을 구성원으로 하는「4 대신 회합」및 이 4 대신과 함께 재무장관, 총무상, 경제산업상 등으로 구성되는「9 대신 회합」으로 구성되었다. 사무국의 직원은 약 60명으로 외무성, 방위성, 경찰청 등에서의 출향자出向者이다. 국가안전보장국(NSS)은 총괄 조정반, 정책 1반(미국·유럽 등), 정책 2반(동북아·러시아), 정책 3반(중동·아프리카 등), 전략 기획 반, 정보 반 등 6반으로 구성됐으며 야치 국장 밑에 2명의 차장, 그 아래 3명의 심의관審議官이 배치됐다.[46] 이어 야당과 여론의 반대를 무릅쓰고 국가안전보장 비밀 정보를 유출한 공무원들을 엄벌하는「특정비밀보호법特定秘密保護法」의 제정을 강행했다.[47] 나아가, 미·일 안보 조약을 미·일 동맹 조약으로 다시 검토한다면, 동맹이란 그 체결국의 한쪽이 공격받았을 때는 다른 한쪽이 그것을 자국에 대한 공격으로 해석하고 공격 국과 싸워야 한다는 쌍무적 의무를 수반한다. 따라서 미국이 어떤 나라에 의해 공격받은 경우, 일본국은 헌법이 허용하는 범위 내에서 집단적 자위권을 행사할 것을 요구받게 된다. 그것은 유엔 가입의 모든 나라에서 인정받고 있는 권리이기도 하다. 그러나 일본 헌법 9조의 기존 해석으로는 일본국의 개별적 자위권은 인정되지만 집단적 자위권은 인정할 수 없다는 것이 통설通說이며 기존 정부는 그 통설의 해석을 지켜 왔다. 21세기에 들어 동아시아 국제 관계의 긴장 고조와 함께, 일본의 안전 보장 강화를 위해서 미·일 동맹의 강화가 강하게 강조되게 되었고, 동시에 일본으로서는 동맹의 쌍무적 의무 이행이 불가피하게 되었다고 말할 수 있을 것이다. 집단적 자위권을 개별적 자위권의 연장선에 규정하는 새로운 헌법 해석을 할 필요성이 생겼다. 이러한 새로운 헌법 해석을 하기 위해서는,「법의 파수꾼法の

番人」이라고 불려 온 내각법제국內閣法制局의 동의가 필요했다.

아베 총리가 추진하는 「외정 우위」의 정치는 그동안 「내정 우위」의 정치를 추진해 온 행정조직, 즉 「대장성지배大蔵省支配」로 불려 온 것처럼, 재무성이 다른 부처 위에 위치하던 시대와는 달리, 외무성과 방위성 및 「특정 비밀 보호법」 제정 후에는 경찰청을 중시하는 방향으로 전개되는 것은 자연스러운 추세일 것이다. 아베 총리는 제1차 정권 시대에 집단적 자위권을 행사할 수 있는 헌법 해석을 하는 정책 전환을 시도했으나, 당시 법제국의 맹렬한 반대에 부딪혀 실패한 쓰라린 경험을 하고 있었다. 따라서, 이번에는 다시 인사를 통한 정책 전환을 하는 정치기법을 쓰게 됐다. 우선 그 포석으로서 종래, 내각법제국에서는 법무, 재무, 경제 산업, 총무의 4성 출신자가 교대로, 차장에서 국장으로 승격하는 「4성 책임 체제」라고 불리는 오랜 인사 관행이 있었지만, 그것을 깨고, 2013년 8월에 야마모토 쯔네유키山本康幸 내각법제국 장관을 사임시키고, 후임의 새 국장에는 집단적 자위권의 행사 용인에 적극적인 외무성의 주프랑스 대사 고마쯔 이치로小松一郎 대사를 임명했다.[48]

그것과 함께 「외정 우위」의 정치를 본격적으로 전개하기 위해서는, 정치 주도, 즉 관저 주도의 정책 결정과 그 수행 체제를 확실히 하기 위해서, 의사결정의 보텀업식 시대에 구축되어 있던 가스미가세키의 인사 관행, 즉, 각 성청의 차관을 포함한 모든 공무원 인사에 관한 각 조직의 자율성 관행을 폐지하고, 차관을 포함한 모든 공무원 인사를 관저가 하는 제도로 바꾸는 「국가공무원제도개혁관련법国家公務員制度改革関連法」을 2013년 12월 중의원에 제출했다. 앞 장에서 반복해서 서술한 것처럼 톱다운식 「결정 중추」 제도의 확립은 정치 개혁의 핵심이며, 관저에 의한 공무원의 임명 및 그 관리를 담당하는 기관의 설립은 행정개혁 착수 후 역대 내각의 숙원이었다고 할 수 있다. 그때까지 공무원의 임명과 관리의 업무는 인사원人事院이나 총무성에 속해 있어 공무원 제도 개혁에 대해서는 관저에 의한 인사의 임명과 관리에 관한 기관의 설치에 관해서 가스미가세키의 반대나 자민당의 반대로 좌절되고 있었다. 이에 따라 아베 1차 정권의 행정개혁 담당 대신에 취임했던 와타나베 요시미가 「내각 인사청 구상內閣人事庁構想」을 내놓았지만, 그의 사직으로 실현은 미뤄지게 됐다. 다음의 후쿠다 내각 때, 공무원 제도 개혁 법안이 위의 제2장 2의 (c)에서 기술한 바와 같이, 일단, 이 「내각 인사청 구상」만이 제외되어 실현되었다. 그리고 남겨진 과제는 민주당의 하토야마 내각 시대에 정치 주도 확립 법안에 포함되어 있었지만,[49] 그것도 폐안이 되어, 그리고 간 내각과 노다 내각에서도 일단 시도되었지만, 법안은 폐안이 되었다. 정치 주도, 즉 관저 주도에 의한 정책 결정 시스템을 확립하기 위하여 실현되어야 할 마지막 행정개혁이 내각 인사국의 설치였다고 할 수 있다. 두말할 필요도 없이 그것은 민주당이 이를 실현하기 위한 목표였으므로, 그 목표를 아베 정권이 이어가게 되었고, 민주당과 아베 총재의 자민당도 목표를 공유하게 되어 실현될 수 있게 되었다.[50] 이렇게 하여 아베 내각이 중의원에 제출한 「국가공무원 제도 개혁 관련법」은 2014년 4월 11일 참의원을 통과하여 성립했다. 이로 인해 2001년부터 시작된 정책 결정 시스템의 보텀업식에서 톱다운식으로의 전환이 겨우 완성되게 되었다.

동법에 근거해 신설된 「내각 인사국」은 중앙 부처의 간부 인사를 일원 관리하는 160명 규모의 기관으로 내각 관방 아래 두어졌다. 그것은 심의관 이싱의 간부 공무원 약 680명의 인사에 수상과 관방장관이 직접 관계되는 구조이다. 가토 부 관방장관이 초대 내각 인사국장을 겸무하게 됐다. 간부 인사는 그동안 각 부처가 원안을 마련해 국장급 이상 200여 명을 1998년 설립된 관저 인사 검토회의에 자문을 받아 결정해 왔다. 향후, 각 부처의 인사 평가를 토대로 추천된 인사안에 대해 내각 인사국이 「적격성 심사適格性審査」를 실시해, 「간부 후보자 명부의 작성幹部候補者名簿の作成」이 이뤄진다. 그 후, 이를 바탕으로 총리와 관방장관, 소관 대신 등 3명이 「임용 후보자 선임任用候補者の選任」, 「임면협의任免協議」를 거쳐 최종결정을 내리게 됐다. 하지만 실질적인 인사권은 총리와 관방장관에게 있으며 소관 대신의 임명권은 전보다 유명무실해졌다고 할 수 있다.[51] 스가 관방장관은 11일의 기자 회견에서, 「종래의 종적 관계나 성익이 아니고, 실로 나라, 국민을 위해서 노력하게 하는 체제를 확실히 취해 가고 싶다」라고 내각 인사국 설치의 의의를 말했다.[52] 마침내, 5월 30일 내각 인사국이 출범했고 그 출범식에서 아베 총리는 「(기존 가스미가세키는) 선단이었다. 이제 하나의 큰 일본호라는 배를 타고 국민, 국가를 염두에 두고 일해주었으면 한다.」[53]라고 훈시했다. 내각 인사국 설치에 관해 그 입안을 맡은 미야자와 요이치宮沢洋一 자민당 정조회장 대리는 「내각에 근위 기병단을 만든다. 충성을 맹세하는 군단을 만들었다. 그러한 발상 아래에 만들었다」라고, 설치의 목적을 숨기지 않았다.[54] 또, 『니혼게이자이신문』4월 12일의 기사에서도, 「중요 정책으로 정권의 의향에 따른 인재를 배치, 정책이 원활히 시행할 수 있도록 하는 것을 목표로 하는 것」이라고, 그 설치의 목적을 가리키고 있어, 장래 우려되는 점으로서 어느 경제 관청 간부의 다음 발언을 소개하고 있다. 「정권의 인사 개입이 증가하면, 얌전하고 무난한 일을 하는 관리가 증가한다」라고 지적, 정권 교체로 처우가 좌우할 수도 있는 것이 직원의 의식에 주는 영향을 염려했다.」라고. 나아가, 신제도는…「가스미가세키를 바꾸는 기폭제」가 된다고 시사하고 있다.

현대 일본의 정책 결정 시스템 원리의 보텀업식에서 톱다운식으로의 전환 시도에 약 13년간을 소비했는데, 이 내각 인사국의 설치로 비로소 정책 결정 시스템 원리의 180도 전환을 완성할 수 있었다고 할 수 있다. 그와 함께 이제 총리의 정치지도에 따라서는 「일본호」라는 국가가 어떤 방향으로도 나아갈 수 있는 제도가 완성된 것이다. 또한 아베 2차 정권의 등장과 함께 만년 집권 자민당도 「일본을 되찾는다」라는 「보수의 이념」 실현을 지향하는 정당으로 크게 변질하고, 동시에 의사결정 정치 시스템도 바뀌게 되면서, 전후 일본의 모양도 크게 바뀌는 방향으로 나아가기 시작했다고 봐도 좋을 것이다.

그럼, 약 13년에 걸쳐 완성된 수상에 의한 정치지도 체제의 개요를 다음에 확인해 두기로 한다. 돌이켜보면, 총리의 정치지도체제 확립 시도가 본격적으로 시작된 것은 고이즈미 내각 정권부터이다. 당시 집정부의 핵심 기관으로 내각부에 법률에 근거한 경제재정 자문회의가 설치되었고 우정 민영화를 비롯해 경제정책에 관한 모든 중요 과제가 심의되어 다케나카 경제재정 담당상이 총괄하고 있었다. 아베 2차 정권에서는 민주당 시절 중단됐던 경제재정 자문회의가 일단 재개되기는 했지만, 신설된 일본 경제 재생본부, 규제개혁회의, 노·사·정회의 등과 같은 동렬의 지위에 놓였다. 즉, 제2차 아베 정권에서는 정권 운영의 수단으로서, 정권이 제시하는 중요 과제에 대한 대응, 다양한 정부 내의 조정을 필요로 하는 안건의 검토와 결정, 나아가 돌발적인 긴급 사태에 대처하는 방침의 심의·

결정을 위한 기관으로써, 총리를 의장으로 하고 관계 대신, 부대신, 정무관, 행정관, 민간인으로 구성된 정책 회의政策会議가 다수 설치되었다. 즉 아베 정권은 정권을 운영하는 종합적인 정책 대응 시스템으로서 정책 회의를 설치하게 되고, 경제재정 자문회의는 그중의 한 회의의 성격을 갖게 된 것이다.[55] 따라서 경제재정 자문회의는 부활했지만, 이는 경제정책이라는 거시macro정책을 담당하고 아베 정권이 중시하는 「디플레이션으로부터의 탈각」을 담당하는 일본 경제 재생본부는 기업의 경쟁력 강화 등 미시micro정책과 관련된 성장전략의 사령탑이 되는 역할 분담이 결정됐다. 그리고 이 일본 경제 재생본부에는 성장전략 조사와 심의를 담당하는 하부 정책 회의인 산업경쟁력 회의가 설치되었고, 그와 관련된 기관으로 민주당 시절 폐지됐던 규제 개혁 회의도 부활했다.[56] 이런 각종 정책의 정책 회의는 총리를 의장으로 하는 회의로 모두 내각부에 놓여 있다. 고이즈미 내각 시절의 경제재정자문회의와 달리, 이들은 어디까지나 총리의 자문기구에 불과하다. 따라서 정책 결정의 중추 기관은 총리와 그 정무 비서관 및 내각 관방정부장관으로 이루어진 내부 그룹, 즉 관저이다.

 총리의 정책 결정을 지원하는 정부 기구는 두 개로, 하나는 내각부이고, 다른 하나는 내각 관방이다. 이 둘은 총리 밑에 있으며, 내각부가 각 부처 위에 위치하고, 내각관방은 부처 간 조정과 통괄 기능을 담당한다. 내각부는 중앙 부처 개편 때 구 총리실과 구 오키나와개발청, 구 경제기획청을 흡수해 신설됐다. 그 후, 당시의 총리가 중시하는 각종 정책을 담당하는 내각부 특명 담당 대신이 임명됨과 동시에, 그러한 대신을 지탱하는 사무국도 내각부 내에 두어져 그 수는 계속 증가하고 있다. 내각부 특명 담당 대신은 복수의 부처에 걸친 정책의 조정역이 되어, 관계 부처에 대한 권고권勸告權을 가진다. 다른 부처의 각료와 겸무할 수 있다. 예를 들어, 위의 내각 인사국 설치의 예를 본다면, 그 근거법인 「국가공무원 제도 개혁 관련법」은 아베 총리의 최측근인 이나다 토모미稻田明美 행정 담당 대신이 그 작성에 관여하고, 동법안 성립 후에는, 아베 총리는 그 실시를 담당하는 「국가공무원 제도 담당 상」이라는 새 국무대신 자리를 만들어 2014년 5월 30일 그 초대 대신으로 이나다 토모미 행정 담당 상을 겸무시키고 있다.⁵⁷ 이처럼 총리 스스로의 판단으로 특명 담당 외에 「담당상」도 임명할 수 있는 것이다. 2014년의 특명 담당 상은 야마구치 슌이치山口俊一 오키나와·북방상北方相, 아리무라 하루코有村治子 여성활약상, 아마리 아키라 경제재정·재생상, 이시바 시게루 지방창생상 등 4명이지만, 이들은 각자 특명 담당 과제 외에 두세 가지 다른 과제도 담당하고 있다. 아소 다로 재무상은 특명 담당으로 금융·담당으로 디플레이션 탈피를 담당해 3 대신을 겸하고 있는 형국이다. 오부치 유우코小渕優子 경제산업상, 야마야 에리코山谷えり子 국가공안위원장도 각각 특명 담당과 담당을 맡고 있다. 모치즈키 요시오望月義夫 환경상은 원자력 방재 특명 담당이다. 각 대신은 제한 없이 특명 담당, 또는 특명을 담당하게 되어, 아베 내각이 존속하는 동안 특명 담당 또는 담당은 계속 늘어나면서, 이를 지탱하는 내각부의 사무조직도 계속 증대되고 있다.⁵⁸

그런데 제2차 아베 정권이 탄생하기까지의 자민당 정권 시대의 정책 결정 시스템은 정부·여당이원二元 체제이다. 「55년 체제」 시절에는 「당고정저党高政低」로 불렸지만, 정치 주도체제가 본격화하기 시작한 아베 2차 정권에서는 「정고당저政高党低」로 기울기 시작했다. 정부제출법안이 국회에 상정돼 법제회되기끼지의 과정을 보면 정부·여당 이원 체제 하에서는 여당의 사전 심사제를 통과하지 않은 법안은 국회에 제출하지 못했다. 중앙 부처나 국회의 각 상임위원회에 대응하는 자민당 내 각 부회에서 마련된 정책안이 우선 정조회에서 심의 결정되고, 그다음 전당대회나 양원 의원 총회를 대체할 상설의 최고의결기구인 총무 회에서 양해받을 필요가 있다. 이 시스템은 여당의 사전 심사제라고 하는데, 이 과정을 거친 정책안이 국무회의에서 통과돼 정부안으로 국회에 상정돼 법제화된다. 그리고, 중참 양원에서는 자민당 의원은 사전 심사를 거친 정부안에 대해서는 「당의 구속党議拘束」이 부과되므로 조반 하면, 처벌의 대상이 된다.[59] 민주당 정권 시절에 민주당도 자민당과 같은 사전 심사제를 채택했지만, 정권이 진행하는 정치 주도체제의 확립을 실현하기 위해서 그것은 폐지되었다. 거기에 끌려, 야당인 자민당도 당 재생·개혁의 일환으로서 이 사전 심사제를 폐지했다. 그런데 아베 2차 정권 출범 이후 다시 여당의 사전 심사제가 부활된 것이다. 즉, 여당 측에서는 부회部会-정심政調審議会-총무회総務会라는 3단계로 이루어진 보텀업식 정책 결정 시스템이 부활했다는 얘기가 된다. 이에 따라 여당의 사전 심사제와 더욱 진행된 아베 정권의 정책 결정 톱다운 화가 차질을 빚을 가능성이 생긴 것이다.[60] 하지만 상술한 바와 같이, 소선거구제 도입으로 인한 당 총재와 의원 사이의 관계는 리더와 추종자의 관계로 바뀌었으며, 특히 「보수의 이념」으로 통합되고 있는 자민당에서는, 아베 총리가 내세우는 「외정 우위」의 정책군政策群에 대해서는 의원들 사이에서는 오히려 공명기共鳴器가 되는 사람들이 대다수이기 때문에 정부안에 강하게 반대하는 사람은 많지 않은 자민당 자체의 변화가 생겨나고 있었다. 다음으로, 자민당 당칙 79조에 「총재는 필요에 따라 총무 회의 의논을 거쳐, 임시로 특별 기관을 둘

수 있다」라고 적혀 있으며 이 규정을 활용해, 아베 총리는 정조회 부회나 조사회 등과 별도로, 총재 직속 기관을 다수 두고 있다. 그것은 내각부에 설치되어 있는 정책 회의에 부과된 과제와 같은 과제를 추진하는 회의이다. 예를 들면, 정부 내에 디플레이션 탈각을 도모하는「일본 경제 재생본부」, 지방 활성화에 관한「지방 창생 실행 통합 본부」, 등이지만 이와 동일한 명칭의 총재 직속 회의가 다수 설치되어 있다.[61] 내각과 여당에는 같은 명칭의 정책 회의가 설치되어 유력한 의원은 양쪽 회의에 참여하고 있으므로, 정책 결정에 있어서는 실질적으로 정부와 여당이 일체적인 관계에 있고, 정부와 여당의 이원 체제는 정부를 중심으로 한 일원 체제로 실질적으로 변용하고 있다고 봐도 틀리지 않을 것이다. 후술하는 바와 같이 2014년 12월 중의원선거에서 자민당이 압승하였고, 그에 따른 개각과 당 집행부 인사 쇄신이 이루어졌으며,「아베 일강安倍一强」시대의 도래와 함께, 아베 총리는 정조회장이나 총무회장에 심복을 심어둠으로써, 여당의 사전 심사제의 제도 자체는 남겨두고 있지만, 이를 운용하는 데 있어 정부가 중심이 돼 여당과 일체화를 추진했기 때문에, 사전 심사제는 실질적으로 유명무실해지고 있다고 봐도 무방할 것이다. 또한 이 사전 심사의 일종으로서, 아베 정권이 자민당, 공명당 연립 정권이므로, 정책 결정에 있어서, 우선 여당 간에는 당수 회담, 간사장·국회 대책위 원장회담, 여당 정책 책임자 회의, 정부 여당 간에는 정부·여당 협의회가 설치되어, 그곳에서 중요한 정책 결정에 대해 협의가 이루어지고 있다. 이 협의를 통해 공명당은 자민당 기반의 정책 결정에 대해 일정한 영향력을 행사할 수 있게 되어 있다.[62]

이상 아베 1강 체제의 확립 과정을 살펴보았으므로, 2014년 후반기부터 아베 정권의 「외정 우위」정치 전개는 다음 절에서 보완하기로 한다.

그림4 아베수상을 지지한 사람들

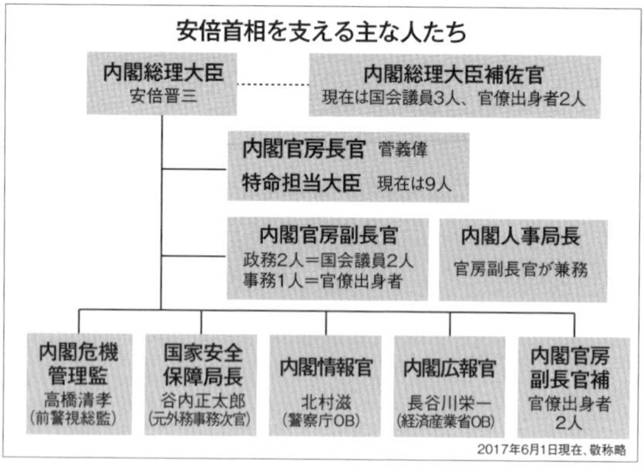

安倍首相を支える主な人たち

- 内閣総理大臣　安倍晋三
  - 内閣総理大臣補佐官　現在は国会議員3人、官僚出身者2人
  - 内閣官房長官　菅義偉
    特命担当大臣　現在は9人
  - 内閣官房副長官　政務2人＝国会議員2人　事務1人＝官僚出身者
  - 内閣人事局長　官房副長官が兼務
  - 内閣危機管理監　高橋清孝（前警視総監）
  - 国家安全保障局長　谷内正太郎（元外務事務次官）
  - 内閣情報官　北村滋（警察庁OB）
  - 内閣広報官　長谷川栄一（経済産業省OB）
  - 内閣官房副長官補　官僚出身者2人

2017年6月1日現在、敬称略

3. 「결정 중추」의 전제화專制化에의 경향-입헌적 구조의 형해화와 「촌탁忖度 정치」의 횡행

(a)일본 정치에 내장된 권력에 대한 컨트롤의 구조

　내각 인사국의 설치로 정책 결정 시스템의 보텀업식에서 톱다운식으로의 전환을 목표로 한 정치 개혁은 일단 완료되었고, 그와 함께 수상을 중심으로 하는 「결정 중추」제도의 재편 시도도 실현되었다고 말할 수 있다. 그에 따라 수상을 중심으로 하는 관저로의 권력 집중화 경향이 나타났다. 이제 총리관저는 명실상부한 일본 정치의 중심축인 「컨트롤·타워」가 되었다.[63] 그와 함께, 일본의 「권력핵權力核」도 가시화되었다고도 말할 수 있다.[64] 현행 헌법하에서 수상은 대일본제국 헌법상 천황과 내각 총리대신 양자의 권한을 겸비할 수 있는 권한을 가지고 있으며, 고로 수상은 일본에서 최강의 권력 보유자다. 「권력은 부패腐敗한다. 절대권력은 절대적으로 부패한다.」라고 영국의 자유주의적 귀족 액톤Lord Acton 경의 유명한 잠언箴言은 국가라는 정치적 조직체(polity)뿐만 아니라 집합적 목적을 달성하기 위해 인간에 의해 결성된 모든 조직체에도 해당한다고 하겠다. 그러므로 자유민주주의적 헌법의 제정을 지향한 미합중국 건국의 조상들은 권력의 부패와 남용을 방지하기 위해 엄격한 삼권분립제도를 도입하고 있다. 미국 연방 대통령은 막강한 권한을 가진 것처럼 보이지만 그는 행정부의 장이지만 입법권은 갖고 있지 않다. 더욱이 위헌입법 심사권을 가진 연방대법원의 상시 감시하에 있다. 반면 세계에서 가장 오래된 사유 민주주의 국가로 불리는 영국은 이원내각제를 채택하고 있다. 권력

분립제는 존재하지만, 미국의 그것과는 당연히 다르다. 그것은, 주권 기관인 의회(하원)의 최고위원회의 성격을 가지는 내각은 실질적으로 입법권과 행정권을 겸비하고 있기 때문이다. 따라서 내각의 장 총리는 막강한 권한을 가지며 전쟁 등의 위기에는 독재권도 행사할 수 있다. 그렇더라도 이처럼 막강한 권력을 가진 총리가 「불법 독재자」에 빠지지 않도록 우선 총리를 지지하는 여당이 총선 때 국민에게 약속한 공약에서 벗어나 폭주하지 않도록 내부에서의 체크시스템이 빌트인built-in돼 있다. 그뿐만 아니라, 하원 야당이 체크하고, 나아가 상원이 「헌법」에 어긋나는 법안의 승인을 거부해, 마지막으로 다음 선거에서 유권자들이 체크하는 시스템이 제도화되고 있다. 더욱이 오늘날에는 「제4 권력」으로 불리는 매스미디어도 항상 감시하고 비판적인 의견을 제시하며 점검 기능을 수행하고 있다. 따라서 지금까지는 「불법 독재자」가 된 총리가 나타나지 않았다.[65]

「공공정책학」의 수립자 중 한 사람으로, 그 새로운 발전을 리드하고 있는 앞장에서 이미소개한 이스라엘의 드로어교수는, 자신의 저서 『통치능력統治能力』(1994년)이 2012년에 일본에서 번역되었을 때, 거기에 기고한 「일본어판에의 서문」(2010년 12월)에서, 위기를 극복하기 위해서 민주적인 권력의 집중이 필요하다고 말하고 있다. 그리고 「일본의 통치 능력을 개선하기 위한 시도의 권고」의 6가지를 제시하고 있는데, 그 첫 번째가 「본질에서 중요한 민주적인 권력 집중을 확실히 하도록 체제는 부분적으로 개혁되어야 한다. 대통령제와 유사한, 혹은 강력한 수상을 실현하는 헌정을 향해서 개선해야 한다.」[66]라고 하는 권고이다. 2014년 5월, 내각 인사국의 발족으로, 드로아 교수가 권고한 「강력한 수상을 실현하는 헌정을 향해서」의 개선은 일단 완료된 것으로 보인다. 즉, 현대 일본에서는 2014년 5월 이후 법제적으로는 총리를 강력하게 하는 「민주적인 권력 집중」제도가 확립되었다고 해도 과언이 아닐 것이다. 따라서 일본에서는 종래 총리 권력에 대한 「민주적인」 컨트롤 시스템은 어떤 것이 있었는지 확인해 둘 필요가 있을 것이다.

  일본도 자유 민주주의 국가이므로 국가 권력의 구성 원리로 삼권분립제가 채택되고 있다. 총리는 행정부의 수장으로 다른 두 권력, 즉 입법권을 담당하는 중·참 양 의원으로 구성된 의회와 사법권을 대표하는 대법원과 상호 간에 체크 앤드 밸런스checks and balances의 관계에 있다. 하지만, 일본은 의원내각제를 채택하고 있는 관계상, 상술한 바와 같이, 영국과 마찬가지로 수상을 장으로 하는 내각은 의회의 최고위원회의 성격을 띠고 있어서, 입법권과 행정권은 극언하면 일체적인 관계에 있다. 하지만 현대 정치의 생명선이라는 헌법 외적인 정당이 국가를 실질적으로 운영하고 있어서, 의회에 있어서 야당이 행정권을 통제하고, 형태적으로는 입법권이 행정권에 대한 점검 기능을 하고 있다. 또 정기적으로 실시되는 총선에서 정부의 실정失政이 있으면, 정부를 떠받치는 여당이 의회의 다수를 잃을 위험성, 즉 선거에서 나타나는 유권자의 야당 지지 전환이라는 체크 기능이 존재하므로, 야당으로의 전락을 염려하고 여당에 의한 총리를 제어하는 제도가 확립돼 있다. 그것은 오랫동안 집권해 온 자민당의 경우에는 첫째, 정기적으로 실시되는 총재 선출 선거에서 정권을 잃을 우려가 있는 정책을 계속하는 수상에 대해서는 그 지지를 철회함으로써 계속하여 수상을 할 수 없게 되는 구조이며, 둘째, 의회에 제출하는 법안에 대한 여당의 사전 심사제다. 「55년 체제」 시대에는 중선거구제의 혜택을 받아 자민당 내에 강력한 파벌이 존재했고, 야당이 여당을 쓰러뜨려 정권 교체를 실현할 힘을 가지고 있지 못했기 때문에, 자민당 내에서 파벌 간의 끊임없는 권력투쟁 타협의 산물로서의 「의사적擬似的 정권 교체」의 형태로 최강 파벌의 수장 또는 파벌이 원하는 국민에게 인기 있는 정치인이 차기 총리로 정해져 있었다. 따라서, 수상은 우선 여당에 의한 강한 컨트롤을 받는 처지에 있었고, 총리의 독단적인 정치적 행동은 체크되고 있었다. 다음으로, 정부 권력 정당성의 근거는 주권자인 국민이 정기적으로 선거에서 보여주는 정치적 의사 표명에 있으므로, 권력의 정당성 조달기능을 하는 정당, 특히 여당의 존재는 행정부에 「생명줄」 그 자체로 「당고정저」의 경향을 보였다. 한편, 헌법 옹호를 당의 주요 존재 근거로 삼고 있는 제1야당인 사회당은 의석의 3분의 1이 조금 넘는 득표 성향을 가지고 있어, 집권 여당을 대신할 의지도 능력도 없었지만, 오로지 헌법 옹호를 위해 전력을 다하고 있었기 때문에, 정부는 헌법에서 크게 벗어나는 정책을 추구하기는 현실적으로 어려웠다. 따라서, 그 점에 있어서, 정부에 대한 야당의 점검 기능은 작용하고 있었다. 마지막으로, 「55년 체제」시대에는 가스미가세키의 관료 집단이 헌법에 근거한 공천의 관행은 아니라고 해도, 수상의 권력을 제약 내지 체크하는 「입헌적 관행立憲的慣行」에 근거해 행동하고 있던 점은 잊어서는 안 될 것이다. 직업관료Career bureaucrat는 가장 어려운 공무원 임용시험에 합격한 엘리트 집단이다. 이들은 수험 필수 과목인 헌법을 철저히 학습하고 헌법 해석에 관한 헌법학계의 통설을 익혔기 때문에 헌법 감각이 뛰어날 뿐만 아니라 공무원 취임 시 일본 헌법 준수를 서약한 사람들이다. 따라서, 헌법 개정을 「당시」로 하는 자민당 정권하에서도, 어떤 정권이 헌법 원칙을 크게 벗어나거나 빗나가는 정책을 내걸어도, 그것을 법률전문가인 그들은 현행법에 적합한지의 관점에서 따져, 어떤 내각의 「폭주暴走」를 실질적으로 막아왔다. 그것이 가능했던 것은 상기와 같이 메이지 유신 이후에 확립된 대일본제국의 문관관료제가 가진 각 성내 인사의 자율성 관행이었다. 즉, 간부의 인사권을 포함한 모든 공무원의 인사권을 각 부처의 관료 단이 갖고 있었다. 더욱이 정책 결정 시스템이 보텀업식이었으므로 정책의 발안은 실질적으로 각 부처가 먼저 시행하고, 품의제稟議制에 따라 발안 된 정책안이 아래에서 위로 올라오지만, 최종 결재자의 소관 대신의 임기가 1년이나 2년이며, 대신에게는 관할 부처의 일에는 비전문가가 취임하는 경우가 많으므로, 실질적으로 각 부처의 관료 단이 결정해 왔다. 따라서 관료 단의 지원 없이는 내각의 존속이 어려웠다고 할 수 있다. 또한 「제4 권력」으로 불리는 대중 매체도 전쟁 전 군부의 언론 역할을 했던 과거를 반성하며 대부분 정부에 대한 비판적 자세를 견지하고 국민 여론의 동향을 방향 잡고 있었다. 따라서 당시 정부에 대한 대중매체의 점검 기능도 매우 높았으며 정치적으로 무시할 수 없는 막강한 영향력을 지녔다고 할 수 있다.

이상이 수상 권력을 「민주적인」 방향으로 작용시키고 있던 비공인非公認의 것을 포함한 종래의 제도적인 구조였다고 생각된다.

참고로 3권 분립제를 채택하고 있어도, 위헌입법 심사권을 가진 최고 재판소가 「통치행위론統治行為論」이라는 이론을 이용하여 행정권과 입법권에 대한 헌법 옹호 입장에서의 체크 기능을 「자숙自肅」하고 있으므로, 미국과 같이 사법권이 행정권을 통제하는 예는 극히 적었다고 할 수 있다. 더욱이, 대법관 임명권을 내각이 갖고 있어서, 총리 권력에 대한 사법부의 통제력은 기의 없다고 할 수 있다. 이 점에서는 「사법 국가司法国

家」라고 불리는 현재의 독일과는 정반대로, 현대 일본은 「행정 국가行政國家」라고 해도 과언이 아니다. 독일은 연방제 채용을 별도로 하면, 일본과 마찬가지로 의원내각제 국가다. 그러나 「합법성合法性」을 가장해 독재를 계속한 나치·독일 시대의 반성에서, 3권을 입헌주의적으로 컨트롤하는 헌법재판소가 도입되고 있다. 그리고 그로 인해 절대적인 가치로 정해져 있는 헌법의 옹호, 즉 입헌주의가 관철되고 있다.[67] 이웃 나라 한국도 1987년 민주화의 성과로 제정된 제6공화국 헌법에 따라 독일 헌법재판소를 모델로 하는 헌법재판소가 설치돼 있다. 이 헌법재판소는 이미 몇몇 대통령의 파면 결정을 내렸다. 2016년 박근혜 전 대통령 파면으로 보이는 「촛불 집회」에 상징되는 헌법 옹호를 요구하는 아래로부터의 「가두街頭 민주주의」에 의지한 형태의 헌법재판소의 행정권과 입법권에 대한 입헌주의적인 컨트롤은 독일의 그것을 넘어선 것 같지도 보인다.[68]

이상 소개한 바와 같은 총리 권력에 대한 컨트롤 제도는 「55년 체제」 시대의 것이다. 이러한 공인, 또는 비공인 제도는, 냉전의 붕괴와 글로벌 경제의 진전, 나아가 21세기에 들어 급속히 대두한 초강대국을 목표로 하는 중국의 존재감 고조와 핵보유국을 목표로 하는 북한의 군사적 도발 행위로 보이는 등 동아시아 지역에서의 국제 환경 변화와, 그에 대응하기 위한 일본의 리스폰스response로서의 일련의 정치 개혁 등에 의해서 기능 부전을 일으키고 있다. 총리 권력에 대한 통제기능을 해온 종래의 정치적 구조, 내지 기관은 선거를 제외하면 단적으로 다음의 네 가졌다고 봐도 좋을 것이다. 즉, 입법부의 의회, 특히 야당, 여당 내의 파벌 집단, 가스미가세키의 관료 단, 대중 매체다. 총리와 이 4개 정치적 기관의 관계가 만약 총리가 통제되는 관계에서 거꾸로 총리가 이들 기관을 통제하는

관계로 역전된다면 총리 권력은 막강해질 것이 자명自明하다. 실은, 지금까지 보아 온 것처럼 일련의 정치 개혁, 특히 내각 인사국 설치에 의한 톱다운식 정책 결정 시스템의 완성으로, 이러한 흐름이 강해지고 있는 것으로 생각된다. 2016년 3월 민주당이 유신당의 일부와 합당해 민진당을 만들었다. 나중에 언급하겠지만, 2017년 여름 도쿄도 의회 의원 선거에서 고이케 도지사가 창설한「도민 퍼스트의 회都民ファーストの会」이 압승하였고, 그로 인해 정국은 파란을 일으키기 시작했으며, 그 극복을 목표로 하는 아베 총리에 의한 전격적인 중의원해산이 단행되었다. 그 직전에 고이케 도지사를 중심으로 고이케 지지 세력과 민진당과의 신당 창당이 시도되었고, 그것을 계기로 민진당은 분열되어 자민당 일강, 야당의 다당화, 즉「일강다약一强多弱」시대로 나아갔다. 그러면서 경쟁적 정당체계가 작동하기 위한 기본적 조건이라고 할 수 있는, 언제든지 여당을 대체할 수 있는 야당이 앞으로 몇 년간, 또는 십 년간은 부재할 수도 있는 여·야간 권력관계의 비대칭성非対称性이 생기게 됐다. 이는, 총리 권력에 대한 통제기능을 하는 정치적 시스템의 한 결락欠落을 의미한다. 남겨진 세 가지, 즉 여당 내의 파벌 집단, 가스미가세키의 관료 단, 대중 매체가 각각 2017년까지 그 컨트롤 기능이 무력화 내지 유명무실화되어 간다면, 수상 권력에 대한「민주적」컨트롤 시스템은 실질적으로 부재라고도 할 수 있는 상태가 출현하게 되는 것이다. 그런데, 그런 상태가 실제로 벌어진 것이다. 그 과정을 아베 총리의「외정 우위」정치 전환 시도와 관련지어 다음에 살펴보기로 한다.

(b) 권력에 대한 컨트롤의 구조의 형해화와 아베 총리에 의한 「외정 우위」의 정치에의 전환의 시도

본 절 2에서 이미 지적한 바와 같이 아베 총리는 제2차 정권의 과제로 경제, 안전 보장, 교육의 세 가지 위기 타개를 내걸고 있었다. 경제의 위기에 대해서는 「아베노믹스」로 대응한 것은 상술한 대로이다. 안전 보장의 위기는 일·미 안보 조약을 「미·일 동맹 조약」이라고 다시 해석하고, 동맹에 수반하는 쌍무성双務性을 실현하기 위해서 일본 측의 체제조직은, 상기대로, 「외정 우위」의 정치에의 전환의 형태로 실행되기 시작한 것이다. 그 기본은, 안전 보장 사령탑이 되는 국가안전보장회의의 설립과 집단적 자위권 행사를 가능하게 하는 법 제도의 정비이다. 다음으로, 헌법 제9조에 준하는 평화 국가 일본의 증거로서 사토佐藤 정권에 의해 정해진 무기 수출 3원칙도 동맹의 쌍무성에 부응할 수 있는 형태로 변경하는 것 및 특정비밀보호법의 제정이다. 2013년 11월, 3년 전에 민주당 정권이 책정한 「동적 방위력動的防衛力」구축을 목표로 하는 방위 대강을 바탕으로 「통합 기동 방위력統合機動防衛力」 구축을 목표로 하는 새로운 방위 대강을 제정하고, 이에 입각한 향후 10년 정도의 외교 정책 및 방위 정책을 중심으로 한 국가안전보장 기본방침이 결정되었다. 그리고 이를 바탕으로, 새롭게 설치키로 한 국가안전보장회의는 야당인 민주당의 협조하에 2014년 1월에 출범시켰으며, 다음으로 특정비밀보호법은 2013년 12월 6일에 통과시켰다. 남은 두 가지 과제, 즉 집단적 자위권 행사를 가능하게 하는 법 제도의 정비와 무기 수출 3원칙의 재검토에 대해서는, 후자인 무기 수출 3원칙의 재검토는 2014년 4월 1일에 「방위 장비 이전 3원칙防衛

裝備移轉三原則」을 각의 결정하는 형태로 이루어졌다. 무기 수출 3원칙의 재검토는 앞 장에서 이미 소개한 바와 같이 민주당 노다 정권 시대에 후지무라 관방장관에 의해 2011년 11월 「방위 장비 품 등의 해외 이전에 관한 기준防衛裝備品等の海外移轉に關する基準」이 책정되어있었으나, 이를 계승한다. 이미 말했듯이 그것은 대외 정책에 관해 여·야가 같은 씨름판 위에 서 있다는 증명이다. 그렇다기보다는, 민주당 간부 중에는 특히 노다 전 총리와 마에하라 전 외상 등 「강경파」가 많아, 안보 문제에서 통설의 헌법 해석에 크게 어긋나지 않는 한, 최대 야당인 민주당이 아베 총리의 정책에 협조적이라는 점은 주목해도 좋을 것이다. 3원칙은 다음과 같다. ①국제조약이나 유엔 안보리 결의 위반국, 분쟁 당사국에 대한 수출을 금지한다. ②수출을 허용하는 경우를 한정해 엄격히 심사하고 정보를 공개해야 한다. ③목적 외 사용이나 제 삼국으로의 이전이 행해지지 않도록 적정 관리한다. 이처럼 금지 대상을 명시함으로써, 또한 「무기武器」라고 하는 명칭이 아닌 「방위장비防衛裝備」라고 하는 부드러운 이미지를 주는 명칭을 채택하여 실질적으로 수출금지에서 「해금解禁」으로 180도 전환이 도모되었다.[69] 마지막으로 남겨진 집단적 자위권 행사를 가능하게 하는 법제도 정비는, 헌법 9조 통설의 해석을 뒤집는 해석 개헌에 가까운 거친 일을 해야 해서, 법안이 통과되려면 다음 해의 9월까지 1년 이상의 세월이 소요된다.

　아베 총리는 2차 정권 출범 후, 내정에서는 「아베노믹스」의 「제 일의 화살」인 일본 은행의 이차원異次元의 금융 완화 효과로 엔화 약세, 주가 강세로 나타났고, 그 여파가 경제계에 밝은 기대감을 낳으면서, 침체한 사회 분위기가 조금 씩 개선되는 방향으로 나아가기 시작했다. 그리고 그

효과는 2013년 7월 참의원 선거에서 자민당의 승리에 반영됐다. 그리고 9월에는 2020년 도쿄 올림픽·패럴림픽 개최 결정 소식이 여론의 분위기를 일거에 밝은 쪽으로 돌리면서, 올림픽 경기가 도래할 것이라는 기대감이 조성됐고, 사회 분위기도 전체적으로 밝아지기 시작했다. 이로써 태어난 정권에 대한 기대감이라는 플러스 효과를 이용하고 아베 정권은 상기대로, 2013년 말 국민의「알 권리知る權利」를 제한하는 특정 비밀 보호법 제정을 강행했고, 또 아베 총리 자신도「풀뿌리草の根」보수층 응원단의 소원이기도 한 야스쿠니 신사 참배도 했다. 「풀뿌리」의 보수층의 응원단은 매우 기뻐했지만, 한·중뿐만 아니라, 미국으로부터도 비판의 소리가 높아졌다.[70] 이 행위로 인해 아베 총리는 드디어 본격적으로 「보수의 이념」실현에 착수하지 않았느냐는, 국민 속 리버럴 층의 반발을 유발하게 됐다. 새해가 열린 2014년 4월에는 노다 정권 말기에 체결된 민주당 자민당 공명당의 3당 합의에 근거하는 소비세율의 5%에서 8%로의 인상도 시행했다. 모처럼 갖게 된 정권에 대한 기대감이라는 긍정적 효과도 소진消盡하게 됐다. 그런데도 굴하지 않고, 7월에는 집단적 자위권 행사의 한정 용인에 관한 각의 결정을 단행했다. 이로써 아베 정권이 내건 안보 위기에 대처하는 대책은 기본 틀로서는 거의 실현되게 되었다고도 말할 수 있는 것이다. 하지만 집단적 자위권 행사의 한정 용인을 함의하는 바는 미국과 함께 전쟁하는 것이며, 그리고 당연히 그러한 궁극의 경우에는 자위대의 해외파병을 실시하는 것으로도 이어지므로, 자위대법을 비롯하여 관련하는 10개에 가까운 기존의 법률 개정이 필요했다. 그러한 법제화 활동에는 평화 헌법을 옹호하고 싶다는 국민 층의 반대가 예상되므로 그 대책이 필요했다.

그런데 이러한 아베 총리의 「외정 우위」정치 전환 시도를 뒷받침하는 관저의 외무, 방위, 경찰·정보 전문가로 구성된 보좌진을 통합하는 중심 인물은 관방장관이다. 내각에서는 각의 결정을 해야 하는 중요 안건은 반드시 관방장관의 승낙을 얻어야 한다. 또 관방장관은 매일 두 차례 정례 기자 회견을 열어 내각과 정부의 대변인 역할을 맡고 있다. 또한 관방장관에게 요구되는 것은 관청, 즉 부성청府省庁 전체에 걸치는 종합 조정 능력의 높음과 「설화舌禍」의 적음이다. 그는 「그림자 총리」라고도 하지만, 아베 총리의 「최강의 부인」역을 연기하고 있어 정권의 요석의 아소우 타로 부총리 겸 재무상, 아마리 아키라 경제 재생 상과 대등한 「최강의 관방장관」으로 불린다.[71] 아베 총리가 권력의 빛 측면을 대표한다면 그 그림자를 대표하는 것이 스가 관방장관일 것으로 보인다. 아베 총리를 나폴레옹 1세에 비유하는 사람도 있지만,[72] 만약 그렇다면, 스가 관방장관은 결국 나폴레옹 1세를 내정 면에서 떠받든 경찰 대신 조제프 푸셰Joseph Fouché라고 말할 수 있을까.[73] 스가 장관은 내각 인사국을 지렛대로 삼아 인사권을 사정없이 활용해 가스미가세키 관료 단의 복종을 조달하고, 정부 대변인으로서는 여론의 조종, 나아가 의회 대책으로는 야당과의 협상, 최후에는 여당에 대한 컨트롤의 면에서 고도의 권력 기술을 구사해 착실히 성과를 올리고 있다.[74] 그 실적은 「권력인權力人」의 전형인 조제프 푸셰를 방불케 하는 것이 있는 것처럼 보인다.

아베 총리는 집단적 자위권 행사를 용인하기로 각의 결정 후 법제화로 바로 나아가지 않고 1년 이상의 세월을 보내고 있다. 이는 법제화에 반대하는 강력한 국민 여론의 존재도 물론, 실은 스가 관방장관이 아베 총리의 행동에 「파란의 싹 波乱の芽」이 틀 때면, 내가이 「엔진」이면서, 언제

라도 이를 미연에 방지할 수 있는 「브레이크」 역할을 하고 있기 때문이다. 즉, 아베 총리가 현실주의적으로 행동할 수 있었던 것은 스가 관방장관이라는 「좋은 마누라 역」의 재량의 덕분인 것처럼 볼 수 있는 것이다. 두말할 나위도 없이 헌법 개정과 같은 집단적 자위권 행사의 용인 법제화에 대해서는, 당연히 리버럴한 여론의 반발은 강했고, 그것이 여당 내에서도 영향을 미쳤으며 스가 장관은 고무라 마사히코 부총재와 함께 여당을 통합하는 데 주력했다. 더욱이 무엇보다 「평화」와 「복지」를 「당시」로 하는 연립 여당인 공명당이 받아들일 수 있도록 추진하기 위해서는, 공명당을 설득하는 어려운 작업을 소우카각카이創価学会와 두터운 파이프를 가진 스가 관방장관이 중간역할을 하며, 고무라 마사히코 부총재가 맡아, 마침내 완수하고 있는 것이다.[75] 5월 정부 유식자 회의의 「안보법제간安保法制懇」이 마련한 집단적 자위권 행사 용인을 위한 새로운 헌법 해석을 담은 보고서를 제출하자, 아베 총리는 7월 1일 위와 같이 다카무라 마사히코 부총재와 공명당 간부가 타협한 「자위권 발동의 3가지 요건自衛権発動の三要件」을 담은 「집단적 자위권 행사 한정 용인集団的自衛権行使の限定容認」을 각의 결정을 내린 것이다. 3가지 요건은 다음과 같다. ①우리나라에 대한 무력 공격이거나 우리와 밀접한 다른 나라에 대한 무력 공격이 발생해 우리의 존립이 위협받고 국민의 권리가 뿌리째 뒤집힐 명백한 위험이 있다. ②우리나라의 존립을 다 하고, 국민을 지키기 위해 달리 마땅한 수단이 없다. ③필요 최소한의 실력행사에 그친다. 이 3가지 요건 중 ①로, 지금까지 개별적 자위권에 한해서 온 제약을 풀어, 집단적 자위권의 행사도 가능하게 되었다.[76]

이처럼 집단적 자위권 행사의 헌법 해석 변경에 대한 각의 결정이 이루어졌지만, 다음에 그것을 법제화하기보다 어려운 과제를 앞두고 있었다. 각의 결정이 보도되자, 국회 앞에 그것에 반대하는 집회가 열리고, 헌법 옹호를 주장하는 대형 신문과 그 계열 TV들이 연일 이를 다루기 시작하자, 정권 출범 후 얼마 안 돼 제시됐던 60% 내각 지지율도 39%로 급락했고 반대 지지율은 19%에서 40%로 올라 지지율을 웃돌게 됐다. 정권에 위험 신호가 켜진 셈이다. 또 집단적 자위권 행사의 법제화에 관해서는 여당 내에도 약 하기는 하나 이의를 제기하는 사람도 있어, 더욱이 국민 속에서 불거진 반대의견과 그에 지원받은 야당의 힘을 최대한 줄이기 위해서는, 체제 재건이 필요해졌다. 우선 여당 내 수습은, 개각과 당 지도부 인사로 대응했다. 2014년 9월 초 스가 관방장관, 아소 부총리 겸 재무장관, 기시다 외상, 아마리 경제재생상, 시모무라 문부과학상, 오타 국교상 등 6명의 주요 각료는 유임시키고 8명의 각료를 새로 임명했다. 그때, 내각의 이미지를 일신하기 위해 여성 각료를 5명으로 하였다. 여성 각료 수는 고이즈미 정권 때와 함께 가장 많다. 더욱 주목되는 것은 차기 총리 자리를 노리는 이시바 시게루 당 간사장을 내각부 특명 담당 대신(국가전략 특별구역 담당) 지방 창생 담당 상에 임명해 내각 내에 봉하는 데 성공했다는 점일 것이다. 아베 총리는 이 내각을 「실현 실행 내각実現実行内閣」이라고 이름 붙였다.[77] 다음에 당4역도 모두 교체했다. 우선 당 간사장에는 자민당 야당 시절 총재인 다니가키 사다카즈를 앉혔다. 총무회장에는 친중파親中派의 리더이며, 「국토 강인화国土強靭化」를 기치로, 방재 대책을 라이프 워크로 하는 「오래된 자민당의 상징」이라고 평가되는 니카이 도시히로二階俊博를, 정조 회장에는 심복인 이나다 토모미를, 선대 위원장에는 모테기 도시미쓰를 각각 임명했다 새롭게 당 간사장이 된 다니가키 사다카즈는 「정권으로 돌아와 1년 8개월이 지나났만, 아베 총리대신이 선두에 서, 지금까지 안정된 체제를 만들 수 있었다. 지금부터 소중한 것은, 한층 더 아베 총리대신 아래에 일치 결속해 주어 가는 것이다.」라고 말했다.[78] 다니가키 간사장은 야당 시절 자민당의 비애를 맛보았고, 동시에 당시 여당인 민주당이 내부 분열과 대립을 거듭하여, 그 결과 약화 되어 3년 만에 정권을 잃고 있음을 보고 있으며, 그것을 반면교사로 삼아 자민당이 여당으로 계속되기 위해서는 내부 분열을 억제하고 총리를 북돋우고 지지하는 것이라는 생각을 하고 있으며, 따라서 정부에 대한 여당 내의 이론을 누르고 아베 총리를 어떻게든 뒷받침하기 위해 노력하기 시작했다. 이렇게 해서. 아베 총리는 전 당 총재 다니가키 사다카즈를 당 간사장으로 앉힘으로써 자민당원이 가진 「하야의 공포에 기인하는 침묵에 의한 통치」[79]를 지렛대로 여당의 새로운 장악에 성공했다.

지금까지의 역대 총리와 달리 「외정 우위」의 정치 실현에 힘쓰고 있는 아베 총리는 궁극의 경우에는 전쟁도 상정해야 한다는 견해를 갖고 있으며, 이 사고의 연장선상에서 가상의 적을 상정해, 이 가상의 적을 이용한다고 생각되는 국내의 여러 세력도 「적」으로 다시 파악하고 있는 듯하다. 예로부터 지배자는 국내를 다스리는 데 있어서, 피치자, 즉 「적」에 대해서는 「분열·통치」의 권력 기술을 이용하는 것이 습관이다. 아베 총리도 적에 대해서는 이 「분열·통치」의 권력 기술을 쓰기 시작했다. 「내정 우위」의 정치가 실행되고 있던 「55년 체제」 시대와는 현저하게 다른 양상이다. 선전 기술이나 정보기술의 비약적인 발전을 본 오늘날, 그러한 기술을 교묘하게 이용해 정부에 대한 좋은 이미지를 넓히고, 즉 「이미지 관리」(image management)을 하여, 선거에 즈음해서는 정치적 무관심층이나 기권 층을 자민당으로 투표하도록 유인하는 것은 쉬워졌다고 할 수 있다. 전자미디어를 통해 자민당을 지지하는 방향으로 국민을 유도하는 전략은, 앞서 기술한 바와 같이 당의 홍보를 담당하는 세코 참의원 의원이 이미 전개하고 있었다. 이 당의 전략과 보조를 맞추어 아베 관저도 정권 출범 후 언론 대책을 전개하고 있으며, 그 일례를 보면 그때까지는 총리가 신문사와 인터뷰를 할 경우, 각 사 차례로 하는 방식이 관례였으나 아베 총리는 이 관례를 깨어, 정부에 비판적인 아사히신문, 마이니치신문, 도쿄신문이 아닌, 정부에 호의적인 산케이신문, 요미우리신문과의 단독 인터뷰에 응하고, 신문사를 분단하는 자세를 나타냈다. 여기에 「분열·통치」의 기술이 구사되고 있는 것처럼 보인다.[80] 또한 아베 총리는 지금까지 정부에 비판적인 보도를 해 온 아사히TV 수뇌부와의 골프를 즐기며, 좋은 인간관계 만들기에 노력하고,[81] 한편 내각의 대변인인 스가 관방장관도 정부에 비판적인 언론인과 적극적으로 만나 회식을 거듭하고, 좋은 인간관계를 만드는 데 적극적으로 힘썼으며, 결과적으로는 반정부 TV나 언론인이 정부 비판을 자제하는 쪽으로 시간을 들여 유도하는 전술도 취한 것으로 보인다.[82] 이 전술은 비공식적이지만, 한편 공식적으로는 다카이치 사나에 총무상이 마침내 2016년에는 전파법을 꺼내, 제4조 방송의 공평성을 방패로 삼아 개개의 정보 프로그램이나 보도 프로그램 내용에 관해 정치적 중립성이 유지되고 있는지를 묻는 자세를 보이고, 그와 보조를 맞추어 자민당 홍보부가 대중 매체에 직접 항의하며 압력을 가하는 사태가 벌어졌다.[83] 마지막으로 NHK에서는 회장과 간부 인사에 대해 친정부 성향 인사를 추천하여, 아베 정권의 인사를 통한 정책 전환을 꾀하는 정치기법이 사용되었으며, 정부에서 볼 때 과도한 정보 프로그램이나

보도 프로그램이 점차 감소하였다.[84] 이러한 대중 매체 전체에 대한 아베 정권에 의한 컨트롤의 시도는 2015년 말경까지는 거의 완성의 역에 이르러, 그동안 정부 비판의 자세를 계속 온 아사히신문도 위안부 문제의 보도에서 오보가 있었다고 「풀뿌리의 보수」로부터의 집요한 공격과 고소로 패배한 후에는 교묘한 표현이 많은 비판적 의견을 전개할 뿐으로, 정부를 날카롭게 비판하는 칼날은 뽑혀버린 듯한 느낌이 돼간다. 이처럼, 수상 권력에 대한 대중 매체로부터의 컨트롤도 약체화되어 갔다고 보여질 것이다. 이러한 관저에 의한 대중 매체에 대한 음양의 컨트롤 시도가 전개되기 시작하고 있는 가운데, 상술한 것처럼 2014년 9월 초에 아베 정권에 대한 이미지 제고를 노리고 개각 시에 여성 각료를 일거에 5명으로 늘렸지만, 그것이 화근이 되어, 한 달 반 후에 오부치 유코 경제산업상의 정치자금법 위반이나 고마쓰 미도리小松みどり 법무상의 공직선거법 위반이 매스컴에 대대적으로 다루어졌고, 그에 따라 야당이 국회에서 수상의 임명 책임을 추궁할 움직임을 보였다. 정권 출범 때부터 여성 활약사회 실현을 화두로 내걸고 내각을 띄우려 한 5명의 여성 각료 임명이 역효과를 내면서 내각 지지율은 더 떨어졌다. 아베 총리는 체제 만회를 도모하기 위해 1차 정권 때 마찬가지로 각료가 불상사를 일으켰을 때 그 대응이 늦어져 수세에 몰렸던 쓰라린 경험에 대한 반성에서, 이번에는 재빨리 두 사람을 경질시켜 사태를 수습하는 동시에, 정권의 정통성 복귀를 위해, 총리의 「전가의 보도伝家の宝刀」라는 국회 해산권 행사를 생각하게 되었다.[85] 선거에서 「아베 총리의 자민당」이 압승한다면, 이는 내각이 추진하는 과감한 개혁 방향을 뒷받침하는 강력한 지원군이 될 것으로 11월에 중의원해산을 결단하고 이를 표명했다. 이때 언론 대책을 포함해 용의주

도한 준비를 하여 선거에 임했다. 원래대로라면 집단적 자위권 행사에 관한 안전 보장 관계의 법령 개정을 선거 쟁점으로 하는 것이 의회제 민주정의 상도일 터인데, 그것을 피하고 유권자의 지지를 받기 쉬운 쟁점, 즉 내년 가을에 소비세를 10%로 더 올리기로 되어 있으나 재정 사정을 생각해 그것을 연기할 필요가 있고 그 옳고 그름을 묻는 형태로 쟁점을 바꿔 해산을 단행한다.

12월 14일 투표가 실시돼 15일 개표 결과가 발표됐다. 야당의 허를 찔러, 해산을 단행한 전술적 교묘함이 주효해 자민당은 3석만 잃었을 뿐 290석을 얻었다. 공명당은 4 늘려 35석을 획득해, 자민·공명 양당의 합계 의석은 325로 정수의 3분의 2(317)를 웃돌았다. 야당에서는 민주당이 11석을 늘려 73석을, 공산당은 8석에서 21석으로 약진했다. 제3극의 유신의 당은 주춤하여 1 감소하여 41 의석을 획득할 뿐이었다. 차세대는 17석 줄이고, 오자와의 생활도 3석 줄여, 모두 2석을 차지했을 뿐이었다. 사민은 전회와 같이 2석, 제 파·무소속이 8 줄여 9석이었다. 덧붙여서, 투표율은 전후 최저인 52%다.[86] 선거 결과에 따라 아베 총리는 12월 25일 새 내각을 출범시키면서, 나카타니 겐中谷元 전 방위상을 다시 방위상에 기용하고, 다른 각료 17명은 재선임시켜, 총리가 추진 중인 경제정책 「아베노믹스」의 추진을 최우선으로 내세우며 안전 보장 법제 정비에 총력을 기울이겠다는 방침을 재차 밝혔다.[87] 또한, 이번 선거에서는 자민당이 세대교체를 하였으며, 과거 자민당의 각 파벌을 이끌었던 지도자들의 상당수도 그 전에 은퇴하였으며, 그 대신 많은 초선의원이 탄생하였다. 이들은 아베 총리의 당수 지시에 기꺼이 따르는 의원들이다. 선거를 통해 정국을 복귀히고 정권의 정당성을 높였을 뿐 아니라 자민당 내에서도 당수의 지도권이 확고해졌고 여당으로부터 아베 총리에 대한 컨트롤 시스템은 이미 작동하지 않게 된 것이나 다름없는 상태가 생겨났다. 그리하여 그 이전부터 진행되어온 당내 결속을 유지하는 「침묵의 통치」가 강화되면서 과거 포괄 정당 시절의 자민당다운 다양성과 활력이 상실되어 갔다.[88] 다음 해인 2015년 9월에는 자민당의 총재선거가 돌아왔지만, 대립 후보는 나타나지 않고, 무투표로 아베 총리는 재선되었다. 동시에 야당이나 안보법제를 「전쟁법戰爭法」으로 보고 그 통과에 반대하는 대중운동의 고조 속에서 강행 처리하여 안보법제를 통과시켰다.[89] 이로써 아베 총리는 제2차 정권 출범 시 내건 세 가지 과제 중 안보 위기에 대처하는 체제를 겨우 만드는 데 성공한 것이다. 이후 10월 초 아베 총리는 안보법제 강행 처리로 내각 지지율이 급강하한 것을 고려해, 이후 내각 지지율 제고를 위해 개각을 시행한 뒤, 내각의 새 간판으로 「1억 총활약 사회一億総活躍社會」 정책을 내세우고 그 담당 대신에 가토 노부카쓰 관방부장관을 임명했다. 첫 입각자는 9명이지만, 그 중에서 눈에 띄는 것은 마루카와 타마요丸川珠代를 환경상에, 모리야마 히로시森山裕를 농림수산상에 각각 임명한 점일 것이다. 연립을 짜는 공명당의 지정석인 국교国交 대신에는, 오오타를 대신해 이시이 케이이치石井啓一 정조 회장을 처음 입각시켰다. 정권의 핵심인 스가 관방장관, 아소 부총리 겸 재무장관, 아마리 경제재생상 등은 당연히 유임시켰음은 물론이다. 이시바 시게루 지방창생상도 유임시켰다. 가토 관방부장관 후임에는 아베의 심복인 하기우다 고이치荻生田光一를 당 총재특보를 임명했다. 총리 보좌관에는 중의원 외교위원장인 전 법무부 부대신 가와이 가쯔유키河井克行와 전 총무 부대신 시바야마 마사히코柴山昌彦를 새로 기용했다. 또 다니가키 간사장, 니카이 총무회장, 이

나다 도모미 정조회장, 모테기 사토시 선거대책위원장인 당4역, 다카무라 마사히코 부총재도 유임됐다.[90]

이상과 같은 새로운 진용을 갖춘 아베 수상은 2016년에 들어가, 나중에 언급하겠지만, 2월에 TPP의 서명, 5월에 서밋Summit 개최, 11월에는 당선된 차기 미국 대통령이 되는 트럼프 사저에의 전격적인 방문, 12월에는 하와이에는 퇴임하는 오바마 대통령의 히로시마 방문에 대한 답방을 실시해, 전몰자戰沒者에 대한 위령에 임하며, 이어 같은 달 야마구치겐에 블라디미르 푸틴 러시아 대통령을 초빙하는 등 외교 분야에서 활약한다. 그리고 2017년에 들어 체크 및 컨트롤의 기제機制가 기능 부전을 일으키기 시작했다는 사실로써 정권의 불상사가 발각되기 시작한다. 그에 대해서 말하기 전에 수상 권력을 체크하고, 컨트롤하는 구조 중 여당 및 매스미디어와 총리와의 관계에 대해서는 이미 말했으므로 수상 권력을 체크하고, 컨트롤하는 구조 중, 마지막 남은, 가장 강한 정치 기관이며, 경쟁적 정당 시스템이 기능하기 위해서 그 존재가 필요 불가결한 야당의 동향을 언급하고 싶다.

제1야당인 민주당은 2012년 말 총선에서 참패하고, 노다 대표는 정권을 잃은 책임을 지고 사임해 가이에다 반리가 새 대표로 선출됐다. 반년 후인 2013년 첫 참의원 선거에서는, 아베 자민당의 기세가 오른 가운데 치러져 자민당은 65석, 민주당은 사상 최저인 17석밖에 얻지 못해 정당으로서의 영향력이 급속히 약화했다. 이 참의원 선거에서 위에 기술한 바와 같이 1989년 7월 참의원 선거 이후 계속된 국회의 「중·참 네지레」 현상이 해소됐다. 이어 아베 총리의 전격 해산권이 행사된 2014년 12월 중의원선거에서, 기습을 당해, 민주당은 후보자도 지역구의 과반수를 밑

도는 인원밖에 옹립하지 못했다. 가이에다 대표가 소선거구에서 낙선해 비례 대표로도 부활하지 못하고 대표직을 사임했다. 그 후임으로는 오카다 가쓰야가 선출돼 재출범했다. 덧붙여서, 이 중의원선거에서는 해산 전에는 제3극의 상징이라고도 불리던「민나노 토우みんなの党」가 당을 해산해, 야당의 약체화는 한층 더 진행되었다.[91] 2016년 3월에 민주당은 과거 탈당한 의원도 참여한「이신노 토우維新の党」과 합당을 완수해, 민신 토우民進党 로 당명을 변경했다. 2016년 7월의 참의원 선거에서는, 야권 단합으로 한 지역에서 후보자의 일원화를 도모할 수 있어, 안보법제 폐지, 헌법 개정에 필요한 3분의 2 세력 저지를 호소했다. 그러나 그 효과도 제한적이었다. 자민당은 55석, 공명당은 14석으로 각각 개선 전보다 의석을 늘렸다. 자민당은 참의원에서 단독으로 과반수를 확보했다. 개헌에 찬성하는 정당의 의석수를 더하면 헌법 개정에 필요한 3분의 2 의석을 확보할 수 있어 이미 중의원이 그 수를 확보했기 때문에 헌법 개정이 가시화되었다. 아베 총리는 8월 초 이런 참의원 선거 승리 여세를 몰아 개각을 단행했다.「미래 챌린지 내각」으로 명명하고, 세코 히로시게 관방부장관을 경제산업상으로 이동시켰으며, 후임 관방부장관에는 노가미 고우타로野上浩太郎 전 국교 부대신을 기용했다. 첫 입각은 8명으로 농수산상에 이시바파인 야마모토 유조山本有三 전 금융상을 임명하고, 그 대신 이시바 시게루 지방창생상을 각외에 배출하는 데 성공했다. 방위상으로는 이나다 정조회장을 이동시켰다. 핵심은 장시간 노동의 시정이나「동일 노동 동일 임금」등「일하는 방법 개혁」을 추진하는 담당상을 신설해, 카토 카츠노부「일억총활약」담당상에 겸무시켜, 또한 2020년의 도쿄 올림픽을 향해서 이미지·업을 도모하는 목적으로 마루카와 타마요丸川珠代를 올림

픽상으로 앉혔다. 주목할 만한 것은 당직 인사다. 7월 중순 자전거 사고로 입원 중인 다니가키 간사장이 사의를 표명함에 따라 당직 인사의 전면 교체가 이루어졌다. 간사장에는 77세의 니카이 도시히로 二階俊博 총무회장을, 총무회장에는 호소다 히로유키 간사장 대행을, 정조회장에는 모테기 도시미쓰 선대 위원장을 각각 임명했다. 지유우 토우自由党 시대에 오부치 내각의 운수상運輸相, 자민당 복당 후에는 2007년에 총무회장에 취임하고, 2008년에는 후쿠다 내각, 아소 내각의 경제산업상을 역임했으며, 2014년 9월 아베 총리에 의해 총무회장에 다시 임명된 니카이 간사장은 다나카 가쿠에이의 이권정치의 계보를 긋는 자민당의 낡은 유형의 갖은 고초를 겪으며 성공한 당인파党人派(관료, 군인, 황족 등의 출신이 아니라 일반인 정당원인 정치인의 일군을 가리킨다.) 정치인이다. 지방의원(와카야마현 의원)에서 중앙 정계에 진출한 점에서는 그 정치인으로서의 경력 형성이 스가 관방장관과 비슷하다는 점에서 두 사람은 간담이 교차하는 사이다. 2014년 9월에 노다 세이코의 후임으로서 총무회장에 취임한 후부터는, 「아베노믹스」의 첫 번째 화살인 「기동적인 재정 정책」, 즉 「55년 체제」 시대의 불균형에 의한 자민당의 표밭 유지와 확대의 노선을 추진하는 엔진 역을 맡아, 당세 확대를 통한 자기 계파인 「시스이카이志帥会」 확대를 밀어붙였고, 그 강완剛腕은 돋보였다. 하지만 니카이 간사장은 아베 수상이 추진하는 아베노믹스의 한 바퀴를 움직이는 가장 중요한 역할을 하고 있으며, 정권의 정당성을 조달하는 선거의 책임자로서는 아베 수상에게 있어서는 둘도 없는 인물이며, 더욱이 고령이기 때문에 수상의 자리를 노릴 우려도 없으므로 위험한 에너지를 저축하고 있기는 하시만, 자신의 정권 강화를 위해 니카이를 자기 편으로 포섭하는 것은 아베 총리에게 매우 유익했던 것으로 보인다. 그동안 정치인으로 노회老獪함을 몸에 익힌 아베 총리도 혹시라도 니카이 간사장이 자신을 지탱하는 게 아니라 그 궤도를 벗어나는 일이 없도록 간사장 대행에 맹우인 시모무라 하쿠분을 앉히고 있다. 니카이 간사장도 「독재자独裁者」에 가까운 권력을 손에 넣은 아베 총리의 품속으로 뛰어들어 총리와 함께 자自파벌의 권익 확대를 도모하기 위해, 아베 총리가 장기집권의 계속을 바라고 있는 것을 「촌탁」하여, 1년 뒤 개최되는 전당대회에서 총재 임기를 임기 3년 2회가 아닌 3회로 연장할 것을 제안하며 아베 총재의 환심을 사는 노력을 게을리 하지 않았다. 또 니카이 간사장은 연립을 짜고 있는 공명당과는 굵은 파이프를 갖고 있다. 소선거구와 비례대표 양쪽에서 자민당과 공명당이 서로의 약점을 서로 보완하고 있어, 만약 연립이 해소되기라도 한다면, 자민당 의석은 반 토막이 날 가능성마저 예상되기 때문에, 아베 총리의 선거 지상주의적 관점에서 봐도, 공명당과 강한 유대를 가진 니카이 간사장은 없어서는 안 될 인물이기도 했다. 그뿐만이 아니다. 아베 총리에게 니카이 간사장은 자민당을 안심하고 맡길 뿐만 아니라, 한국·중국과의 외교 관계에서도, 그의 외교를 지탱하는 자원의 소유자이기도 했다. 그는 전국 여관업 협회 회장으로 2015년 2월에 1,400명을 데리고 한국에서 교류 행사를 갖고, 그 때, 박 대통령과 회담하고 한·일 간 현안의 「위안부 문제慰安婦問題」에 논의하고 그 해결의 절차 만들기에 공헌하고 있다. 더욱이 5월 23일에는 3,116명을 데리고 베이징 인민 공회당에서 교류 행사를 개최했는데 시진핑 총서기도 참석하고 있어 그 기회를 이용해 환담하고 중·일 관계 개선에 기여하고 있다.[92]

새롭게 취임한 니카이 간사장은 그 후 아베 총재와 일체가 되어 자민당의 강화를 목표로 하지만, 양자의 관계는, 니카이 간사장 쪽은 아베 정권의 강화를 통해 자파벌의 이익 확대를 목표로 하고 있어, 동상이몽에 가깝고, 극언하자면 기생충寄生虫과 숙주宿主 같은 관계였다고 못 볼 것도 없다. 이처럼 2016년 8월 자민당 임원 인사 쇄신은 아베 정권과 자민당과의 관계에 있어 처음에는 총재 우위이나, 집권 지지도 변화에 따라 변수가 커진 것으로 보인다.

이러한 자민당의 장래를 위해 새로운 전개의 요인을 잉태하기 시작하기 바로 얼마 전인 2016년 중반 마스조에 요이치 도쿄도 지사 직무상의 공사혼동公私混同 문제가 언론에 의해 집요하게 거론되면서 급기야는 사퇴로 내몰리고 있었다. 참의원 선거의 20일 후에 지사 선거가 행해졌다. 자민당은 전 총무 대신 마스다 히로야增田博也를 지사 후보로 내세웠다. 그러나 권력 지향이 강한 고이케 유리코 전 방위상은 자민당 지도부에 반기를 들고 당을 탈당해 입후보했다. 안보법제 강행 채결 등에서 보이는 강권적인 체질에 의구심을 품기 시작한 아베 정권에 비판적인 많은 도민의 목소리가 고이케 후보에게 쏠리면서, 일종의 고이케 붐이 일어나, 마스다 후보에 대해 100만 표 이상의 차로 당선되었다.[93] 그리고 고이케 도지사는 이듬해인 2017년 여름 도쿄 도의회 선거에서는 지역 정당 「도민 퍼스트노 카이都民ファーストの会」을 결성하여 대부분의 선거구에 후보자를 내세워 압승했다. 최대 교섭단체인 자민당은 역사적인 참패를 당했고, 민신도우에 이르러서는 궤멸적인 대패를 당했다.

시간을 조금 이전으로 되돌리면, 아베 총리는 앞서 기술한 바와 같이 2015년 5월에는 1억 총활약 사회의 플랜으로서 「동일노동 동일임금同一労働同一賃金」의 실현 방침을 내세웠다. 그 후 국민의 일상생활에서 해결이 요망되고 있는 여러 가지 문제에 대해서는 야당이나 언론이 다루면, 즉시 이를 거론해 해결을 목표로 하는 정책 회의나 대신들을 임명하고, 야당이 여당을 대체할 수 있도록 정책 제언을 국민에게 제시하기에 앞서, 선수를 쳐서 그러한 쟁점에 즉시 반응하는 재빠른 대응을 보였다. ― 물론 제기된 문제의 해결책이 충분한지의 평가나 그 피드백은 별도로 하고―. 그리고, 9월 안보법제를 강행 처리하면서 내각 지지율이 급락했다. 아베 총리는 앞서 자민당 대회에서 총재로 재선돼 내각을 개편하고 진용을 가다듬어 국민 선심 정책으로 방향을 틀었다. 11월에는 재계에 노동자의 임금 인상을 요청하고, 추가로 최저임금의 인상을 요구했다. 2016년 초에 일본 은행은 마이너스 금리를 도입했다. 이에 따라 적자국채를 대량으로 발행해 풍부한 자금을 시장에 제공하여, 경기를 활성화했다. 2월에는 저출산 고령화 사회의 도래와 함께 직장여성의 급증, 그 부작용 때문에 보육원 및 유치원 부족과 비싼 비용 부담 문제가 제기되자, 즉각 대응책을 내놓았다. 7월 참의원 선거에서는 소비세 인상 재연기의 신임을 묻는 것을 쟁점으로 내세워 여당의 대승을 이끌었다. 나중에 언급하겠지만, 연말에 국회에서 농업계의 반대가 많은 TTP의 승인을 받았다. 나중에「촌탁정치忖度政治」를 언급하겠지만, 2017년 2월 총리 권력에 대한 점검과 통제체계의 유명무실화와 표리를 이루는 형태로 아베 총리의 권력 남용이나 권력 부패를 냄새가 풍기는 오사카 국유지 매각을 둘러싼 모리토모학원森友学園 문제가 불거지면서, 국회에서 야당의 추궁이 시작됐다. 무엇보다 권력부패를 암시하는 사건은 이미 2016년 초에 표면화되기 시작했다. 이는 아베 정권의 핵심 요석要石 중 하나로, TTP 교섭을 담당했던 아마리 아키라 경제재생상이 뇌물수수 사건으로 물러났다. 어쨌든 2017년 4월에는 미국을 제외하고 TPP 체제가 성립되었다. 그다음에 연립 여당인 공명당의 요구를 넣어 경감세율輕減税率 첨부의 소비세 인상을 선언했다. 유신의 당이 주장하는 「저소득자 세대 전용의 고등교육 무상화」에 임할 것을 약속했다. 5월에는 「외정 우위」정치의 일환으로 테러 대책을 위해 필요하다는 명목 아래, 헌법에 보장된 표현의자유, 집회의 자유 등 인권을 침해할 우려가 있는 「공모죄 단속법」을 강행 채결 했다. 이에 따라 다시 아베 정권의 강권強権적 체질에 대한 위화감違和感이 국민 일부 사이에서 확산 되기 시작했다. 이와 함께 수의獣医대 신설을 둘러싼 카케加計학원 문제로 「총리의 의향」이라는 문장이 있다고 알려지자, 야당이 추궁하고 나서 이른바 「모리·카케 문제」의 해명을 요구하며 야당이 국회 개최를 요구하고 나섰다. 그러한 가운데, 여름에 도쿄도 도의회 선거에서, 상기와 같이, 코이케 유리코 지사가 인솔하는 「도민 퍼스트의 회」가 압승했다. 코이케 유리코는 카멜레온처럼 그 정치적 입장을 바꾸는 정치가이다. 뉴스 진행자에서 1992년 선거에서 니혼신토우日本新党에서 출마해 초선으로 정계에 진출했다. 마에하라 세이지 역시 니혼신당에서 당선됐다. 신신당에 가세해, 다음으로 오자와 지유우당이 속해 있던 자민당 탈당파 이시바 시게루, 니카이 도시히로 등과 함께 오자와와 결별하고 보수당 창당에 동참해 자민당과 합당을 하고 있다. 아베 1차 정권 시절에는 처음에는 아베 총리의 방위 담당 보좌관으로 있다가 개각을 통해 방위상으로 기용되고 있다. 2008년, 자민당 총재 선거에 입후보 해, 아베가 재기를 기한 2012년의 총재 선거에서는 이시바 시게루를 지지하고 있다.[94] 그 경력을 본다면 코이케가 「도민 퍼스트의 카이」을 토대로 민신당을 흡수해, 자민당 내 이시바파나 니카이파와 결합하면, 정계 개편 움

직임이 일어날 가능성도 예상할 수 있었다고 할 수 있다. 말할 것도 없이, 코이케 지사가 도쿄도 의회 선거에서 일으킨 것은, 야당인 민신당에 정계 재편의 희망을 갖게 하는 것이었다고도 볼 수 있을 것이다. 한편 이 도쿄도의 움직임이 전국에 파급되었을 경우를 생각하면, 그것은 아베 정권에 일종의 위험 신호이기도 했다. 그 위험한 싹을 빨리 제거할 필요가 있었다. 도의원 선거 패배 두 달 후인 9월 말 아베 총리는 「모리·카케」 문제에 관한 야당의 추궁을 피하기 위해 임시국회 소집 요구를 수 개월간 무시해 오다, 돌연 9월 22일 임시국회를 소집하고 모두 해산을 단행했다. 수상은 기자 회견에서 「국난 돌파 해산이다」라고 말했다. 당시 북한은 6차 핵실험과 2차례의 일본 상공을 통과하는 탄도미사일 발사를 강행하는 등 미국에 대한 「협박 외교脅迫外交」를 펼치고 있었다. 이에 아베 총리는 마치 북한이 일본을 위협하는 것처럼 여론조작을 하고, 각 지방 자치 단체로 하여금 북한의 미사일 발사 시 알람 경고를 하도록 하며, 점점 더 국내에 긴장감을 조성하도록 하는 자세를 보였다. 「국난」이란 아베 총리가 작위적으로 만들어낸 이 북한의 위협을 가리켰으나 야당은 이를 「모리·카케」 문제를 은폐하려는 정략이자 해산의 진정한 쟁점 바꿔치기라고 비판했다.[95] 어쨌든 코이케 유리코 도지사의 당 의회에서의 「도민 퍼스트의 회都民ファーストの会」 압승을 계기로 이미 정계 개편 움직임이 빚어졌고, 이를 틈을 타 민신당 의원들 중에 탈당자가 늘어나기 시작했다. 이 기회를 포착하고, 고이케 유리코는 민신당을 흡수하는 인수인 자로서의 「기보우노 토우希望の党」을 창설하자, 7월의 도의원 선거에 이어 고이케 선풍이 일어나, 정권 교대의 가능성까지 거론되었다. 약 1년 전인 2016년 9월에 민신당에서는 대표 선거가 있어, 국민 사이에 인기 있는 렌호를 차기 대표로 뽑았지만, 이중 국적 문제로 그 기선을 꺾여, 2017년 9월 1일의 대표 선거에서는 마에하라 세이지가 다시 대표로 돌아왔다. 마에하라 세이지 민신당 대표는 취임하자마자 고이케 당과의 합당을 획책하고, 민신당 모든 입후보 예정자를 「기보우노 토우希望の党」가 공천해 달라는 뜻을 밝히자, 고이케는 「안전 보장, 헌법 관 등의 근간에서 일치하는 것이 정당의 구성원으로서 필요 최저 한이다」라고 주장해, 안보 법제 용인을 요구하는 정책 협정서, 이른바 「후미에踏み絵」을 내세우고, 거기에 따르지 않는 사람은 배제한다고 명언했다.[96] 공시 직전에야 배제된 에다노 유키오는 릭켄민슈토우立憲民主党을 만들었다. 이렇게 해서 민진당은 릭켄민슈토우, 기보우노 토우, 무소속(노다 전 총리 등 어느 쪽에도 가지 않고 잔류한 민신당원)의 셋으로 분열되어 선거전에 들어갔다. 야권 분열에 이은 분열 극 이후 치러진 총선에서 여당을 대체할 수 있는 장치가 없어 자민당은 선거 전 의석의 284석을 확보했다. 공명당의 의석은 5감소 29였다. 그렇지만, 연립 여당의 의석은 3분의 2(310석)를 넘었다. 한편 야당 가운데 선거 직전 창당된 릭켄민슈토우가 공시 전 15석에서 55석(추가공천 1명 포함)으로 대약진해 제1야당으로 우뚝 섰다. 반면 기보우노 토우는 공시 전 57석 아래로 떨어진 50석을 얻는 데 그쳤다. 공산당은 4석을 잃고 12석, 일본유신회도 4석을 잃고 11석으로 각각 의석을 줄였으며, 사민당은 1석, 무소속은 23석이었다.[97] 기보우노 도우는 그 연고지인 도쿄의 선거구에서 1승 22패라는 대패했고, 이로 인해 고이케 돌풍은 일과성一過性의 것으로 사라졌다. 선거 후 고이케는 당 대표직을 사임했고, 기보우노 토우는 창당된 지 불과 두 달도 안 돼, 아베 총리에 대항할 간판을 잃었으며 이후 약화될 수밖에 없었다.

이 같은 야권의 소수당 분열 상태는 2020년 8월 아베 총리의 퇴진까지 이어지게 된다. 따라서 총리 권력을 점검하고 통제하는 야당이 실질적으로 부재나 다름없는 상태가 지속된 셈이다. 이상에서 서술한 바와 같이, 총리 권력을 점검하고 통제하는 4가지 정치적 구조가 2017년을 전후해 모두 기능 부전 상태에 빠지거나 무력화됨으로써 당연히 총리 권력만 더 커지게 되었다. 제약과 억제를 받지 않는 권력은 그것이 남용되지 않거나 부패하지 않는다고 한다면 그것은 권력 보유자가 플라톤이 말하는 「철인왕哲人王」이거나 고대의 중국에 있었다는 「성인聖人」이거나 둘 중 하나이기 때문일 것이다. 만약 그런 「정치가」가 아니라면, 권력자의 인격이 고스란히 정치 세계에 노출되는 것은 필연이다. 위의 「모리·카케」문제는 그 한 예이며, 위의 니카이 간사장에서 볼 수 있는 바와 같이 자민당 내에서도 아베 총리의 뜻을 헤아려 자민당 총재 임기를 3기 9년으로 연장해야 한다는 의견이 나올 정도이고, 관·계官界에서도 그 징후가 나타나 그 측면은 「촌탁 정치」로 불리게 되었다. 이에 관해 설명하기에 앞서, 아베 총리가 내건 세 가지 과제 중, 아직 언급하지 않은 안전 보장체제 강화를 위한 정책 전개와 표리 관계에 있는, 아베 총리의 외교, 그리고 또 하나의 과제인 교육 재생에 대해 먼저 간단히 언급하고자 한다.

아베 외교의 기본 노선은 이미 1차 정권 시절에 확립돼 있었다. 외상 아소 다로는 고이즈미 내각 시절에도 외상을 지내 당시부터 일본 외교의 미래 사업으로 「가치의 외교」를 제창했다. 그것은 「자유와 번영의 호自由と繁栄の弧」(arc of freedom and prosperity)를 기축으로 하는 외교 구상이다. 「호」는 지정학地政学 개념으로 영국의 지정학자인 해퍼드 매킨더Halford Mackinder가 아프리카와 발칸반도로부터 중동을 통해서, 동남아시아, 한반도에 이르는 띠 모양의 분쟁 다발 지역을 「위기의 호」(arc of crisis)라 규정하였는데, 인도의 전 외교 장관 만모한 싱Manmohan Singh 이 이 「위기의 호」라 불리던 지역에서 안정적이고 발전적인 아시아 공동체 건설을 주창하여, 이를 「번영의 호」라 불렀다. 아소 외상은 이에 따라 이 지역에 아시아에서의 「자유, 민주주의, 법의지배」등 보편적 가치의 선구자인 일본이 그동안 ODA 등에서 보여준 경제와 기술 원조를 통해 얻은 지위를 살려 「호」지역 전체의 번영에 공헌했다면, 그 결과로 경제나 안전 보장 등에서 일본도 국익을 증대시키게 되므로, 지금까지 「미·일 기축日米基軸」, 「유엔 중심주의国連中心主義」, 「근린 우호近隣友好」의 세 축으로 구성되어 온 일본 외교에 또 하나의 기둥으로서 「자유와 번영의 호」를 추가해야 한다고 주장했다. 그 구체적인 내용은 2007년에 간행한 저술 『어마어마한 일본とてつもない日本』에서 다음과 같이 서술하고 있다. 「가치의 외교」란, 「민주주의, 평화, 자유, 인권, 법의지배, 그리고 시장경제」라고 하는, 오늘의 일본이 지금까지 달성해 온 「보편적 가치」를, 권위주의체제로부터 민주주의체제에의 이행을 기획하고 있는 제국, 즉, 「북동 아시아로부터 중앙아시아, 코카서스, 터키, 그리고 중·동구에 발트 제국」에까지, 「자유와 번영의 호」가 되는 지역에 전해, 그러한 나라들의 민주주의체제에의 전환이라고 하는 「끝나지 않는 마라톤」에, 일본이 「반주伴走 주자」의 역할을 완수하는 것을, 일본 외교의 목표로 삼아야 한다고 주장하였다. 그 외교의 구체적인 내용을 보면, 「민주적 지원, 법제도 정비·사법재판 지원, 행정 지원 등의 그 밖에 「선거 지원」, 「시민 사회의 강화」, 「지적 지원」 등」으로, 종래의 일본의 외무성이 행해 온 활동이다.[98] 지금까지 해 온 일본의 활동은 유럽제국이 정치력이ㅏ 군사력으로 하는 활동과 비

교한다면, 경제와 기술의 원조가 주를 이루었으므로 지극히 작은 활동이었다고 말할 수 있을 것이다. 따라서 이러한 작은 활동이 국제 정치에 있어서 그다지 눈에 띄지 않았음을 반성하고, 그러한 활동에 이념적인 방향을 부여함으로써, 일본의 국제 정치에서의 존재감을 높이는 것을 노린 것으로 생각한다. 그 주장은 당시의 미·일 동맹을 전제로써 본다면, 미국 세계 지배의 「반주 주자」역할을 일본이 자진해서 맡아야 한다고도 받아들일 수 없는 것도 아니다. 이 「가치의 외교」는 가치관 외교라고도 불리는데, 당시에는 「안아(安麻) 외교」라고도 불리었다.

실은 이 가치관 외교의 발안자는 제1차 아베 정권 시대의 야치 쇼우타로우谷內正太郎 외무차관이었다.[99] 그는 2005년 1월부터 2008년 1월까지 외무차관을 지냈다. 아베 총리는 야치 차관을 아버지의 외상 시절 비서로 알게 됐고 이후 아베가 정무의 관방부장관, 야치가 사무의 관방부장관으로 고이즈미 총리를 보좌하기도 해, 끈끈한 유대 관계를 맺어왔다. 야치는 제1차 아베 정권 시대의 「전후 레짐으로부터의 탈각」등의 아베 외교의 「배후의 연출가」[100]이였다고 한다. 이는 야치는 아베 내각의 외교 방침으로서 다음 4개항을 진언하고, 아베 총리는 그 실현에 주력하고 있었기 때문이다. 네 가지 항목이란 집단적 자위권 행사에 대한 법 정비, 일본판 NSC(국가안전보장회의) 설치, 한·중과의 관계 개선, 대러시아 외교 등이다. 달성할 수 있었던 것은 한·중 관계 개선 하나뿐이었고, 다른 세 가지는 사직에 의해 좌절되었다. 따라서 아베 총리가 위에서 기술한 바와 같이 제2차 정권 출범과 함께 「외정 우위」의 정치를 펼치게 되는데, 그 내용은 야치의 4가지 진언 중 달성되지 못한 3가지 과제의 실현이었다고 할 수 있다.[101] 아베 총리는 2차 정권 출범 때 퇴임해 와세다대에서 교편을 잡고 있던 야치를 곧바로 내각 참여로 영입해 아베 외교의 멘토로 삼았다. 야치는 다음의 3점을 일본 외교의 과제로 평가하고 있다.「첫째, 일본의 외교 노선을 책정하는 데 대전제가 되는 미·일 동맹의 필요성을 재인식시키는 것이다. 둘째가 북방 영토를 포함한 일·러 관계의 타개이다. 일본보다 중국 중시의 러시아 외교를 전환시키는 것.」「제3이, 냉각되고 있는 중·일 관계의 타개」이다.[102] 상기대로 아베 총리는 야치 진언 실현에 착수해, 2014년에「외정 우위」의 정치를 펼칠 사령탑으로 일본판 NSC의「국가안전보장국國家安全保障局」을 설치하고 그 초대 국장으로 야치를 두고 있다. 이처럼 아베 1차 정권 시대의「안아외교」는 후쿠다 내각 시절 한때 중단됐으나 아소 내각 시대에 다시 부활해, 2009년 정권 교체까지 계속됐고, 이후 민주당 정권이 들어서도 그 기본 노선은 일단 유지된 것으로 보인다. 그리고 2013년 이후 아베 총리 밑에서 마침내 부활하게 된 것이다.

2010년의 센카쿠제도를 둘러싸고 중국은 일본에 대한 강국으로서 강경 자세를 나타내면서 가치관 외교는 그 후 약간 수정된다. 그 주요한 요인은 물론 중국의 대두이지만 그 밖에 다음 요인도 작용했다. 첫째, 21세기에 들어서면서 미국은 그 세계 일극 지배 체제의 유지가 경제적인 이유로 어려워졌고, 그 결과 안정된 국제 질서의 확보보다는, 자국의 국익을 중시하는 자세를 보이기 시작하였다. 그 귀결로서 그때까지 존재했던 유엔과 미국의 일체성이 없어지고, 양자의 이해 대립도 보이기 시작했다는 점이다. 거기에 따라 일본 외교의 네 개의 기둥 중,「일·미 기축」과「유엔 중심」사이의 우선순위 선택이 그 후 요구되게 된다. 말할 필요도 없이, 아베 총리의 추진히는「적극적 평화주의」의 핵심에는「일·미 기축」을 자리를 잡고 있다.

　아베 총리는 미국의 대일 정책을 담당하는 고관을 앞에 둔 2013년 2월의 「일본은 돌아왔습니다」라고 하는 연설에서, 「미국은 세계에서 가장 오래되고 가장 큰 해양 민주주의 국가, 그리고 일본은, 아시아에서 가장 경험이 많고 가장 큰 리버럴 민주주의이자, 역시 해양국이므로, 두 나라는 참으로 자연스러운 조합입니다.…나의 과제란…일본을…지금까지보다 더욱 믿음직스러운 파트너국으로 만드는 것입니다.」[103]라고 약속하고 있어, 일본은 미국이 내세우는 보편적 가치의 세계 보급 활동에 대해 충실한 「파트너」의 자세를 계속 견지할 것임을 선명히 했다. 따라서 중·일이 대립한다면 당연히 일본은 반중이 될 수밖에 없는 위치에 놓이게 될 것이다. 아소 외상이 가치관 외교를 주장했을 때, 중국은 그것이 중국을 포위하는 정책이라고 비판했다.[104] 일본은 비판에 대해 그럴 의도가 없다는 해명을 거듭하고 있다. 둘째는 강대국으로서 중국의 대두에 어떻게 대응할 것인지를 놓고 미국의 외교 정책이 명확히 확정되지 않았다는 점이다. 전후 미국 외교는 미국 현대 정치학의 성과를 받아들여 운용되고 있는 측면이 보인다. 「정치의 세계」에서, 사회 현상의 전개에 대한 「과학적 예측」이 강력하게 믿어진다면, 그예 측이 만약 옳다면, 그로 인해 최대의 피해자가 될 것 같은 액터는 그러한 「예측」이 실현되지 않도록, 적극적 proactive인 대책, 즉 선수를 쳐서 그러한 「예측」이 실현되는 사태의 출현을 모든 수단을 써 사전에 저지하려고 노력하는 것이 「정치의 논리」이다. 이는 마르크스의 「과학적사회주의」론이 자본주의경제는 그 발전 법칙에 따라 「자연 필연적으로」 사회주의로 발전한다는 「과학적 예측」을 전개하고 있으며, 그것이 19세기 말에서 20세기 초까지 널리 믿어지고, 그리고 실제로 1917년에는 러시아에서 사회주의 혁명이 성공하여 세계 최초의 사회주의 정권이 탄생했으므로, 이 마르크스의 「과학적 예측」에 대한 적극적인 대책으로서, 1930년대 유럽에서의 파시즘 대두와 전후 사회복지 체제 확립이 그를 논증하고 있다.[105] 전후, 미국은 전 세계에 자유와 민주주의를 확산시키는 것을 국가 목표로 삼고, 이를 실현하기 위한 목적으로 이용할 수 있는 정치학의 「과학적科学的」 연구를 지원하였다. 그 지원을 받은 정치학자들은 정치적 발전 단계를 달리하는 각국의 정치 동향을 비교 정치학적으로 고찰해, 거기에서 권위주의체제에서 민주주의 체제로 이행하는 정치 발전의 모델을 만들어냈다. 그에 따르면 개발 도상국에서 권위주의체제 아래 경제발전이 궤도에 오르고 그에 따라 중산층이 창출되고, 이 중산층이 중심이 되어 시민 사회가 형성된다면, 그리고 이 시민 사회의 자율성이 증대되는 기세를 보인다면 아래로부터의 민주화 운동이 일어나고, 권위주의체제에서 민주주의 체제로의 전환이라는 정치 발전이 생긴다는 것이다.[106] 냉전 붕괴 이후 동유럽 시민운동을 미국이 물심양면으로 도와준 것은 이 정치발전론의 모델을 외교에서 실천적 적용이라고 할 수 있다. 미국은 중국에 대해서도 이 「정치 발전론의 모델」에 입각한 외교를 전개한 것으로 보인다. 1970년대, 미·일이 공산당 일당 지배인 중국과 국교를 맺어--그것은 소련이 주도하는 사회주의권을 분열시키려고 한, 즉 냉전을 승리로 이끌기 위한 정략에 근거한다고 해도--. 중국의 경제발전을 지원했다. 그 후, 1990년대에 냉전 붕괴와 때를 같이하여 글로벌 경제의 진전이 이루어졌으며, 14억 인구를 가진 중국은 세계의 공장 역할을 하기까지 경제성장을 이루었다. 그에 따라 중산층도 탄생하고, 그것을 중심으로 하는 「시민 사회」도 형성되어 중국이 머지않아 「정치 발전론의 모델」대로, 권위주의체제에서 민주주의 체제로의 이행이 일어날 것이라는 희망적 관측도 한때 퍼진 적이 있었다. 그런데 2012년 총서기가 된 시진핑을 지도자로 하는 중국공산당은 미국의 현대 정치학에 의해서 개발된 「정치발전론」의 「과학적 예측」의 실현을 저지하는 적극적인 대책을 취하기 시작했다. 이렇게 하여 공산당 일당 독재의 권위주의적 체제인 중국은 그동안 미국이나 서구 여러 나라의 지원을 받아 진행되어 온 눈부신 경제발전의 결과 싹튼 민주주의로의 움직임을 국내에서는 억압해, 대외적으로는 해양에의 팽창주의적 정책을 채용해 해군의 증강이나 남중국해로의 진출을 강행하기 시작한 것이다. 그뿐 아니라, 「일대일로一帶一路」정책을 내걸고 미국을 넘어 그 영향권을 중앙아시아, 아프리카, 유럽으로 확대하기 시작했다. 또한 잃어버린 청清제국 시대 중국의 판도 회복을 목표로 하고 있으며, 그 일환으로서 일본의 센카쿠 제도 반환을 요구하는 센카쿠 제도에 중국 공선公船는 항상 침입을 되풀이하고 있다. 이러한 중국의 억제 없는 팽창주의는 미국이 취해온 「정치발전론의 모델」에 기초한 대중 외교 정책 실패의 증거일 것이다.

 이 실패를 깨달은 미국의 오바마 행정부는 그 후기에 유럽에서 아시아로 미군을 재배치하는 「리밸런스rebalance」정책을 취하면서 대중 견제로 외교 방침을 수정하기 시작했다. 그렇다고는 해도 그동안 글로벌 경제의 논리에 따라 미·중 간에 긴밀한 경제 관계가 구축돼 있어, 따라서 대중 정책의 전환은 쉽게 진행되지 않고, 일진일퇴를 거듭할 수밖에 없었다. 2012년 말 총리로 복귀하기 직전 집필한 영문 논문 「안보 다이아몬드 구상安保ダイヤモンド構想」에서 아베 총리는 「남중국해는 『북경의 호수』가 된 것 같다」라고 대중 위협론을 펴면서 대중 견제를 위해 미·일·호주·

인도 4개국 간 연대 필요성을 호소했다.[107] 이 구상은 이후 아베 총리의 주도권에 의해 그 실현이 목표로 되어, 총리 퇴임 후에 미·일 양국이 공통으로 내거는 외교 방침「자유롭고 열린 인도 태평양」(FOIP)의 기초가 되는 대중 견제를 목표로 하는 국제 제휴 체제의 확립으로 이르는 것이다. 2017년 시점에서 중국은 세계 제2위의 경제대국이자 군사적으로도 초강대국으로 변모하고 있다. 후나바시 요이치船橋洋一·아이켄베리에 의하면, 「중국은 경제 규모의 확대와 함께, 군대나 준군사 조직의 근대화와 증강을 진행하고 있다. 1989년 시점의 중국의 군사 예산은 일본의 절반이었지만, 2001년에 일본의 방위예산을 넘어 2017년에는 다섯 배까지 증가했다.」라고 한다.[108] 과거 유럽의 열강들에 의해 빼앗긴 청제국의 모든 것을 회수하기 위해 움직이는 팽창주의 중국과의 교재는 일본으로서는 외교적인 난문제. 2016년 11월 아베 총리는 트럼프가 차기 대통령에 당선되자, 위와 같이, 곧바로 뉴욕으로 날아가, 트럼프 당선인과 한 시간 반간의 회담을 했다. 이 자리에서, 중국에 관해, 「중국은 언제부터, 어느 정도 속도로 군사비가 늘고 있느냐는」질문에, 아베 총리는「30년 가까이 약 40배로 늘었다. 이렇게 늘린 나라는 세계 중에는 없다」라고 하자 놀란 표정을 지었다고 한다. 아베 총리는 중국 잠수함의 구체적인 보유 수도 거론하며「표적은 서태평양 등에서 활동하는 미 해군 7함대라고」호소했다. 일본뿐 아니라 미국의 문제도 된다며「미국은 존재Presence를 유지해 달라고」당부했다. 그러면서 중국의 진출을 염두에 둔 가치관 외교의 수정판인 자유롭고 열린 인도 태평양 구상을 서로 확인했다는 것이다.[109]

이로써 가치관 외교는 트럼프 대통령에 의한 미국의 대중 억제정책으로의 전환에 따라 그 대상 지역이 인도, 동남아시아, 인도네시아, 호주로 한정되고, 나아가 암암리에 국제 정치적 차원에서는 대중 견제 시스템 구축으로 방향을 수정하고 있는 것으로 보인다. 시계열적時系列的으로 보면, 아베 총리는 2차 정권 출범 직후, 아소 재무상을 미얀마에 보내고, 스스로는 베트남, 타이, 인도네시아를 역방歷訪하고, 다음에 미국과 몽골에 방문해, 즉각 가치관 외교를 전개하고 있다. 두말할 것도 없이 아베 외교의 기본은 「미·일 기축」이기 때문에 학자파인 오바마 대통령과는 기질이 맞지 않는데도 자신을 억누르고 현실주의적으로 미·일 관계 강화에 주력했다. 그 일환으로서 아베 총리는 게이오대 졸업 후 마쓰시타 학원 시절 미국 유학 경험을 가진, 2015년 10월에 외무담당 수상 보좌관으로 기용하고 있던, 상술한 카와이 가쯔유키 의원으로부터, 미국에서는 외교 정책 결정에 대해 행정부뿐만 아니라, 의회, 특히 상원이 큰 영향력을 가지고 있으므로, 「미·일 기축」을 강화하기 위해서는, 행정부뿐만 아니라, 의회를 자기편으로 하는 외교를 실시해야 한다는 조언을 받아, 2015년 4월 일본 역대 총리로는 처음으로 미 의회 상하 양원 합동 회의에서 미·일 동맹을 「희망의 동맹」으로 발전시키겠다는 일본의 입장을 분명하게 보여주는 연설을 통해, 미·일 관계를 더욱 강화에 노력했다.[110] 그리고 이듬해인 2016년 5월에 이세시마伊勢志摩 서밋의 개최를 무사히 마쳤다. 그때 일본의 전통과 문화의 상징이라 할 수 있는 이세진구우伊勢神宮에서 정상을 맞았다. 이를 통해 미국·유럽과 다른 일본의 개성을 정상들에게 각인시키려 애썼고, 나아가 오바마 대통령을 히로시마로 맞이해 핵무기 없는 세계의 꿈을 이야기하게 했다. 상술한 바와 같이 오바마 대통령의 히로시마 방문에 대한 답례로 하와이에 가서 일본군에 의해 희생된 전몰자 위령을 하고 있다. 이처럼 2012년까지 6명이나 일본 총리가 교체를 거듭하던 시절과 달리 장기 집권한 아베 총리는 그 외교활동을 통해 일본의 존재감을 세계에 알렸다고 볼 수 있을 것이다.

한편 미·일 기축을 강화하는 외교와 함께, 동남아시아 지역에서의 가치관 외교를 전개하면서, 아베 총리는, 야치가 진언한 「일·러 관계 타개」에 착수해 북방 영토 문제 해결을 꾀하기 위해 러시아와 교섭을 시작했다. 그리고 다음 또 다른 과제인 한·중과의 관계 개선에 대해서는, 우선 한국에 대해서는 미국의 요청도 있어, 한·일 현안懸案 문제의 위안부 문제에 대해서는, 기시다 외상에게 현실주의적으로 대응하게 하여, 마침내 2015년 말에 당시 박 정권과의 사이에서, 「일본이 위안부의 지원을 목적으로 10억 엔을 거출拠出해, 최종적이고 비가역적으로 문제를 해결한다.」라는 위안부 합의에 다다랐다. 또한 자유롭고 열린 국제 질서 구축에 있어서 미국의 「반주 주자」로서의 역할을 적극적으로 완수할 수 있도록, 그 일환으로서 일본의 경제 회생을 목표로 해 EU를 비롯한 자유무역협정의 체결에 매진해, 상기대로, 2016년 2월에 TPP의 서명에도 도달하고 있다. 이처럼 2017년까지 아베 총리는 수정판 「가치관 외교」 외에 다원주의적 외교를 펼쳐 국제사회에서 일본의 존재감을 높이는 데 크게 이바지했다. 이 점은 아베 총리와는 다른 가치관을 가진 사람들에 의해서도 일정한 평가를 받는 성과일 것이다.

이상, 아베 총리가 제2차 정권 발족 시에 해결을 목표로 내건, 3가지 과제 중 교육의 위기 극복 과제를 제외하고 2017년까지 각각의 과제에 임하는 정책 전개를 대략 추적해왔다. 다음으로 마지막으로 남은 과제의 교육개혁에 대해 살펴보고자 한다.

본 절의 1에서 이미 말했듯이 아베 총리는 제1차 정권 시절 「전후 레짐으로부터의 탈각」을 기치로 교육기본법 개정에 성공하고 있다. 그가 말하는 「전후 레짐」이란 현행 일본국 헌법에 근거한 보편적 가치관을 토대로 하여 확립된 정치·사회 질서 체계를 가리키지만, 이 질서 체계란 「복고적」 내셔널리스트에는 과거 대전에서 일본이 「인도에 반하는 죄를 범하고 있다」고 하는 전승자가 강요한 가치관에 기초하고 있는 것이므로, 그것은 일본의 전통과 문화를 부정하고, 일본인에게 「국민으로서의 긍지와 자신감」을 없애도록 하는 질서 체계이며, 더구나 이 질서 체계를 뒷받침하고 있는 것은, 일본 헌법과 이에 기초한 교육시스템이라고 생각된다. 이러한 전승자의 강압적인 가치관에 의해 왜곡된 교육에서 벗어나지 않으면 일본의 진정한 독립은 있을 수 없다. 이러한 사고방식을 토대로 아베 총리는 차세대 정신과 행동양식을 규정하는 사고방식을 주입하는 의무교육에 있어서 교육 방침의 기초인 교육기본법을 「일본의 전통과 문화의 존중」을 자녀들에게 가르쳐 이들이 「애국심을 가진 국민」으로 사회화될 수 있도록 개정했던 것이다. 아베 총리의 사임 후, 이 개정 교육기본법에 근거하는 제도 개혁은 그 후 실시로 옮겨지지만, 정권 교체도 있어, 아베 총리의 기대 대로로는 진행되지 않았다. 제2차 정권을 출범시킨 아베 총리는 「마인드 컨트롤에서 벗어나, 필요한 것은 확실히 아이들을 위해서 고쳐 쓸 필요가 있다.」라는 방침을 밝히고 이 방침에 근거한 제도 개혁, 특히 교과서 제도의 재검토를 그 측근인 시모무라 하쿠분 문부과학상, 하기우다 고이치 자민당 총재 특별보좌, 요시이에 히로유기義家弘介 전 문과 정무관에게 맡겼다. 교과서 검정 기준 개정에서 아베 총리와 세 사람 사이에 이견이 다소 있었으나 조정되어 2014년 1월 문부과학성은 교과서 검정 기준의 개정을 고시하였다. 개정된 기준에 따른 교과서는 2016년 4

월 신학기부터 사용하게 되었다. 이 교과서 검정 기준의 재검토 작업에서 아베 총리의 「외정 우위」의 정치와의 관련 에서 주목할 점은 강경한 「복고적」 내셔널리스트가 주장하는 「자학 편향 교과서의 시정自虐偏向教科書の是正」이 실현되고, 그 안에서 눈에 띄는 것은, 중고교용 학습 지도 요령의 해석에 센카쿠·독도를 「일본 고유의 영토」라고 명기하고 있다는 점이다. 더욱이 기존 교과서 검정 기준에는 「근린 아시아 국가들 사이의 근현대 역사적 사상 취급에 국제 이해와 국제 공조의 견지에서 필요한 배려가 이루어질 것」이라는 의무이행 규정이 있었으나, 이 「근린 국가 조항」은 이미 2013년 가을에 만든 「주요 문부과학 행정시책」의 교과서 개혁 항목에 명기되지 않아 사실상 무산됐다.[111] 어쨌든 이러한 개정된 교육방침 하에서 차세대 국민이 만들어지겠지만, 중국이나 한국 등 근현대사 교육에 있어서 「역사사실歷史事実」해석에 있어서 서로 다른 견해가 필연적으로 생겨나고, 그것이 장기화하면, 근린 국과의 상호 이해에서 불신을 낳을 가능성도 향후 우려된다.[112]

교육제도 개혁의 또 하나는 총리 권력에 대한 점검과 통제 기제機制와의 관련도 있으므로, 아베 2차 정권 시절에 진행한 대학 제도 개편에 대해 간단히 언급할 필요가 있을 것이다. 세기의 전환기에 하시모토 내각에 의해 행정개혁의 일환으로 국립대학은 독립행정법인으로 전환되었다. 독립행정법인이란 대처 총리에 의해 단행된 영국 복지국가 체제의 신자유주의적 개혁에 의한 「큰 정부」로부터 「작은정부」로의 국가 기능 감축 기도의 하나로서, 공공 서비스의 제공 부분을 담당하는 기구는 이를 정부 조직에서 분리하여 민간기업의 관리 운영원칙, 즉 경비 절약, 업무 집행에서의 효율성, 지출 경비에 걸맞은 성과를 내는 효율성, 이 세 가지 원칙을 행정의 관리 운영 기본방침에 도입시킨 행정 단체(agency)이다(본서 제2부 제1장 3을 참조). 이런 성격의 행정 단체로 바뀐 대학은 이제 「교육 敎育」이라는 행정서비스 수요자의 학생에게 교육 서비스를 제공하는 국가 예산으로 운영되는 일종의 기업체 성격을 띠게 됐다. 그리고 국립대학이 독립법인으로 바뀌면서, 대학 운영은, 교수회 자치가 아닌 문부과학성으로부터 채용을 권유받은 경영 능력이 뛰어난 기업인이 중심이 되는 이사회 업무로 바뀌었다. 그에 따라 그때까지 대학의 교육뿐 아니라, 대학의 운영에 대해도 주역을 맡아 온 교수는 점차 「교육」 서비스의 제공자로서의 「교육 노동자」의 활동으로 그 임무가 한정되고, 이어서 교육에 필요 불가결한 학문·연구의 비용에 대해서도, 그 목적을 명확하게 해 일정한 연도 내에 그 성과, 즉 연구 실적을 내는 것이 조건으로 지출되는 구조로 바뀌어 갔다. 즉 「55년 체제」시대의 대학과는 그 성격이 근본적으로 변화된 것이다. 이 일의 정치적 효과는 다음과 같다. 55년 체제 때는 국립대 인문 사회과학계에서 큰 비중을 차지했던 중도좌파 내지는 좌파 교수들이 정부 비판을 되풀이해도, 대학의 자치가 보장됐기 때문에 권력을 두려워할 필요가 없었다. 즉 학문 연구를 통해 얻은 지식을 바탕으로 정부의 정책을 객관적으로 평가하고 경우에 따라서는 그 정책을 비판했다. 그것은 당연히 야당을 응원하는 결과가 된 경우도 많다. 그런데 21세기에 들어서면서 인문. 사회과학 분야에서는 냉전 붕괴와 함께 마르크스주의 영향도 후퇴하고, 대학교수의 세대교체로 아베 정권의 「보수의 이념」에 입각한 「전후 체제」의 개혁에 대해서는 혹시 비판하고 싶어도 목소리를 높여 반대할 용기를 갖는 대학교수의 수가 점차 감소했다. 그리고 전체적으로 대학교수는 정치에 참여하고 싶어도 권력과 싸워 패배했을 경우에는 그 신분이 보장되었던 「대학의 자치」라는 「퇴각의 장」이 소멸된 이상, 상당수는 침묵하거나 그 발언을 자제하는 경향을 띠기 시작한 것으로 보인다.

이처럼 국립대가 독립행정법인으로 바뀌면서 대학교수와 정치와의 관계에도 변화가 생겼다. 이 변화는 아베 정권의 경제성장을 위한 대학 개혁에 의해서도 진행될 가능성이 커진 것으로 보인다. 이는 아베 내각은 과거 인문 사회과학계 대학교수들이 좌파 내지는 중도좌파 계열의 논단에 기대거나, 또는 대중 매체에 등장해 자민당 정부를 비판해 온 시대가 다시 출현하지 않도록, 대학 전체를 경제성장을 위한 대학 개혁이라 칭하며 이과理系계 중심으로 재편할 계획을 내놓고 있기 때문이다. 2013년 2월 말 아베 총리는 중참 양원에서 시행한 시정 방침 연설에서 「『대학력大学力』은, 국력 그 자체입니다. 대학의 강화 없이는 우리나라의 발전이 없습니다.」라고 말하고 있다. 2015년 5월 26일의 경제재정 자문회의에 출석한 시모무라 문부상은 「일본의 성장을 위한 교육 재생·과학기술 기술혁신시책의 강화」의 필요성을 설명하며, 「교육에의 투자 없이는, 경제성장은 없다」라고 주장했다. 그리고 이 주장을 실현하는 정책으로 6월 8일에 시모무라 문부과학상은 전국의 국립대학 법인에 대해, 2016년도부터 5년간의 제3 중기 목표, 중기 계획을 책정에 있어서, 인문 사회과학계와 교원양성 계의 이른바 「문과」 학부, 대학원 폐지나 다른 분야로의 전환에 힘쓰도록 요구하는 통지를 보냈다.[113] 이렇게 대학의 인문 사회과학계는 축소 내지 폐지하고 대신 경제성장과 방위력 강화에 봉사하는 기술계의 충실화를 위한 대학 개혁 방침을 내세우고 있다.

이상에서 서술한 것처럼, 「55년 체제」 시대에서 국립대학의 교수들 중

많은 비중을 차지했던 좌파 또는 중도좌파 계열의 교수들이 적극적으로 정치에 참여하고 있었지만, 그러한 일을 가능하게 했던 제도 자체가 소멸하였고, 그것은 대중 매체의 정치적 공간의 왼쪽 부분 결핍으로 이어져, 아베 총리의 관저 권력에 대한 체크와 제어 기능의 쇠퇴를 초래한 요인 중 하나일지도 모른다고 생각된다.

그런데 위에 기술한 바와 같이 2017년에 「모리·카케」문제가 발각되고, 나아가 그것과의 관계에서의 「촌탁 정치」의 횡행이 야당이나 대중 매체에 의해 다루어져 비판받게 되었다. 「모리·카케」문제는 총리 권력에 대한 점검과 통제라는 정치적 시스템의 유명무실화와 내재적으로 연관돼 있어 「정치의 세계」에서 총리의 정치적 가치관이 제도적 장치의 여과를 받지 않고 실로 그대로 노출된 사건이라고도 볼 수 있다. 또한 「촌탁 정치」는 일반 사회에서는 원맨 사장의 회사는 어디서나 자주 일어나는 사건이다. 즉, 일본에서 아베 총리가 「원맨 사장」으로 변용되었다는 것이 그 증거일 것이다. 「모리·카케」문제는 아베 총리의 가치관과 깊이 연관된 문제이므로 다시 한번 그 가치관을 확인해 둘 필요가 있다.

아베 총리의 정치적 목표는 메이지유신 이후 확립된 대일본제국을 미국이 세계를 지배하는 국제 정치 환경 속에서, 그 환경에 적합한 형태로 재편시켜 존속 발전시키는 것이다. 따라서 전쟁 전 해양 국가인 일본이 나치·독일과 같은 대륙 국가가 되려고 했던 잘못된 선택을 한점을 반성하고, 지정학적으로 정해진 해양 국가로서, 그 시작은 불행한 일이었는지는 몰라도, 이를 뛰어넘어 마찬가지로 해양 국가인 미국과의 관계를 견지하고, 전후 일본을 영국이나 프랑스와 같은 「보통 국가」처럼 만들어 국제사회 속에서 그 존재감을 높이려는 것으로 보아도 틀림없을 것이다. 따라서 아베 총리에게 야당의 리버럴한 사람들과는 그 근거에 있는 근본적 가치관이 다르다. 아베 총리에게 일본인 국가의 존속·발전이 최고 가치이며, 일본 헌법의 세 가지 기본적 원칙과 같은 보편적 가치는 국가 운영상 필요하면 이용하는 이차적인 가치이다. 즉 그에게 있어서는 「국가이성國家理性」 즉 그가 생각한 국익이 최고 가치이다. 그것을 위협하는 사람은 모두 적이며 국가 안팎으로 그런 적을 배제하는 것이 정부의 임무라고 생각한다. 이러한 생각에서 아베 총리는 내정의 「적」이 근거하고 있는 현행 헌법 개정을 목표로 하고 있을 뿐만 아니라, 아이러니하게도 이 헌법하에서 총리의 지위가 부여되고 있음에도 불구하고, 당연히 그것을 존중하지 않고, 더욱이 그 연장선에서 권력투쟁의 「게임의 규칙」으로서의 헌법의 형식적인 측면만을, 즉 자신의 권력 운용에 유용한 헌법의 측면만을 이용하고 있는 것으로 보인다. 그것은 2014년 2월 12일의 중의원 예산위원회에서 집단적 자위권 행사에 관한 총리의 해석에 대해서, 그것은 종래의 법제국 장관의 답변과 다른 점을 야당으로부터 힐문詰問받아, 거기에 답하는 다음의 주장 중에 나타나고 있다. 「아까 법제국 장관의 답변을 요구하셨지만 최고 책임자는 접니다. 제가 책임자이고 정부의 답변에 대해서도 제가 책임지고, 그 위에 우리는 선거에서 국민들 한테 심판을 받거든요. 심판을 받는 건 법제국 장관이 아니라고요, 바로 저랍니다. 그러니까 제가 이렇게 답변을 드리는 겁니다.」[114]

이렇게 말한 아베 총리는, 즉 의회제 민주주의 국가에서 국민으로부터 정권의 정당성을 승인받는 선거에서 다수의 지지를 얻은 것으로 그 승인을 받았으니, 정부의 수장인 내가 「행정권을 집행하기 위해 헌법을 적절히 해석해 나가는 것은 당연한 일이다.」라고,[115] 이어 6월 기자 회견에서도 같은 취지를 주장했다. 즉 선거에서 국민의 지지를 얻고 있다면 무슨 일이든「합법적」으로 실시할 수 있다고 하는「선거 지상주의」사고방식이 엿보이고, 또 선거에서 국민의 지지를 얻기만 한다면, 현행 헌법에 따라 헌법 운용에서 쌓여온 입헌적 관례를 깨도 좋다는 현행 헌법의 관행 부정 시각도 보이는 것이다. 또 야당이 총리의 위헌적 행위를 아무리 소리 높여 비판해도 마이동풍馬耳東風이고, 그렇게 비판한다면 선거로 다시 정권을 되찾는 것이, 먼저라는 듯한 태도를 보인다. 따라서 야당이「모리·카케」파문의 진상 규명을 위한 임시국회 개최를 요구해도 응하지 않는 국회 무시 태도를 태연히 취할 수 있었다. 요컨대, 야당을「적」으로 여기고, 더구나 야당과는 공통의 가치관을 공유하고 있지 않다는 것이다. 그 귀결로서「경쟁적 정당 시스템」은 기능 부전에 빠지는 것은, 필연적인 추세일 것이다. 물론 일본이 직면한 과제에 대해 야당이 여당을 대체할 수 있는 창조적이고 건설적인 대안을 구상할 역량이 부족하고, 나아가 여당보다 직접적으로 국민에게 도움이 될 만한 구체적인 정책을 국민에게 제시할 수도 없는 상태가 계속되고 있다. 더욱이 의회에서 야당은 전체적으로 소수인데도, 더 세분되어 서로 경쟁하고, 따라서 야당의 역할을 하지 못하는 데도, 총리의 의회 경시 자세를 조장하고 있는, 한 원인도 있을지 모른다.[116]

다음으로, 가치관이 다르므로 당연히 그에 기초한 역사 해석도 다르다. 보편적 가치관을 체현하는 현행 일본 헌법이 현대 일본의 기점이지만 아베 총리에게 현대 일본의 역사적 기점은 메이지유신이다. 리버럴 파와는 역사를 파악하는 시간 축이 다른 것이다.[117]

일본 제국의 대만과 조선의 식민지화, 그리고 이른바「만주 사변滿州

事變」으로 본격 시작되는 중국 침략 등 일본 제국이 인접국에 가한 가해자로서의 행위에 대해서는, 리버럴 파 계보의 호소카와 담화, 무라야마 담화, 코노우 담화 등을 통해 일본은 거듭 진사陳謝 의사를 표명하고 있다. 아베 총리는 주변국에 대해 일본이 취한 행위에 대해서는 역대 총리의 담화를 자신의 역사관 속에 재구성하여 상대화相對化시키는 형태로 이를 계승하는 자세를 다음과 같이 밝히고 있다. 즉, 현대 일본의 기점을 메이지 유신에 두고 미국의 페리 제독에 의해 봉건의 꿈에서 각성된 메이지 일본은 구미 열강을 따라가야 할 근대국가의 모델로 정하여 아시아에서 최초로 근대국가를 건설하였다. 그 후 국제사회에서도 따라잡으려는 근대국가의 구미 열강이 행한 것과 같은 일을 행했고, 그 과정에서 대만의 식민지화나 인접국인 조선을 식민지로 삼아, 이어 20세기인 10년대부터 세계 시장 분할의 전쟁이 열강들 사이에 시작되었는데, 아시아에서 처음 태어난 열강으로서의 일본 제국도 그 싸움에 참여해, 그동안 한 시기에 선택을 잘못하고 영·미를 적으로 돌리게 되어 불행한 패전의 쓰라림에 있었다. 현대 일본은 본래 해양 국가인 일본이 대륙 국가가 되려 한 선택의 잘못을 반성하고, 해양 국가인 미국과의 동맹을 더욱 굳건히 하고, 앞으로 해양 국가로서 「보통 국가」의 체제를 갖춰야 한다는, 역사관을 보여주며, 일본 제국이 범한 일시적인 잘못은 역대 총리 담화와 마찬가지로 사과하지만, 그 외의 부분은 「잘못하지 않으니까」리버럴 파의 역사관에서 볼 수 있듯이 반성과 사죄가 필요 없다는 것이다. 하지만 이 생각을 솔직히 드러내지는 않고, 외교적 배려를 한 2015년 8월 전후 70년 담화로 표명되었다. 그중에서 과거 일본이 행한 「식민지 지배」와 「침략」은 객관적인 묘사 속에서 언급되었고, 그에 대한 역대 총리의 담화에서 나타난

「통절한 반성과 마음으로부터의 사죄의 마음」은 역대 수상과는 달리, 주어는 수상이 아닌 「일본」으로 바꾸어 표명되어 있다. 한편 이 담화 속에는 「이 전쟁에는 아무런 관련이 없는 우리의 자식과 손자, 그리고 그 후세대의 자녀들에게 사죄를 계속하는 숙명을 짊어지게 해서는 안 된다」라는 아베 총리의 오랜 신념도 표명돼 있었다. 아무튼 총리의 전후 70년 담화 발표로 인해 중·일 관계나 한·일 관계의 추가 악화를 우려했던 리버럴파 인사들과 언론은 이 담화에 일단 「식민지 지배」와 「침략」이 언급됐고, 역대 총리의 담화가 계승되고 있는 점을 평가하며, 아베 총리가 현실주의적으로 대처했다며 안도했다.[118]

돌이켜보면 「55년 체제」 시대에는 일본의 고도 경제성장이 창출한 가치의 배분을 둘러싸고 「이권 정치」가 횡행하고 권력 부패는 「정치와 돈」의 문제로 표면화되었지만, 그것은 다나카 가쿠에이 전 총리의 대의옥사건大疑獄事件이나 나카소네 전 총리, 다케시타 전 총리, 하시모토 전 총리 등 총리 개인의 수회收賄사건 등이었다. 그런데 「외정 우위」의 정치를 전개하는 아베 총리에게는 이런 유형의 「정치 부패」가 표면적으로는 보이지 않는다. 하지만, 상기와 같이 마쯔시타 미도리 법무상의 공직선거법 위반이나 오부치 유코 경제산업상의 정치자금규제법 위반, 그리고 2016년 1월에 아마리 아키라 경제재생상의 UR 뇌물수수 사건 발각으로 사임한 건 등이 곳곳에서 발견되었지만, 수상 개인의 대의옥사건과 같은 큰 「정치 부패」는 보이지 않고, 상대적으로 「청결한 정권」이었다고 볼 수 있다.

그런데 상기대로 아베 제2차 정권하에서 관저에 대한 권력 집중과 더불어, 수상에게 개인적으로 접근하여 국유재산 불하拂下와 인허가에 편의를 얻어 「이권」을 챙기려는 움직임, 즉 권력 남용 형태의 「정치 부패」가 표면화되기 시작한 것이다. 그 현저한 사례가 오사카의 모리토모 학원에의 국유지 불하 사건이다. 이 사건은 아베 총리의 「복고적」내셔널리즘적 가치관과 깊은 관련이 있다. 학교법인 「모리토모 학원」이 경영하는 유치원의 기본적인 교육 방침은, 메이지 천황의 교육칙어를 유아에게 암기시키는 것이었다. 교육칙어는 두말할 나위도 없이 전전 일본인의 정신적 배경을 형성하는 데 있어서 가장 중요한 역할을 한 훈화訓話이다. 아마도 교육칙어는 일본 제국 신민에게 있어서는 기독교도의 바이블에 가까운 존재이며, 그것은 일본적 가치관을 상징하는 이념이라고 해도 과언은 아닐 것이다. 모리토모 학원의 창설자는 「풀뿌리의 보수」를 대표하는 「일본회의」오사카지구 간부로 오사카로부터 유아 교육을 통해 「일본을, 되찾는다」라는 사업을 벌이고 있는 것으로, 아베 총리는 받아들인 것으로 알려졌다. 동학원이 개설 예정이었던 초등학교의 명예 교장에 수상의 아끼에照惠 부인이 취임하고 있었다. 이 학원에 오사카후 토요나카시 大阪府豊中市의 국유지가 감정 평가액에서 8억엔 할인되어 매각된 사실이 2017년 2월에 발각되었다. 이 매각에 관여했다는 질문을 받은 아베 총리는 「나나 아내가 매매나 인가에 관여하고 있으면 총리도 국회의원도 그만둔다」라고 국회에서 답변했다. 이 답변 후에 재무성의 결재 문서에서 수상 부인이나 복수 정치인의 이름을 삭제한 공문서 조작도 밝혀졌다.[119] 그와 관련된 재무성 사가와 노부히사佐川宣寿 재무성 이재국장理財局長은 아베 총리가 국회에서 그 결벽을 이상처럼 단언한 이상, 총리의 마음을 헤아려 아베 총리의 발언에 맞을 만한 문장 개찬改竄을, 매각을 담당한 긴끼 재무국近畿財務局에 명령한 적이 있었다고 한다. 스가 장관은 2017년

8월 내각인사국장을 겸무하게 된 스기타杉田 부장관과 함께 내각 인사국을 지렛대로, 만약 관저의 명령에 이의를 제기하는 자는 격하降格를 포함해 불이익을 주는 시스템을 구축하고, 부처에 근무하는 관료에 대해서는 권력을 이용해 복종시키고 있고, 한편 관료 쪽에서도 그들은 순조롭게 승진하고 싶은 욕구가 있으므로, 관저로 인정받아 순조롭게 승진하기 위해서, 관저의 의향을 스스로 헤아려 과잉 충성過剩忠誠을 나타내는 풍토가 형성되어 있었다. 이러한 풍토는 언론에서는 「촌탁 정치」라는 조어로 표현되어 위에서 기술한 것처럼 체크와 컨트롤이 통하지 않는 1인 사장이 있는 회사처럼, 아베 정권하의 일본 정부 내에는 「촌탁 정치」가 횡행하게 되었다.

「모리·카케 문제」의 「모리」는 이상 말한 모리토모 학원의 의혹이며, 다음으로 「카케」는, 같은 학교법인 오카야마시에 있는 카케학원의 수의 학부 신설 계획을 둘러싼 의혹이다. 그 이사장은 아베 수상이 미국 유학 시절의 친구로 그 친밀도가 높아져, 골프 동료로서 그 친분을 서로 따뜻하게 해주는 친한 친구 중 한 명이다. 수의대가 너무 많아 더 늘리면 수의사를 과도하게 배출할 수 있어, 수의대 신설이 금지되어 있었다.

「아베노믹스」의 세 번째 화살의 그 실체는 고이즈미 정권의 「구조개혁」노선의 연장이며, 신자유주의적인 규제 완화를 목표로 하는 것이었으나, 「구조개혁」노선의 평판이 좋지 못하다는 점에서, 규제 완화가 경제성장을 위해 꼭 필요불가결한 부분은 「경제특구」로 명명하여 규제 완화를 시행하기로 되어 있었다. 이 제도를 활용해 카케 학원加計学園은 에히메현 이마바리시愛媛県今治市에 수의 학부 신설을 문부 과학성에 신청한 것이다. 이 신청에 대해 기존 수의대를 둔 학교법인이 반대해, 인허가가 무산됐지만, 총리의 주선으로 문부과학성이 인허가를 내줬을 것이라는 추측이 나왔다. 야당은 그 진위를 확인하기 위해 국회에서 거론할 때, 내각부로부터 「총리의 의향」등의 말을 들었다는 문서가 문부 과학성에 있다고 해, 당시의 문부 과학성 차관도 언외言外에 그것을 인정하는 발언을 해 문제가 되었다. 이리하여 아베 총리가 친구가 경영하는 법인을 우대한 것이 아니냐는 의혹이 제기된 것이다. 아베 총리는 그런 적이 없다고 주장했고, 내각부는 그에 맞춰 총리의 뜻이라는 말을 들었다는 문서는 없다고 강변하면서 이곳에서도 「촌탁 정치」가 전개되었다. 그때 그런 문건이 있다고 언외에 내비친 문부과학성차관은 관료 낙하산을 지원한 일이나 사생활까지 폭로돼 사퇴를 강요받게 됐다.[120] 이후 아베 총리는 인허가와는 일절 관계없다고 강변했고 그 자세는 사임까지 이어졌다.

　냉전 붕괴 후에 변모하기 시작한 국제 관계에 대한 대응, 또한 급속히 속도가 향상되기 시작한 글로벌 경제의 진전 속에서 일본의 사회·경제 시스템의 존속·발전을 도모하기 위해서는 그 재편을 어떻게 해야 하는가, 라고 하는 종래의 정책 결정 시스템에서는 대응하기에는 부하負荷가 너무 많은 큰 문제가 잇달아 제기되어, 세기의 전환기를 전후하여 종래의 보텀업식 정책 결정 시스템에서 톱다운식의 그것으로의 정치 개혁이 시작되어, 2012년 말에 탄생한 제2차 아베 정권에 의해 2014년 5월의 내각인사국 설치로 간신히 완료되게 되었다. 이에 따라 위기에 대처하기 위해 필수적인 최고 의사결정자의 총리직 「민주적」권력 집중화 제도가 실현됐다. 그것은 일본에 있어서 필요 불가결한 「결정 중추」제도의 개혁이었다고 말할 수 있다. 그런데 자유 민주주의 국가 안에 「집중된 권력」을 근대 헌법 이념의 실현을 위해 행사하지 않으며 안 되게 만들고 있는 입헌주의적 점검과 제어 시스템의 「일본판」이 위에서 언급한 이유에 의해 기능 부전을 초래하게 되었다. 그 결과 아베 총리의 인격이 그러한 제도적인 여과 장치를 거치지 않고 「정치의 세계」에 노출되는 사태가 2016년경부터 표면화되기 시작한 것이다. 무엇보다, 근대 헌법의 한 유형의 현행의 일본국 헌법의 준수를 맹세하는 정치가가 수상이었다면, 입헌주의적인 체크와 컨트롤 구조의 기능 부전이 있어도, 이러한 사태를 출현시킬 확률은 그렇게 높지 않았을지도 모른다. 그런데, 아베 총리는 현행 헌법의 개정론자이며, 근대 헌법 이념에 대해서는 부정론자이다. 그 결과, 그가 영·미의 근대 헌법 이념보다 일본의 전통과 문화를 우위에 두고 있다는 점에서 「법의지배rule of law」의 의미가 제대로 이해되지 않고 있는 것이 아닌가 추측되는 것이다. 아베 총리가 내세우는 가치관 외교의 첫 번째 목표인 「법의지배」는 영·미(英美) 유래 사고방식에서 보면 그것은 국가를 구성하는 한 사람 한 사람의 인간, 즉 개인의 「천부天賦적인」권리와 자유의 실현을 정부에 명령한 법규범의 「지배」, 즉 개인의 인권 보장체제를 구축하는 것이다. 그러한 법규범은 영어로는 common law라고 한다. 그리고 정부가 자본주의경제 시스템의 성립과 함께 형성된 광역시장권의 사회·경제 질서의 예측 가능성과 법적 안정성을 확보하기 위해 국내의 모든 주민에게 경우에 따라서는 강제력을 사용해 요구하는 통일적인 행동 양식에 관한 규범은 영어로는 「제정법statute」이라고 한다. 19세기 후반부터 20세기에 걸쳐 세계가 국가 단위로 분할되면서, 영·미·불 근대국가가 국가의 모델로 여겨지고, 그 지표로 여겨진 근대 헌법에 관해, 영·미 이외의 나라도 근대 헌법의 형식적인 면을 도입해 실제로는 「제정법에 의한 지배rule by statue」인데, 영·미에서 사용하는 「법의지배」라고 주장하기 시작하고 있었다. 1919년 초 「세계에서 가장 진보적이고 민주적인 헌법」이라 일컬어지는 바이마르 헌법하에서 합법성이란 민주적으로 선출된 공민의 대표 기관인 의회에 의해 제정된 「제정법에 따른 지배」를 의미하며, 이는 개인의 「천부적인」권리와 자유의 실현을 정부에 명령한 법규범의 지배, 즉 「법의지배」와 구별되게 되었다. 그리고, 히틀러는 「제정법에 따르는 지배」를 계속해 영·미의 「법의지배」를 부정했다.

그렇다고는 해도, 형식적으로 보면, 히틀러 독재도 「합법적」이기 때문에 「법치 국가」였다고 할 수 있는 것이다. 말할 필요도 없이, 전쟁 전의 일본에서는 「법의지배」는 「제정법에 따르는 지배」를 의미해, 그에 반해 현행의 일본 헌법하에서의 「법의지배」는 영·미 유래의 「법의지배」를 의미한다. 영미에서 리버럴이란 이 「법의지배」의 옹호자를 의미하며, 최근의 일본에서의 리버럴이란 기본적으로 현행의 일본 헌법 이념을 옹호하려고 하는 사람들을 가리키게 된 것 같다. 아베 총리의 언동을 관찰하면, 그의 「법의지배」에 대한 생각은, 국민의 대표 기관인 국회가 제정한 「법률 statute에 의한 지배」이며, 따라서, 나라의 최고기관의 국회에 관해서 주권을 가지는 유권자 다수의 지지를 얻었으니까, 국회에서 제정한 제정법=법률로서 「통치」하는 것이니까, 문제는 없다고 볼 수 있다. 따라서, 야당이나 반정부적인 대중 매체가 무슨 말을 해도 귀를 기울이지 않는다는, 태도가 자연스럽게 나오는 것이 아닐까 추측된다. 확실히, 아베 수상을 장으로 하는 관저 권력의 「제정법에 따르는 지배」는 「합법적」인 점에서는 의념疑念을 살 수 없지만, 국민 전체의 민주적인 정당성이 뒷받침되지 않는 「합법성」을 형식적으로는 지키고 있는 것처럼도 보인다. 이것은, 지금까지의 선거 결과를 본다면, 아베 정권의 정당성을 조달하고 있는 자민당 지지자의 비율은 전유권자의 20%에서 30%대이며, 국민의 4분의 1이나, 3분의 1의 정당성 밖에 조달하고 있지 않다고 하는 사실은 엄연히 존재하기 때문이다.

만약「국민을 위한 정치」를 지향한다면, 자민당 이외의 유권자를 위한 정책 실현에 더 많은 배려가 필요할 것이다.

캐나다의 법철학자의 다이젠하우스Dyzenhaus는 그 저작『합법성과 정당성』(1998년)에서「바이마르의 교훈」으로부터 배울 필요가 있다고 문제를 제기하면서, 바이마르 공화국을 목숨 걸고 지키려 했던 헤르만 헬러의 주장을 가탁假託해 다음과 같이 주장했다. 법(제정법)은 합법적일 뿐만이 아니고, 정당성을 가지지 않으면 안 된다. 법이 정당성을 가지기 위해서는, 능동적인 시민에 의한 민주적인 토론의 절차를 거치고, 법이 공통 양해되어, 한편 제정 시에 가시성이 담보되어, 입법 후에는 입법자에게 설명 책임의 의무를 부과해, 또 시행된 법령에도 시민이 상시 이의제기를 할 수 있는 제도가 확립되고, 만에 하나 개인의 법적 양심에 입각한 윤리적저항倫理的抵抗, 즉 비폭력적인 불복종이라고 하는 사태가 일어나지 않게, 법의 내용도 윤리적 법 원칙―개인의 기본적 인권의 옹호―에 근거하지 않으면 안 된다고.[121] 이치하라 마이코市原麻衣子 히토쯔바시一橋 대학 대학원 준교수는, 현재, 중국도 일본에 대항하여,「법의지배(rule of law)」라는 통치 모델의 적극적인 수출을 도모하고 있지만, 거기에 따라「〔본래의 의미의〕「법의지배(rule of law)」에 근거하는 통치가 아니라, 자의적인 법의 적용이나 당국에 의한 법의 제정이라고 한「법을 이용한 지배」(rule by law)가 확대할 우려가 있다. 트럼프 정권이 자유롭고 열린 국제 질서의 옹호자로서의 미국의 역할을 포기한 지금, 일본은 유럽과 함께 자유주의 목표 질서를 적극적으로 옹호할 필요가 있다.」라고,[122] 일본에 대해서 진정한 의미의 「법의지배」의 옹호자로서, 그것을 중국에 대항하고 개발 도상국으로 확산시켜야 한다고, 주장하고 있다. 그러한 의미에서도, 일본 내에 있어서도, 진정한 의미의 「법의지배」가 유명무실해지지 않게, 유권자는 물론, 정당, 대중 매체, 공무원 등이, 수상 권력의 전제화에의 경향을 억제하기 위해서도 입헌주의적인 체크와 컨트롤의 구조를 재기동시켜, 그 회복을 위해서 노력할 필요가 있을 것이다. 그런 노력이 결실을 보지 못하는 동안 총리 권력의 전제화 경향은 유감스럽게도 계속될 수밖에 없다. 이상은 2017년까지의 제2차 아베 정권에 의한 「외정 우위」의 정치에의 전환의 시도를 약술하였으므로, 다음은, 2018년부터 2020년 8월 27일의 아베 총리 퇴진까지의 정치 과정을 내정과 외정으로 나누어 약술하고, 본 절을 마치기로 한다.

(c) 정권 말기까지의 「촌탁 정치」의 횡행과 「외정 우위」의 정치의 전개

우선, 내정부터 살펴보기로 한다. 2018년 3월 말, 야당의 집요한 요구에 응해, 모리토모 학원에의 국유지 매각 문제로 아베 총리 부인의 관여를 암시하는 문장 등의 개찬을 주도한 것으로 알려진 재무성 이재국장으로부터 영전한 사가와 노부히사 국세청 장관이 국회에 소환되었지만, 증언거부를 연발했다. 국회의 행정조사권은 전혀 작동하지 않고 있음을 상징하는 사건이다. 6월에는 근로 방식 개혁 관련법이 통과됐다. 이에 따라 야근 시간 상한이 법정화됐다. 2019년 4월부터 대기업에 원칙적으로 월

45시간, 연 360시간으로 규제 적용된다. 대상은 2020년 4월에는 중소기업에도 적용된다. 7월에는, 그때까지 정책 제언은 있었지만, 전혀 무관심했던 카지노 영업을 포함한 통합형 리조트 법도 성립했다. 이처럼 아베 정권은 국회나 일부 매스컴에 의한 「모리·카케」문제의 진상 규명을 요구하는 움직임이 진행되는 와중에도, 「아베노믹스」의 제3 화살 중 하나로, 관광업 진흥이라는 명목하에 국민 중 반대가 많은 도박업의 해금解禁이라는 규제 완화까지 시행했다. 9월 21일 자민당 총재선거가 시행되어, 아베 총리는 1차 무투표 당선과 달리 각외閣外로 나간 이시바 시게루 전 지방재생상이 총재선거에 입후보했기 때문에 투표를 하게 됐다. 아베 총리가 의원 표 329표, 당원 표 224표, 총 553표를 얻었다. 반면 이시바 시게루 전 지방재생상은 의원 표 73, 당원 표 181, 합계 254표를 얻었다. 「아베 1강」속에서 이시바 시게루 후보가 선전했다고는 하지만, 아베 총리는 69% 득표로 3선 연속 승리했다. 의원 가운데 이시바 시게루 후보에게 표를 던진 사람은 이시바파 외에 다케시타파 참의원 의원과 무 파벌 일부 의원이었다. 자민당 내에서도 「아베 1강」에 대한 불만이 잠재해 있었음을 보여주는 징후라 할 수 있다. 어쨌든 이 선거로 인해 아베 총재의 임기는 2021년 9월까지 늘어나게 되고, 자민당 정권이 계속된다면 아베 총리는 메이지 헌법 아래를 포함해 역대 최장인 가쯔라 타로우(2,886일)를 제치고 1위가 될 것이다.[123] 총재선거에 승리한 아베 총리는 당내의 불만 해소를 목표로 해 10월 개각을 시행했다. 내각의 핵심인 아소 재무장관, 스가 관방장관의 유임, 심복 등은 내각과 당직의 자리를 바꿔 내각의 근본 토대는 그대로 둔 채 13명의 각료를 교체했다. 또 당 지도부 4역 인사에서는 니카이 간사장과 기시다 정조회장은 유임시키고 아마리 아키라를 선거대책위원장에, 가토우 카쯔노부를 총무회장에 각각 임명 했다.[124] 아베 총리는 개각 일주일 뒤, 즉 2019년 10월에 예정대로 소비세율을 8%에서 10%로 인상하겠다고 밝혔다. 12월에는 3D(위험, 지저분, 고된) 노동 분야의 노동력부족이나 고도 정보기술 전문 능력을 갖춘 기술자 등의 부족을 보완할 필요성을 고려하여, 이에 대한 대책으로 입국 관리법을 개정해 이민 노동자의 입국을 허용하는 길을 열어주기로 했다. 동시에 트럼프 대통령에 의해 미국의 TPP 탈퇴가 결정되었으므로, 미국을 제외하고 일본이 중심이 되는 새로운 TPP가 발효되었다.

  2016년 6월에 「헤이세이平成」일왕이 생전에 퇴위를 표명한 것을 두고, 2017년 12월에 일왕의 19년 퇴위를 각의 결정했다. 이에 따라 2019년 5월 1일 아키히토 일왕이 퇴위하고 왕세자가 즉위하였다. 나루히토德仁 일왕 대에 이르러, 원호는 「헤이세이」에서 「레이와令和」로 바뀌었다. 한 달 전인 4월에 새 연호가 발표되었다. 헤이세이의 원호 발표는 오부치 당시 관방장관이 했던 전례를 답습해 이번에도 스가 장관이 했다. 「레이와」, 휘호揮毫를 가슴 앞에 두고 앉아 있는 스가 관방장관의 모습은 TV에 온종일 비추어졌다. 그것을 본 젊은이 사이에 「레이와 아저씨」로서 사랑받게 되었다. 「역사는 되풀이하지만, 첫 번째는 비극이고, 나중에는 희극이다.」라고 말한 경제학자도 있다. 그런 일이 일어나지 않을지는 시간이 지나면 분명해질 것이다. 5월에는 아베 총리가 매년 주최하던 「벚꽃을 보는 회」에 대해 총리의 정치 이용 및 참가자 중에는 총리의 지역 지역구에 있는 아베 후원회 회원이 많이 참가한 것이 문제가 되었다. 아베 후원회 회원 등은 그 전날에 도내의 유명 호텔에서 개최된 전야제에도 참가하고 있었다. 그 비용은 이미 총리가 부담했던 게 아니냐는 의혹이 붉거졌다.

만약 사실이라면 공직선거법이나 정치자금규제법 위반이다. 과거 정치자금법 위반으로 검찰에 추궁당해 오자와 이치로우 민주당 전직 대표가 정치적으로 매장당한 적이 있었지만, 그와 같이 될 가능성도 있을 수 있다. 이렇게 「모리·카케」문제에 또 하나의 「벚꽃을 보는 회」문제가 아베 총리를 둘러싼 의혹으로 야당과 언론 일각에서 거론되면서 국회에서도 추궁이 시작됐다. 아베 총리는 그런 일은 일절 없을 것이라는 답변을 되풀이했다. 6월, 세대 사이 서로 돕는다는 현행 연금 제도가 고령 인구 증가와 이들을 지탱하는 현역 세대 인구의 감소로 존속이 위험해지면서, 사회보장제도의 근간인 연금 제도 개혁이 검토됐지만, 금융청은, 개혁 후 연금으로도 부족해 「노후老後 2,000만엔」의 저축이 필요할 것이라는 전망을 내놓아 물의를 빚었다.

그리고, 7월 참의원 선거를 맞이했다. 자민당은 이번 개선으로 57석을 확보했다. 2016년 참의원 선거의 56석을 웃돌았지만, 2013년의 65석에는 미치지 못했다. 개선 의석 56석을 합하면, 113석으로, 공시 전보다 9석이 줄어든 것이다. 따라서 과반수인 123석에는 미치지 못하고, 3석을 늘려 28석을 얻은 공명당의 존재가 아베 정권 운영에서, 그 후 중요성이 커지게 됐다. 위와 같이 야당은 다당화되어 있었지만, 이번 선거에서는 입헌 민주당과 공산당의 선거 협력이 결실을 보아, 입헌 민주당은 개선 의석의 9를 배증시켜 17석을 획득했다. 그와는 대조적으로 민신당 분당 이후 희망의 당에 모인 의원들과 입헌 민주당에 가지 않은 전직 민신당 의원 등이 2018년 5월 창당한 국민 민주당은 개선 의석을 2석 줄여 8석만 얻었다. 2016년의 참의원 선거에서의 민신당의 의석은 32였다. 이번 선거에서는 입헌 민주당과 국민 민주당을 합쳐도 23석으로 9석이 줄어든 셈이다.

이처럼 자민당의 대세가 되는 옛 민주당의 쇠퇴는 심화하였다. 제3극을 목표로 하는 일본 유신회가 10석을 획득해 3의 개선 의석을 3 배증하는 약진을 이루고 있다. 공산당은 3석을 늘려 16, 사민당은 비례 선에서 1석을 지켜, 신당의 야마모토 타로우山本太郎의 레이와 신생구미新選組가 2, NHK로부터 국민을 지키는 모임이 1, 무소속 13이었다. 투표율은 24년 만에 50%를 밑돌아, 48·80%였다. 이번 참의원 선거 결과 연립 여당은 헌법 개정에 찬성하는 유신회의 의석을 합쳐도 헌법 개정에 필요한 3분의 2에는 미치지 못하게 되었다.[125] 그렇지만, 아베 총리 하의 선거는 이 참의원 선거에서 6번째이며, 중의원 3회, 참의원 3회 등 모두 자민당의 승리를 쟁취했다. 이 여섯 번의 선거에서 전승을 거둔 것이 아베 총리의 권력을 떠받친 큰 힘의 원천이라고 보고,「선거 지상주의」를 아베 정치의 특징 중 하나로 꼽는 정치학자도 있다.[126]

아베 총리는 참의원 선거 후, 9월 11일 개각을 단행했지만, 정권의 골격은 그대로 유지하고 있다. 13명의 각료가 바뀌었지만, 종전과 마찬가지로 상당수는 심복에 내각과 당직자를 상호 교체하고 있을 뿐이다. 예를 들어 가토우 가쯔노부 당 총무회장을 후생노동상에, 측근인 니시무라 야스토시西村康稔 관방부장관을 총리가 가을부터 본격적으로 추진하겠다고 선언한 「전세대형 사회 보장全世帯型社会保障」실현을 위한 개혁을 담당하는 경제 재생·사회보장개혁상에, 하기우다 코우이치 당 간사장 대행을 문부과학상에, 에토우 세이이찌 총리 보좌관을 오키나와·북방·일억총활약담당상에, 가와이 가쯔유키 총리 보좌관을 법무상으로 각각 자리를 옮기고 있다. 더욱이 이 개조에서 주목받는 것은 국민에게 인기 있는 -대중 매체기 만들어내는 면도 있지만- 코이즈미 전 총리의 차남인 쿠이즈미 신지로우小泉進次郎 당 후생노동부 회장을 환경상에 임명하고, 다음으로 코노우 이치로우河野一郎의 손자로 코노우 요헤이河野洋平 전 자민당 총재의 아들 코노우 타로우河野太郎를 외상에서 방위상으로 옆으로 이동시키고 있는 점일 것이다. 또 가토우 가쯔노부 총무회장이 각료로 자리를 옮기면서 당역 인사도 함께 단행했으나, 니카이 간사장과 기시다 정조회장은 연임됐고, 총무회장에는 스즈키 슌이찌 올림픽상을, 선거대책위원장에는 시모무라 하쿠분 당 헌법개정추진본부장을 임명했다. 또한 이나다 토모미 필두 부간사장의 간사장 대행으로의 승격해, 니카이 간사장에의 감시역으로 삼고 있다.[127]

    수상 권력에 대한 점검과 통제체계가 기능 부전을 초래할 때는 왕왕 권력이 남용되지만, 그 한 형태의 일종이 권력의 사유화이며, 그것이 위의 「벚꽃을 보는 회」에서 엿볼 수 있었다. 이런 권력의 사유화는 사실 7월 참의원 선거에서도 나타났다. 가와이 법무상의 아내가 히로시마의 선거구에서 기시다 파의 후보에 대항해 출마했다. 이때 중앙당은 선거자금으로 1억5천만 엔을 지급했다. 정당 조성금의 원자原資는 말할 것도 없이 세금이다. 그 정당 조성금의 일부가 선거구의 자민당계의 시장이나 지방의원 등에 뿌려져, 매수에 사용되었다고 여겨지고 있었다. 그것이 발각되어, 취임한 지 얼마 되지 않은 가와이 법무상은 10월 31일에 사임했다. 이 건은 나중에 언급한다. 아베 총리는 개각 후, 1년 전 약속대로 소비세율을 8%에서 10%로 올렸다. 그리고 공명당의 요구를 받아들여 식료품 등은 8%로 그대로 두는 경감 세율軽減税率 제도를 도입했다. 소비세율 인상이 사회복지에 쓰인다는 의미를 담아 유아 교육보육 무상화를 시작했다. 국회에선 「벚꽃을 보는 회」문제가 야당에 의해 추궁당하지만, 총리는 「허위虛僞」답변을 되풀이해, 오히려 국민의 불신을 사게 됐다. 11월 13일 스가 장관은 국민의 불신을 잠재우기 위해 이듬해부터 「벚꽃을 보는 회」을 중지하겠다고 발표했다. 11월 20일, 아베 총리의 통산 재직 일수가 2,887일에 이르러, 마침내 가쯔라 타로우 전 총리의 그것을 넘어 헌정 사상 최장이 됐다. 12월 25일에 아끼모토 쯔카사秋元司 전 내각부 부대신의 카지노 유치를 둘러싼 수뢰 사건이 발각되어, 체포되었다. 상술한 바와 같이, 2017년부터 2019년에 걸쳐 아베 정권의 권력 남용 측면이 서서히 나타나기 시작했는데, 이는 총리 권력에 대한 점검과 통제 시스템의 유명무실함과 함께, 관저에 집중된 권력이 「억제抑制」되지 않는 것에 안주安住하고, 수상이나 그의 측근에 의해 그것이 남용될 기회가 증가하기 시작한 징후라고 할 수 있다. 액튼 경의 말대로 「권력은 부패한다. 절대권력은 절대적으로 부패한다」라는 경향이 아베 정권 말기에 나타나기 시작한 것이다.

  새해 들어 레이와 2년, 즉 2020년에 들어서자, 중국 우한발 신종 코로나바이러스(COVID-19)가 전 세계에 퍼지고 중세 유럽에서 흑사병이 유행해 인구의 3분의 1이 사망했다는 역사적 사실이 상기되면서 전 세계에 패닉panic이 일어났다. 중국과 가까운 일본에도 1월 15일에도 신종 코로나바이러스 감염자가 확인됐다. 2월 13일에 신형 코로나로 국내 첫 사망자가 확인되었다. 아베 총리는 관계 부처 간 주도면밀한 준비 없이 27일 전격적으로 신종 코로나바이러스 대책으로 전국 초중고교 및 대학의 일제 휴교를 요청했다. 3월 들어 13일에 코로나 대응으로 긴급 사태 선언을 가능하게 하는 개정 신종 인플루엔자 등 대책 특별 조치법을 제정했다. 외정에 대해서는 나중에 언급하겠지만, 시진핑 중국 국가주석의 국빈

방일이 연기됐고 이어 25일 여름으로 예정됐던 올림픽 대회도 한 해 연기 결정이 내려졌다. 4월에는 신종 코로나바이러스가 확산하면서, 서방 국가를 모방하여, 7일 수도권 오사카 후쿠오카 등 7개 도도부현으로 긴급 사태 선언했고, 16일에는 긴급 사태 선언 대상을 전국으로 확대했다. 이에 따라 일반 회사에서는 많은 종업원이 재택근무를 강요당하여, 일은 정보기술 수단을 이용하는「텔레워크telework」로 전환한 사람이 늘어났다. 또 음식업계는 영업시간을 단축하거나 잠정 폐쇄할 것도 요청했다. 이리하여, 경제를 비롯한 사회의 기능 일부가 정지하는 사태가 출현했다. 코로나 재앙에는 신종 코로나바이러스에 효과가 있는 백신이 개발·대량 생산되기 전까지는 마스크밖에 예방법이 없으므로, 마스크의 물품 부족이 큰 사회문제로 제기되자, 아베 총리는 즉각 리스폰스response 자세를 보이며 전 가구에 천으로 만든 마스크 두 장을 배포하겠다고 밝혔다. 이 마스크는「아베노 마스크」라고 야유揶揄되게 된다. 분명 5월부터 6, 7월에 모든 가구에 우송됐지만 아베 총리와 그 주변 사람들을 제외하고는 거의 사용되지 않은 것 같은 느낌을 받는다. 90억 엔을 낭비한 셈이다. 게다가 긴급사태 선언으로 실직한 사람이나 음식업계에서는 영업하지 못해, 경제적으로 곤궁한 사람들이 나타나자, 이들을 구제하기 위해 기시다 자민당 정조회장은 코로나 재앙으로 인해 경제적으로 곤궁한 사람들에게 30만 엔을 지급하는 지원책을 아베 총리에게 제안했다. 그런데 그것을 실행에 옮기기 직전에야 이틀 안 연립 여당인 공명당의 야마구치 대표가, 코로나에서 모든 국민이 고통을 겪고 있는 만큼, 마스크와 마찬가지로 전 국민에게 일률적으로 10만 엔을 지급해야 한다고 주장했고, 니카이 자민당 간사장도 그 안을 지지하자, 아베 총리는 첫 안을 포기하고,

국민 모두에게 일률적으로 10만 엔을 지급하기로 했다. 그 후, 긴급 사태 선언으로 본래 들어와야 할 수입이 들어오지 않는 것에의 보충금으로서 방대한 돈이 필요하게 되었다. 정부는 6월 12일 코로나 추가대책을 담은 2차 추가경정예산을 통과시켰다. 추경으로는 역대 최대 규모로 예비비로 이례적으로 10조 엔이 배정됐다. 코로나 재앙이 가라앉지 않는 한, 정부의 재정은 팽창을 계속하게 될 것이다. 긴급 사태 선언은 그 효과를 얻어, 5월 25일 해제됐다. 정상화를 위한 모든 노력이 계속돼, 긴급 사태 선언으로 침체했던 관광업과 음식점 등을 지원하기 위해, 스가 관방장관이 직접 나서는 관광 관련 사업지원책 「GoTo travel」과 「GoTo eat」가 시작되었다. 그러나 이 코로나 재앙의 타격을 직접 받는 업계에 대한 지원책이 시작되자, 곧 코로나 감염을 전국으로 확산시키는 역효과로 나타나게 된다.

이상에서 본 것처럼, 아베 총리로 인한 신형 코로나 대책은 뜻밖에 수상을 중심으로 한 관저의 정책 결정에서 열화劣化 현상이 나타나기 시작한 조짐처럼 보였다. 상기와 같이, 21세기에 들어 정책 결정 시스템의 보텀업식에서 톱다운식으로의 정치 개혁은 일본에 있어서 필요 불가결했다고 말할 수 있을 것이다. 그러나 톱다운식 정책 결정 시스템의 민주적인 컨트롤 시스템이 사전에 고안되지 않은 점은 화룡점정画竜点睛이 결여된 제도 개혁이었다고 볼 수 있다. 2014년 5월에 내각 인사국 발족과 함께 가스미가세키 커리어 관리들의 행동이 서서히 변화하기 시작한 것으로 보인다. 전쟁 전 커리어 관료는 국가 이성을 한 몸에 체현한 듯한 「국사国士」형이었고, 또 그 계보에 속하는 커리어 관료는 「55년 체제」시대에 노 낳이 남아 있었다.[178] 그리고 그 기풍은 커리어 관료 속에 그 후에도 계승됐으며, 근로기준법이 기능하지 않는 장시간 노동과 박봉을 견디며 공무에 힘써 일본을 지탱해 왔다. 이들은 그런 자부심 때문에, 정치인을 섬겨왔다고 할 수 있다. 그런데 2014년 5월에 내각 인사국이 설치되어 관저가 관료를 자유롭게 움직이기 시작함과 동시에 관저의 의사를 미리 「촌탁」하여 관저에 봉사하여, 입신출세를 도모하는 관료가 증대해 가게 되었다고 볼 수 있을 것이다. 이와 함께, 총리의 정책 결정에 대해서는, 정치 관계 면에서 바람직하지 않은 방향으로 향하면서, 관저에서 듣기 싫은 말을 하는 기개気概가 커리어 관료들에게서 사라져간 것으로 보인다. 아니, 우수한 관료들이 장시간 노동으로 심신을 소모하고 있는 것도 겹쳐 관계官界에서 도주하기 시작한 것이 아닌가 하는 생각도 든다. 그 징후는 2019년도 20대 종합직(커리어)의 개인 사정에 의한 퇴직자 수는 6년 전의 4배 이상, 공무원 시험의 종합직 응시자의 급감急減으로 나타나고 있는 것 같다.[129]

행정개혁 이전에는 대장성의 직업관료가 실질적으로 일본을 통치했지만, 재무성과 금융청으로 분할된 뒤, 대장성 직업관료의 힘이 상대적으로 약해졌고, 그에 반비례해 커리어 관료로 불리는 경제산업성의 커리어 관료가 관저로 많이 이용하게 됐다고 한다. 아베 총리의 브레인 중 한 명인 이마이今井 비서관은 경제산업성 출신이며, 제2차 아베 정권에서 내각부에서 그 비중을 높인 것은 경제 산업성인 것으로 알려졌다. 아무리 뛰어난 아이디어라고 해도 시간이 흐르면서 그 아이디어는 점차 시들해지며, 「아베노 마스크」가 총리의 발안이 아니라면, 관저 관료의 안이라는 것이 돼, 그 열화를 증명하는 것이다.[130]

그런데 총리 권력을 점검할 수 있는 제도는 아직 남아 있었다. 그것은 법무성의 관할에 속하는 검찰청이다. 그것은 행정권의 일익一翼에 위치하더라도 일정한 독립성을 유지하고 정치 감시자 역할을 하며, 구체적으로 정치인의 권력 범죄를 수사하고, 기소할 수 있는 강력한 권한을 갖고 있으며, 따라서 정치인에게 귀문鬼門이다. 그런데 아베 총리는 국민의 이목이 코로나 재앙에 집중된 가운데서도, 특유의「인사를 통한 정책 전환」정치기법으로 이 검찰청의 골자를 빼는 것에 착수하고 있었다. 2016년 당시 법무성 관방장 이었지만, 법무성·검찰 내부에서 결정한 지방의 검사장으로의 전출이 아베 총리에 의해서 취소되어, 법무차관에 임명되었을 정도로 수상의 신임이 두터운 구로카와 히로무黑川 弘務 도쿄고검 검사장은 2020년 2월 8일에 정년을 맞이하게 되어 있었다. 검찰총장의 정년은 65세이고 나머지 검사의 정년은 63세다. 이나다 노부오稲田伸夫 검사총장은 2020년 7월에 취임하여 만 2년을 맞이하지만, 최근의 총장은 2년 정도로 교대하고 있어, 그 후임에 쿠로카와 히로무 도쿄 고등 검찰 검사장을 기용하는 것이 아닌가 관측되었다. 실제로, 아베 총리는 그의 근무를 반년 연장하기로 전격 각의에서 결정한 것이다.[131] 권력 남용이다. 그 소문이 흐른 2월 2일의 기자 회견에서 에다노 유키오 입헌 민주당 대표는「수상을 체포할지도 모르는 기관에 관저가 개입하는 것이다」라고 비판했다.[132] 당연히, 언론을 포함해 비판이 높아졌다. 수상의 뜻을 받아 법무 대신은 내각회의 결정에 따라서 검찰청법 개정으로 움직였다. 그것이 알려지면서 소셜네트워크서비스(SNS)에서도 구로카와 검사장의 정년연장은 아베 총리의 의혹을 감추기 위한 권력 남용이라는 비난이 확산했고, 정치적 무관심층까지 이를 계기로 정치에 관한 관심을 고조시키는 역효과를 초래했다.[133] 강행히 는 듯했으나, 우연인지는 알 수 없지만, 구로카와 검사가 아사히신문 기자와 산케이신문 기자와 내기 마작을 벌이고 있는 것이 주간지에 폭로되자, 그 책임을 지고 사임했다. 그러면서 5월 검찰청법 개정안의 정기국회 통과는 포기해야 했다. 6월 마침내 가와이 가쯔유키 전 법무상과 그의 아내인 가와이 안리河井案里 참의원 의원이 도쿄지검 특수부에 체포됐다. 8월 24일, 아베 총리의 연임 일수가 외조부의 동생인 사토 에이사쿠佐藤栄作〔기시 외할아버지가 기시집으로 양자로 갔기 때문에 성이 다르다〕전 총리를 넘어 역대 최장이 됐다. 그리고 사흘 뒤, 지병인 궤양성 대장염 악화를 이유로 사퇴 의사를 밝힌 것이다.

　다음으로 2017년부터 총리 퇴임까지의 「외정 우위」정치와 불가분의 아베 외교에 대해 개략概略해 두고자 한다. 상술한 바와 같이 제1차 정권 시절 아베 총리 외교 활동의 기본 노선은 미·일 기축의 견지 위에 가치관 외교의 전개였다. 그것은 2010년을 전후하여 중국의 초강대국으로서의 대두로 수정을 피할 수 없게 되었다. 야치 쇼타로 외무차관에 의해 발안 되었을 때의 초기 가치관 외교 구상은 그 기본이 러시아를 보편적 가치로 둘러싸는 것이었지만, 그 대상이 러시아에서 중국으로 바뀌지 않을 수 없게 되었다. 실제로 정권 교체도 있었고 그 변경은 2012년 말 아베 2차 정권 출범 이후 서서히 진행된 것으로 보인다. 북방 문제 해결도 있지만 일·러 관계가 좋아지면 중국을 둘러싼 가치관 외교는 더욱 실효성 있게 되므로, 아베 총리는 블라디미르 푸틴 러시아 대통령과 퍼스트네임으로 부르는 사이까지 서로의 나라 상호 방문이나 다른 장소에서 한 회담으로 친밀한 관계를 구축했다. 그 점은 평가할 수 있지만, 북방 영토는 이미 75년간이나 러시아에 점령되어 있고, 더욱이 러시아 국민도 정착되어 있으므로 그에 따라 반환을 반대하는 러시아의 국내 사정이 만들어지고 있었다. 더욱이 러시아는 섬을 일본에 반환할 경우, 미군기지가 될 수도 있어, 섣불리 돌려줄 수도 없는 여러 사정이 겹쳐, 반환 협상은 일진일퇴一進一退를 거듭했다. 어쨌든 두 정상의 친밀도가 높아지면서 일본 측도 양보하는 모습을 보여, 2018년 11월 일·러 정상회담에서, 1956년 「일·소 공동선언日ソ共同宣言」을 기초로 평화 조약 교섭을 가속화하기로 합의했다. 그러나 이후 진전이 보지 못하고, 아베 총리가 물러났다. 일본에 있어서 앞의 대전 전후처리는 러시아에 관해서는 미해결인 채로 쌓여 남게 되었다.[134]

다음으로, 수정된 가치관 외교의 전개에 있어서, 2017년 미국에서 트럼프 행정부가 탄생함과 동시에 다시 그 궤도수정이 불가피해졌다. 지금까지 미국은 세계에 자국 헌법이 내거는 보편적 가치관을 확산시키는 것을 대외 정책의 목표로 정하고, 그 가치관에 반하는 전체주의적인 소련이나 소련 붕괴 후 성립된 권위주의적인 러시아의 영향력 무력화를 목표로 하는 국제적 협력체계를 만들어내고, 그것을 지도해 왔다. 트럼프 대통령은 「미국 제일米國第一」주의를 표방하며 이러한 국제적 협조 시스템으로부터의 도주를 시작시키고, 경제의 글로벌화에 의해서 피폐해져 버린 미국의 제조업 부흥에 힘을 쏟기 시작했다. 또 재정적자 삭감을 목표로 전 세계에 배치하고 있는 미군의 철수, 또는 배치된 국가에 주둔 비용의 부담분을 증액해 달라고 요구하는 등 「미국 제일」주의에 근거해 지금까지의 세계의 패권국으로서의 미국이 취해 온 세계적인 군사 전략에 관한 정책의 전환도 시작했다. 그에 발맞춰 다시 중국에 대한 봉쇄 정책을 펴기 시작했다. 미국 제조업의 쇠퇴에 반비례하여 중국은 세계의 공장으로 변모해, 마침내 2010년에 일본을 제치고 세계 제2의 경제 대국으로 약진하고 있었다. 뿐만 아니라, 세기의 전환기를 경계로 미국에서는 IT 기업이 제조업을 대신해 지도적인 산업의 지위를 확립하기 시작해, 한층 더 그 지배권을 세계로 넓히기 시작하고 있었지만, 이 IT 기업의 하드와 소프트의 양면에 있어 중국의 기업이 급속히 대두해, 미국으로의 침투도 시작하고 있었다. 그것은 개인의 생활이나 사회의 양상을 일변시키는 혁명적인 작용을 나타내기 시작하고 있었다. 2010년대 중반부터 IT 기업의 하드와 소프트의 상품으로서 PC, 스마트폰이 급속히 세계에 보급되어, 그것과 함께 디지털 사회가 만들어지기 시작했다. 즉, IT 기업의 하드웨어와 소프트웨어는 디지털 사회의 기본적인 인프라가 되기 시작한 것이다. 그뿐만 아니라, IT 기구는 정부에 의한 국민 의견의 수집뿐만 아니라, 그 컨트롤도 가능하게 하는 수단이 되는 것과 동시에, 사용법에 따라서는 국민에 의한 정부에의 이의제기의 수단이 될 수도 있는 새로운 미디어가 되기 시작하고 있었다. 또한, IT 기업의 하드와 소프트는 군사로도 전용되고 있으므로, 이 분야에서 중국이 그 지배권을 확대한다면, 머지않아 미국의 세계에서의 군사적 패권의 지위도 위협받게 될 것은 필연이라고 생각되게 되었다. 이렇게, 경제적일 뿐만 아니라, 군사적으로도 중국의 초강대국으로서의 대두는 과거 소련의 대두에 비견比肩할 수 있는 위협으로서 미국에서 인식되기 시작한 것이다. 이러한 미국 대 중국관의 급격한 변화를 배경으로, 트럼프 대통령은 중국으로부터의 수입품에 대한 고관세의 부과, 중국을 대표하는 IT 기업「화웨이(화웨이기술華為技術)」의 미국 시장으로부터의 축출을 포함해, 중국 봉쇄 정책을 발동해, IT 양강대국의 미·중 대립이 표면화되었다. 이 새로운 사태는 일본에 있어서는 외교적으로는 어느 정도의 자주성의 여지를 만들어 줄 기회의 도래이기도 했다고 말할 수 있다. 이는 트럼프 대통령이 「미국 제일주의」를 고수하고 있는 만큼 일본에 대해서는 이전만큼 개의치 않는 모습을 보이고, 미국의 국익을 크게 훼손하지 않는 한 어느 정도 일본의 자주적 외교를 묵인할 가능성이 생겼기 때문이다. 트럼프 대통령 등장 이후 동아시아에서 일본의 자주성 공간 탄생이라고 하는 사태를 재빠르게 파악한, 시진핑 중국 지도부는 그때까지 아베 총리를 「우익 정치인右翼政治家」으로서 경원敬遠하고, 대일 강경 자세를 보이고 있어서 2017년부터 2018년까지 미·일 관계의 추이를 보면서 점차 미국에 대항하기 위한 수단으로서의 일본의 이용 가치를 찾아내기 시작하여 「역사문제歷史問題」를 봉인하는 등 대일 접근 정책으로 전환하기 시작했다. 장래, 미·중 충돌이 일어난 궁극의 경우를 가정한다면, 지난 대전에서 미국을 4년간이나 괴롭혔던 일본의 힘이 반중이 되지 않거나, 계속 중립으로 있게 한다면, 그것은 중국에 있어서, 큰 이점이 될 것이기 때문일 것이다.

 이렇게 해서 아베 수상은 한편으로는 트럼프 대통령과 친밀한 개인적 관계를 구축해, 상기한 것처럼, 미·일·인·호의 「자유롭고 열린 인도 태평양(FOIP)」제휴 구상에 찬동을 요구하고, 한층 더 트럼프 대통령을 2017년 5월에 일본에 초빙하고, 그리고 2019년 5월에 신 천황 즉위식에는 국빈으로서 다시 초빙해, 6월의 주요 20개국·지역 정상회의(G오사카 서밋)를 주재하고 있다. 이처럼 두 정상 간의 친밀도는 다른 나라 지도자와 비교해도 유별났다. 그런 관계에도 불구하고 트럼프 대통령은 주둔 미군에 대한 일본 측의 부담금의 천문학적인 증액을 요구하거나 더 비싼 무기의 구매를 요구하며 「미국 제일주의」를 관철하는 데 소홀함을 보이지 않았다. 하시반 아베 총리는 골프를 함께 치거나 해, 쌓은 개인저 친밀 관계를 활용해 미·일 간의 의사소통을 원활하게 하고 미·일 기축 강화에 크게 이바지했다.

한편 이러한 좋은 미·일 관계 속에서 2017년 10월 아베 총리는 중국을 7년 만에 공식방문하여 시진핑 국가 주석과 회담을 하고 중·일 간의 호혜互惠 관계 수립을 목표로 하는 방향을 제시했다. 돌이켜보면, 2014년 베이징에서 열린 APEC에서 시진핑 국가 주석이 아베 총리를 맞은 장면에서 두 정상의 얼굴은 서로 경련된 듯한 느낌을 받았다. 무리가 아니다. 2013년 말에 아베 총리는 야스쿠니 신사에 참배했으며 중국은 그것에 대해서 항의했기 때문이다. 2014년 두 정상의 첫 회담 이후에도 아베 총리의 전후 70년 총리 담화 발표와 안보법제 제정 등으로 중국을 자극하고 있어, 아베 총리에 대해 시진핑 지도부는 경계를 계속해 왔다. 그런데 위와 같이 트럼프 대통령의 등장으로 미·중의 대립이 심각해짐에 따라, 그에 따라 앞서 기술한 바와 같이, 일본에는 어느 정도의 외교 자주성이 생겨난 것도 있어, 일본 국내에서는 경제 중시의 입장에서 경제적으로 긴밀한 관계에 있는 중국과의 제휴를 주장하는 목소리가 정권 내에서도 나오고 있었다. 이전까지 외교 정책 결정에 있어서는 가치관 외교를 주도하는 야치 국가안전보장국장의 아베 총리에 대한 영향력이 막강했다. 그러나 일본 외교에서 어느 정도의 자주성이 생기는 동시에 총리 보좌관을 겸하게 된 이마이 정무 담당 총리 비서관이 경제 중시의 외교 전략을 짜기 시작하면서, 관저 관료 안에서 대중국 외교 접근법에 관해 의견 대립이 싹 텄다.[135]

아베 총리는 이런 갈등에서 보이는 안보安保인가, 아니면 경제 중시인가 하는 문제를 놓고 신중히 검토한 결과, 대 중국 관계의 재검토를 시작하게 되었다. 일본의 가치관 외교는 그 대상인 동남아 국가들이 중국과의 관계를 좋게 끌고 가는데, 반중反中 에서는 동남아 국가들이 어려운 처지에 놓이게 되므로, 일본과 동남아 국가들의 좋은 관계를 발전시키기 위해서도 반중이 아님을 분명히 밝힐 필요가 있고, FOIP도 중국과의 「경쟁」으로부터 「협력」으로 중심축을 옮길 필요가 생겼다. 그래서 2017년 시진핑 국가 주석이 주재한 「일대일로一帶一路」국제회의에 니카이 간사장과 이마이 나오야 총리 비서관을 파견해 「일대일로」에 적극적인 자세를 보이는 친서를 시진핑 국가 주석에게 전달했다. 이에 따라 FOIP의 입지도 「전략」으로부터 「구상」으로 바꾸고 대중 견제 색깔도 희석하기로 했다. 이러한 경제중시의 관점에서의 중국으로의 접근에, 중국은 미국과의 대립의 격화 속에서, 위에서 기술한 바와 같이, 가능하면 일본을 자기 편으로 끌어들이기 위해 급접근의 자세를 나타냈다.[136] 이렇게 해서, 양국의 속셈은 일치되어, 2018년 리커창 총리의 방일, 그에 따라 아베 총리의 중국 방문이 된 것이다. 수상은 방중 때, 「발전한 중국과 일본이 마침내 함께 세계에 공헌하는 시대가 왔다」라고 강조했다.[137]

덧붙여서 외교의 중점이 경제 중시로 옮겨짐에 따라, 야치 국가안전보장국장은 2019년 11월에 퇴임하고 기타무라 시게루北村滋 내각 정보관이 국가안전보장국장에 임명되었다. 새 국장은 아베 1차 내각 총리 비서관으로 이마이 총리 비서관과 함께 아베 총리의 신임이 두터운 경찰청 공안 출신으로, 민주당 노다 내각 시절부터 인텔리전스intelligence의 내각 정보관 자리에 있었다. IT혁명이 모든 분야로 확산되고, 특히 정보기술 산업의 지도권을 둘러싼 전쟁이 미·중 간에 전개되고, 경제가 안보·외교와 불가분의 관계가 형성됨에 따라, 일본도 이러한 움직임을 대처하기 위해 경제·외교·안보를 일체적으로 운용해야 했다. 이렇게 하여 2020년 4월 1일에 NSS에 새롭게 「경제반」이 설치되었다. 경제반은 경제산업성 출신 심의관이 수장을 맡고, 재무성, 총무성, 외무성, 경찰청 출신 참사관 등 20여 명으로 구성됐다. 지금까지의 NSS는 외무, 방위 양쪽성에서 파견된 사람을 중심으로 「정책(지역별)」, 「전략 기획」, 「정보」 등 6개반 체제였지만, 새롭게 「경제반」이 추가되어, 7개 반체제가 되었다. 경제반 수장에는 후지이 도시히코藤井敏彦 경제 산업성 관방 심의관이 임명됐다. 경제적인 수단으로 다른 나라의 외교나 기업활동에 영향을 미치는 중국의 움직임에 대비한 체제라 할 수 있지만, 신형 코로나 감염 확대에 따라 경제반은 국내의 첨단기술 보호뿐만 아니라, 기밀 기술의 군사 전용 방지라는 안보 분야, 그리고 입국 제한을 둘러싼 정보 교환 등 외교 분야 전반에 걸친 일본의 안전 보장의 사령탑의 역할을 완수하는 것이 목표로 하고 있다고 할 수 있다.[138]

인근 외교로 이야기를 되돌리면, 2017년 이후 상술한 중·일 간의 관계 개선의 진전과 함께 아베 총리에 의해 일본 내에서 진행되고 있던 「지방 창생」사업이 저출산 고령화에 의해 농업이나 중소기업의 후계자 감소로, 별로 볼 만한 성과가 나타나지 않았으나, 저렴한 비행기의 등장으로, 풍요로워진 중국인이 대거 쇼핑 목적으로 일본에 오게 되었고, 그 후 일본의 전통과 문화가 배어있는 지방 도시에는 관광 목적으로 쇄도하게 되어, 2018년부터 이듬해에 걸쳐 교토뿐만 아니라 일본 전국의 신사불각 神社仏閣에 중국인뿐만 아니라, 대만과 한국에서도 많은 관광객이 몰리게 되었다. 이에 따라 지방도 활기를 띠고 경제적으로 밝은 조짐이 나타나고 있다. 이른바 「리바운드rebound」(방일 외국인객)의 확대에 의한 경제 활성화 효과이다. 그 연장선상에서 2020년 시진핑 국가 주석을 국빈 초빙하는 결정이 이뤄진 것이다. 무엇보다, 거기에는「풀뿌리의 보수」파가 강하게 반대했다. 나아가 정부 내에서도 외교·안보 중시의「대 중국 견제파」와 경제 중시의「경제연합파」사이에 노선 대립이 계속되어, 서로 주도권 다툼을 계속하고 있었지만, 아베 총리가 이를 제어하여, 경제 중시 노선을 계속했다. 그런데, 2020년에 들어와, 신형 코로나바이러스 감염이 확산되기 시작해 시진핑 국가 주석의 국빈으로서의 방일이 위와 같이, 연기되었다. 향후 2021년 등장한 민주당의 바이든 행정부가 트럼프 행정부의 대중 강경 자세를 지속시키고, 일본에 동조를 구하게 된다면, 미·중 대립 속에서 균형자로서의 일본의 역할은 더욱 높아질 것이며, 세계 평화를 위해서는 창조적인 안보·외교의 그랜드 디자인grand design이 요구될 것이다.

  상술한 바와 같이 제2차 아베 정권 출범 후,「55년 체제」시대 일본 외교의 3대 축 중「일·미 기축」을 한층 더 강화시키는 것을 토대로 하는 가치관 외교가 전개되고, 그것은 일본을 둘러싼 국제 정세 변화에 대응하여 수정되면서 진행되고 있었던 반면, 3대 기둥 중 남겨진「유엔 중심주의」와「근린 우호」는 상대적으로 경시되게 되었다. 그렇다고는 해도,「근린 우호」가 일중 관계의 개선 방향으로 나아가기 시작하면서 어느 정도 중시되게 된 면도 보여지고 있다. 그렇지만,「근린 외교」의 또 다른 내용을 구성하는 한·일 관계는 더욱 악화되는 길을 걷고 있다. 2015년 12월에 위안부 문제를 둘러싼 한·일 합의가 성립되어,「역사 문제」로 악화했던 한·일 관계가 좋은 방향으로 가는 것이 아닌가 생각됐다. 그런데 그 합의를 체결한 박근혜 대통령의 권력 남용과 비리 사건이 발생하여 이에 격부하여 일어선 민중의 아래에서의 파면 운동에 밀려서, 박 대통령은 국회의 탄핵 결의를 받은 헌법재판소에 의해서 파면되었다. 2017년 5월에 행해진 후임 대통령 선거에서 「혁신」계의 「더불어민주당」이 지지하는 문재인 전 노무현 대통령 비서실장이 당선됐다. 아베 총리가 「일본을 되찾는다」라는 슬로건 아래 「복고적」내셔널리즘적인 정책 전개를 하고 있는데, 이 문 대통령도 「한국을 되찾는다」라고 하는 「복고적」내셔널리즘적인 정책을 펴나가기 시작한 것이다. 그 정책 전개가 일본에서는 「반일反日」로 비치고 있는 것 같다. 또, 남북통일을 지향하며 북한과 화해 정책을 지속하고 있어 「사회주의」성향인 북한에 치우쳐 좌익 정권이라는 평가를 받고 있으나 그 평가는 일면적인 것으로 보인다. 이는 그가 지향하는 「한국을 되찾는다」라는 정책은 아베 총리의 경우, 전후 새로운 일본 헌법의 가치체계에 의해 「더럽혀지지 않은」일본의 전통과 문화를 되찾는 것인 것처럼 문 대통령의 경우 한·일 합방 이전 「대한제국」시절의 한국을 되찾으려 하고 있기 때문이다. 아베 총리와 문 대통령은 함께 「복고적」내셔널리즘의 실현을 목표로 하고 있으며 그런 점에서는 공통되고 있어 「쌍둥이」와 같이 보인다. 그런데 한·일 관계에 있어서 그것이 문제다. 이는 양자의 「복고적」내셔널리즘이 양자 각각의 「자기 찾기」라는 점에 대해 서로가 그것을 제대로 이해하지 못하고 있기 때문일 것이다. 문 대통령은 한·일합방 후 한국이 일본에 의해 「더럽혀져 있는 부분」의 청산에 착수한 것처럼 보이기 때문이다. 일본의 한국통 사람들이 보이지 않는 한국의 측면은 35년간의 일본 제국주의 지배 아래 성취된 한반도의 근대화에 대한 한국인의 시각일 것이다. 이 근대화에는 두 가지 면이 있었다. 하나는 식민지 통치 기관인 조선총독부가 위에서 행한 근대화의 측면이다. 다른 하나는 한·일 강제 병합 이전부터 청국을 통해 한반도에 들어와 있던 서구 기독교 단의 재정적 지원과 지도를 받은 기독교인들의 교육과 자선사업 분야에서 자주적 근대화의 움직임이다. 일제 패망 후, 잠시 중단되었지만, 일본 조선총독부의 근대화 작업은 대일본제국 육군 중위였던 박정희 장군 주도의 1961년 탄생한 군사 정권에 의해 다시 미국의 지원을 받고 일본의 협력을 받아 「한강의 기적」이라는 경제적 근대화가 실현되었다. 이 오랜 한국 근대화 과정에서, 일본이 각인刻印한 측면의 청산을 문 정권이 목표로 삼고 있는 것처럼 보인다. 즉 한국 근대화 속에서의 「일본적인 것」의 청산, 즉 「일색 탈색 작전日色の脱色作戰」을 펴고 있다고 보아도 틀리지 않을 것이다. 이를 뒷받침하는 것은 기독교인이 달성한 어느 정도의 자주적인 근대화 활동을 토대로 하여, 그 활동의 교육이나 사회사업 이외의 분야에 대한 계속 적인 전개라고 볼 수 있다. 왜냐하면 시대에따라 변동이 있었지만 한국 인구의 30%가 기독교인이라고 볼수있기 때문이다. 한국을 방문한 일본인이라면 한국 어디를 가나 교회의 첨탑尖塔이 임립林立해 있는 모습을 보게 되어 일본과 비교해서 깜짝 놀랄 것이다. 매주 교회를 중심으로 예배와 함께 시국에 대한 목사에 의한 설화가 반복해지고 있어, 일찍이 미국에 대해서 토크빌Tocqueville이 「소집단小集團」을 중심으로 하는 민주정이라고 규정했던 적이 있지만, 오늘의 한국도 거기에 가까운 상태에 있다고 보는 것이 좋을 것이다. 소집단을 중심으로 한국 사회가 쉬지 않고 움직이고 있다. 또한, 1987년의 민주화 선언에 근거해 제정된 제6공화국 헌법이 국민 사이에 뿌리내리면서, 현대 독일과 마찬가지로 헌법 이념의 수호를 목표로 하는 헌법재판소를 최고기관으로써 사리매김해, 그 긴드롤하의 3권 분립제가 정착되고 있다. 따라서 「가두 민주주의」의 물결을 타고 정권을 장악한 문 대통령은 이 같은 자국 내의 「자신 찾기」움직임에 맞서지 못하는 상태에 놓여 있다고 보인다. 그 결과 2017년 5월 정권 교체를 끝낸 문 대통령은 전 정부의 위안부 합의를 공문空文 화했다. 공식 사과나 배상이 없다고 비판하는 「자신 찾기」여론을 중시한 것이다. 아베 총리는 전 정권과 위안부 문제에 관한 해결책의 한·일 합의안을 기시다 외상이 노력하여 정리했으므로, 그의 정신적 지지 기반인 「풀뿌리의 보수」의 반대를 무릅쓰고 현실주의적 입장에서 인정했고, 2018년 2월에는 한국의 평창올림픽 개회식에 참석하여, 한·일 관계 개선을 위해 힘썼다. 그런데 일본 법정에서 문전박대를 당한 징용공의 일본 대기업에 대한 소송을 한국 법원이 접수했고, 2018년 10월에는 원고의 소송을 인정해 일본 기업이 징용공에게 배상하라고 판결한 것이다. 이어, 11월에는, 문 정부는 위안부 문제에 관해서 「최종적이고 불가역적인 해결」인 해결을 도모한 합의의 산물의 위안부 재단의 해산을 했다. 일본에 있어서는 매우 불가사의, 전혀 이해할 수 없는 조치였다고 말할 수 있을 것이다. 한국의 일본 대응에 그동안 묻혀 있던 「혐한론嫌韓論」이 분출하면서 한·일 관계는 최악의 방향으로 치닫고 있다.

 일본 외무성도, 국제법의 위반이며, 일본의 상식으로는 생각할 수 없는 대응을 보이는 한국에 대해서는, 그동안 취해온 우방 대우를 중지하고 통상적인 국가 간 관계와 같은 「차가운 계산」에 따라 대응하기 시작함으로써, 2019년 7월 4일, 한국에 대해 반도체 재료 등 3개 품목의 수출관리 엄격화 조치를 취했다. 한국도 이에 대해 7월 11일 WTO에 제소했다. 일본 측 조치에 대해 그것은 한국 대법원의 징용공 판결과 관련한 정치적 동기에 의해 한국을 겨냥해 나온 것이라고 비난했다. 일본이 이를 무시하자, 한국은 마침내 대항 조치로 다음 달, 한일 정보보호 협정(GSOMIA) 폐기를 통보했다. 그것은 언제 군사적 도발에 나설지 모르는 북한에 대한 미국을 중심으로 하는 한·미·일 3국 「군사 동맹」에 금이 가는 조치로, 곧 미국의 압력으로 전환돼, 협정의 유지가 결정됐다. 관계 악화의 요인인 징용공 문제는 미해결인 채, 오늘에 이르고 있다.[139] 어쨌든 한·일 관계를 우호적으로 만들기 위해서는 양국에서 진행되고 있는 「자신 찾기」정책을, 일본이 가치관 외교에서 확산시키려 하는 「보편적 가치관」에 기초해 지양을 모색하는 방법 외에는 해결책이 당분간 찾아지지 않을 것 같다. 하지만 한국인의 정신 구조에는 유교적 사고방식의 유제遺制가 남아 있어서 유교의 의례 주의儀礼主義에 의하면, 처음에는 명분론을 내세우려 하지만, 따로 속마음이 마련되어 있다. 문 정권은 「일본적인 것」의 「탈색」이라는 「자정自浄」작용이 자국의 대일외교 활동을 「자승자박自縄自縛」시키는 부작용을 수반하는 것임을 아마도 인식하고 있는 터여서 언젠가 해결의 가닥을 잡을 것으로 추측된다.

　마지막으로, 아베 총리는 세계 제3위의 경제 대국의 지위를 견지하고, 그것을 지원하는 자유 무역체제 확립에서도 리더십을 발휘하고 있다. TPP는 민주당 정권의 말기에 가맹에의 움직임을 본격화하고 있었지만, 자유 무역으로 제일 피해를 받는 농업 관계자의 반대로 쉽게 진행할 수 없었다. 반대의 급선봉은 자민당의 지지 기반으로써 큰 영향력을 행사하던 농협이었고, 2009년 총선에서는, 농업 소득 보상을 주창하는 야당인 민주당으로 투표 처를 바꾸기도 해, 자민당의 정권 상실에 큰 요인이 되기도 했다. 아베 총리는 제2차 정권 출범 후 농협의 배신과 저출산 고령화에 의해 후계자 닌難에 시달리고 있는 농업의 곤경을 「근대화」, 즉 농업의 소규모 경영이 아닌 대규모 경영으로의 전환을 도모함으로써 극복하는 정책 실행에 착수하여, 「인사를 통한 정책 전환」을 도모하는, 정치 기법을 이용해 농협을 약화해, 앞서 기술한 바와 같이 미국 주도의 TPP 조인에 성공한 것이다.[140] 그런데 트럼프 행정부가 탈퇴를 표명했기 때문에 2017년 1월 호주에서 턴불 총리와 TPP를 존속시켜야 할지 협의해 미국 없이 계속하는데 협력을 이끌어내 2018년 12월 TPP를 발효시키는 데 성공한 것이다. 다음으로, TPP 존속을 위한 외교와 함께, 유럽연합과도 경제동반자협정 체결을 향해서 활동을 전개하고 있었지만, TPP를 발효시키기 한 달 전인 11월에 먼저 일본과 유럽연합의 경제동반자협정(EPA)을 발효시키고 있다. 그 후, 한·중도 포함한 역내포괄적경제동반자협정(RCEPT)의 성립을 향해서 리더십을 발휘하고 있었지만, 퇴진 후인 2020년 10월에 그 발효를 보고 있다.

이상, 2017년부터 2020년 8월 말 퇴진까지의 아베 총리의 외교 활동에 대해 개관해 왔지만, 「지구본을 부감하는 외교」라고 칭해지고 있었던 것처럼 전 세계 안에서 일본의 존재감을 높이려고 노력한 것은 평가받고 있다. 무엇보다 북방 영토 반환이나 북한에 납치된 일본인 구출이 이뤄지지 않은 점은 아쉬운 부분일 것이다.

그럼, 아베 2차 정권의 7년 8개월을 어떻게 보면 좋을지 마지막으로 생각해 보자. 아베 총리의 「외정 우위」정치에 대한 평가는 정치적 입장이 다르다면 당연히 다를 것이다. 일본 헌법의 가치 체계를 수호하려는 사람들 중에는 7년 8개월이나 지속된 아베 장기 정권에 대해서는, 「국민·유권자의 욕망을 촌탁 하는 것이 아니라, 권력자의 생각을 촌탁 하는 정치가뿐만 아니라, 관료, 외교관, 재판관이 격증하고, 『아베 일강』이라고 하는 이름의 『소프트한 독재의 정치』가 완성되고 있는 것이 오늘의 정치이다.」[141] 그리고 「민권」이 아니고 「국권」을 우위에 두는 정치를 전개했다,[142] 라든지, 혹은 아베 총리의 정치 수법에 대해서는, 「아베 정치란 어떤 것이었는가. 단적으로 말하면, 적과 아군을 준별峻別하는 분단 대결형의 수법을 취해, 수많은 중요법안을 『수의 힘』으로 채결해 간 정치이다. 문답무용問答無用으로 이론을 배제하는 수법은, 정치뿐만이 아니라 미디어나 국민도 분단해, 사회에 깊은 균열을 낳았다.」[143]그리고, 아베 총리 아래에서 안보 관련법이 성립해, 일본은 전수 방위로부터 「전쟁을 할 수 있는 나라」로 변모했다는 지적을 볼 수 있다.[144] 이러한 비판에 대해서, 「복고적」내셔널리즘을 목표로 하는 사람들 중에는, 아베 총리에 의해서 숙원인 보수의 이념이 어느 정도 실현된 점을 높게 평가하는 소리가 높고, 그것은, 「고마워요! 아베 신조 총리」라고 제목을 붙이는 특별 호를 편성한 월간 『Hanada』(2020년 11월추려호秋麗号)에 나타나고 있다. 또, 2013년 4월의 「별책 정론別冊正論」은, 「아베 신조, 「구국」재상의 시련」이라고 하는 특수 호가 나와 있다. 『별책 정론』이 어떠한 이유에 근거하여, 아베 총리를 「재상」이라고 부르고 있는지 모르겠다. 위에서 지적한 바 있지만 아베 총리가 프랑스의 나폴레옹과 닮았다는 설도 있다. 확실히 프랑스 대혁명의 결과로 생겨난 급진적 공화제를 온건한 부흥 왕조로 이행시키는 가교역할을 한 점은, 곧 나중에 언급하겠지만, 아베 정권이 7년 8개월 만에 완수한 현대 일본 정치의 역할과 비슷하다고도 할 수 없는 것은 아니지만, 실제로 많이 닮은 것은, 150여 년 전 독일 민족 통일 국가 「독일 제국」을 창설해, 초대 재상이 된 「철혈 재상」비스마르크이다. 사실 아베 총리는 「백색혁명가白色革命家」라거나 「붉은 반동가赤い反動家」로 불렸던 비스마르크 재상과 국가 운영 방식에서 비슷한 측면이 몇 가지 있다. 비스마르크는 봉건적 반동 진영의 대표적 정치인이지만, 독일 민족의 역사적 과제인 민족통일국가 수립이라는 「혁명革命」을 성취함으로, 「백색 혁명가」라는 말을 들었다. 그리고 비스마르크 재상은 독일로 밀려드는 당시 시대 조류의 최첨단을 가는 민주주의나 사회주의 운동에 대해서는 그 반체제적인 부분은 억압하지만, 제국 창립과 운영에 이용할 수 있는 민주주의의 「보통선거」제에 근거하는 국가의 정당성 조달 수단 측면의 적극적인 활용이나, 세계 최초로 공장노동자 질병보험, 산재 보험, 폐질자·노년자 보험 등의 사회 보험 제도의 창설 등에서 사회주의 운동이 주창하는 사회 복지적 측면의 실현을 도모하는 「국가 사회주의」적 정책을 적극적으로 전개하고 있으므로, 「붉은 반동가」라고도 불리고 있다.[145] 아베 총리도 민주주의 「보통선거」제에 기초한 정부의 정당성 조달 수단 측면, 즉 「선거 지상주의」를 적극활용하고 있으며, 또한 개호보험 제도와 「관제 춘계 투쟁」, 「근로 방식 개혁」, 「유아의 교육·보육의 무상화」, 「여성 활약 사회」 등 사회복지의 실현이라고 하는 「국가 사회주의」정책의 실현에 힘을 쏟고 있는, 이 두 개의 점에서는, 비스마르크 재상과 닮아 있는 것이다. 또 사회주의 정당의 세력 확대를 막기 위해 종교 정당과 연정을 이루고 있는 점이나 의회를 경시하는 점 등도 비슷하다. 단, 비스마르크는 독일 산업 자본주의 발흥기의 과제 처리에 있어서 「반동가反動家」이면서, 시대의 요구에 응하면서 막 창설된 독일 제국의 안전 보장 확보라는 「외정 우위」의 정치를 최우선으로 추구하고 있었던 것에 반하여, 아베 총리의 경우는, 일국 자본주의의 종언기終焉期에 일본이라는 국민 국가를 글로벌 경제의 진전 속에서 그 안정적인 발전을 목표로 「외정 우위」의 정치를 펼치고 있다는 점이 다르다고 말할 수 있다.

아무튼 아베 2차 정권이 이뤄낸 일에 대해서는, 위와 같이, 좌우 모두 각자의 입장에서 다른 모습을 보여주고 있다. 그것을 하나의 상으로 합성한다면, 그것은 「55년 체제」시대의 일본적인 리버럴 국가들을 영국이나 프랑스 등 「전쟁할 수 있는」보통 국가들을 향해 한없이 접근시키려고 노력하는 과정이었다는 것이 아닐까. 다시 말해 아베 정권이 실현하려고 한 것은 자유를 기초로 하는 민주주의라는 보편적 가치의 실현을 지향하는 평화 국가의 기본방향과 일본 고유의 전통과 문화에 의해 각인된 「일국민주주의적」보통 국가의 기본방향, 이 양자인 헤겔이 말하는 「지양止揚」을 현실주의적으로 지향하고 있었던 것이 아닐까 생각된다.

상술한 바와 같이 아베 총리의 최종 목적은 헌법 개정이었는데, 국회 양원에서 헌법 개정에 필요한 3분의 2 이상의 의석을 확보했던 시기도 있었지만, 그 기회를 살리지 못한 것은 국민의 다수가 헌법 개정을 아직 원치 않았던 데서 유래했다고 보아도 좋을 것이다. 국민 다수는 현행 헌법이 무엇보다도 개인의 자유, 즉 개인의 인권을 보장하고, 나아가 지난 대전에서 인권을 부정한 것은 전쟁임을 뼈저리게 체험한 역사적 기억이 있으며, 따라서 인권을 부정하고 그것을 말살하는 전쟁은 싫다! 라는 감각이 몸에 배어 있는 것 같다. 이 기억이 지워지지 않는 한 평화 헌법 개정은 어려울 것이다.

다음으로 확실히 아베 총리의 정치 방법에는 현재 헝가리와 폴란드에서 전개되고 있는 행정권을 장악한 권력자가 입법부를 자신의 의사를 「법률로 바꾸는」종속 기관으로 바꾸고, 더욱이 행정권 통제기관인 대중 매체와 사법부의 알맹이를 빼놓고 독재 권력을 구축하려는 그런 권위주의적 행태와 유사한 측면이 보일 수도 있다.

　하지만 그것은 아베 총리가 원했는지 어떠했는지는 따로 하고, 그중 상당수는 총리 권력을 체크하고 통제하는 구조가 유명무실해지고 있다는 데 기인하며, 특히 경쟁적 정당 시스템이 작동하기 위해 필수적인 야당이 거의 존재하지 않는다고 해도 과언이 아닐 정도로 소수당 분열 상태에 빠져 있었기 때문이기도 했다고 보인다.

미주
1) 『요미우리 신문』도 자민당 압승의 이유로서 첫째, 「민주당 정권 3년에 대한 유권자의 실망감이 컸던 일」을 들고 있으며 더 나아가 둘째 이유로서 「대신 등장한 제3극 정당이 아무리 장미빛 공약을 호소해도 민주당에 질린 유권자에게 침투하지 않았던 것」을 들어 아베 자민당에 있어서는 적실에 도움을 받은 「열기 없는 승리라고도 할 수 있었다.」라고 말하고 있다. (요미우리 신문사 정치부『아베 신죠 역전 부활의 300일』신쵸오샤, 2013년, 89쪽.)

2) 아오키 오사무『아베 삼대』아사히 신문 출판, 2017년, 58쪽~75쪽. 또한 본서의 「제3부 신죠」에게는, 아베가 대학을 나와서 미국 유학 후 코우베 제강에 「정략 입사」하여 아버지의 비서가 될 때까지의 행보가, 취재로 얻은 증언으로 기술되어 있다. 저자는 코우베 제강 시대까지의 아베는 「범용인〈좋은 아이〉」의 모습만 보이고, 정치가가 된 후의 아베 신조의 이미지와는 다르다, 라고 말해 그 변화의 열쇠가 되는 견해로서 「강아지가 늑대의 무리와 군집하고 있을 때, 마치 늑대와 같이 되어 버렸다」라고 하는 코우베 제강 시대의 상사의 야노씨의 지적을 소개하고 있어(266쪽), 흥미롭다.

3) 아사히 신문 취재반『이 나라를 흔드는 남자·아베 신죠란 누구인가』찌쿠마서점, 2016년, 23쪽~24쪽. 친형의 아베 히로노부는 다음과 같이 말하고 있다. 「남동생은 역시, 조부(기시)의 정치적인 생각의 영향을 물려받고 있다고는 생각합니다.」(아오키 오사무, 상게서, 261쪽).

4) 아사히 신문 취재반, 상게서, 13쪽.

5) 상게서, 23쪽.

6) 상게서, 35쪽~36쪽.

7) 쿠지라오카 히토시『아베 신조와 사회주의 아베노믹스는 일본에 무엇을 가져왔는가』아사히신서, 2020년, 62쪽~70쪽.

8) 타자키 시로 『아베 관저의 정체』 코단샤현대신서, 2014년. 「아베의 본질은 현실주의라고 생각하는 것이 좋다」(161쪽)이라고 말하고 있다. 타자키씨는 또 극우를 「강경 보수」라고 하고, 아베는 배외주의적이지 않기 때문에 「온건 보수」로 「애국적 현실주의 사람이다」(165쪽)이라고 보고 있다. 또한 나카지마 타케시 교수는 그 저서 『자민당-가치와 리스크의 매트릭스』(2019년, 스탠드·북스)에서, 세로축에 리스크의 사회화 리스크의 개인화라고 하는 대립축을 두고, 가로축에는 리버럴, 패터널paternal이라고 하는 대립축을 두는 도표를 만들어, 현재의 자민당을 대표하는 9명의 정치가의 정치적 입지를 분류하고 있다. 아베 신조에 대해서는 퍼터널에서 리스크 개인화의 한계로 규정하고 있다. 그리고 일본형 네오콘으로 규정하고 있다(34쪽).
9) 나카기타 코우지 『자민당-「일강」의 실상』 중공신서, 2017년, 278쪽.
10) 나카기타 코우지 『자민당 정치의 변용』 NHK 출판, 2013년, 221쪽~222쪽.
11) 상게서, 225쪽.
12) 상게서, 225쪽~226쪽.
13) 상게서, 221쪽~223쪽.
14) 상게서, 4쪽~5쪽.
15) 에다노 유키오 전 입헌민주당 대표는 그의 정치적 입장에 관하여 2017년 10월 니혼TV의 한 프로그램에서 다음과 같이 언급하였다. 「적어도 저도 리버럴이라고 생각하거든요. 자신은. 다양성을 인정하고 관용하며 사회적 협력을 소중히 한다. 30년 전이라면 자민당 코우치회」입니다, 라고 (『스포츠호치』 2017년 10월 24일). 덧붙여 「아시카와 요이치 논설 주간은 「민진은 전체, 우측으로 향하고 있는」(『일본 경제 신문』 2016년 10월 30일) 중에, 2015년 1월에 민주당 대표로 다시 취임한 오카다 카쯔야

는 「나의 위치는 옛날의 코우치회에 가깝다」라고 하고, 동년 10월에는 에다노 간사장은 「내가 보수 본류를 잇고 있다」라고 말했다, 라고 소개하고 있다; 본장주 8에 꼽은 나카지마 타케시『자민당』에서는 자민당에 대립하는 「야당이 취해야 할 포지션」은 「『위험의 사회화』, 『리버럴』을 지향한다」 「코우치회와 같은 리버럴 보수」를 선택 할 수 밖에 없다, 라고 말하고 있다(216쪽).

16) 『아사히 신문』 2020년 9월 15일, 「정치학자·무라이 료타씨에게 듣는다」. 무라이 고마자와 대학 교수는 아베와 작은조부 사토를 비교 해, 아베의 특성에 대해서 다음과 같이 말하고 있다. 「아베씨에게는 『적과 아군』을 분명히 나누는 자세가 눈에 띄었습니다. 그것은 본인의 개성인 것과 동시에 시대에 적응하려고 했을지도 모릅니다」.

17) C·슈미트 저· 타나카 히로시·외역『정치적인 것의 개념』(원작 1932년) 미래사, 1970년, 15쪽~27쪽.

18) H·헤라 저·야스세이슈역『국가학』(1934년) 미라이사, 1971년, 301쪽.

19) 타자키 시로, 상게서, 123쪽.

20) 나카기타 코우지『자민당 정치의 변용』233쪽~234쪽.

21) 나카기타 코우지『자민당-「일강」의 실상』247쪽~249쪽.

22) 상게서, 237쪽.

23) 오오시타 에이지『아베 관저「권력」의 정체』카도카와신서, 2017년, 107쪽.

24) 상게서, 4쪽, 117쪽.

25) 상게서, 4쪽, 79쪽.

26) 나카기타 코우지『자민당 정치의 변용』237쪽~238쪽.

27) 상게서, 239쪽.

28) 상게서, 240쪽. 또한 자민당의 일본국 헌법 개정 초안의 소개와 비판에

대해서는 참조 : 오쿠다이라 야스히로 외 편 『개헌의 무엇이 문제인가』 (이와나미서점, 2013년), 고바야시 세츠·이토 마코토 『자민당 헌법 개정 초안에 녹초가 되다!』 (합동출판, 2013년). 오오시타씨는 이 헌법 초안을 「약간 빛나는 내용으로 보이는 점이 있다」라고 평가하고 있다(전술서, 291쪽).

29) 나카기타 코우지 『자민당 정치의 변용』 241쪽.
30) 『아사히 신문』 2012년 6월 9일, 「아베씨, 오사카 지사에 접촉」.
31) 『일본 경제 신문』 2020년 9월 15일, 「스가씨 총재까지의 행보」 ; 나카지마 타케시, 상게서, 59쪽~76쪽.
32) 나카기타 코우지 『자민당-「일강」의 실상』 중공신서, 57쪽 ; 오오시타 에이지, 상게서, 84쪽~88쪽, 117쪽.
33) 요미우리 신문사 정치부, 34쪽~35쪽.
34) 나카기타 코우지 『자민당 정치의 변용』 244쪽.
35) 오오시타 에이지, 상게서, 6쪽, 121쪽.
36) 타자키 시로, 상게서, 26쪽 이하.
37) 아베 신조 「실패가 나를 길렀다」(듣는자·타자키 시로), 『문예춘추』 2019년 12월, 158쪽~159쪽.
38) 「Hanada」 2020년 11월호, 48쪽~53쪽.
39) 타자키 시로, 상게서, 133쪽~134쪽.
40) 쿠지라오카 히토시, 상게서, 170쪽~183쪽.
41) 가키자키메이지, 상게서, 67쪽~70쪽.
42) 『요미우리 신문』 2013년 7월 22일.
43) 칼·슈미트, 전술 역서, 55쪽~56쪽. 또한 케록크·브리안 조약의 연구로서는, 참조 : 마키노 마사히코 『부전不戰 조약-전후 일본의 원점』 도쿄대학출판회, 2020년.

44) 아베 수상은 2012년 9월의 자민당 총재선에의 출마의 결의를 아끼에 부인에게 말한 이야기 안에 이런 행이 있다. 「지금 일본은 국가로서 녹고 있다. 센카쿠 제도 문제, 북방 영토 문제, 정치가로서 이대로 입다물고 간과해 둘 수는 없다. 나는 나간다.⋯⋯」(오오시타 에이지, 상게서, 88쪽.)
45) 『일본 경제 신문』 2012년 12월 26일, 「아베 수상의 취임 회견〈강한 경제에의 총력〉」.
46) 『아사히 신문』 2019년 10월 8일, 「「NSS」는 어떤 조직이야?」.
47) 오오시타 에이지, 상게서, 180쪽~182쪽.
48) 특정 비밀 보호법 제정을 둘러싼 관저의 움직임에 대해서는 참조 : 타자키 시로, 상게서, 137쪽, 223쪽~224쪽.『아사히 신문』 2020년 9월 30일, 인터뷰 「『법의 지키는 사람』 퇴임을 말한다」. 내각법제국에 관한 연구에는, 참조 :『일본 경제 신문』 2014년 4월 6일, 「『법의 지키는 사람』의 본모습」; 니시카와 신이치『입법의 중추·알수없는 관청·내각법제국』 5월 서점, 2000년.
49) 노다 나오토·아오키 하루카『정책 회의와 토론 없는 국회-관저 주도체제의 확립과 후퇴 하는 숙의』 아사히신문출판, 2016년, 273쪽~275쪽.
50) 상게서, 226쪽, 228쪽, 271쪽.
51) 모리 이사오『관저 관료-아베일강을 지지한 측근정치의 죄』 문예춘추, 2019년, 190쪽~193쪽.
52) 『일본 경제 신문』 2014년 4월 12일, 「내각 인사국, 다음 달에 발족」.
53) 『아사히 신문』 2014년 5월 31일, 「「아베 인사」에 관료 별벌·일원적 관리 내각 인사국이 발족」.
54) 타카노 하지메『아베 정권 시대-공허한 7년 8개월』 화전사, 2020년, 27쪽.
55) 노다 나오토·아오키 하루카, 상게서, 14쪽.

56) 나카기타 코우지 『자민당-「일강」의 실상』 113쪽~114쪽.
57) 모리 이사오, 상게서, 187쪽; 시미즈 마사토 『헤세이 민주주의사』 찌쿠마 신서, 2018년, 351쪽~352쪽.
58) 『일본 경제 신문』 2014년 9월 14일, 나가타쵸 인사이드 「특명상·담당상 관저 주도의 상징」.
59) 나카기타 코우지, 상게서, 95쪽~96쪽.
60) 제2차 아베 정권이 발족해 1년째에 해당하는 2014년 1월 22일의 『아사히 신문』에는 「관저 주도 자민당에 대들다」의 제목 아래에 부제에 「당 경시에 더해지는 불만」, 「총무 회, 정부안 승낙 보류」라고 하는 기사가 게재되고 있다. 총재선거에 대해 제1회 투표로 톱인 이시바 시게루 당 간사장 시대이다. 다음날의 1월 23일의 동지에는 「향후는 당과 조밀하게 제휴」의 부제의 기사가 다시 게재되어 그 중에, 스가 요시히데 관방장관이 당 본부에서 이시바 시게루 간사장과 면회, 「당에의 설명이 충분하지 않았다. 지금부터는 제휴를 조밀하게 한다.」라고 해명했다.」라고 쓰여져 마지막에 「그런데도, 수상 관저가 정책결정을 주도하는 『정고당저』에의 불만은 당내에 계속 피어오르고 있다. 22일의 당 일본 경제 재생 본부에서는 정부 주도로 진행되는 국가전략 특구 구상에 대해서, 마루카와 타마오 후생 노동부 회장이 『부회에서 제대로 논의 하게 해주면 좋겠다』라고 호소했다.」라고 알려지고 있다. 「아베일강」시대로 향하는 과도기에 있어서의 정부·여당 관계를 엿볼 수 있는 기사이다.
61) 나카기타 코우지, 상게서, 116쪽~118쪽.
62) 상게서, 124쪽~126쪽.
63) 노다 나오토·아오키 하루카, 상게서, 286쪽.
64) 수상이 누구와 만나 어디에 갔는지 등 하루의 행동 기록은 『아사히 신문』의 경우 「수상 동정」이라고 하는 항목으로, 다른 대신문도 유사한 명

칭의 항목 안에 대해 매일 보도되고 있다. 그것을 본다면 수상에 의한 내각 운영의 개요가 대체로 추측된다. 이 항목을 이용하여 민주당 정권화에 있어서의 관저 주도의 정치에 관한 연구가 이루어지고 있다. 참조 : 마치도리 사토시 「제3장 민주당 정권하에 있어서의 관저 주도-수상의 면회 데이터로부터 생각한다」, 이이오 쥰편 『정권 교대와 정당정치』 중앙공론신사, 2013년.

65) Y·드로아 저·아다치 유키오, 사토 히로시 감역 『통치 능력-통치의 재검토』 (1994년) 미네르바서짐, 2012년, 「일본이판에의 서문」, iii vi.

66) 영·미와 현대 독일의 입헌주의적 자유 민주정에 있어서의 집정부에 관한 비교 정치학적인 연구로서 다음의 것이 있다.L. Helms, Presidents, Prime ministers, and Chancellors. Executive Leadership in Western Democracies, 2005.

67) 현대 독일의 헌법재판소에 대해서는 참조:J.Colllings, Democracy's Guardians.A History of the German Federal Constitutional Court,1951-2001,2015;구도우 타츠로 편 『독일의 헌법 재판』 중앙대출판회, 2002년 ; 야스아키히로 「서독에 있어서의 근대 입헌주의 확립의 정치 과정-삼권의 입헌 주의적 통제 기관으로서의 연방 헌법 재판소의 활동을 중심으로-」『쇼우비 정책 논집』 제22호, 2016년 6월.

68) 한국의 헌법 재판소에 대해서는 참조 : 이 범준 저· (재일 코리안 변호사 협회 역) 『헌법재판소-한국 현대사를 말한다-』 (2009년) 니혼가죠출판, 2012년.

69) 타자키 시로, 상게서, 2014년, 224쪽~226쪽.

70) 오오시타 에이지, 상게서, 188쪽.

71) 아사쿠라 히데오 『관저 지배』 이스트·프레스, 2016년, 203쪽, 224쪽.

72) 『아사히 신문』 2020년 9월 9일, 「총괄 아베 정권 나폴레옹과 공통점, 사

토 켄이치씨에게 듣는다」.

73) S·트와이크저·타카하시 테이지·아키야마 히데오 공역 『죠제프·후시에-어떤 정치가의 초상』 (1929년) 이와나미신서, 1951년.

74) 스가 관방장관의 「권력인」으로서의 측면은 다음의 저작이 생생한 묘사하고 있다. 모리 이사오 『총리의 그림자-스가 요시히데의 정체』 쇼우갓칸, 2016년.

75) 『요미우리 신문』 2014년 4월 16일, 「정치의 현장 「일강의 내막」」③. 또한 집단적자위권 행사 용인에 관한 결정에 대해서, 다카무라 자민당 부총재와 키타가와 카즈오 공명당 부대표와의 협의 등의, 그 작성 경과에 대해서는, 참조 : 시미즈 마사토 『헤세이 민주주의사』 찌쿠마신서, 2018년, 348쪽~350쪽; 마키하라 이즈루 「제8장 헌법 해석의 변경·법제 집무의 전환」, 타케나카 하루카타 편 『두 개의 정권 교대-정책은 바뀌었는가』 게이소우쇼보, 2017년, 265쪽~269쪽.

76) 타자키 시로, 상게서, 148쪽 ; 오오시타 에이지, 상게서, 202쪽.

77) 『요미우리 신문』 2019년 9월 4일.

78) 『아사히 신문』 2020년 8월 3일, 「장기 정권의 끝에 자민당의 지금①인사 『간사장 정권 안정의 장치에』」.

79) 『아사히 신문』 2014년 8월 13일 「정당은 지금 上 자민 덮은 침묵」.

80) 타자키 시로, 상게서, 72쪽~74쪽, 86쪽~88쪽, 92쪽.

81) 코가 시게아끼 『일본 중추의 광모』 코단샤, 2017년, 102쪽, 148쪽.

82) 상게서, 78쪽~79쪽, 109쪽.

83) 상게서, 123쪽~128쪽, 130쪽~145쪽.

84) 2013년, 아베 수상은 NHK 경영 위원에 수상의 지지자와 전 가정교사를 임명했다. 경영 위원회가 선임한 모미이 카츠토 신회장은 2014년 1월 25일의 취임 기자 회견에서 「정부가 오른쪽이라고 말 하는 것을 왼쪽이

라고 할 수는 없다」라고 발언했으며, 더욱이 종군위안부 문제를 「전장 지역에는 어떤 나라에도 있었다」라고 말하고 있다(모리 이사오 『총리의 그림자』, 195쪽). 2014년 자민당은 필두 부간사장등의 이름으로 중의원선거 보도의 공평 중립을 요구하는 문서를 민방 K 국에 보냈다. 2016년에는 타카이치 사나에 총무 상은 국회에서 정치적 공평성이 부족한 방송을 반복한 방송국에는 전파 정지를 명하는 가능성이 있다고 말했다 (『아사히 신문』 2020년 10월 27일, 「취재 고기」). 또한 NHK의 간판 보도 프로그램 「클로즈 업 현대」의 메인 캐스터 쿠니야 히로코의 강판에 대한 언급은 코가 시게아키, 상게서, 147쪽~148쪽. 코가에 의하면 2016년 4월 16일에 일본의 TV보도는 죽었다고 한다.

85) 타자키 시로, 상게서, 66쪽, 79쪽, 82쪽~85쪽 ; 『아사히 신문』 2020년 1월 20일, 「더 알고 싶은·해산①난국 「리셋트」? 아베 수상의 생각은」 ; 시미즈 마사토, 상게서, 360쪽.
86) 시미즈 마사토, 상게서, 362쪽.
87) 『요미우리 신문』 2014년 12월 25일.
88) 『아사히 신문』 2017년 3월 3일, 「일강 제1부 헤세이의 누각⑤」.
89) 안보 법제는 자위대법 등 10개의 법률로 되어 있는 평화 안전 법제 정비법 및 국제 평화 지원법으로부터 구성되어 있었다. 또한 『아사히 신문』의 당시의 동법 안에 대한 여론조사에서는 2015년 7월의 시점에서는 찬성 26%, 반대 56%이었다. 그런데, 2020년 11월의 시점에서는 찬성 46%, 반대 33%와 역전하고 있다 (『아사히 신문』 2020년 12월 18일, 「여론조사의 취급 설명서·안보 관련법 처음 찬반가 역전」).
90) 『요미우리 신문』 2015년 10월 7일.
91) 『요미우리 신문』 2016년 7월 11일.
92) 오오시타 에이지, 상게서, 257쪽~270쪽 ; 이시카와 요시미 『니카이 토시

히로 전신 정치가』 일본교호우사, 2017년, 160쪽~165쪽.

93) 『요미우리 신문』 2016년 8월 1일.
94) 『아사히 신문』 2017년 9월 30일, 「코이케 유리코 분석」 上 ; 동지 10월 1일, 동 中 ; 동지 10월 2일, 동 下.
95) 『요미우리 신문』 2017년 9월 26일.
96) 『아사히 신문』 2017년 9월 30일 ; 시미즈 마사토, 상게서, 25쪽~26쪽.
97) 『아사히 신문』 2017년 10월 23일.
98) 아소우 타로 『엄청난 일본』 신죠신서, 2007년, 165쪽.
99) 『아사히 신문』 2014년 4월 24일, 「아베 외교의 요점 정식 무대에」 ; 토시카와 타카오 「외교 패전-타니우치 외무차관의 연구」, 『문예춘추』 (2008년 1월호), 266쪽~267쪽.
100) 상게논문, 261쪽.
101) 상게논문, 266쪽~267쪽.
102) 상게논문, 265쪽.
103) 아베 신조 『일본의 결의』 신쵸사, 2014년, 20쪽.
104) 이치하라 마이코 「보편성으로부터 다원화에 : 일본 외교에서의 가치」, 후나바시 요이치・G・존・아켄베리 편저 『자유주의의 위기-국제 질서와 일본』 토요경제신보사, 2020년, 133쪽, 139쪽.
105) 컬・프리드리히 저・야스세이슈・외 역 『정치학 입문-하버드 12강』 (1967년) 하쿠요우서점, 1977년, 71쪽~72쪽.
106) 야스세이슈 『현대 정치학의 해명』 산레이쇼보우, 1999년, 358쪽~368쪽.
107) 『아사히 신문』 2020년 9월 1일, 「고考 최장 정권③」. ; 오오키 에이지, 상게서, 225쪽.
108) 후나바시 요이치, G・존・아켄베리 「일본과 자유롭고 열린 국제 질서」, 후나바시 요이치・G・존・아켄베리 편저 『자유주의의 위기-국제 질서와 일

본』, 8쪽.

109) 『산케이신문』 2020년 9월 26일. 아베 정권 발족시의 가치관 외교의 전개에 대해서는 참조 : 『일본 경제 신문』 2013년 4월 21일, 「수상 방문지에 비치는 전략」.

110) 오오시타 에이지, 상게서, 216쪽~222쪽. 『아사히 신문』 2020년 6월 20일 ; 「가와이 전 법무장관·수상·스가씨 지지 입각…암전」.

111) 『아사히 신문』 2014년 3월 2일, 「정권 숙원에 착착」 ; 『아사히 신문』 2020년 9월 3일, 「고 최장 정권⑤」.

112) 『아사히 신문』 2014년 8월 21일, 「의견·전후 70년에·흔들리는 민주주의」에 있어서의 현대 일본 정치의 전문가의 아서 스톡윈 영국 오크스포드 대학 명예교수의 다음의 말이 참고가 될 것이다. 「지금의 일본인에 있어서 필요한 것은 다시 한 번 1920년대, 30년대, 그리고 전쟁의 시대로, 일본의 정치가 어떤 궤적을 더듬었는지 다시 배우는 것이 아닐까요. 근 현대사는 미묘한 문제이니까라고 하는 이유로 학교에서도 제대로 가르치지 않았다. 그 결과, 과거에 일어났던 것에 대해서 지금의 일본인은 놀라울 정도로 지식이 없다. 이것은 매우 위험하고 바람직하지 않다고 생각합니다」.

113) 가키자키 메이지, 상게서, 2015년, 155쪽.

114) 가키자키 메이지, 상게서, 101쪽 ; 『아사히 신문』 2014년 2월 16일, 「수상 발언, 파문 퍼지는 헌법 해석 『최고책임자는 나』」.

115) 가키자키 메이지, 상게서, 101쪽

116) 아베 수상은, 국회에서 자신이 「입법부의 장」이다고 발언한 것 (2016년 5월 16일)을 다음에 실언이었다고 해 취소하고 있지만(2016년 5월 23일), 내각이 의회의 최고 위원회인 영국형 의원내각제에서는 수상은 실질적으로는 의회의 장이라고 해도 과언은 아닐 것이다. 말할 필요도 없이, 수

상은 자민당의 총재이며, 그 자민당이 의회의 다수파를 차지하고 있으므로 내각이 제안한 법률안이 의회에서는 법률로서 제정되므로, 수상의 발언은 형식적으로는 잘못이지만, 실질적으로는 잘못되어 있지 않은 것이다. 따라서, 야당이 약체이기도 하지만, 수상은 자신이 의회를 지배하고 있다고 하는 「자부」가 의회 경시의 태도로서 나타난것으로 생각된다. 『아사히 신문』에 의하면 아베수상의 국회 경시에는 다음의 3점을 볼 수 있다고 한다. 제일은 「과거의 정부 답변을 소홀히 하는 한편, 수상은 스스로의 답변의 무거움을 강조」하는 이중 기준. 제2는 과거의 정부 답변의 모순을 지적될 때는 「답변 철회」. 제3은 자료 제출이나 답변의 거부(2020년 3월 31일, 「검찰 정년연장, 벚꽃을 보는 회, 모리토모 문서 개찬·정권 두드러진 『국회 경시』」). 그 외에도 있다. 야당이 2017년 6월 22일에 헌법 제53조에 근거해 임시국회의 소집을 요구했지만, 그것을 무시해 열지 않았다. 그런데 본문에서 언급한 것처럼, 3개월 후에 겨우 야당의 개최 요구에 따라 연 임시국회의 모두에 해산을 선언한 점이나, 「과거의 설명과 사리가 맞지 않는 답변을 반복하거나 마음에 들지 않는 질문을 하는 의원에는 자기 자리로부터 반복해 야유를 퍼붓거나 했다. 특히 문제이었던 것은 수상으로서의 자질에 대해서 의문을 던진 야당 의원에 「의미가 없는 질문이다」라고 야유를 날리며 의원의 질문을 부정했다(『아사히 신문』 2020년 10월 14일, 코쿠부 타카시 「다사주론」).

117) 오오시타 에이지, 상게서, 226쪽.
118) 가키자키 메이지, 상게서, 107쪽~113쪽, 138쪽~139쪽 ; 시미즈 마사토, 상게서, 370쪽 ; 오오시타 에이지, 상게서, 233쪽~234쪽.
119) 『아사히 신문』 2020년 3월 20일, 사설 「모리토모 문제」 ; 『아사히 신문』 2020년 9월 2일, 「고 최장 정권④ ; 아오키 야스시 「정치의 사물화를 끊는다-모리토모 문제 정권이 은폐하는 진실을 폭로한다-」 『세계』 (2021년 2

월), 58쪽~65쪽. 또한 모리모토 문제의 발각과 함께 교육 칙어를 암기시키는 것이 유치원의 세일즈포인트가 되어 있는 것, 그리고 그 이사장이 일본 회의의 오사카의 간부인 것이 널리 알려졌다. 그것과 함께 아베 수상의 뒤에는 일본 회의라고 하는 「풀뿌리의 보수」의 대중 조직이 있는 일도 동시에 널리 알려지게 되었다. 그것을 계기로 2016년도에는 다음에 소개하는 몇 개의 일본 회의의 실태를 밝혀내는 조사·연구나 저작이 잇달아 간행되었다. 스가노 타모쯔 『일본 회의의 연구』, 우에스기 사토시 『일본 회의란 무엇인가』, 나와라 요시후미 『일본 회의의 전모』, 나루시와 무네오 『일본 회의와 신사본청』 등(타카노 하지메, 상게서, 138쪽~139쪽). 2016년 5월 3일의 「헌법기념일」에 일본 회의가 주도하는 「헌법 개정을 목표로 하는 단체 『아름다운 일본의 헌법을 만드는 국민의 회』가 전국 각지에서 이벤트나 집회를 개최한 것을 『마이니치 신문』(2016년 5월 4일)이 전하고 있으며 그 안에서 일본 회의에 대해서, 「종교 단체 등이 모이는 『일본을 지키는 회』와 정·재계나 문화 인의 『일본을 지키는 국민 회의』가 1997년에 합류해 설립. 회원 약 3만 8000명으로 정계와의 연결이 깊고, 동회의 국회의원 간담회에는 당파를 뛰어넘어 300명이 소속한다」라고 말하고 있다.

120) 타나카 히데아키 『관료들의 겨울-가스미가세키 부활의 처방전』 쇼우갓칸신서, 2019년, 81쪽~84쪽 ; 『아사히 신문』 2020년 9월 2일, 「고 최장 정권④」 ; 『일본 경제 신문』 2020년 8월 29일, 「모리토모·가케…개이지 못한 채」.

121) D·다이젠하우스 저·이케하타 타다시 역 『합법성과 정당성』 (1997년) 슌푸우샤, 2020년, 393쪽~397쪽. 또한 법의 지배에 대한 연구는 참조 : J·R·시르케이트·외 편저, 오카다 마사노리· 외 역 『법의지배와 법치 주의』 (2014년) 성문당, 2020년.

122) 이치하라 마이코, 상게 논문, 후나바시 요이치·G·존·아켄베리 편 『자유주의의 위기-국제 질서와 일본』 147쪽.
123) 『요미우리 신문』 2018년 9월 21일.
124) 『요미우리 신문』 2018년 10월 4일.
125) 『요미우리 신문』 2018년 7월 23일.
126) 『요미우리 신문』 2020년 9월 27일, 「지구를 읽는·미쿠리야 타카시『스가 내각 발족』 2면」.
127) 『요미우리 신문』 2019년 9월 11일.
128) 사타케 고로쿠『체험적 관료 론』 유히각, 1998년, 285쪽.
129) 『아사히 신문』 2021년 1월 5일, 「20대 개인 사정 퇴임 4배에, 「공무원 이탈」 현저 근로방식 개혁은 도상」; 『아사히 신문』 2021년 1월 23일, 「침식하는 관료들(전 후생노동성 관료의 센쇼 야스히로씨의 이야기).
130) 타나카 히데아키, 상게서, 71쪽~72쪽, 75쪽; 『아사히 신문』 2020년 9월 3일, 「고 최장 정권⑤」; 『아사히 신문』 2021년 1월 12일, 「「너무 강한 관저」 입다무는 가스미가세키」; 『아사히 신문』 2021년 1월 29일, 「프리미엄 A미완의 장기 정권 간판 대굴대굴『경제산업성 내각』」.
131) 『아사히 신문』 2020년 2월 11일, 사설 「검찰과 정권」.
132) 『아사히 신문』 2020년 2월 4일.
133) 『아사히 신문』 2020년 8월 6일, 「장기 정권의 끝에 자민당의 지금④여론」.
134) 『아사히 신문』 2020년 8월 31일, 「수상 퇴진·세계의 시선, 러시아」; 『아사히 신문』 2020년 9월 30일, 「북방 영토 보이지 않는 전망」.
135) 「이마이 타카야·수상 비서관 독점 인터뷰」, 『문예춘추』 2018년 6월, 108쪽~109쪽.
136) 『아사히 신문』 2020년 8월 30일, 「수상 퇴진·세계의 시선, 중국」; 『아사

히 신문』 2020년 1월 20일, 「『자유롭고 열린 인도 태평양』 구상은?」; 시미즈 마사토, 상게서, 46쪽~47쪽; 이치하라 마이코, 전술 논문, 후나바시 요이치·G·존·아켄베리 편저『자유주의의 위기-국제 질서와 일본』 142쪽.
137) 『아사히 신문』 2020년 9월 1일, 「고·장기 정권③」.
138) 『일본 경제 신문』 2020년 4월 2일, 「국가 안보국에『경제반』 발족」; 동지 2020년 6월 3일, 「부처 횡단『경제반』이 사령탑」.
139) 『아사히 신문』 2020년 8월 30일, 「수상 퇴진·세계의 시선, 한국」.
140) 타카노 하지메, 상게서, 184쪽~198쪽.
141) 상게서, 218쪽.
142) 상게서, 169쪽~170쪽.
143) 토쿠야마 요시오 「분단 넘어『잇는 저널리즘』을-무너뜨려진 권력 감시 기능을 되찾는다-」, 『신문 연구』 (2020년 12월, No.830), 28쪽.
144) 토쿠야마 요시오, 상게 논문, 30쪽.
145) 비스마르크의 전기로 일본어로 번역이 된 것에는, L·갈 저·오오우치 코이치 역『비스마르크-백색 혁명가』 (원저 1990년. 창문사, 1988년), J·스탄바그 저·오하라 준 역『비스마르크』 (상·하) 하쿠스이샤, 2013년, 등이 있다.

글을 마치며 –일본은 어디로 향하는가?

 일본은 어디로 향하는가? 말할 필요도 없이, 일본의 진로는 일본과 관계가 깊은 각국과의 관계 추이 속에서 결정되어 나 갈 것이다. 따라서, 이를 추측하기 위해서는 현재 일본과 관계가 깊은 나라의 일본에 대한 태도 및 기대가 무엇인지, 다음으로 일본은 세계 속에서 어떠한 자리매김하고 있는지, 그것들을 먼저 알아 둘 필요가 있을 것이다.
 일본과 관계가 깊은 나라들의 일본에 대한 태도 및 기대는 냉전기와 그리고 냉전 후에 글로벌 자본주의의 진전과 함께 크게 변화한 국제 환경 속에서 오늘날과는 크게 변화하고 있다.
 대외관계의 격변에 대해 일본도 적응할 수 있도록 스스로도 변화해 간 것의 반작용 측면도 당연히 있음은 말할 필요도 없다. 현행 일본 헌법을 채택해 재탄생한 전후 일본은, 1980년대 GDP에서 세계 제2의 경제 대국으로 패전 후 불사조처럼 되살아났다. 전쟁 전 일본에서는 재정 면에서는 국가 예산의 3분의 1에서 절반, 전쟁 중에는 3분의 2가 군사비였다. 군사비는 물건의 생산에 쓰이는 것이 아니라, 따라서 국민의 생활을 직접적으로 윤택하게 하지 않고, 단지 방위나 방어에만 쓰이므로, 경제적인 재화의 생산에는 공헌하는 바가 적다. 전후 일본에서는 안전 보장 시스템으로서는, 헌법 제9조(국책의 수행 수단으로서의 전쟁 포기와 이 목적을 달성하기 위한 「육·해·공군 그 외의 전력」의 보유 및 유지, 교전권의 부인)에 정해져 있는 평화주의라고 하는 기본 원칙의 제약하에 있기 위해서 「경무장輕武裝」 체제가 취해져, 이와는 반대로 본격적인 대외 방위는 미국이 미·일 안보 조약에 따라 전면적으로 담당하는 이중구조가 만

들어지고 있다. 이 시스템의 실태는 국내에서는 잘 보이지 않게 되어 있다. 이러한 안전 보장의 이중구조적 체제하에서, 패전 후 연합국에 의해 추진된 경제 민주화의 성과로서의 부의 배분에서의 일정 정도의 공평함과, 「경무장」덕분에 군사비로 돌리는 예산이 지극히 적었으며, 한편, 「경제 건국」의 실현에 의한 국부 증대로 국민이 총 중류라고 자인하는 「평화의 낙원」이 구축되고 있었다. 그것은 예산 면에서 보면, 예산의 3분의 1 이상이 전쟁 전과 달리 사회보장비로 쓰이고, 남겨진 예산 부분의 상당수도 「뒤쪽 사회복지」를 지탱하는 공공사업비이며, 방위비는 구미 선진국과 비교하면 극히 적은 액수였다. 따라서 1970년대부터 세기의 전환기까지의 일본은, 일본 사회의 문화적 폐쇄성도 있지만, 분쟁이 끊이지 않는 서아시아, 중동, 아프리카로부터 지리적으로 멀다는 조건도 있고, 베트남 난민을 제외한 다른 난민의 유입도 적으며, 따라서 내전의 지옥을 겪고 있는 사람들이 본다면, 「절해의 고도絶海の孤島」나 다름없는 상태에서 선진 자유 민주주의 국가군 중에서도 다수 국민이 중류 의식을 갖고, 평화를 누리는 「낙원樂園」에 가까운 나라가 되었을 것이다.

이러한 전후 일본에 대한 여러 나라의 태도와 기대는 우선 미국부터 살펴보자. 미국의 점령하에서 자유 민주주의가 도입되고, 그와 함께 정치적 가치관도 공유하는 관계가 구축되고, 나아가 방위도 미국에 의존하고 있는 이상, 미국의 일본에 대한 태도는 친밀하고, 냉전 하에서는 대소전선의 중요한 보루로서의 일본의 역할이 기대되고 있었다. 다음으로 이웃한 중국은 미·일 간의 협력하에 1970년대 후반부터 비로소 경제적 근대화로의 첫발을 내디뎠고 한국도 마찬가지였다. 나아가 동남아시아 여러 나라에도 배상금 지불로 새로운 좋은 정치적 관계뿐만 아니라 경제적 관계도 구축되고 있었다. 일본은 이제 경제 대국의 입장에서 동아시아와 동남아시아에 경제나 기술 면에서 적극적으로 원조하여, 전쟁 중에 일본이 가한 손해를 보상하는 데 크게 공헌하여, 양호한 관계가 구축되었다고 말할 수 있을 것이다.

그러나 냉전 붕괴한 후에는, 일본을 둘러싼 국제 환경은 서서히 변화하였다. 국제 관계에 있어서는 미국에 의한 일극 지배체제가 확립되어 갔다. 그렇지만, 21세기에 들어와 유럽에서는 EU가 출현하고, 러시아도 석유 자원을 기초로 강대국으로서의 재건의 강한 의지를 나타내기 시작했다. 그리고 동아시아에서도 중국이 경제적 근대화의 성공을 바탕으로 정치 대국화의 길을 걷기 시작했으며, 일본에 대해서는 센카쿠 열도 반환을 요구하는 움직임을 나타내는 것과 동시에, 정치적·경제적으로 압박을 가할 자세를 보이기 시작했다. 다음으로 북한은 소련 위성국의 전철을 밟지 않겠다며 고슴도치를 방불케 하는 핵 무장화의 길을 선택해 동북아 국제 정세의 교란攪乱 요인이 됐다. 이웃인 한국도 군사 정권의 경제적 근대화 성취 이후, 1987년 민주화 혁명이 일어나 「자주독립」의 길을 모색하기 시작했고, 일본에 대해서는 과거사 문제가 군사 정권 시절에 일단 형식적으로는 해결됐지만, 실질적으로는 아직 해결되지 않은 문제를 남기고 있다고 주장했다. 그리고 미국과 같은 동맹국으로서의 입장에서 대북 문제에서는 협조적이기는 하지만 그 밖의 측면에서는 적지 않은 대립상태가 생겨났다. 마지막으로 일본 존립의 대외적 안전 보장의 요체가 되는 미국도, 소련의 위협이 지나간 후는, 일본은 경제적 경쟁국으로 재인식되면서, 정치적인 지배권이 암암리에 이용되어 경제적인 면에서는 일본을 미국 시장으로 바꾸는 모습을 보이기 시작했다. 하지만 글로벌 경제의 심화와 더불어, 양국 경제 관계는 상호의존적인 분업 방향으로 나아가고 있다. 당목瞠目 해야 할 것에는, 2010년대에 들어서자, 중국의 초강대국으로서의 행동이 공공연해지고, 더욱이 미국의 세계 일극 지배체제에 대해서도 도전적인 자세를 나타내기 시작했다. 이로 인해 미국은 세계 일극 지배체제를 유지하기 위한 비용이 점점 증대되었고, 그 국가 예산을 보면 전쟁 전의 일본과 마찬가지로 군사 국가의 양상을 띠기 시작했다. 그리고 글로벌 경제가 심화함에 따라, 인건비 비중이 높은 제조업의 해외이전으로 인해, 군수 산업을 제외한 경제가 공동화되고, 그와 함께 미국의 자유 민주주의를 지탱하고 있던 중산층의 쇠퇴와 경제적 격차의 증대 경향에 따라, 대중영합주의자 트럼프가 2017년부터 대통령 자리에 앉는 사태가 출현하였다. 트럼프 대통령은「미국 제일주의」를 표방하며, 우선 모든 면에서 미국에 도전하기 시작한 중국의 팽창주의를 봉쇄하는 정책의 일환으로서 관세 부과 등 경제제재와 세계 정보기술 산업의 우위성을 지키기 위한 중국 정보기술 기업의 자국 내 배제 등 미·중 간 갈등이 고조됐다. 다음으로 세계 미군 배치 계획을 수정함과 동시에, 미군 주둔국들에 대한 주둔 경비의 천문학적인 증액을 요구하고, 미국이 주도권을 행사할 수 없는 국제기구에서의 철수 등 미국 일국 주의의 권력 정치적 정책을 펴기 시작했다. 아베 총리가 트럼프 대통령과 개인적인 의사소통 채널을 만들고 있음에도 불구하고, 일본에 대해서는 주둔駐留 경비 증액뿐 아니라, 미·일 안보 조약의 쌍무성雙務性 요구를 높이거나, 고가 무기 구매까지도 강요했다. 이와 함께 아베 총리가 주창한 자유롭고 열린 인도 태평양(FOIP) 구상에 대해서는 그것이 중국을 봉쇄하는 측면은 찬성하지만, 그 이상의 깊은 관계는 어제하겠다고 밝혔다. 이렇게 하여, 미·중·일이 사이에 새로운 관계가 형성될 가능성이 생겼다. 그것은 트럼프 대통령의 대중 봉쇄 정책을 가능한 한 무력화하고 싶은 중국은 지금까지 취해 온 대일 강경 자세를 완화 시키고, 종래부터 존재하는 중·일간의 경제적인 상호의존관계를 더욱 강화시킬 작전으로, 대일 접근 정책을 취하기 시작했기 때문이다. 2018년 하반기 이후 아베 총리도 이에 응하여, 중국에 대해서는 경제 중시 정책에도 힘을 쏟기 시작했고, 그 정책 전개가 가치관 외교와 표리 일체적인 관계에서 진행된다면 미국은 이를 관망하고, 아니 지지하는 방향으로 움직이고 있는 것처럼 볼 수 있다.

　이상, 일본과 관계가 깊은 여러 나라들의 일본에 대한 태도와 기대가 냉전 시대와 오늘날과는 크게 달라졌던 양상에 대해 간략히 살펴보았다. 다음으로 이러한 국제환경의 변화에 따라 세계에서의 일본의 위상도 당연히 변화해 갔음은 말할 필요도 없다. 따라서 변화된 일본의 위상을 분명히 하기 위해서는 일본을 둘러싼 국제정치와 세계정치의 교착상황을 먼저 통찰해 둘 필요가 있을 것이다. 그 전에 국제 정치, 세계 정치라는 두 개념이 그 내용이 같지 않으냐고 받아들이는 독자도 있을 것이므로, 여기서 조금 사족蛇足이 되지만 먼저 두개념을 구별해 두고자 한다. 국제 정치의 영어는 Politics among Nations이다. 모겐소의 유명한 저작의 명칭이기도 하지만 「국제 정치」란 「여러 나라 내지 여러 나라 사이의 정치」를 뜻한다. 그에 비해, 세계 정치의 영어는 World Politics이다. 세계를 하나의 정치적 단위로 보고, 아직도 형성되지 않은 「세계」라는 하나의 정치적 단위의 질서 형성을 둘러싼 정치를 의미한다. 제1차 세계대전 후 전후 처리에 있어서, 두 번 다시는 전쟁을 일으키지 못하도록 하기 위해 칸트의 제언에 따라 설립된 국제연맹의 출범과 함께, 세계 정치의 움직임이 시작됐다고 봐도 좋을 것이다. 갓 출범한 국제연맹의 활동은 국제 정치 논리에 휘말려, 세계 정치의 싹은 짓눌려, 2차대전의 참화를 겪었다. 연맹의 실패에서 배워 유엔이 1945년에 설립돼, 비로소 세계 정치의 활동도 형성됐다고 보아도 좋을 것이다. 두 개념 사이의 차이가 있다. 세계 정치와 달리 국제 정치는 국가 간이라기보다 실제는 강대국, 즉 「열강列強」사이의 권력 정치(power politics)이다. 각각의 열강이 자국의 국익을 최대화하기 위해서 타국을 최종적으로는 군사력을 이용해 그 의지를 서로 관철하는 활동이지만, 최근에는 상대국의 복종 조달을 가능하게 하는 경제적 제재나 소프트 파워soft power등의 생각할 수 있는 모든 수단이 사용되고 있다. 왜냐하면 현재의 일본은 국제 정치의 물결과 세계 정치의 물결이 부딪치는 사이에 있다고 해석되기 때문이다. 본서의 제 일부 제4장에서 「55년 체제」의 붕괴기의 일본이 진행되는 진로로서 세 가지 선택사항이 있을 수 있다고 했다. 첫째, 세계정치의 관점에서 보면 일본은 해양 국가이며, 또한 태평양으로 연결된 미국과는 미·일 안보 조약에서 방위 면에서도 일체적인 관계에 있으며, 경제적인 분업 관계도 구축되어 있어, EU와 같은 지역 통합화의 물결이 세계적으로 더욱 진전된다면, 자유민주주의라는 보편적 가치를 공유하는 미국연방 공화국에 51번째 주로 가입하는 방향이다. 두 번째 방향은 한국, 중국, 대만, 동남아 여러 나라 등 아시아 각국은 경제적으로는 대부분 일본 경제와 불가분의 분업체제로 편입되어 있으므로 일본이 주체적으로 결의한다면 「아시아 경제 공동체」설립도 가능하므로, 글로벌 경제에 대응하는 세계 공화국의 설립까지의 사이의 지역 통합의 형태로서의 「아시아 공동체」확립의 길이다. 세 번째 길은 태평양 국가로서 미국과의 불가분의 일체적인 관계를 더욱 발전시키면서, 민주화된 중국을 포함한 아시아 여러 나라와 당면 경제 공동체를 확립하고, 세계 연방 공화국의 건설을 위해서 미국과 아시아의 가교 역할을 담당하는 방향이다. 이 책의 일부는 20년 전에 집필했으며 당시에는 제3의 길이 가장 현실적이라고 했다. 20년 후의 오늘, 일본은 어디로 향하는가, 라고 다시 묻는다면, 20년 전과 같이, 제3의 길밖에 없을 것이다, 라고 말할 것이다. 물론 한때 하토야마 내각에 의해 제2의 길 선택으로 갈 가능성을 다소 열어 놓았지만, 하토야마 내각이 단명으로 끝난 것, 또한 중국은 「민주화」되기는커녕, 오히려 중국공산당의 일당독재 체제가 더욱 강화되어, 권위 주권적인 국가 자본주의적인 방향으로 나아가고 있을 뿐만 아니라, 나아가 과거 청제국淸帝國의 판도 부활을 지향하는 동시에 「일대일로」 정책으로 상징되는 것과 같이 보편적 가치관에 입각한 세계 정치를 지향하는 미국에 대항하는 또 다른 권위주의적인 「세계제국世界帝國」건설을 목표로 하는 세계 정책을 전개하고 있다. 따라서 일본이 나아가는 방향에서는, 제2의 길은 완전히 막혀버렸다. 국제 정치 논리와 세계 정치 논리가 서로 교착交錯하지만, 만약 후자의 논리가 우세해진다면, 첫 번째 길이 일본이 향하는 방향이 될 것이다. 그러나, 당분간은, 20년 전과 마찬가지로 제3의 길이 현실적일 것이다. 하지만 이 20년간 일본의 정치 자체가 정치 개혁에 의해서 변화하고 있고, 또 일본을 둘러싼 환경도 변화하고 있으므로, 제3의 길로 간다 하더라도, 일본의 역할은 20년 전과 달라졌음은 말할 필요도 없을 것이다.

   20년 전 「글을 시작하며」에서, 이웃 중국에서는 최고지도자 권위자의 한마디로 「경제적 근대화」로의 방향 전환의 의사결정이 이뤄진 데 반해, 일본에서는 「국가의 운명을 좌우하는 중대한 결정」을 누가 하고 있는지,

그 「결정 중추」가 잘 보이지 않는 상태라고 했다. 그러나, 세기의 전환기를 사이에 두고 움직이기 시작한 정치 개혁으로 정치적 의사결정 보텀업식에서 톱다운식으로의 전환이 진행되어, 수상에 의한 정치 주도 체제의 확립이 2014년 5월의 내각 인사국의 설치로 일단 완료되었다. 그리고, 그로 인해 아베 총리는 일본을 과거 「열강」으로 불리던 영·불·독과 같은 「보통 국가」에 한없이 가깝게 만들 수 있는 방향으로의 「외정 우위」의 정치를 전개했다. 이렇게, 일본은 총리에 뛰어난 경세가를 맞이한다면, 국가를 거함에 비유한다면 그 침로針路를 바꿀 수 있는 정치체제가 되었다고 말할 수 있다. 그것은 경하慶賀할 일이다. 그러나 총리에게 권력을 집중시키는 정치 개혁에만 관심이 집중되어, 「집중된 권력」에 대한 민주적인 컨트롤의 구조로서 경쟁적 정당 시스템의 구축밖에 생각하지 않았던 점은 편파적이었다고 할 수 있다. 정권교체를 가능케 하는 제도는 마련됐지만, 정작 자민당을 대체할 야당이 정치 개혁에서 예상했던 것처럼 자라지 않았기 때문이다. 민주적인 컨트롤의 구조로서 건전한 야당의 존재의 다른 구조는 「55년 체제」인 채 그대로의 기제機制이다. 그러나, 그것들은 정치 제도의 변화에 의해서 기능 부전을 가져와 「촌탁 정치」의 횡행으로 상징되는 부작용을 낳고 있다. 영국의 「웨스트민스터」형 정치 시스템을 모델로 한 정치 개혁이 이루어졌다면, 영국에서는 총리의 「독재」를 방지하기 위한 기제로 의회 내에 「특별위원회(PARLIAMENTARY WATCHDOG COMMITTEE)」 제도도 설치되어 있다.[1] 말할 필요도 없이, 확립된 수상에 의한 정치지도체제의 부작용이 밝혀진 이상, 그것을 시정하기 위해서 영국에 있지만, 일본에는 아직 도입되어 있지 않은 위의 제도에 대해서도, 향후, 일본에서도 그 도입에 대해서는 검토해야 할 것이다. 그 밖에 부작용의 퓨

면화와 함께 어떤 정치학자는 정치개혁은 관저에 대한 권력이 지나치게 집중된 점에서는 지나치다거나,[2] 또, 선거 제도의 개혁을 주창한 또 다른 정치학자는 소선거구제 도입을 통해 여당 당수 총리가 정국만을 생각하고, 총리의 권력에 대한 견제기관인 의회의 해산권을 아베 총리처럼 자유롭게 행사하여, 정국의 주도권을 끊임없이 장악할 수 있는 결함이 드러났기 때문에, 영국에서도 총리의 해산권에 제약을 가하는 개혁이 이뤄지고 있기 때문에, 앞으로는 헌법 해석 등에서 제약을 가하는 방향으로 나아가야 한다는 의견도 있다.[3] 그 밖에 「중·참 네지레」국회 문제 등, 제도 개혁을 필요로 하는 안건은 또 있다. 무엇보다 중요한 것은 그것들의 해결을 추진하면서 동시에 경쟁적 정당 시스템의 건전한 발전 없이는, 집중된 권력의 민주적인 컨트롤은 실효성을 가질 수 없으므로, 일본 국민이 모두 건전한 야당의 육성에 노력하는 것 외에 부작용의 시정是正의 길은 없을 것이다. 아무튼, 오늘날 일본은 뛰어난 경세가를 수상으로 맞이한다면, 대외적으로도 일본의 존재감을 드러낼 수 있고, 나아가 세계평화에 이바지하는 방향으로 일본을 이끌어갈 수 있게 된 것은 분명하다.

그런데, 20년 전과 달리, 위에 기술한 바와 같이, 초 정보기술 강국인 미·중의 세계 지배를 둘러싼 치열한 국제정치가 전개되어, 그 대립이 과격화된다면 제3차 세계대전도 있을 수 없는 일은, 아니라고 생각된다. 그것을 미리 막는 의미에서도, 일본은 세계정치의 전개에 있어서는 미국과 적극적으로 제휴하면서 다른 한편으로는 경제적인 상호의존 관계도 깊고, 나아가 미국과 대항하기 위해서도 일본의 역할에 기대를 걸고 있는 중국에 대해서는 국제 정치적인 모든 수단을 사용해, 일본이 주도하는 FOIP 구상이나 나아가 중국도 가입한 RCEPT, 그리고 중국이 가입하기를 바란다는 TPP 등 국제기구를 이용해 인권존중의 「법의 지배」, 즉 지금까지 일본이 달성한 자유민주주의 등 보편적 가치를 중국이 받아들이게 하는 방향으로 유도한다면 일본은 세계평화를 위해 공헌하게 될 것이다. 만약 그것에 성공한다면, 한·일 양국은, 현재, 「자신 찾기」에 나서면서 양국 간에 불편한 관계가 생겨나고 있지만, 「자신 찾기」의 도착지는 양국이 공유하는 보편적 가치관이므로, 대국적 관점에서 역사 문제를 조속히 해결하고 RCEPT 등에 북한을 합류시키는 공동의 노력을 펼친다면, 동아시아에서 평화교란平和攪乱 요인은 사라질 것이다. 그 리더십을 완수하는 것은 일본 이외에는 생각할 수 없을 것이다.

일본은 어디로 향하는가? 일본이 한 단계 발전시킨 제3의 길로 나간다면 장차 건설될 세계 연방 공화국 형성의 선도국으로서의 영예를 안게 될 것이다.

미주
1) L/Helms, op.cit.,p.188;「아사히 신문」2021년 1월 27일,「관료의 촌탁 언제부터? 인터뷰≪시마다 히로코씨·헤세이의 정치 개혁 수입 되지 않았던 중립 성 지키는 구조〉」.
2) 마치도리 사토시「정치 개혁 재고-변모를 이룬 국가의 궤적-」신쵸오샤, 2020년, 277쪽. 저자는, 이 저작에서는 정치 개혁이라고 하는 개념을 본 서로 이용되고 있는 정치 개혁이라고 하는 개념보다 광의에 파악해 일본은행·대장성 개혁, 사법제도 개혁, 지방 분권 개혁을 포함한,「일본의 정치 행정이나 사회경제를 합리화 하는 것을 지향하는, 보다 능동적인 자기 변혁의 시도」(267쪽)로서 파악하고 있다.그리고, 각 영역의 개혁 중에서 수상에 의한 정치 지도 체제의 사업체만이 과도하게 지나치고 있는 정도이며, 전체적으로 본다면 부정합 성을 볼 수 있다, 라고 해석하고 있다. 또한 협의의 정치 개혁은「냉전 종결후의 새로운 환경에 대응하는 것을 목표로 한에 그치지 않고」,「본질적으로 근대주의의 프로젝트」이다고 한다. 저자에 의하면, 이「근대주의란, 일본 사회를 구성하는 개개인이 보다 자율적으로 되어, 스스로가 관련되는 일에 대해 스스로 책임을 가져 합리적으로 판단하는 서브젝트로서 행동하는 것, 그러한 행동의 집적에 의해서 일본 사회의 사물의 결정 방법이나 진행방식이 합리화 하는 것을 바람직하다고 하는 생각이다(267쪽).」라고 한다. 이 근대주의자 중에서도,「체제내에서의 제도 개혁을 통해서 합리화를 목표로 하는 근대주의 우파가」자민당내에 존재해, 그들의 이념이「정치 개혁의 기저에 존재했다」라고 지적하고 있다.(267쪽) 만약, 저자의 지적대로, 관저 주도의 정책결정 시스템의 완성이「근대주의의 프로젝트」이라면, 머지않아 디지털 사회가 도래할 것이다. 현재에도 스마트폰의 소지 사람이 국민의 대부분에 이르고 있어, 만약「근대주의」의 기대 그대로의「개개인」이 출현 했다고 가정한다면, 권력을 집중 시킨 관저가 주권자의 국민의 한사

람 한사람과 함께 국가의 중대사에 관한 의사결정을, 전자기기를 통해서 쌍방향적으로 행할 수 있을 수 있는 것으로, 루소가 말하는 「떡갈나무의 나무 아래의 민주주의」도 일본이라고 하는 대국에서도 실현 가능될 것이다, 로 예상된다. 이것은 일본의 정치에 대한 낙관적인 예상이다. 그러나, 「근대주의」의 기대 그대로의 「개개인」이 출현 하지 않았다면, 이 예상은 암전해 「1984년」의 세계에도 있을것이다. 그러한 의미에서도, 집중 화된 권력의 민주적인 컨토롤의 기제의 정비가 중요하다, 라고 생각할 수 있다. 덧붙여서, 저자는 이 협의의 정치 개혁에 의해서 메이지 헌법 체제의 형성기, 전후 개혁에 계속 되는 「제3 헌법 체제」가 만들어 내겼다고 파악하고 있다(264쪽).

3) 시미즈 마사토 「헤세이 민주주의사」 14 쪽, 389쪽.

에필로그

　이 책의 제1부와 제2부 3장 1까지의 내용은 대학 재직 중에 발표한 다음에 열거한 두 편의 논문으로, 그리고 제2부 3장 2부터「글을 마치며」, 까지는 이번에 새로 쓴 것이다. 두 편의 논문은『대동법학大東法学』에 기고한「전후 일독 정치체제 비교연구 시론 -독일 정치를 좌표축으로 본 일본 정치의 특징」(제10권, 2001년 3월)과「전환을 모색 중의 일본 정치에 관한 한 고찰 -21세기 초두에 있어서의「결정 중추」제도의 변용을 중심으로-」(1)(제20 각 권 1호, 2010년 11월),「동」(2) (제20 각 권 2호, 2011년 4월) 이다. 필자는 2010년 당시 현대 일본 정치에 관한 3부 구성의『표류하는 일본 정치』라는 제목의 책의 간행을 계획하고 있었다. 제3부에 해당하는 부분은「<일본 정치 개조구상> 시안 -일본 정치는 어디로 가야 하는가』(『大東文化大学紀要』제48호〈사회과학〉, 2010년 3월)에서 발표했다. 이 논문은 본서에는 포함하고 있지 않다.

　「글을 시작하며」에서도 기술했듯이, 필자는 근현대 독일의 국가론·정치 이론 및 독일 사회민주당을 중심으로 한 정치사가 전문이지, 일본 정치의 전문가는 아니다. 후발 근대국가인 독일은 영국을 따라잡고 추월하려는 경향이 강하고, 막스 베버 등 자유주의자도 국민주의(Nationalism)를 바탕으로 한 정치의 자유주의적 개혁을 구상할 때, 항상 영국을 모델로 삼고 있다. 또한 바이마르 시대 반 마르크스주의적 독일 사회민주당 우파 정치 이론가 헤르만 헬러도 영국 페비안(Fabian) 사회주의에 입각해 마르크스주의를 비판하고, 독일 정치의 국민적 사회주의적 개혁을 구상하고 있으며, 막스 베버와 헤르만 헬러 등의 독일 정치에 대한 광의의 자유주의적 개혁론을 이해하기 위해서는, 그들이 모델 국으로 여기는 영국을 이해하지 않으면 그들의 국가론이나 정치 이론을 내재적으로 해명할 수 없다는 것을 알고, 독일 정치연구의 연장으로 영국 정치연구도 어느 정도 행하지 않을 수 없었다. 이때, 독일과 마찬가지로 후발 근대국가인 일본도 전쟁 전에는 독일을, 전후에는 영국을 모델 국으로 하는 경향을 보였으며, 그것을 찾다가 단편적이지만 일본 정치의 단면을 엿볼 수 있는 듯한 느낌을 받았다. 그래서 그것들을 모은 것이 위의 세 논문으로 된 것이다. 그런데 원래 본 책자의 일부인 논문 작성의 계기는 중국에서 온 유학생과의 교류이다. 국제연합 창설자 중 한 명인 중국을 대표하는 저명한 외교관 구웨이쥔(顧維鈞·고유균)의 외교 활동에 관한 박사 논문으로 다이토우분카대학 법학 연구과 법학전공에서, 나의 지도 아래에 학위를 받은, 까오꺼高克 박사로부터 베이징대학과 상하이사회과학원에서 현대 일본의 정치에 관한 강연을 의뢰받아 그것을 실행한 것은 2001년 봄이다. 이 강연을 문장화한 것이 바로 제1부의 바탕이 된 논문이다. 그 후 까오 박사로부터 중국에는 평화 국가로 거듭난 전후 일본의 정치에 대해서는, 중국인이 가진 색안경을 통해 보는 경향이 강하니, 그것을 바로잡는 의미에서도 전후 일본의 정치에 대한 간결한 개설서를 꼭 써 달라는 간청懇請을 계속 받았다. 그래서 2009년을 전후해, 한때, 일본 정치도 표류하기 시작했던 시절이 있었고, 같은 패전국인 서독이 불사조처럼 되살아났으며, 나아가 분단을 극복하고 동서독의 통일까지도 이룩하고 있을 뿐만 아니라, 세계정치의 지역통합화 리더십을 갖고 EU의 맹주로 나아가는 모습을 보면서 같은 패전국인 일본의 행보를 독일과 비교해 그 특징을 밝힐 수 없을까 하고 나머지 두 논문을 마무리한 것이다.

 당시 먼저 그 세 편의 논문을 한 권의 저작으로 간행한 후, 이를 중국어로 옮길 것을 고려하였다. 이 세 논문의 신서新書판 간행을 시도하여, 두세 곳의 대기업 출판사를 대상으로 했다. 하지만, 아쉽게도, 너무 전문적이어서 거절을 당했다. 전문서로의 출간도 생각했지만, 대학을 정년 퇴직 후였으므로 그것도 단념했다. 하지만, 까오 박사는 이에 연연하지 않고 3편의 논문을 중국어로 옮겨 『표류적 일본 정치-표류하는 일본 정치漂流的日本政治—漂流する日本政治』라는 제목으로 2011년 3월 사회과학 문헌 출판사社会科学文献出版社에서 출간했다.

 따라서, 본서의 제2부 제3절 1까지의 내용 및 제3 논문의 「〈일본 정치 개조구상〉 시안 -일본 정치는 어디로 향할 것인가」는 중국어로 옮겨져 한권의 저작으로서 간행되고 있는 것을 적어 두고 싶다.

 이번에, 10년 전에 쓴 글에 역사적 정권교체 후에 탄생한 역대 민주당 정권의 3년 3개월 및 제2차 아베 정권의 7년 8개월 동안의 현대 일본 정치에 관해 쓴 것을 덧붙여 한 권의 책으로 간행하게 되었다. 그것은 홍성창 사장이 출판사를 설립해 이 책을 최초의 간행물로 만들자는 간청이 있었고 그에 따랐기 때문이다.

 홍 사장은 사실 15년 전 다이토분카대학교 법학연구과 정치학 전공 석사과정에서 나의 지도 아래 한국의 대통령제에 관한 석사 논문으로 학위를 받았다. 석사과정 수료 후 박사 과정에 진학할 생각을 하고 있었지만, 나의 정년을 위해 잠시 연구를 중단하고 실업実業의 세계에 들어가 성공을 거두었다.

그 후 다시 연구 생활을 부활시켰고, 지난해 경사스럽게 다이토분카 대학 법학 연구과 정치학 전공 박사 과정에서 박사(정치학) 학위를 받았다. 그리고 내게 와서 『표류하는 일본 정치』를 한·중·일 3국에서 동시 출간하는 이야기를 들었는데, 이미 한국어로 번역되었느냐고 묻기에, 아니 그 전에 원래 일본어 원본도 논문 그대로이며, 출판하지 못한 경위를 말하면서, 중국어판만은 이미 출판되어, 전문서이지만, 일본 연구가들 사이에 많이 읽히고 있음을 전했다. 그러자 자신이 출판사를 설립했으므로, 그 제1호에 선생님의 책을 낼 수 있도록 하고, 그것을 자신이 한국어로 번역해 늦게나마 한·중·일의 3국에서의 동시 출판의 생각을 실현하고 싶다는 이야기에 따르게 되었다.

  75년간의 「현대 일본 정치의 해명」이라는 저작으로 하고 싶어, 약 1년간 문자 그대로 「노골에 채찍」을 치면서, 간신히 새로 쓴 부분을 완성해 원고를 홍 박사에게 건네주게 되었다. 따라서 이 책이 빛을 보는 것은 홍 박사 덕분이다. 이에 홍 사장에게 심심한 사의를 표하는 바이다. 아울러 교정뿐만 아니라 책 말 자료인 「전후 일본의 총리대신」을 작성해 준 홍 사장에게 거듭 감사의 뜻을 전하고 싶다.

2021년 2월 저자

추천의 글

현대 일본 정치체제에 있어서 '권력의 중심이 결여된 시스템'의 모습은 '일본적 권력의 수수께끼'라고 판볼페런 교수는 지적한다. 그렇다면 패전 후의 일본을, 20세기 말에는 세계 제2위의 경제대국으로 올라서게 한 정책주체는 존재하지 않았던가? 정책학 연구자로써 큰 의문이다. 이 '일본적 권력의 수수께끼'는 현대 일본 정치의 해명解明을 시도한 본서에 의해서 명료하게 분석되고 있다. '결정 중추'의 변화를 중심으로 해명되고 있는 것이다.

하버드 대학의 앨리슨(G. Allson)교수는 그의 명저, 「결정의 본질(essence of decision)」에서 '결정 중추'를 대통령 자신, 정부의 구조, 대통령의 측근 정치 등 세 가지 형태로 정리한 바 있다. 본서는 말하자면 현대 일본의 정치과정을 분석하면서 일본판 '결정 중추'의 변화 과정을 해석하고 있다. 정책결정 과정에 초점을 맞춘 보기 드문 뛰어난 현대 일본 정치론의 본서를 정책연구자뿐만 아니라, 이웃나라 일본 정치의 본질을 알고 싶어 하는 사람들에게 꼭 일독을 권하고 싶다. 수상에 의한 정치 주도시스템, 내각인사국을 중심으로 하는 정부의 구조로의 변환 과정, 그리고 내정우위內政優位의 정치에서 외정우위外政優位의 정치로의 전환 등에 대해서 명쾌하게 설명하고 있기 때문이다.

현재 일본은 세계 2위의 경제대국이었던 영광스러운 시절에 대한 기억에 젖어 앞으로 나아가기를 주저하고 있는 것으로 보인다. 그에 반하여, 한국은 1인당 명목 GDP에서 일본을 앞지르는 등 국력이 신장되고 있다. 그뿐만이 아니다. 전자정부와 5G 스마트 인프라 구축 등 글로벌 사회를 선도하는 디지털 사회 구현과 BTS, 오징어 게임으로 대변되는 문화 강국으로서 Soft Power와 국제적 위상을 떨치고 있다. 왜, 글로벌하게 그 존재감을 나타내는 한국과는 달리, 일본은 영광의 과거에서 그 정체성停滯性과 답보성踏步性을 면치 못하고, '내향의 논리'에 사로잡혀 '쇠퇴'의 길을 가려고 하고 있는지, 그 수수께끼를 본서는 해명하고 있다. 현대 일본 정치과정에서 정치적 리더십 결여가 무엇 때문에 생겼는지 그 원인을 정치적 의사결정의 중추에 초점 맞춰 규명하였다. 또한, 세계의 대세를 받아 들여 글로벌 사회와 보편적 규범에 맞게 진행시키는 서독이나 통일 독일과의 비교 연구를 통해서도 명쾌하게 보여주고 있다.

이 책은 단순히 저널리스틱한 자료를 넘어서 정치이론의 관점에서도 현대 일본 정치를 명료하게 설명한 학술적 기여를 하고 있다. 간결한 개설적概說的 입문서의 역할도 하고 있지만 심도 있는 이론적 공헌을 하고 있다. 따라서 본서는 한일 간의 역사문제 해결을 위해서도 귀중한 저술이다. 현대를 살고 있는 한국의 지식인, 일본연구자 뿐만 아니라 정치인, 공무원, 그리고 일본을 알려고 하시는 모든 분들에게 꼭 일독을 권하고 싶다.

성균관대학교 대학원장 권 기 헌

일본의 한국관 변천

-역자 후기-

홍성창

일본의 한국관 변천은 1948년 8월 15일 한반도 남반부에 성립된 대한민국(이하 약칭 한국으로 칭함)과 전후 일본과의 관계 속에서 일본이 한국을 어떻게 파악하는지에 대한 문제일 것이다. 그렇지만 5, 6세기경 국가 형태를 갖춘 일본과 반도半島에 있던 나라들과의 관계 속에서 일본이 당시 각 나라를 어떻게 파악하고 있었는지까지 일본의 한국관 변천을 넓힌다면, 거기에는 복잡한 내용이 존재한다.

일본은 동아시아의 패권국인 중국의 지배권 밖에서 6, 7세기 이후 독자적인 천하관에 기반한 정치체제를 조직해 오늘날까지 존속해 왔다. 아마도 세계에서 유례가 없는 일일 것이다. 통일 권력을 수립한 천황 가문이 최고의 권력 장악 자일뿐만 아니라 일본이라는 국가 성립 고대에는 제정일치祭政一致였으므로 천황은 최고의 권력자이자 제사장, 즉 최고의 종교적 권위자였다.

시간이 흘러 현재의 교토京都, 오사카大阪를 중심으로 하는 간사이関西 지방 및 도쿄東京를 중심으로 하는 간토関東 지방 일부를 지배하던 천황 중심의 조정은 동북 지역에 대한 정복 전쟁을 개시하여 지배영역의 확대를 계속했다. 정복한 지역의 통치를 담당하는 진수부 및 그 책임자인 정이대장군征夷大將軍이라는 제도가 설치되었다.

중세에 들어와 경제사회의 발전과 함께 고대 율령체제가 융해되기 시작하면서 봉건제도로 이행되기 시작함과 동시에 장원영주莊園領主의 지배영역이 확대되었다. 지배영역을 둘러싼 분쟁은 무력투쟁으로 비화하였고, 그에 따라 무사 계급이 출현하여 그 두목이 된 사람들 사이에 서로 그 지배영역을 확대하는 전쟁이 시작되었다.

12세기 초 이들 무사 계급의 두목 수장 중 한 명인 미나모토노 요리토모源賴朝가 다수의 영주를 지배하에 두는 데 성공하여 간토의 가마쿠라鎌倉를 거점으로 하는 새로운 무사 계급 정치체제를 수립하였고 동시에 종교적 권위자로서의 천황과의 협조를 통한 지배체제를 강화하기로 했다. 이를 통해 무사 계급의 최고지도자가 된 미나모토노 요리토모는 천황에 의해 정이대장군의 직에 임명되는 형태로 그 지배의 정당성을 확립하는 데 성공하였다. 무사, 즉 군인에 의한 전국을 지배하는 새로운 정치체제가 탄생하게 되었다. 그것은 정이대장군을 정치적 리더로 하는 정치체제이자 막부幕府라고 칭해졌다.

그 후 몽골과 고려연합군의 내습을 물리치는 데 성공하지만, 무사들에게 은상을 내려 줄 수 없었던 가마쿠라 막부의 권력이 쇠퇴하였고, 이를 대신하여 무로마치室町 막부가 성립하였다. 그러나 남북조시대의 혼란기 및 상업경제의 발전과 함께 경제사회의 변화가 진행되면서 15세기에 들어 무로마치 막부의 권력도 쇠퇴하였다. 마침내 1467년 시작된 오닌의 난을 시작으로 약 130년 간 일종의 무정부 상태 즉, 전국시대가 출현하였다. 각지의 군웅群雄이 할거한 가운데 봉건영주大名 사이에 일본의 지배를 둘러싸고 전쟁이 벌어졌다. 1590년 오다와라 정벌을 통해 전국 통일에 성공한 도요토미 히데요시豊臣秀吉는 군사력에 의해 전국의 봉건영주 모두를 지배하에 두는 데 성공했다.

그의 사후 전국의 지배권을 도요토미 가문에서 탈취한 도쿠가와 이에 야스德川家康에 의해 새로운 막부 지배체제가 재현되었다. 새로운 도쿠가와 막부는 기독교 포교를 명목으로 자국의 지배영역을 확대하려는 포르투갈과 스페인의 야망을 간파하고 대외적으로는 쇄국정책을 취하여 국내에서 약 220년간의 평화체제를 확립하였다. 그리고 막부 체제를 1868년 서구 근대국가를 모델로 하는 새로운 정치체제로 변혁시킨 것이 메이지明治 일본, 즉 오늘날의 일본이다.

강력한 자존심...자기 긍정적 사고방식 엿보여

이상의 일본의 정치체제 변천 개략사概略史에서 나타나듯이 일본에서는 고대부터 오늘날까지 국가의 바람직한 모습 즉, 국체國體의 본질은 제정祭政일치에서는 변하지 않는다. 즉 종교적 최고 권위자인 천황 하에 정이대장군에 임명된 국가권력의 최고지도자가 국정을 운영한다고 하는 구조가 구축되어 그것이 변하지 않았다는 것이다.

또한, 다른 나라와 다른 첫 번째 특징은 막부 정권 성립 이후 정치적 리더는 모두 무인이었다는 점이다. 두 번째 특징은 도쿠가와 막번幕藩 체제에서는 번으로 칭해지는 영주를 장으로 하는 소국이 그 규모가 작기는 하지만 모두가 하나의 정치적 단위였으므로 그 관리·운영을 담당하는 사무라이라는 무사 계급은 무관임과 동시에 문관 관료로서 국가의 통치에 있어서 정치적 훈련을 거듭하고 있었다는 점이다. 그런데 일본도 중화 문화권의 주변부에 있었다고는 하나 반도를 통하거나 직접 중화 문화의 수입을 하고 있었으며, 일본어의 기본이 된 한자의 수용을 통해 유학 등, 고대 중국의 학문을 수용하고 있다.

그런데 중국 지배권의 자기장 밖에 있었지만 강한 흡인력 아래 있던 한반도와는 달리 그때 그때의 중국을 지배한 학문, 특히 다양하게 해석된 유학儒學을 수용하지 않고 일본은 존속해 왔다. 하지만 중화 문화의 영향이 전혀 없었던 것은 아니었지만, 영향이 있었다고 해도 유교가 아닌 이단의 정치적 리얼리즘을 설파하는 한비자韓非子나 손자孫子병법 등 군사 사상을 중심으로 한 것이 압도적으로 많았다고 할 수 있다. 이는 지배 계급이 군인이었기에 당연한 일이었다고 하겠다. 또한 유교를 국교로 하는 반도에서는 생각할 수 없는 일이지만 300여 번에는 병법지남「兵法指南」이라 일컫는 군사 사상과 전쟁학 전문가가 담당한 직책이 있었다. 그리고 이 직책을 맡은 무사는 자국自國[=번藩]을 지키고, 자국을 통치하는 학문을 번주藩主뿐만 아니라 문무 관료의 사무라이侍에게 전수하는 제도가 확립되어 있었다.

이상의 것을 생각하면, 일본의 정치적 사고의 저변에는 군사 사상이 있고 그 귀결로서 내·외정의 변화에 대해서는 현실주의적으로 대응하는 군사적·실용주의적 사고가 포함되어 있었다고 보아도 될 것이다. 이 군사적·실용주의적 사고 외에 일본인의 대외적 인식 속에 자리 잡은 또 다른 정신 또한 간과해서는 안 된다.

일본인의 정치적 사고를 규정하고 있는 기본의 하나는 지정학적 요인, 즉, 중화 문화권에서 멀리 떨어진 곳에 있다. 그로 인해 생겨난 자주 독립성이 강한 나라라는 강력한 자존심, 즉 자기 긍정적 사고방식이 엿보인다. 그것은 달리 말한다면 과대망상誇大妄想이라고도 볼 수 있을 것이다. 이는 7세기 초 쇼토쿠 태자聖德太子가 수나라 황제에게 보낸 외교문서에 시 '해 뜨는 곳의 천자가 서찰을 일몰의 곳의 천자에게 보낸다.'라는 문장에서 나타난 다 하겠다. 이 글은 중화제국에서 멀리 떨어져 그 영향력이 미치지 않는 섬나라라는 점에서 오는 야랑자대夜郎自大적 습성이 드러나는 예라 하겠다.

한국관의 저변에도 깔려 있는 일본인 DNA

지금까지 장황하게 일본인의 DNA에 대하여 현실주의적이고 군사적인 실용주의적 사고의 특징을 말해 온 것은 일본의 대외적 인식을 규정하고 그 귀결로서 일본의 한국관의 저변에도 깔려 있음을 기억해야 한다고 생각했기 때문이다.

천황가의 조상은 반도의 가야계라고 하는 설도 있다(카미가이 겐이치 上垣外憲一『왜인과 한인-기기로부터 읽는 고대교류사倭人と韓人─記紀からよむ古代交流史』고단샤 학술문고 2003년 299쪽-300쪽). 고대 일본과 반도와의 관계를 보면 도요토미 히데요시 시대의 일본은 봉건적 경제체제로 부터 전근대 자본경제체제로의 이행 중이었고 축적된 막강한 경제력을 등에 업고 명나라라는 대국을 병합하겠다며 명나라로 가는 길로 반도를 침공했다.

히데요시의 생각은 당시 일본의 지배층인 무인들이 반도를 군사적으로만 생각하고 있었다는 증거일 것이다. 큐슈九州 북부 연안이나 그 주변의 도서島嶼를 근거지로 하는 왜구倭寇라고 칭해지던 해적단이 반도에 정기적으로 약탈 행위를 반복하고 있었지만, 그들이 생각하는 반도는 약탈의 대상으로만 생각하는 사고와 같은 것이다. 약탈당한 측은 약탈자에 대한 증오가 오죽했겠는가. 조선 사람들의 그 시절 한은 전수되어 오늘날 한국인의 마음속 깊이 새겨져 있음에 틀림없다.

도쿠가와 막부시대에는 일본은 대외적 쇄국정책을 취했으며 예외적으로 나가사키長崎의 데지마出島에서 네덜란드, 대마도를 통해 부산에서 반도와 교역을 행하였다. 당시의 기록을 보면 세계는 인도, 당, 일본의 세 나라로 이루어져 있다고 표현하고 있다. 조선은 세계에 들어가지 않았다(와타나베히로시渡辺浩『일본정치사상사―17-19세기日本政治思想史―17-19世紀』동대출판회, 2010년 301쪽).

조선통신사朝鮮通信使가 도쿠가와 시대에 여러 차례 일본에 왔고 그때 일본 유학자들이 일본에 온 조선 사신들과 교류를 심화하고, 이씨조선의 유학의 동향을 듣고, 거듭 경의를 표했던 것으로 알려진다. 즉 여기에는 국내용 정치적·현실주의적인 실용주의적 사고가 숨어있다고 할 수 있다. 왜냐하면 일본에서 조선으로의 답례를 위한 통신사가 파견되지 않았기 때문이다.

그런데 메이지 일본이 되면서 1871년(메이지 4년) 정부의 최고지도자 중 한 명인 사이고 다카모리西鄉隆盛는 정한론征韓論을 주창했다. 그 주장에는 일본은 서구 제국의 침략으로부터 독립을 지키기 위해 주변국의 안전이 필수적이며 이를 지키는 것은 자국을 지키는 것의 연장선이라는 군사적 사고가 보인다. 일본의 한국관에 있어서의 사고방식의 저변에 있는 것은 일본제국이 포츠담선언을 수락했다고 선언한 쇼와 천황의 1945년 8월 15일 다음 조칙 詔勅가운데 한 구절에서도 엿보인다.

"먼저 미·영 2개국에 선전을 포고한 이유 또한 제국의 자존과 동아東亞의 안정을 바라는 것이지, 타국의 주권을 침해하거나 영토를 침범하거나 하는 것은 물론 나의 의지는 아니다."

이 구절에서 추론되는 것은 자국의 방위에 있어서 생명선인 대한제국에 대해서는 한·일 양국의 합의하에 국제법에 근거하여 합병이 이루어짐으로써 합병을 이룩하게 되었다. 이러한 일본의 반도에 대한 인식은 전후에도 보편적 원리를 주장하는 좌익 학자들에 있어서도 계승되고 있다는 점은 놀라운 일일 것이다.

본서의 저자는 다음과 같은 예를 들어 말하고 있다. 저자에 따르면 대학 은사 중 한 명으로 1980년대 일본 공산당의 이론적 지도자 중 한 명인 한 정치학자가 이 책의 저자와의 술자리에서 술김에 말한 것이긴 하지만 청·일전쟁 시대 일본의 반도에서의 활동은 자위적 활동이었지 제국주의적이 아니었다고 토로했다. 즉, 침략이 아니었다는 말을 듣고 깜짝 놀랐다고 한다. 아무리 일본의 좌익이라 해도 그들의 반도에 관한 생각의 저변에는 반도가 자국 국제정치상의 방위선 안에 있는 지리적인 존재 이외의 인식은 없었다고 볼 수 있을 것이다.

메이지 14년(1881년) 정변으로 일본은 프로이센 독일을 근대국가 건설의 모델로 결정한 뒤 독일의 국가사상이 일본에 수용됐다. 일본의 정치적 리더를 양성하는 초대 도쿄제국東京帝国대학 총장에 취임한 사람은 가토 히로유키加藤弘之다. 그는 메이지 초기에 계몽사상가로 독일 정치사상을 일본에 도입한 선구자이다. 특히 메이지 14년 정변 이후에는 독일의 적자생존敵者生存·우승열패優勝劣敗를 주장하는 사회진화론을 도입해 정부를 옹호했다. 그의 과거전력이 이즈 번의 병법지남이었다는 점은 주목해도 좋을 것이다. 그를 포함한 메이지 시대 엘리트는 군인 출신이 다수였다. 사고의 저변에 자리 잡고 있는 군사 사상을 토대로 하여 대내적으로는 사회진화론을 수용하고, 대외적으로는 적자생존·우승열패의 사상에 근거하는 대외정책을 발전시키고 있다. 가토 히로유키와 마찬가지로 계몽사상가이자 게이오기주쿠慶応義塾대학을 창립한 후쿠자와 유키치福沢諭吉도 무사 계급 출신이어서 그 사고법의 저변에는 군사 사상이 있었다. 독일의 권력투쟁관에 기초한 국가관을 수용한 가토 히로유키와는 달리 그는 산업자본주의 발흥勃興에 이바지한 영·미의 자유주의 사상을 수용했으며 국가 구성원 개개인이 개인으로서 독립하지 않는 한, 국가 독립은 있을 수 없다고 주장했다. 이에 기반하여 그는 먼저 민간에서 개인의 자주독립 정신을 함양하기 위한 교육 및 신문을 통한 국민계몽 활동을 전개했다. 또한, 그는 자신의 사고방식의 저변에 있는 군사 사상의 연장으로 서구의 침략으로부터 일본의 독립을 지키기 위해서도 같은 서구의 침략을 받고 있는 반도의 조선, 중국의 양국과 힘을 합쳐 대항해야 한다는 주장을 폈다. 조선이나 중국의 근대화에 관해서 일본이 적극적으로 원조·지원해야 한다는 입장을 취했고 이를 적극적으로 실천했다. 그 결과 김옥균 등 많은 우수한 조선 청년들을 게이오대학으로 영입해 이들을 도왔다. 그러나 귀국한 김옥균이 추진한 갑신정변이 실패로 돌아가고 러시아와 청국이 한반도를 둘러싸고 그 지배권을 쟁탈하자 반도의 자주적 독립의 실현과 개국을 느긋하게 기다릴 수 없다는 초조감에 일본은 이제 조선 및 청국과의 동맹을 맺어 서구에 대항하겠다는 생각을 버렸다. 그리고 이를 대신하여 일본은 구미欧米와 같은 근대국가체제를 하루빨리 구축하여 유럽과 마찬가지로 동아시아에서 제국주의 정책을 추진해야 한다는 생각, 즉, 탈아입구脱亜入欧으로 전향하게 되었다.

    이처럼 근대 일본의 엘리트들은 자국의 방위를 위해 필수적이라고 생각했던 한반도가 청국이나 러시아의 영향권 아래 들어가는 것을 막기 위해 전쟁을 불사했다. 그리고 실제로 일본은 청·일전쟁에서 승리하여 한반도를 사실상 그 지배하에 둠으로써 이익선에 포함시키는데 성공하였다. 연이서 1905년 러·일전쟁에서 승리한 후 근대국가의 개혁을 추진하던 한반도의 대한제국을 '국제법'에 따라 병합하여 주권선에 포함시켰고 1945년 8월 15일 패전 때까지 한반도를 식민지로 삼았다.

자국의 존립 도모 위해 일방적 침략·점령·지배

이상에서 살펴본 바와 같이 대외적 대응에 있어서 군사적 견지를 우선시하는 일본인의 사고방식을 배경으로 일본에 의한 한반도의 식민지화 경위를 고찰한다면 일본의 패전까지의 일본과 반도와의 관계는 일본이 국제정치 속에서 자국의 존립을 도모하기 위해서 반도를 군사적 사고에 근거하여 일방적으로 침략·점령·지배한 것이 명백하다.

따라서 반도에 사람이 살고 있다는 사실은 안중에도 없는 것이다. 과거 왜구가 약탈할 때 저항하는 인간이 있다면 그것은 목적 수행의 장애물로 간주했던 것과 다를 바 없다고 하겠다. 약탈당하는 측이 저항하거나 왜구가 떠난 뒤 계속 굴욕과 원한을 축적하더라도 「마이동풍馬耳東風」과 같아 그런 것에는 무관심할 것이며, 만약 무슨 이의를 제기하면 패배자의 원한의 울부짖음으로 간주해 상대하지 않겠다는 자세이다. 개인 사이에서도 그렇지만 한 나라의 다른 나라에 대한 시각은 실제로는 자화상의 난반사亂反射인 경우가 많다.

즉, 자신의 관심이 있는 곳, 자신을 지키는 시점에서 파악된 타인의 상이다. 이런 관점에서 일본인의 패전 때까지의 반도를 바라본다면 일본은 한반도를 자국의 독립을 지키기 위한 방파제의 대상으로서의 측면만 바라본 셈이 될 것이다. 다른 시점에서 말하면 일본의 대 한반도관에서 일본의 국가의 모습이 비쳐 보인다고 해도 과언이 아니다.

그런데 현대 일본의 한국관은 당연히 한반도를 식민지로 한 시대의 관점을 그 저변에 두고 있음은 논할 필요도 없다. 본서는 전후의 일·독의 본연의 자세를 다음과 같이 말하고 있다. 전후 일본은 서독과 달리 국가체제 변경은 없었다. 서독에서는 민족배외주의排外主義적이고 유대인 멸종 정책을 수행한 전체주의의 나치 독일과는 전혀 다른 보편적 인권존중을 지상 가치로 하는 국가체제를 만들어냈다. 그리고 나치 독일 시대의 반인도적 죄를 범한 자는 뉘른베르크 국제군사재판 등에서 처벌되었지만, 동 재판소가 종료된 후에도 서독 정부 스스로가 국제군사재판소의 방침을 계승하여 전시 중 반인도적 범죄를 저지른 자들을 찾아내어 오늘날까지 처벌하고 있다. 국민교육에서도 잘못된 과거사에 대한 반성 교육을 하고 있다.

이에 반하여 전후 일본은 포츠담선언을 수락하는 조건으로 일본의 국체 유지가 인정되어 천황제의 존속은 인정되었다. 연합국, 특히 일본을 점령한 미군은 미군과 싸운 군사조직과 그에 연관된 것의 폐절廢絕을 실행하였다, 그러나 점령 목적을 실현하기 위해 기존의 문관관료제를 이용함으로써 일본의 국가체제, 즉 국체는 온존될 수 있었다. 이리하여 전쟁 전 일본의 국가체제는 군사조직을 제외하고 상처 없이 유지되었다고 해도 과언이 아니다.

따라서 2차 세계대전까지 일본이 저지른 이웃 국가 침략행위, 부정한 약탈 행위에 대해서는 서양 열강이 식민지 획득을 한 선례를 그저 모방하여 서양 열강과 같은 일을 했을 뿐이지만 시세의 이치가 일본에 불리하게 기울었기 때문에 패배했다는 느낌이 들 수밖에 없다. 그리고 일본은 어디까지나 국제법에 따라 패전국이 되었을 뿐, 구 적국과 강화조약講和條約을 체결하면 원래대로 돌아간다는 생각을 하게 되었고 실제로 그렇게 되었다.

다시 말해 서독에서는 국가체제의 변경이 있었고 그에 따라 가치관의 근본적인 변화가 일어났다. 이에 반하여 일본에서는 국가체제의 근본적인 변경은 없으며 그에 따라 당연히 가치관의 변화도 크지 않아 그 기본은 유지될 수 있었다. 하지만 일본제국헌법은 미국 점령군에 의해 새로운 일본국헌법으로 개정되었고 그에 따라 전후 일본의 정치체제는 서구 선진국과 마찬가지로 자유민주주의 체제로 전환되었다.

그 귀결로서 일반적으로 민주화를 통해 발생하는 큰 희생을 치르지 않고, 국민주권, 기본적 인권의 존중, 평화주의라는 신헌법의 3대 원칙에 근거해 일본의 정치체제는 변경되었다. 즉, 정이대장군을 장으로 하는 막부체제라는 정치적 골격은 그대로 유지되었고 그 내용이 자유민주의적으로 바뀌었을 뿐인 새로운 일본이 출현한 것이다.

전후 일본은 반소·반공의 미국의 세계 전략 속에 편입되어 소련 봉쇄의 최전선에 놓였고 그 결과 군사적·정치적으로 미국의 반 종속적 상태에 놓여 있다고 해도 과언이 아니다. 따라서 미국의 반소·반공의 울타리 속에 있는 한·일 양국은 상호 관계 형성에 있어서는 필연적으로 미국의 조정을 받는 처지에 있다는 제약이 있다. 그리고 이런 역사적 여건 아래서 일본의 한국관도 변천했다는 점은 우선 기억해야 할 것이다.

그런데 최근 일본 한국관의 변천사를 알 수 있는 『일한관계사日韓関係

史』라는 매우 유익한 저작이 있다. 저자는 기미야 마사시木宮正史도쿄대학 교수이다. 그는 일본에서 한국 정치 연구의 제1인자이다. 그는 1980년대 한국 민주화 시절 한국에서 유학해 고려대학교 대학원 정치외교학과 박사과정을 마쳤다. 덧붙여서, 한일관계에 대해 기미야 교수와 같이 조예가 깊은 분이 있다. 한국 정신사에 대한 책『조선사상전사朝鮮思想全史』(지쿠마신서, 2017년)의 저자인 오구라 기조小倉紀蔵 교토대학 교수이다. 기미야 교수와 같은 시기에 서울대학교 대학원에서 유교를 중심으로 한국 사상사를 연구한 분이다. 이 두 분은 한·일 양국의 사정에 대해 그 전공 분야에서 잘 알고 있으며, 일본 한국관의 올바른 방향으로 이끌어가는 선도 역으로서의 활약이 기대된다.

일본의 한국관, 한국의 일본관 변천 과정 살펴

기미야 마사시 교수는『일·한관계사』에서는 한·일관계의 전개를 다음의 세 단계로 나누어 설명하고 있다. 제1단계는 냉전 하의 한·일관계 탄생 시대이다(1945년부터 1970년까지). 두 번째 단계는 1970에서 80년대까지의 비대칭적이고 상호보완적인 관계의 시대이다. 세 번째 단계는 냉전 종식과 한국의 민주화 이후인 오늘날까지의 단계이다. 그것은 '대칭적이고 상호경쟁적' 시대이다. 이 세 가지 양국 관계의 단계별로 일본의 한국관 및 한국의 일본관 변천 과정에 관해 이 책에서 살펴보고 있으며 자세한 것은 이 책에서 양도하기로 하고 여기서는 일본의 한국관에 대한 대강의 줄거리만을 소개하고자 한다.

1단계 일본의 한국관에 대해서는 다음과 같이 소개되어 있다. "일부

히키아게샤引揚者나 식민지 지배에 어떤 형태로든 관여했던 사람들은 관심을 지속했지만, 일본 사회에서는 소수파였다. 기본적으로 일본은 한국에 대해 무관심했다." 당시의 일본인이 한국에 대한 이미지를 형성한 것은 재일교포사회였다. 많은 재일동포가 일본 사회에서 가장 심각한 빈곤층을 형성하고 있었으므로 그에 대한 이미지는 기존의 조선인 차별의식을 더욱 증폭시키는 「악순환惡循環」을 낳고 있었다(72쪽). 동시에 1952년 이승만 라인平和線의 선언과 그에 따른 이승만 라인 침범 어선 나포와 어민 억류가 일본인들에게 보도되었다. 게다가 재일교포 북송과 관련된 마찰까지 더하면서 일본 사회에 대한 이미지를 매우 악화시켰다. 하지만 이 시기에는 한국전쟁을 사이에 두고 반공 진영 강화를 위한 한·일관계가 미국의 요청에 따라 조정되고 있었다. 그 일환으로 한·일회담이 시작되었다.

1953년 10월 제3차 한일회담에서 일본 측 수석대표 구보타久保田 발언, 나아가 조약 체결 직전인 65년 1월 일본 측 수석대표 다카스기 신이치高杉晉一에 의한 기자회견에서의 일본은 사과하라는 말이 있지만 도저히 할 수 있는 말은 아니다. 일본은 조선에 공장·가옥 등을 두고 왔다. 창씨개명創氏改名을 해도 그것은 조선인을 동화시켜 일본인과 똑같이 취급하려고 한 조치이지 잘못이라고만 볼 수 없다는 발언은 당시 일본 사회의 돌출망언이라고만 할 수 없었다(75쪽)고 첫 단계의 일본 한국관을 소개하고 있다.

제2단계는 1965년 한일협정 체결 이후 1980년대 박정희 정권하에서 경제개발정책 수행과 그 성취과정에서 일본에서 얻은 자금으로 공업화의 기반이 형성된 시기이다. 이 공업화를 지원한 것은 일본 기업이었기 때문에 한·일관계는 일본이 일방적인 혜여惠與 관계, 원조자와 피원조자의 비대칭적인 관계였다고 한다. 한국 또한 일본에 대해 바로잡고자 하는 역사문제를 포함해 많은 문제를 안고 있었지만 일본의 지원이 없으면 근대화가 이루어질 수 없음을 자각하고 그것을 꾹 참고 오로지 경제근대화를 위해 「와신상담臥薪嘗膽」의 자세를 견지했다고 볼 수 있다. 따라서 이 단계에서 일본은 한국에 대해서는 전쟁 전부터 반도에 대해 갖고 있던 사고를 그 저변에서 지속시키고 있다. 동시에 패전에 따른 전후 처리 일환으로 일본에서 볼 때 한국이 무리한 요구를 하더라도 과거의 떳떳하지 못한 점도 있어 이를 수용하는 관대성을 보였다. 무엇보다 일본은 한국의 굴욕적인 한·일조약 반대 등 반일운동이 활발해져도 이를 내재적으로 이해하려는 자세는 없이 「마이동풍」의 대응을 하고 있었다. 그것은 기본적으로 한국과 일본이 미국의 지도 아래 반공전선에서 공동보조를 취할 필요가 있으며, 양국은 각자 국내에서 상대방을 비난하는 그러한 운동을 제어하고 관리하려고 노력한 표시이다. 이 시기에는 한강의 기적으로 일컬어지듯 박정희 정권과 전두환 군사정권 하에서 한국도 일본의 지원 아래 경제근대화를 이루어 가고 있었다. 그리고 그로 인해 생겨난 시민사회가 성장하기 시작했고 그로 인한 부의 배분 불공정과 강권적 독재에 반대하는 민주화 운동이 계속되었다.

 마침내 1987년 한국에서는 아래로부터의 민주화 운동으로 권위주의 체제에서 민주주의 체제로의 전환이 시작되었고 보편적인 인권 옹호를 국가 목표로 하는 자유민주주의 체제가 성립되었다. 그와 함께, 1980년대 후반부터 90년대에 걸쳐 민주화의 전기 단계로서 실질적 입헌주의가 확립되어 군부에 대한 문민통제가 어느 정도 확립, 개발주의적인 국가자본주의 체제로부터 시장 자율성에 따른 민간 주도의 자본주의 체제로의 전환도 이루어졌으며, OECD에의 가입도 실현되었다.

그리하여 정치·경제적으로 한국도 겨우 일본을 따라잡은 단계에 이르렀다. 이러한 사태의 출현을 강상중은 『한반도와 일본의 미래朝鮮半島と日本の未来』(집영사신서, 2020년, 26쪽)에서 「한일 간의 국력차가 좁혀졌다…특히 90년대 후반의 아시아 외환위기 이후 한국경제는 비약적인 약진을 하여 한국은 이제 러시아, 이탈리아 등과 거의 동등한 세계 10위 안팎의 경제 규모를 이루며 무역상대국으로서 존재하고 있다.

양국 간에 "대칭적이고 상호 경쟁적인 관계"가 나타나기 시작한 이 시기를 기미야 교수는 한·일관계의 제3단계로 규정하고 다음과 같이 말하고 있다. 일본 사회의 주류에서 보면 한국과의 대칭화는 한국과 같은 씨름판에 서는 것이고, 종래 한국을 한 단계 아래로 보는 데 익숙해진 사람들이 보면 당황할 수도 있다. 다만 한국에게는 일본의 입장을 좀 더 이해해줄 수 있지 않을까 하는 기대가 뒤따랐다. 그러한 기대가 충족된다면 새로운 관계를 구축한다는 선택사항이 현실화할지도 모른다. 그러나 그것이 이루어지지 않을 경우엔 그 어느 때보다 실망과 혐오감을 느끼게 된다. 그리고 종래 한국에 대해 할 말을 하지 않던 것이 이 지경이 됐으니 더는 배려하거나 양보하지 말아야 한다는 주장이 힘을 갖게 된다.

한국에 대한 우위에서 비롯된 여유는 사라지고 반대로 더 이상 양보할 수 없다는 초조감이 앞선다. 한국 사회에서 보면 지금까지 일본이 우위에 선다는 의미에서의 수직적 한·일관계 아래, 또한 일본의 협력이 필요했던 조건에서는 본래 일본에 대해 요구해야 할 것을 자제해 왔다는 의식이 있다. 그러나 일본을 따라잡는 상황에 이르러, 이제 더 이상 일본에 일방적으로 협력 요청을 하지 않아도 되는 상황에서, 종래 자제해 왔던 요구를 이제야말로 당당히 일본에 대해 요구해야 한다는 주장이 힘을 갖게 된다.… [양국이 경쟁을 의식하게 되면] …「상대에게 질 수 없다」, 그러기 위해서는 「상대방의 발목을 잡아서라도 상대보다 우위에 선다」라고 하는 선택을 하는 것이다. 더구나 상대방에 대한 비난뿐 아니라 제3자를 향해 내 말만이 옳고 상대방의 말이 얼마나 틀렸느냐는 비난전이 될 수도 있다. 지금 한국정계에서 많이 사용되고 있는 내로남불이라 하겠다. 한·일관계의 모든 영역에서 이러한 비난전이 전개되고 있다고는 생각하지 않지만 적어도 역사문제에 관한 한·일 간의 역사전에서는 이러한 구도로 되어 있다고 생각된다. 더욱이 이러한 관계는 역사문제에만 국한되는 것이 아니라 경제, 안보, 기술, 학술 등 다른 영역에도 침투해 나갈 가능성은 충분히 있다.(139쪽~142쪽)

한국측·일본측 제기하는 역사문제 완전히 달라

기미야 교수의 지적을 기다릴 것도 없이 한국이 정치 경제적으로 일본을 따라잡을 수 있었던 오늘날에 양국 관계가 좋아지기는커녕 악화하는 방향으로 나아가고 있는 것은 양국 모두에 불행한 일이다. 이는 일본측은 종래 '한 단계 아래로 보는' 관계에 있던 한국이 자신과 대등한 위상에까지 올라가고 있다는 사실을 인정하고 싶지 않다는 심정에 있다. 한편 한국 측으로서는 지금까지 꾹 참아왔지만 이제야 겨우 말을 할 수 있는 상태가 되었으니 일본에 대해 '바로잡고 싶었던 역사문제'를 제기하며 물러서지 않는 자세를 보이고 있다는 점에서 초래되었다.

한국 측이 제기하는 역사문제는 양국에서는 서로 위상이 완전히 다르며 그 취급은 지극히 곤란하다. 과거사에 대한 정의가 두 나라 모두 다르고 그 인식에서 서로 섞이는 데가 전혀 없어 병행하는 것처럼 보이기 때문이다. 이 책에 따르면 일본 측에서는 전후 일본 역사의 기점을 패전과 일본국헌법 성립을 통한 자유민주주의 국가로 재출발한 시점에 두는 해석이 있다. 이는 좌파의 역사관으로써 이전의 역사는 잘못되었으므로 식민지 지배나 전쟁으로 일본의 피해를 입은 사람들에 대해서는 사죄와 반성의 뜻을 나타내는 태도를 보여야 한다고 주장하고 있다. 즉, 근현대 일본의 행보에 단절이 있었다고 보는 생각이다.

좌파 역사관은 전후 한때 받아들여졌으나 오늘날에는 완전히 소수파이다. 이에 반해 다수파가 되어가고 있는 '부흥적復興的'내셔널리즘을 주창하는 사람들은 역사의 단절을 인정하지 않고 역사의 기점을 메이지 유신에 두었다. 메이지 이후의 일본은 구미 열강을 모델로 하여 근대국가 구축에 힘써 근대국가 확립에 성공한 후에는 구미 열강이 행한 것과 마찬가지로 해외로 진출했지만, 한때 국책 전개의 잘못으로 패전을 맞이했다. 그리고 패전이 되고서야 알게 된 것은 아시아 국가로의 군사 진출로 인해 그곳에 사는 사람들에 대해 피해를 끼친 적이 있고, 반성하고 있다는 역사관을 보여준다.

2013년 출범한 아베 제2차 정권은 이 '부흥적'내셔널리즘의 입장에서 일본을 지금까지의 '반국가半国家'상태에서 '보통국가普通の国家'로 바꿔 나가야 한다는 입장에서 그 실현을 위해 움직였다. 이처럼 역사의 기점을 메이지유신에 두면 중·일전쟁에서 미·일전쟁까지는 일본이 '국책의 잘못' 때문에 중국과 미국에 대해 폐를 끼쳤다는 이야기가 되어 일본이 한반도를 식민지로 만들고 35년간 지배한 사실은 보이지 않게 되는 것이다.

한편, 한국에서는 헌법 전문에 건국의 기원을 3·1운동 후 상하이에서 출범한 '대한민국 임시정부'수립에서 찾고 있으며 일본제국에 대한 '민족해방'독립운동에 자국 정체성의 기초를 둔것에 일본은 무관심하다.

이처럼 세계의 지도국인 미국이 주도하는 보편적 가치의 자유민주주의를 공유하는 양국은 지리적으로 이웃 나라이기 때문에 이사를 갈 수도 없는 숙명적 관계이기 때문에 서로가 냉정하게 상대방의 입장을 잘 알고 그 견해 차이는 인정하면서 서로 요해了解할 수 있는 부분을 넓히지 않으면 이해할 수 없을 것이다. 만약 그런 길을 걷지 않는다면 두 나라의 미래에 손해일지라도 이로울 것이 없을 것이다. 이 불행한 관계를 없애기 위해서는 우선해야 할 일은 상대를 바로 아는 일일 것이다.

일본의 군사적 사고의 원천인 손자병법을 본떠 지피지기백전백승知彼知己百戰百勝 속담에 따라 한국은 현대 일본정치에 대한 편견에 사로잡히지 않고 객관적으로 인식할 필요가 오늘날 만큼 절실한 때는 없다고 본다. 그러한 의미를 담아 전후 일본의 75년간의 정치동향을 균형있게 반영한 이 책의 번역을 간행하기로 한 바 있다.

한국의 독자들 위해 번역 · 기획

나는 일본 아사히신문 장학생으로 일본에 유학하여 현재 31년이 경과하였다. 다이토 분카대학 대학원 법학연구과 박사과정에서 오랫동안 연구생활을 해오다 정치학 박사학위를 받았다. 도쿄 한일친선협회연합회 이사로서 일본 집권 자민당 정치인들과 교류하면서 양국 친선을 돈독히 하는 데 주력했다. 그러한 경험에서 이상에서 기술한 바와 같은 일본인의 대외인식 메커니즘에 관한 인식을 얻은 바이다.

이 책은 메이지 이후 국제정치 속에서 서양 열강과 어깨를 나란히 하는 근대국가로 일본이 그 걸음을 진행한 약 150년의 근현대사에서 제2차 세계대전 후 75년간의 일본정치 행보의 특징에 대해 현대일본정치의 동향에 초점을 맞추어 학문적으로 접근하여 해명한 첫 업적이다. 저자는 나의 대학원 석사과정 시절 지도교수이다.

선생님은 다이토 분카대학에서 법학부장(=법과대학 학장), 대학원 위원장, 대학의 경영 모체인 법인의 이사·평의원으로서 대학의 교육과 경영의 요직에 있는 한편, 일본 정치학회 이사로서 정치학회에서 지도적 입장에서 활약하셨다. 일본의 독일 국가학이나 독일 현대정치사 연구의 일인자다. 일본정치학회는 전후 곧 50명 정도의 정치학자로 구성된 소규모 학회로 발족했으나 현재 2000명이 넘는 회원을 가진 대학회로 발전했다.

초기 회원이 적은 시대의 동학회의 연구잡지 「연보 정치학」은 2002년까지 매년 한권씩 이와나미 서점에서 간행되었다. 매년 연보 편집을 담당하는 이사는 부회장 격으로 학계의 각 분야 1인자가 취임한다.

저자는 이와나미 서점에서 발간한 마지막 연보 <20세기 독일의 정치사상 편집>을 담당한 연보위원장이라는 이사의 요직을 맡았다. 이것에서 알 수 있듯이 전공이 독일정치 연구와 독일 국가학임에도 불구하고 이번에 현대일본정치에 관한 저작을 저술한 것은 전후 일본이 전후 독일과 비교하여 과거의 반성이나 역사문제, 나아가 인근 국가에 대한 태도가 다른 점에 주목하고 있었다.

저자는 중국이나 한국 유학생과의 교류 속에서 왜 전후 일본이 전후 독일과는 다른 방향으로 나아가는지를 설명하고자 유학생들의 요청에 따라서 이 책을 서술할 필요를 느꼈다고 한다. 또한 「서문」에 기록되어 있듯이 3분의 2를 차지하는 중국어판은 이미 10년 전에 간행하였다. 중국에서 일본 연구자들 사이에서 높은 평가를 받는 이 책을 한국의 독자도 읽어주었으면 하는 바람으로 번역을 기획하였다. 현재 일본에서 한국을 바라보는 관점은 극단적으로 악화되어 있다. 그러나 민간인 차원의 교류는 발전이 있으며 문화적으로 공유하고 공감하는 부분도 증대하고 있어 앞으로의 한·일관계를 생각하는 데 있어서 바람직한 경향도 나타나고 있다. 이는 양국의 상호 이해를 위해서도 기대를 갖게 한다. 이 책도 양국의 상호 이해에 조금이나마 기여 할 수 있다면 다행한 일일 것이다.

이 책을 번역 출판까지는 많은 분들의 지도와 편달을 받았다. 먼저 이 책의 저자이신 야스 세이슈 교수님께 감사드리며, 선생님의 앞으로의 활약과 건강을 기원드린다.

한국 성균관대학교에서 재외연구 기간 중 지도해 주시고 이 책의 추천사를 써 주신 권기헌교수님 (현 성균관대학교대학원 원장), 재외연구 중 많은 신세를 진 이슬기 조교님에게도 이 자리를 빌어 감사드린다. 박사논문 집필에 참고문헌을 지도해 주신 야스 아키히로 선생(쇼비학원대 교수)께도 이 자리를 빌려 감사드린다. 많은 조언을 주신 현암 선생님, 한글 교정을 해주신 권혁도 연구원님, 통일신문사 장운영 대표님 께도 감사 드린다.

마지막으로 일본 유학 생활과 31년 동안 열심히 뒷바라지해 준 아내 안은환과 큰딸 수정과 작은딸 혜정에게 이 자리를 빌려 진심으로 감사드린다.

2022년 5월

[巻末資料] 戦後日本の総理大臣

巻末資料　戦後日本の総理大臣

전후 일본의 총리대신戦後日本の総理大臣

代	内閣総理大臣	内閣	期間及び日数	備考
45	吉田　茂 よしだ　しげる 요시다 시게루	第1次	1946年5月22日 －1947年5月24日 368日	日本国憲法の公布 일본국 헌법 공포
46	片山　哲 かたやま　てつ 가타야마 데쯔		1947年5月24日 －1948年3月10日 292日	初の社会主義政党の政権 첫 사회주의 정당의 정권
47	芦田　均 あしだ　ひとし 아시다 히토시		1948年3月10日 －1948年10月15日 220日	昭和電工事件起こる 쇼와전공 사건 발생
48	吉田　茂	第2次	1948年10月15日 －1949年2月16日 125日	極東軍事裁判行われる 극동군사재판 실행
49	吉田　茂	第3次	1949年2月16日 －1952年10月30日 1,353日	サンフランシスコ平和条約を締結 샌프란시스코 평화조약 체결
50	吉田　茂	第4次	1952年10月30日 －1953年5月21日 204日	

51	吉田 茂	第5次	1953年5月21日 -1954年12月10日 569日 2,616日 (通算)	
52	鳩山 一郎 はとやま いちろう 하토야마 이치로우	第1次	1954年12月10日 -1955年3月19日 100日	GATTに正式加盟 GATT정식 가맹
53	鳩山 一郎	第2次	1955年3月19日 -1955年11月22日 249日	55年体制はじまる 55년 체제의 시작
54	鳩山 一郎	第3次	1955年11月22日 -1956年12月23日 398日 745日 (通算)	日ソ共同宣言 国際連合に加盟 일소 공동선언 국제연합에 가맹
55	石橋 湛山 いしばし たんざん 이시바시 단잔		1956年12月23日 -1957年2月25日 65日	
56	岸 信介 きし のぶすけ 기시 노부스케	第1次	1957年2月25日 -1958年6月12日 473日	新安保条約締結 신 안보조약 체결
57	岸 信介	第2次	1958年6月12日 -1960年7月19日 769日 1,241日 (通算)	

[巻末資料] 戦後日本の総理大臣

58	池田　勇人 いけだ　はやと 이케다 하야토	第1次	1960年7月19日 －1960年12月8日 143日	所得倍増計画で有名 소득 배증 계획으로 유명함
59	池田　勇人	第2次	1960年12月8日 －1963年12月9日 1,097日	
60	池田　勇人	第3次	1963年12月9日 －1964年11月9日 337日 1,575日（通算）	東京オリンピック開かれる 도쿄 올림픽 개최
61	佐藤　栄作 さとう　えいさく 사토우 에이사구	第1次	1964年11月9日 －1967年2月17日 831日	日韓基本条約締結 한일 기본조약 체결
62	佐藤　栄作	第2次	1967年2月17日 －1970年1月14日 1,063日	非核三原則を表明　小笠原諸島返還 비핵 3원칙 표명　오가사와라 제도 반환됨
63	佐藤　栄作	第3次	1970年1月14日 －1972年7月7日 906日 2,798日（通算）	沖縄が返還される 오키나와가 반환됨
64	田中　角栄 たなか　かくえい 다나카 가쿠에이	第1次	1972年7月7日 －1972年12月22日 169日	日中共同声明 일중 공동성명

65	田中　角栄	第2次	1972年12月22日 -1974年12月9日 718日 886日（通算）	
66	三木　武夫 みき　たけお 미키 다케오		1974年12月9日 -1976年12月24日 747日	ロッキード事件発覚 록히드 사건 발각
67	福田　赳夫 ふくだ　たけお 후쿠다 다케오		1976年12月24日 -1978年12月7日 714日	日中平和友好条約締結 일중 평화우호조약체결
68	大平　正芳 おおひら　まさよし 오오히라 마사요시	第1次	1978年12月7日 -1979年11月9日 338日	
69	大平　正芳	第2次	1979年11月9日 -1980年6月12日 217日 554日（通算）	
70	鈴木　善幸 すずき　ぜんこう 스즈끼 젠고우		1980年7月17日 -1982年11月27日 864日	参議院選挙に比例代表制を導入 참의원 선거에 비례대표제 도입

[巻末資料] 戦後日本の総理大臣

71	中曽根　康弘 なかそね　やすひろ 나카소네 야스히로	第1次	1982年11月27日 －1983年12月27日 396日	
72	中曽根　康弘	第2次	1983年12月27日 －1986年7月22日 939日	国鉄が民営化される 국철 민영화
73	中曽根　康弘	第3次	1986年7月22日 －1987年11月6日 473日 1,806日（通算）	
74	竹下　登 たけした　のぼる 다케시타 노보루		1987年11月6日 －1989年6月3日 576日	消費税導入 リクルート事件発覚 昭和天皇崩御 소비세 도입 리크루트 사건 발각 쇼와 천황 붕어
75	宇野　宗佑 うの　そうすけ 우노 소우스케		1989年6月3日 －1989年8月10日 69日	
76	海部　俊樹 かいふ　としき 가이후 토시키	第1次	1989年8月10日 －1990年2月28日 203日	湾岸戦争起こる 걸프전 발발함

전후 일본 총리대신 **499**

77	海部 俊樹	第2次	1990年2月28日 －1991年11月5日 616日 818日（通算）	
78	宮澤 喜一 みやざわ きいち 미야자와 기이치		1991年11月5日 －1993年8月9日 644日	PKO法成立 PKO법 성립
79	細川 護熙 ほそかわ もりひろ 호소카와 모리히로		1993年8月9日 －1994年4月28日 263日	55年体制の崩壊 小選挙区比例代表連用制 政党助成法 55년 체제의 붕괴 소선거구 비례대표 연용제 정당 조성 법
80	羽田 孜 はた つとむ 하타 쯔토무		1994年4月28日 －1994年6月30日 64日	
81	村山 富市 むらやま とみいち 무라야마 도미이치		1994年6月30日 －1996年1月11日 561日	阪神大震災 地下鉄サリン事件起きる 한신 대지진 지하철 사린 사건 발생

[巻末資料] 戦後日本の総理大臣

82	橋本 龍太郎 はしもと りゅうたろう 하토야마 류타로우	第1次	1996年1月11日 －1996年11月7日 302日	住専処理法成立 주전처리법 성립
83	橋本 龍太郎	第2次	1996年11月7日 －1998年7月30日 631日 932日（通算）	中央省庁等改革基本法 중앙 성청 등 개혁 기본법
84	小渕 恵三 おぶち けいぞう 오부찌 케이죠		1998年7月30日 －2000年4月5日 616日	国旗・国歌法成立 二千円札の発行 국기·국가법 성립 이천엔권 발행
85	森 喜朗 もり よしろう 모리 요시히로	第1次	2000年4月5日 －2000年7月4日 91日	
86	森 喜朗	第2次	2000年7月4日 －2001年4月26日 297日 387日（通算）	中央省庁再編 중앙 성청 재편
87	小泉 純一郎 こいずみ じゅんいちろう	第1次	2001年4月26日 －2003年11月19日 938日	首相による政治指導体制始まる 郵政民営化 수상에 의한 정치 지도 체제 시작됨 우정민영화

88	코이즈미 쥰이치로우 小泉 純一郎	第2次	2003年11月19日 －2005年9月21日 673日	イラク派兵を決定 이라크 파병 결정
89	小泉 純一郎	第3次	2005年9月21日 －2006年9月26日 371日 1,980日（通算）	
90	安倍 晋三 あべ　しんぞう 아베 신조	第1次	2006年9月26日 －2007年9月26日 366日	教育基本法改正 防衛「省」昇格 憲法改正の為の国民投票法 교육 기본법 개정 방위 성 승격 헌법 개정을 위한 국민투표법
91	福田 康夫 ふくだ　やすお 후쿠다 야스오		2007年9月26日 －2008年9月24日 365日	国家公務員制度革基本法 국가 공무원제도 기본법
92	麻生 太郎 あそう　たろう 아소우 타로우		2008年9月24日 －2009年9月16日 358日	価値観外交の展開 가치관 외교의 전개
93	鳩山由紀夫 はとやま　ゆきお		2009年9月16日 －2010年6月8日 266日	政権交代 정권교체

[巻末資料] 戦後日本の総理大臣

94	菅 直人 かん なおと 간 나오토		２０１０年６月８日 －２０１１年９月２日 ４５２日	東日本大震災、福島原発事故が起こる 동일본대지진 후쿠시마 원전 사고 발생
95	野田 佳彦 のだ よしひこ 노다 요시히코		２０１１年９月２日 －２０１２年１２月２６日 ４８２日	税と社会保障の一体的改革 세금과 사회 보장의 일체적 개혁
96	安倍晋三	第２次	２０１２年１２月２６日 －２０１４年１２月２４日 ７２９日	国家安全保障局 内閣人事局 消費税８％に変更 국가안전보장국 내각 인사국 소비세 8%로 변경
97	安倍晋三	第３次	２０１４年１２月２４日 －２０１７年１１月１日 １，０４４日	安保法制 안보법제
98	安倍晋三	第４次	２０１７年１１月１日 －２０２０年９月１６日 １，０５１日 ３，１８８日（通算）	
99	菅義偉 すが よしひで 스가 요시히데	第１次	２０２０年９月１６日 －２０２１年１０月４日 ３８４日	

전후 일본 총리대신 **503**

１００	岸田文雄 きしだ　ふみお 기시다 후미오	第１次	２０２１年１０月４日－	

현대 일본 정치의 이해

[1판 1쇄 발행] 2022년 6월 10일

저 자 安 世 舟 Yasu Seisyu
역 자 홍성창 洪性暢 Hong Sung Chang
등 록 2021년 11월 24일 제2021-0000128호
펴낸곳 주식회사 에스씨에이치디 (SCHD)
주 소 서울, 마포구 독막로 28길 10, 109동 상가 B101-441호 (신수동)
전 화 070-7788-2873
홈페이지 https://www.scholdings.kr/
이메일 info@scholdings.kr
인 쇄·제 본 교학사

이 책에 실린 모든 내용에 대한 저작권은 주식회사 에스씨에이치디 (SCHD) 에 있으므로
무단으로 복사 복제할 수 없습니다.

copyright©홍성창, 2022, Printed in Korea

ISBN 979-11-977042-0-8
정 가 29,000원

잘못된 책은 구입한 곳에서 교환해 드립니다.